Wirtschaftliche Verursachung versus rechtliche Entstehung bei ungewissen Verbindlichkeiten

**Europäische Hochschulschriften Recht**

European University Studies in Law

Publications Universitaires Européennes de Droit

Band/ Volume **6305**

René Alexander Kern

# Wirtschaftliche Verursachung versus rechtliche Entstehung bei ungewissen Verbindlichkeiten

PETER LANG

**Bibliografische Information der Deutschen Nationalbibliothek**
Die Deutsche Nationalbibliothek verzeichnet diese Publikation in der Deutschen Nationalbibliografie; detaillierte bibliografische Daten sind im Internet über http://dnb.d-nb.de abrufbar.

Zugl.: Erlangen-Nürnberg, Univ., Diss., 2022.

D 29 (n 2)
ISSN 0531-7312
ISBN 978-3-631-86449-4 (Print)
E-ISBN 978-3-631-88187-3 (E-PDF)
E-ISBN 978-3-631-88188-0 (EPUB)
DOI 10.3726/b19884


Peter Lang – Berlin · Bern · Bruxelles · New York · Oxford · Warszawa · Wien



Diese Publikation wurde begutachtet.

www.peterlang.com

# Danksagung

Ich danke Herrn Prof. Dr. Georg Crezelius für die Betreuung dieser Promotion sowie Anfertigung des Erstgutachtens und Herrn Prof. Dr. Michael Fischer für das Erstellen des Zweitgutachtens. Herrn Michael Wendt, Vorsitzender Richter am BFH a.D., danke ich für die frühzeitige Förderung meines Interesses am Bilanzrecht und Ermöglichung einer Promotion in diesem Rechtsgebiet.

Darüber hinaus danke ich Frau Helga und Herrn Günther Kern sowie Dr. Jan Marco Kern für die fachliche und darüber hinausgehende Unterstützung bei der Anfertigung der Dissertation.

# Inhaltsübersicht

# Inhaltsverzeichnis

# Teil I Einleitung

# A. Problemstellung

Rückstellungen gehören ohne Zweifel zu den meist diskutierten Bilanzposten im deutschen Handels- und Steuerrecht. Dies ist die Folge der großen praktischen Relevanz dieses Passivum für den Bilanzierenden[1], sowohl im Steuer- als auch im Handelsbilanzrecht.

So kann Kapital, teils erheblichen Ausmaßes, auf der Passivseite zurückgestellt werden und hierdurch die Darstellung der Vermögenslage des Kaufmanns nach außen, aber auch die Ausschüttungsbemessung nach innen, stark beeinträchtigen. Auf der anderen Seite besteht die Möglichkeit Steuerstundungseffekte zu erzielen, welche in der Regel die Finanzierung des Kaufmanns vereinfachen.

Aufgrund der erheblichen Auswirkungen von Rückstellungen auf die Aussage der Bilanz im Ganzen und die damit einhergehenden weitreichenden Folgen in gesellschaftsrechtlicher, wie auch steuerrechtlicher Hinsicht, besteht ein allseitiges Interesse an der Objektivierbarkeit bezüglich Ansatz und Bewertung.

Um die Voraussetzungen für den Rückstellungsansatz hinreichend klar aus den gesetzlichen Vorschriften entnehmen zu können, wäre ein hinreichend eindeutiges Gesetz notwendig.

Einer abstrakt generellen Regelung ist jedoch stets ein gewisser Interpretationsrahmen immanent, sodass sich auch in der *bilanz*rechtlichen Literatur vielerlei Streitpunkte finden lassen.

Innerhalb der „Rückstellungen für ungewisse Verbindlichkeiten" gem. § 249 Abs. 1 S. 1 Alt. 1 HGB, auch Verbindlichkeitsrückstellungen genannt, ist das Merkmal der „wirtschaftlichen Verursachung" besonders umstritten. Es handelt sich hierbei um eine gängige Begrifflichkeit um den für eine Passivierung notwendigen Vergangenheitsbezug von durch Verbindlichkeiten vermittelten Aufwand zu umschreiben. Eine Schuld muss sich, soll sie zum Stichtag in der Bilanz angegeben werden, auf die Rechnungsperiode vor dem Bilanzstichtag beziehen, da andernfalls eine Rechtfertigung fehlen würde, weshalb sie die Rechnungslegung dieser Periode beeinflussen sollte.

Dabei ist der Frage nach diesem Bezug zur Rechnungsperiode im Hinblick auf Rückstellungen, sollen sie ohnehin schon *ungewisse* Verbindlichkeiten abbilden, eine spezielle Brisanz immanent.

---

1 Hoffmann/Lüdenbach, in: NWB Kommentar Bilanzierung, 4. Aufl., §249 Rn. 6 bezeichnen Rückstellungen als „die bilanzpolitische Spielwiese des Kaufmanns schlechthin".

Eine Besonderheit dieser Problematik ist, dass der gespaltenen Literatur eine fast ebenso gespaltene höchstrichterliche Rechtsprechung zur Seite steht.

Die „wirtschaftliche Verursachung“ stellt zwar kein Merkmal des gesetzlichen Tatbestandes dar, jedoch ist sie als – jedenfalls *hinreichende* – Voraussetzung für die Rückstellungsbildung in Rechtsprechung und Literatur *un*umstritten. Sie wirft dabei zwei eng miteinander verknüpfte Problemkreise auf. Zum einen wird die Auslegung dieses Merkmals unterschiedlich vorgenommen, zum anderen besteht weder in der Rechtsprechung noch in der Literatur Einigkeit darüber, wann es auf dieses Merkmal ankommt, ob es sich also um eine *notwendige* Voraussetzung für den Rückstellungsansatz handelt. Beide Aspekte fußen auf divergierenden Ansichten zu einer Vielzahl bilanzrechtlicher Grundsätze und zwingen hinsichtlich der vorliegenden Bearbeitung zu einem fachlich sehr breiten Prüfungsumfang.

Der BFH, welcher aufgrund der Regelung des § 5 Abs. 1 S. 1 EStG auch für das Bilanzrecht des HGB als maßgebendes Gericht anzusehen ist[2], greift auf verschiedene Formulierungen zurück um die Interpretation der „wirtschaftlichen Verursachung“ zu bewerkstelligen.

So soll eine Verbindlichkeit einerseits dann im abgelaufenen Wirtschaftsjahr wirtschaftlich verursacht sein, wenn diese so eng mit dem betrieblichen Geschehen des abgelaufenen Wirtschaftsjahres verknüpft ist, dass sie als eine bereits am Bilanzstichtag bestehende Verbindlichkeit angesehen werden kann, was der Fall sei, wenn der Tatbestand, an den das Gesetz die Verpflichtung knüpft, im Wesentlichen verwirklicht ist, wobei wiederum dies der Fall sei, wenn *die wirtschaftlich wesentlichen Tatbestandsmerkmale der Verbindlichkeit erfüllt* sind und ihre Entstehung nur noch vom Eintritt wirtschaftlich unwesentlicher Tatbestandsmerkmale abhängt[3]. Manchmal verlangt der BFH aber auch, dass die Erfüllung der Verbindlichkeit nicht nur an Vergangenes anknüpft, sondern auch *Vergangenes abgilt*[4]. Letzter Formulierung hat auch der BGH aufgegriffen[5]. Zum Teil wird diese, letztgenannte Interpretation der „wirtschaftlichen Verursachung“, konkretisierend noch um die Frage erweitert, ob die zurückzustellenden

---

2 Crezelius, in: ZGR 87, 1 ff. (2) spricht vom BFH allgemein als dem „maßgebenden Bilanzgericht“.

3 Z.B. BFH Urteile vom 24.6.1969 – IR 15/68 = BStBl. II 1969, 581; v. 1.8.1984 – IR 88/80 = BStBl. II 1985, 44; v. 25.8.1989 – III R 95/87 = BStBl. II 1989, 893; v. 12.12.1991 – IV R 28/91 = BStBl. II 1992, 600; v. 10.12.1992 – XI R 34/91 = BStBl. II 1994, 158.

4 Z.B. BFH Urteile vom 19.5.1987 – VIII R 327/83 = BStBl. II 1987, 848; v. 25.8.1989 – III R 95/87 = BStBl. II 1989, 892.

5 BGH Urteil vom 28.1.1991 – II Z R 20/90 = NJW 1991, 1890.

*Aufwendungen mit bereits realisierten Erträgen* oder mit zukünftigen Gewinnchancen *zusammenhängen*[6].

Neben die Rechtsprechung des BFH treten vereinzelte Entscheidungen des BGH[7], sowie Äußerungen des BMF[8] und eine Fülle an Meinungen in der Literatur, die sich jedoch zum überwiegenden Teil darauf beschränken, sich einer Auslegungslinie des BFH anzuschließen[9] oder geringfügige Modifikationen in der Begrifflichkeit vorzuschlagen.

Bezüglich der Frage, wann es auf das Merkmal der „wirtschaftlichen Verursachung" ankommt, existieren zwei kontrovers diskutierte Ansatzpunkte. Einerseits soll es sich um eine notwendige[10], andererseits nur um eine hinreichende[11] Bedingung zur Rückstellungsbildung handeln. Die bereits bei der Auslegung der „wirtschaftlichen Verursachung" divergierenden BFH-Senate, vertreten, insoweit konsequent, auch diesbezüglich keine einheitliche Linie.

So ist es bei einer Orientierung an künftigen Gewinnchancen zur Beurteilung, ob eine „wirtschaftliche Verursachung" vorliegt, nicht ausreichend eine rechtlich bestehende Verbindlichkeit, deren Höhe ungewiss ist, ausweisen zu können.

Das Problem liegt einerseits in der Unbestimmtheit des Begriffs der „wirtschaftlichen Verursachung". Zum anderen folgt aus einer bestimmten Lösung stets auch ein Bekenntnis zu übergeordneten Prinzipien betreffend Verbindlichkeitsrückstellungen im Gefüge des geltenden Handels- und Steuerbilanzrechts.

Wissenschaftlich ist eine Behandlung der Problematik deshalb besonders reizvoll, da ein Eingehen auf eine Vielzahl von Grundsätzen ordnungsmäßiger Buchführung ebenso unumgänglich ist wie eine Auseinandersetzung mit den Bilanzzwecken, den Bilanztheorien und der innerhalb verschiedener Rechtsgebiete gebräuchlichen, aber nicht immer eindeutig umgrenzten, „wirtschaftlichen Betrachtungsweise". Die speziellen Problemkreise, welche die „wirtschaftliche Verursachung" innerhalb der Rückstellungen aufwerfen, erweisen sich daher als

---

6 BFH Urteil vom 19.5.1987 – VIII R 327/83 = BStBl. II 1987, 848.

7 BGH Urteile vom 11.7.1966 – II ZR 134/65 = BB 1966, 915; v. 28.1.1991 – II ZR 20/90 = NJW 1991, 1890.

8 BMF vom 21.1.2003, IV A 6-S 2137-2/03 = BStBl. I 2003 S. 125.

9 Allerdings ist diese Richtung nicht immer die einzig vertretbare Interpretation. Insbesondere die eher dynamische Linie im Sinne *Moxters* hatte ihrerseits, zumindest unübersehbar Einfluss, auf die Entscheidungen einiger Senate.

10 Z.B.: Weber-Grellet, in: Schmidt EStG, 32. Aufl., §5 Rn. 381 (der dies auch gleich zur h.M. und h.Lit. erhebt); Ballwieser, in: MüKo HGB, 3. Aufl., §249 Rn. 17.

11 Z.B.: Merkt, in: Baumbach/Hopt HGB, 35. Aufl., §249 Rn. 2; Christiansen, in: DStR 2009, 2213 (2214); Kozikowski/Schubert, in: BeckBilKo, 8. Aufl., §249 Rn. 34.

ideale Projektionsfläche für die Beurteilung bilanzrechtlicher Grundgedanken. Der Grund hierfür liegt darin, dass es sich im Kern um keine allein Rückstellungen betreffende Problematik handelt, gleichwohl diese hier besondere Relevanz entfaltet.

Wird einem Begriff vorangestellt, dieser solle „wirtschaftlich" zu verstehen sein, so befindet man sich in einem juristisch äußerst sensiblen Feld der Rechtsanwendung. Soll die betreffende Norm in gesetzeskonformer Art und Weise angewendet werden, so geht die ausdrücklich bezweckte Zuwendung zur (betriebs-)wirtschaftlichen Lebenswirklichkeit meist mit vielen Unsicherheiten einher. Die wirtschaftliche Lebenswirklichkeit ist oftmals einer Verallgemeinerung, also einer abstrakt-generellen Regelung, schwer zugänglich. Die sich hiermit vorrangig befassende Betriebswirtschafts*lehre* lässt sich vielfach von Zweckmäßigkeitserwägungen leiten, die sich nicht an übergeordneten (Rechts-)Prinzipien messen lassen müssen. Die Praktikabilität ist hier, insoweit folgerichtig, der maßgebende Rahmen.

Dem steht eine prinzipiell einheitliche Rechtsordnung gegenüber, die, soll sie die Aufgabe der abstrakt-generellen Regelung von Lebenssachverhalten leisten, auf die Verallgemeinerbarkeit und Nachprüfbarkeit *jeder* Einzelfallwirkung angewiesen ist.

Das Abstellen auf eine „Verursachung" ist nicht nur in dem hier behandelten Falle der Versuch eine nachvollziehbare Anknüpfung an Geschehnisse der Vergangenheit herzustellen[12]. Dabei liegt die Unbestimmtheit dieses Begriffs im Auge des Betrachters. Der Ursache-Wirkungs-Zusammenhang ist nämlich auch in rechtlicher Hinsicht so vielfältig unterteilbar, dass differenzierende Ansichten diesen im Einzelfall betreffend, wo immer die Begrifflichkeit verwandt wird, unabwendbar sind.

---

12 Vgl. zu Verursachungskonstruktionen in anderen Rechtsgebieten: Fuchs/Pauker, Delikts- und Schadensersatzrecht, 8. Aufl., S. 76 ff., 92 ff.; Kühl, Strafrecht Allgemeiner Teil, 6. Aufl., S. 19 ff.

# B. Gang der Untersuchung

Eine stringente Behandlung der Problematik der „wirtschaftlichen Verursachung“ bei Verbindlichkeitsrückstellungen kann nicht ohne das Eingehen auf übergeordnete, das hier maßgebliche Bilanzrecht im Allgemeinen betreffende, Überlegungen geschehen. In der Rechtsprechung, und insbesondere auch der Literatur, wird immer wieder mit sehr viel allgemeineren Aspekten des Bilanzrechts argumentiert als mit lediglich unmittelbar Verbindlichkeitsrückstellungen betreffenden Spezifika.

Dabei ist hier gewissermaßen nach einem „Zwiebelprinzip“ vorzugehen, bei welchem man sich von außen nach innen dem Kern der Problematik nähert. Die vorschnelle Argumentation innerhalb der konkreten Problematik birgt sonst die Gefahr, zu beachtende Grundsätze zu vernachlässigen.

Die zu beachtenden übergeordneten Prinzipien müssen deshalb beginnend mit den allgemeinsten analysiert und sodann innerhalb der zu klärenden Begrifflichkeit in gesetzeskonformen Ausgleich gebracht werden, wo dies wegen etwaiger Divergenzen notwendig ist. Auf diese allgemeinen Aspekte soll deshalb in Teil II eingegangen werden. Sie stellen einen Hauptbestandteil der vorliegenden Arbeit und die Grundlage zur Beantwortung von Zweifelsfragen hinsichtlich der konkreten Problematik dar. Hierbei ist auch zu berücksichtigen, dass es das „Bilanzrecht“ als quasi „Allgemeiner Teil“ einer Vielzahl anderer Rechtsgebiete, die Bilanzierung thematisieren, nicht gibt. Das spezifische Bilanzrecht einzelner Rechtsgebiete ist grundsätzlich nur jeweils ein Teil des jeweiligen Rechtsgebietes, in welchem die Aufstellung einer Bilanz erforderlich ist. Es existieren genau genommen also viele verschiedene Bilanzrechtsordnungen, wenngleich nicht ohne Verbindungen zueinander.

Für die vorliegende Arbeit ist das Recht der Steuer- und der Handelsbilanz von Interesse[13]. Vorab soll deshalb geklärt werden, inwieweit hier Differenzen bestehen und ob sich dies auch in einer unterschiedlichen Beurteilung der Problematik der „wirtschaftlichen Verursachung“ niederschlägt oder ob ein weitestgehender Gleichlauf im Hinblick auf die Bearbeitung der konkreten Thematik festgestellt werden kann. Grundsätzlich ist das Steuerrecht aufgrund seiner

13 Hieran anlehnend wird zumeist vom „Handels-“ und „Steuer-“bilanzrecht gesprochen. Für Letzteres hat sich auch der Begriff des „Bilanzsteuerrechts“ eingebürgert. Vgl. zu den Begrifflichkeiten vertiefend: Icking, Die Rechtsnatur des Handelsbilanzrechts, S. 48 ff., 55 ff.

vielen Besonderheiten, die teilweise direkt aus dem Verfassungsrecht folgen, schwer mit anderen Rechtsgebieten in Einklang zu bringen[14]. Zur konkreten Thematik werden teilweise spezifisch steuerrechtliche Wertungen angeführt, was von vornherein die bilanzrechtliche Beurteilung im Hinblick auf die Steuerbilanz entscheidend beeinflussen würde, wo dies im Hinblick auf die Handelsbilanz nicht angezeigt wäre. Jedenfalls ist eine simultane Regelung in Steuer- und Handelsbilanz nicht ohne Weiteres zu unterstellen. Zudem ist schon im Hinblick auf die, das vorliegende Problem so stark prägende, Rechtsprechung des BFH auf eine etwaige Kohärenz von Steuer- und Handelsbilanzrecht einzugehen.

Sodann soll auf die Bilanz, als das übergeordnete Rechenwerk, in welches Rückstellungen eingegliedert sind, eingegangen werden. Jeder einzelne Posten der Bilanz ist auch anhand der dieser als Ganzem zugrunde liegenden maßgebenden Erwägungen zu beurteilen. Gerade für Rückstellungen ist dies im Bezug auf viele grundlegende Aspekte der Fall[15]. Daher wird vorliegend der Zweck der Bilanz im Handels- und Steuerrecht sowie der Begriff der „Bilanz im Rechtssinne“ behandelt. Der Zweck der Bilanz im Ganzen ist übergeordneter Maßstab zur Analyse des Zwecks von Rückstellungen und ihres jeweiligen Tatbestandes. Darüber hinaus ist der Zweck des Gesamtrechenwerkes auch bei der Einordnung der Grundsätze ordnungsmäßiger Buchführung und der Bilanztheorie von entscheidender Bedeutung. Besonders innerhalb dieses Aspekts setzt sich die Problematik um die etwaige Einheit von Handels- und Steuerbilanz in der literarischen Diskussion fort. Im Hinblick auf die „Bilanz im Rechtssinne“ ist trotz der Einheit von betriebswirtschaftlich geprägter Buchführung und Jahresabschluss[16] zu beachten, dass Letzterer, insbesondere die Bilanz, im hier maßgeblichen Rahmen, *gesetzlich geregelt* ist, was die wissenschaftliche Auseinandersetzung mit dieser Thematik entscheidend beeinflusst.

Insbesondere der Zweck der Bilanz sowie die Beachtung der Tatsache, dass jene in einem „Rechtssinne“ zu verstehen ist, prägen fast alle weiteren hier zu beachtenden Aspekte.

---

14 Vgl. hierzu insbesondere: Seer, in Tipke/Lang, Steuerrecht, 21. Aufl., §1 Rn. 1 ff., 26 ff., §2 Rn. 1 ff; Birk, Steuerrecht, 15. Aufl., Rn. 25 ff., 44 ff.

15 Vgl. bezüglich der Auffassung zu den Bilanztheorien z.B.: Baetge/Kirsch/Thiele, Bilanzen, 5. Aufl., S. 360; Crezelius, in: DB 1992,1353; beide Male werden auch unterschiedliche Einordnungen der Verbindlichkeitsrückstellungen in das Vorsichtsprinzip vorgenommen.

16 Ebenso: Großfeld/Luttermann, Bilanzrecht, 4. Aufl., S. 12/Rn. 42.

Sodann wird auf die „wirtschaftliche Betrachtungsweise“ eingegangen, welche nicht nur im Bilanzrecht vorgenommen, aber gerade dort besonders extensiv angewandt wird. Die „wirtschaftliche Betrachtungsweise“ ist bezüglich der „wirtschaftlichen Verursachung“ quasi als die übergeordnete Rechtsanwendungsmethode anzusehen. Die Frage, warum überhaupt eine – je nach Ansicht zusätzliche – Möglichkeit zur Rückstellungsbildung neben der rechtlichen Entstehung der Verbindlichkeit vorhanden sein sollte, stellt sich erst nach Akzeptanz einer wirtschaftlichen Betrachtungsweise in Bezug auf den Tatbestand der Verbindlichkeitsrückstellungen. Für diejenige Ansicht, welche eine rechtlich bestehende Verbindlichkeit als nicht hinreichend ansieht, gilt dies umso mehr.

Im Anschluss wird auf die Bilanztheorie eingegangen, wobei eine Beschränkung auf die klassischen Theorien, also die dynamische und die statische, erfolgt. Diese beiden werden von vielen Autoren zur Interpretation des Zwecks von Rückstellungen, und im Besonderen Verbindlichkeitsrückstellungen, gebraucht, wodurch eine Lösung der maßgeblichen Problematik bezüglich der „wirtschaftlichen Verursachung“ vorgezeichnet wird. Insbesondere die Interpretation der Begrifflichkeit lässt sich hierbei sowohl in eine statische als auch eine dynamische Richtung hin vornehmen. Die exakte Ausgestaltung der Theorien wird kurz dargestellt, da gerade dies eine Vielzahl der Schriften, die mithilfe der Theorien zur maßgeblichen Problematik argumentieren, vermissen lassen und so die genaue Schnittstelle der jeweiligen Theorie zu den Lösungsmöglichkeiten oftmals unklar bleibt.

Ein Schwerpunkt dieser Arbeit liegt auf der Auseinandersetzung mit den Bilanzierungsgrundsätzen, wie sie zum Teil in § 252 Abs. 1 HGB erwähnt werden. Sie sind die Stützen einer grundlegenden Bilanzrechtsordnung, welche die Beurteilung jedweder, insbesondere aber auch die der vorliegenden, Bilanzrechtsproblematik, beeinflussen. Die unterschiedlich vorgenommene Interpretation der einzelnen Grundsätze, ebenso wie divergierende Ansätze zum Verhältnis dieser zueinander, sind für die meisten Autoren Ausgangspunkt zur Lösung der vorliegenden Problemstellung. Im Rahmen der Auslegung der einzelnen Grundsätze erweist sich insbesondere das Realisationsprinzip als Scheidepunkt für die Frage nach der Bedeutung des Merkmals, konsequenterweise aber ebenso für die Auslegung des Begriffs. Soll hiernach auch die Periodisierung von Aufwand erfolgen, so könnte dies zu einer beschränkenden Wirkung auf den Rückstellungsansatz führen. Speziell im Rahmen der Positionierung der Grundsätze zueinander setzt sich die Einordnung des geltenden Rechts in die Bilanztheorie fort.

An die Behandlung der Bilanzierungsgrundsätze schließt sich das konkrete Eingehen auf Rückstellungen in Teil III an. Nach Klärung einiger allgemeiner

Aspekte zu Rückstellungen und im Besonderen zu Verbindlichkeitsrückstellungen wird eine kurze Einordnung zu den vorab behandelten Bereichen der Bilanztheorien sowie den Bilanzierungsgrundsätzen vorgenommen.

Hiernach sind sämtliche theoretischen Grundlagen zur Beantwortung der Frage nach der Relevanz der „wirtschaftlichen Verursachung", gelegt, sodass im Anschluss eine solche, unter Bezugnahme auf die allgemeinen Aspekte, welche in Teil II behandelt wurden sowie mithilfe einer Analyse von Rechtsprechung und Literatur, vorgenommen wird. Sodann wird mittels selbiger Vorgehensweise die inhaltliche Interpretation der „wirtschaftlichen Verursachung" analysiert, wobei zunächst zur „Wahrscheinlichkeit der Inanspruchnahme" abzugrenzen ist. Häufig wird eine Trennung zwischen diesen beiden Merkmalen der zulässigen Rückstellungsbildung nicht sauber vorgenommen, was zu Missverständnissen, insbesondere auch zu angeblichen BFH Tendenzen, führen kann.

Aufbauend auf den vorherigen Erwägungen werden in Teil IV einige markante Fallgruppen, welche höchstrichterlich entschieden wurden, kritisch dargestellt und im Folgenden ein eigener Vorschlag zur Interpretation der „wirtschaftlichen Verursachung" unterbreitet. Dieser wird im Anschluss anhand der vorangestellten Fallgruppen in seiner praktischen Umsetzung vorgeführt.

Zuletzt soll in Teil V ein kurzes Resümee zur geltenden und erwarteten, zukünftigen, Rechtslage gezogen werden.

# Teil II Grundlagen

# A. Verhältnis von Handelsbilanz und Steuerbilanz

## I. Einführung

Die Steuerbilanz wird aufgrund steuerrechtlicher Vorschriften (§ 60 Abs. 2 S. 2 EStDV) für die Einkommen- und Körperschaftsteuer (§ 4 Abs. 1, § 5 EStG; § 8 Abs. 1 KStG)[17], die Handelsbilanz aufgrund von Handelsrecht (§ 242 Abs. 1 HGB) erstellt.

Beide Bilanzarten behandeln mit dem Unternehmen im Grundsatz denselben Gegenstand[18].

Dennoch haben diese Vermögensübersichten zunächst unterschiedliche Ziele und folgen zum Teil unterschiedlichen Ansatz- und Bewertungsregeln.

So ist Ziel der Steuerbilanz in erster Linie die Anspruchshöhe der Steuerforderung des Staates gegen den Bürger zu bemessen. Hier besteht ein Interessenkonflikt demgemäß, dass der Bilanzierende kein Interesse an einem hohen Vermögensausweis hat, aus dem eine hohe Forderung des Staates auf Steuerzahlung folgen würde. Die Handelsbilanz hingegen verleitet zur Darstellung zu hoher Vermögensbestände, da sich z.B. die Ausschüttungsbemessung, aber auch die Liquiditätsbemessung für Fremd- und Eigenkapitalgeber daran orientieren kann[19].

Es stellt sich somit die Frage, ob beide Rechenwerke derart große Unterschiede aufweisen, dass der Posten „Rückstellungen" und mit ihm die Problematik der „wirtschaftlichen Verursachung" in zweifacher Hinsicht zu behandeln sind.

Dogmatisch kann die Beziehung zwischen der handelsrechtlichen Bilanzierung und dem Bilanzsteuerrecht in drei Kategorien gefasst werden: 1. die Regeln für das Handels- und das Steuerbilanzrecht sind (fast) vollständig voneinander unabhängig, 2. es besteht ein gemeinsames System, aus dem für beide Bereiche Teile angewandt werden und 3. es besteht ein gemeinsames System, welches eine Vielzahl von Normen für beide Bereiche für anwendbar erklärt[20]. Das deutsche Bilanzrecht ist der dritten Kategorie zuzuordnen. Die Verknüpfung von

17 Vgl.: Großfeld/Luttermann, Bilanzrecht, 4. Aufl., S. 84/Rn. 300.

18 Großfeld/Luttermann a.a.O.

19 Zu den Bilanzzwecken vgl.: Teil II B. I.

20 Roberts, C., International Corporate Reporting, 4$^{th}$ Edition, S. 208 ff.

Handels- und Steuerbilanz kennzeichnet das deutsche Bilanzrecht[21] und lässt ein zu großes Auseinanderdriften in grundlegenden Aspekten derzeit nicht zu.

Die Verbindung entsteht durch das Prinzip der Maßgeblichkeit, normiert in § 5 Abs. 1 S. 1 EStG. Zwar erfolgt hiernach kein völliger Gleichlauf, doch ist das Bestreben des Gesetzgebers zu erkennen, eine allzu weite Entfernung der Steuer- von der Handelsbilanz zu vermeiden.

Unter den Begriff der Handelsbilanz fallen jedoch neben der Jahresbilanz auch sogenannte Sonderbilanzen, die zu bestimmten, oft nur einmalig, meist unregelmäßig wiederkehrenden Anlässen aufzustellen sind. Die bei diesen Sonderbilanzen zu beachtenden Ansatz-, Bewertungs- und Gliederungs- bzw. Ausweisgrundsätze sind, soweit keine expliziten gesetzlichen Regelungen bestehen, ausgehend vom Sinn und Zweck der jeweiligen Sonderbilanz zu entwickeln[22] und werden deshalb nicht vom Maßgeblichkeitsgrundsatz erfasst. Diese sollen daher, ebenso wenig wie sonstige „Sonderbilanzen" im weitesten Sinne[23], auch des Steuerrechts, hier keine Beachtung finden.

Für die vorliegende Untersuchung werden die (laufende) ordentliche Jahresabschlussbilanz gemäß § 242 Abs. 1 S. 1 Alt. 2 HGB, sowie die (laufende) Steuerbilanz nach § 5 EStG, ohne weiteres Eingehen auf die Sonder- und Ergänzungsbilanzen von Personengesellschaftern, zugrunde gelegt.

## II. Grundsatz der Maßgeblichkeit gem. § 5 Abs. 1 S. 1 EStG

### 1. Entstehungsgeschichte

Die Maßgeblichkeit der Handels- für die Steuerbilanz hat ihre Ursache in dem bei Entstehung des Einkommensteuerrechts geltend gemachten Wunsch der Kaufmannschaft, für Zwecke der steuerrechtlichen Gewinnermittlung auf das bereits vorhandene Rechenwerk der Handelsbilanz zurückzugreifen[24].

Dies war allerdings nur zu Beginn der ausschlaggebende Grund für einen weitgehenden Gleichlauf der beiden Bilanzen. So heißt es zum Beispiel in der Begründung zu § 33 EStG 1920, dass die Handelsbilanz deshalb für die Berechnung des gewerblichen Einkommens zugrunde zu legen sei, weil die

---

21 Großfeld/Luttermann, Bilanzrecht, 4. Aufl., S. 84/Rn. 300.

22 Förschle/Deubert, in: Budde/Förschle/Winkeljihann (Hrsg.), Sonderbilanzen, 4. Aufl., S. 1/Rn. 4.

23 Vgl. zu den unterschiedlichen Bilanzarten im Handels- und Steuerrecht: Federmann, Bilanzierung nach Handelsrecht, Steuerrecht und IAS/IFRS, 12. Aufl., S. 45 ff., 48 ff.

24 Crezelius, in: DB 1994, S. 689 (690).

Steuerveranlagung bei Einkommen aus Handel und Gewerbe in der ordentlichen Geschäftsbilanz die relativ sicherste Grundlage habe[25]. Das EStG 1934 enthielt in § 5 Abs. 1 S. 1 EStG bereits die, bis heute kaum veränderte, Grundlage für die Bestimmung des Verhältnisses zwischen Steuer- und Handelsbilanz. Allerdings entstand in den folgenden Jahren, beginnend 1948, ein Konglomerat an bilanzsteuerrechtlichen Sonderregeln[26]. Erst mit der Diskussion um das Aktiengesetz 1965 wurde der Prozess der Auseinanderentwicklung von Steuer- und Handelsbilanz wieder umgekehrt[27]. Die zunächst erfolgte Trennung und spätere Zusammenführung ging insbesondere auf die Einführung steuerrechtlicher Subventionen und spätere Anpassung des AktG an diese zurück.

Über die Reichweite des Maßgeblichkeitsgrundsatzes herrschte jedoch weiter Unklarheit, welche nur partiell durch die Entscheidung des Großen Senats des BFH vom 3.2.1969 beseitigt wurde[28]. Die Vorschläge der Steuerreformkommission, die 1968 eingesetzt wurde, und welche insbesondere auch die völlige Neufassung der steuerrechtlichen Gewinnermittlung beinhaltete, wurden im EStG 1974 nicht verwirklicht.

Die strikte Trennung von Handels- und Steuerbilanz wurde zwar im Rahmen der Beratung zur Bilanzrichtlinie erneut zur Diskussion gestellt, allerdings erneut ohne eine entsprechende Durchführung.

Seit Mitte der 90er-Jahre des vergangenen Jahrhunderts – und aktuell wieder neu belebt durch eine mögliche Übernahme der IFRS/IAS Regeln für den handelsrechtlichen Jahresabschluss – herrscht erneut stete Diskussion über den Grundsatz der Maßgeblichkeit[29]. Abgeschafft wurde bislang jedoch nur der Grundsatz der *umgekehrten* Maßgeblichkeit gem. § 5 Abs. 1 S. 2 EStG a.F. durch das BilMoG 2009[30].

---

25 Zitiert nach Krieger, in: FS Döllerer, S. 327 (331).

26 Dziadkowski, in: DStZ 2001, S. 9 (11).

27 Dziadkowski a.a.O.

28 Zu dieser Entscheidung vgl.: Teil II A. II. 4., 5. b), c).

29 Vgl. diesbezüglich: Schütz, Der Maßgeblichkeitsgrundsatz gemäß §5 Abs. 1 EStG – ein Fossil?; Lange/Fink, in: StuB 2013, 239; für eine eigenständige Steuerbilanz z.B.: Weber-Grellet, in: DB 1994, S. 288 (290).

30 Gesetz zur Modernisierung des Bilanzrechts (Bilanzrechtsmodernisierungsgesetz) vom 25.5.2009 = BGBl. I, 1102.

## 2. Zweck der Maßgeblichkeit

Im Hinblick auf die Entstehungsgeschichte[31] ist der Maßgeblichkeitsgrundsatz zunächst eine Vereinfachungsregelung[32], wonach statt zweier erforderlicher Rechenwerke auf eines der beiden, nämlich dasjenige welches bereits früher vorhanden war, zurückgegriffen wird. Daneben haben aber auch weitere Zwecke der Maßgeblichkeit, zumindest im Nachhinein, die Sinnhaftigkeit der Verknüpfung herausgestellt[33]. So kann die Maßgeblichkeit gem. § 5 Abs. 1 EStG als Scharnier zwischen Steuer- und Handelsbilanz bezeichnet werden[34]. Hierdurch ergibt sich ein dreischichtiges Normengeflecht[35], welches dem Bilanzsteuerrecht zugrunde liegt:

Erstens reines Handelsrecht, zweitens zum Handelsrecht deckungsgleiches Steuerrecht und drittens reines Bilanzsteuerrecht[36].

Es erfolgt mithin eine mehrschichtige Verknüpfung der steuerrechtlichen Gewinnermittlung. Diese wird unter Berücksichtigung der zivilrechtlichen Interessenlage vorgenommen, welche letztlich durch die handelsrechtliche Rechnungslegung dargestellt werden soll und zumeist verlässliche Anhaltspunkte für das von den Parteien wirtschaftlich gewollte Ergebnis ihres Tuns liefert und welches deshalb auch für die steuerrechtlich intendierte Betrachtung herangezogen relevante Ergebnisse liefert[37].

Des Weiteren wird vielfach vertreten, dass durch die Maßgeblichkeit die grundsätzliche Gleichrangigkeit der privaten und öffentlichen Gesellschaftsgläubiger kodifiziert ist[38], also der Staat als Steuergläubiger wie ein privater

---

31 Siehe zu den gesetzgeberischen Motiven: Weber-Grellet, Bilanzsteuerrecht, 10. Aufl., S. 43 Rn. 71.

32 Thiel/Lüdtke-Handjery, Bilanzrecht, 5. Aufl., S. 111/Rn. 306.

33 Zweifelnd hingegen Weber-Grellet, in: Bilanzsteuerrecht, 10. Aufl., S. 49 Rn. 79, für welchen der Zweck „nicht eindeutig bestimmbar" ist, was er mit der „unterschiedlichen Zwecksetzung der handelsrechtlichen und einkommensteuerrechtlichen Gewinnermittlung" begründet; ders., in: DB 1994, 288 (289); vgl. hierzu: Teil II B. I., insbesondere 3.

34 Crezelius, in: ZGR 1987, S. 1 (3).

35 Sogn. „Drei-Schichten-Lehre" – Dazu grundlegend: Beisse, in: BB 1980, S. 637.

36 Mathiak, in: K/S/M EStG, 13. Lfrg., § 5 A20; Crezelius, in: DB 1994, S. 689 (690); Hennrichs, in: StuW 1999, 138 (144).

37 Crezelius, in: DB 1994, S. 689 (690).

38 Oftmals als „Teilhaberthese" bezeichnet. Siehe: Stobbe, in: H/H/R, EStG, 239. Lfrg., § 5 Rn. 81; dahin gehend auch: Crezelius, in: DB 1994, S. 689 (690 f.); ablehnend hingegen: Thiel/Lüdtke-Handjery, Bilanzrecht, 5. Aufl., S. 112/Rn. 308.

Gesellschaftsgläubiger am Gesellschaftsvermögen zu partizipieren berechtigt ist. Zumindest im Grundsatz ist dies der richtige Ansatz für eine konsequente Argumentation. Denn entweder man ordnet der Bilanz die Funktion zu, einen entziehbaren Gewinn festzulegen, und lässt diese Größe auch für sämtliche Gläubiger, also unabhängig davon, ob es sich hierbei um den Staat mit seiner Steuerforderung, oder Fremd- oder Eigenkapitalgeber der Gesellschaft handelt, gelten, oder man misst den Bilanzen zwei völlig unterschiedliche Zwecke bei[39]. Letzteres kann jedoch in Anbetracht des Gesetzeswortlautes nicht widerspruchsfrei angenommen werden. Eine gesetzliche –„maßgebliche" – Bindung der Steuer- an die Handelsbilanz zeigt eindeutig, dass der Gesetzgeber im Grundsatz von der Möglichkeit ausgeht, dass die Bilanz für privatrechtliche Zwecke ebenso als Bemessungsgrundlage für den Staat als Steuergläubiger zu dienen geeignet ist.

Die Kritik, dass der Steuerpflichtige somit „als Richter in eigener Sache" agiere[40], da er durch Aufstellung der Bilanz auf Grundlage seiner Buchführung quasi seine eigene Zahllast festlegt, greift zu kurz. Einerseits ist die Steuer- eben keine Abschrift der Handelsbilanz[41], zum anderen besteht gerade um eine solche Gefahr zu dämmen ein Prüfungsapparat aus Wirtschafts- und Betriebsprüfern, der diesen Widerspruch von der Bemessung der eigenen Zahlpflicht verhindern soll.

Im Übrigen muss ohnehin jede Informationsbeschaffung an der Informationsbereitstellung durch den Kaufmann ansetzen, denn nur dieser ist, anders als externe Dritte, direkt in sämtliche Betriebsvorfälle involviert und kann deshalb originäre Kenntnis bezüglich dieser vorweisen.

## 3. Grundsätze ordnungsmäßiger Buchführung

### *a) Gesetzliche Regelung*

In § 5 Abs. 1 S. 1 EStG wird Bezug genommen auf die „handelsrechtlichen Grundsätze ordnungsmäßiger Buchführung". Diese sollen als Maßstab für das steuerrechtlich anzusetzende Betriebsvermögen gelten. Im EStG wird hingegen nicht auf konkrete Normen, insbesondere aus dem HGB, Bezug genommen. Demnach nimmt die Bestimmung dessen, was nach dem EStG zu den handelsrechtlichen Grundsätzen ordnungsmäßiger Buchführung zu zählen ist eine

39 Zu den Bilanzzwecken vgl.: Teil II B. I.

40 Pezzer, in: DStJG 1991, S. 3 (6).

41 Zu den Einschränkungen der Maßgeblichkeit: Teil II A. II. 5.

Schlüsselrolle bei der Beantwortung der Frage ein, nach welchen Regeln die steuerrechtliche Gewinnermittlung zu erfolgen hat.

Auch das HGB greift auf den Begriff der „Grundsätze ordnungsmäßiger Buchführung" zurück[42], ohne diesen jedoch näher zu präzisieren. Es handelt sich um eine Generalklausel, also eine Lücke intra legem, welche den Richter in die Lage versetzen soll, eine billige Lösung zu finden[43]. Dabei sind Rechtsnatur und Ermittlung der handelsrechtlichen Grundsätze ordnungsmäßiger Buchführung gleichermaßen umstritten.

### *b) Begriff*

Die dem Handelsgesetzbuch vorausgehenden, entsprechenden Gesetze enthielten den Begriff der „Grundsätze ordnungsmäßiger Buchführung" nicht[44]. Sehr nahe kam dem zwar eine Formulierung innerhalb der Aktienrechtsnovelle vom 19.9.1931[45], welche in § 206b den Terminus der „Grundsätze ordnungsmäßiger Buchführung und Bilanzierung" enthielt, jedoch in die Aktiengesetze 1937 und 1965 nicht übernommen wurde[46]. Erst durch das BiRiLiG vom 19.12.1985[47] wurde der konkrete Begriff kodifiziert.

Die Grundsätze ordnungsmäßiger Buchführung werden üblicherweise mit dem Terminus „GoB" abgekürzt, wobei dies aber zu Missverständnissen bei der tatsächlichen Ausfüllung der Begrifflichkeit führen kann. So wird dieselbe Abkürzung gelegentlich auch für „Grundsatz ordnungsmäßiger Buchführung"[48] und „Grundsätze ordnungsmäßiger Buchführung und Bilanzierung"[49] gebraucht. Vorliegend soll die Abkürzung nur für die „Grundsätze ordnungsmäßiger Buchführung" gelten, wie auf sie in § 5 Abs. 1 S. 1 EStG Bezug genommen wird.

---

42 Vgl.: §§ 238 I; 239 IV; 241 I, II, III Nr. 2; 243 I; 256; 257 III HGB.

43 Thiel/Lüdtke-Handjery, Bilanzrecht, 5. Aufl., S. 123/Rn. 333; differenzierend: Kruse, Grundsätze ordnungsmäßiger Buchführung, 3. Aufl., S. 104 ff.

44 Leffson, Die Grundsätze ordnungsmäßiger Buchführung, 7. Aufl., S. 17.

45 Verordnung des Reichspräsidenten über Aktienrecht, Bankenaufsicht und über eine Steueramnestie vom 19.9.1931 = RGBl. I 1931, 493.

46 Leffson, Die Grundsätze ordnungsmäßiger Buchführung, 7. Aufl., S. 18.

47 Gesetz zur Durchführung der Vierten, Siebten und Achten Richtlinie des Rates der Europäischen Gemeinschaften zur Koordinierung des Gesellschaftsrechts (Bilanzrichtlinien-Gesetz) vom 19.12.1985 = BGBl. I 1985, 2355.

48 Leffson, Die Grundsätze ordnungsmäßiger Buchführung, 7. Aufl., S. 17.

49 Winnefeld, Bilanzhandbuch, 4. Aufl., D 1.

### *c) Zweck*

Nach dem BFH[50] sind die handelsrechtlichen GoB zu definieren, als die Regeln, nach denen Geschäftsvorfälle zu dokumentieren und im Jahresabschluss darzustellen sind, um zu einer, dem gesetzlichen Zweck entsprechenden Bilanz zu gelangen. Wie sich auch aus dieser Formulierung ergibt, sind die GoB im Rahmen der Rechtsfindung den gesetzlichen Regelungen nachrangig, jedoch sind sie bei der Auslegung von Gesetzen, auch bei etwaigen Gesetzeslücken, als Auslegungshilfen heranzuziehen[51].

Eine Kategorisierung nach der Funktion der GoB kann zum einen in formelle und materielle[52], und zum anderen dahin gehend erfolgen, dass zwischen Rahmengrundsätzen der Bilanzierung, Systemgrundsätzen, Definitionsgrundsätzen für den Jahreserfolg, Ansatzgrundsätzen und Kapitalerhaltungsgrundsätzen unterschieden wird[53]. Vom Grundsatz her lässt sich der Zweck der GoB in der einheitlichen Sicherstellung der Einzelfallgerechtigkeit bei der Beurteilung der korrekten Darstellung von Vermögensübersichten sehen. Der Gesetzgeber legt damit einen Teil seiner Regelungsbefugnis in die Hände der Rechtsanwender um so ein flexibles, aber stets nachprüfbares, Gerüst für die rechtmäßige Bilanzerstellung zu erreichen[54].

### *d) Herleitung*

Bei der Bestimmung der GoB lässt sich eine Dreiteilung in kodifizierte, nicht kodifizierte und bislang nicht be- oder anerkannte GoB, welche jedoch möglicherweise in Zukunft für die rechtmäßige Bilanzierung zwingend werden könnten, vornehmen[55]. Naturgemäß sind es die zweite und dritte Gruppe einer solchen Einteilung, deren Herleitung die größeren Probleme aufwerfen. Allerdings ist auch die Bestimmung der kodifizierten GoB nicht unumstritten.

So wird vertreten, es könne kein allgemeingültiger Charakter der §§ 238–263 HGB einerseits und ein Ausnahmecharakter der §§ 264 ff. HGB andererseits

---

50 BFH Beschluss vom 3.2.1969 – GrS 2/68 = BStBl. II 1969, 291 (292).

51 Winnefeld, Bilanzhandbuch, 4. Aufl., D 1; Leffson, Die Grundsätze ordnungsmäßiger Buchführung, 7. Aufl., S. 25 f.

52 Wiedmann, Bilanzrecht, 2. Aufl., § 238 Rn. 28.

53 Näher und mit jeweiliger beispielhafter Aufzählung der betreffenden konkreten GoB: Winnefeld, Bilanzhandbuch, 4. Aufl., D 2.

54 Ähnlich: Leffson, Die Grundsätze ordnungsmäßiger Buchführung, 7. Aufl., S. 22 f.

55 Winnefeld, Bilanzhandbuch, 4. Aufl., D 3 mit einer Auflistung der kodifizierten und nicht kodifizierten GoB unter D 10 ff., D 20 ff.

angenommen werden, sondern soll vielmehr die „Zweckbezogenheit" hinsichtlich der jeweilig anwendbaren GoB entscheidend sein[56]. Nach anderer Ansicht[57] entsprechen die handelsrechtlichen Rechnungslegungsgrundsätze der §§ 238 ff. HGB nur teilweise den GoB.

Die Ermittlung nicht kodifizierter GoB stellt ein traditionell stark diskutiertes Problem des deutschen Bilanzrechts dar. Im Wesentlichen wird zwischen der induktiven und der deduktiven Methode unterschieden.

Nach einer eher traditionellen Auffassung[58] werden die GoB auf induktive Art und Weise hergeleitet. Hiernach ergeben sich die GoB aus der Anschauung und tatsächlichen Übung der Kaufleute über eine ordnungsmäßige Bilanzierung, wobei der Richter keine normbildende Kompetenz hat, sondern nur die von der Kaufmannschaft geübten Regeln feststellt[59].

Demgegenüber plädieren andere für eine deduktive Ableitung der GoB. Diese von *Döllerer*[60] und *Leffson*[61] begründete Lehre sieht als maßgebend den Sinn und Zweck der Rechnungslegungsvorschriften an[62]. Der BFH[63] und die überwiegende Literatur[64] folgen der deduktiven Methode.

Auch die „hermeneutische Methode" zur Auslegung kodifizierter GoB schließt die handelsrechtlich deduktive Methode mit ein[65]. Allerdings erweist sich die Auslegung bereits kodifizierter GoB generell als weit weniger problematisch. Hier ist auf die auch sonst zur Gesetzesauslegung heranzuziehenden Mittel[66] zurückzugreifen.

---

56 Plewka/Schmidt, in: Lademann EStG, 118. Lfrg., §5 Rn. 318; Beisse, in: BB 1990, S. 2007 (2011); Söffing, in: DB 1988, S. 297 (299).

57 Schulze-Osterloh, in: StuW 1989, S. 242 (247 ff.); Ballwieser, in: BFuP 1990, S. 477 (479).

58 Dazu: Kruse, Grundsätze ordnungsmäßiger Buchführung, 3. Aufl., S. 52 ff.; Baetge, in: Küting/Weber, Handbuch der Rechnungslegung, 3. Aufl., II Rn. 74 ff.

59 Crezelius, in: Scholz, GmbHG, 9. Aufl., Anh. §42a Rn. 69.

60 Döllerer, in: WPg 1959, S. 653 (656).

61 Leffson, Die Grundsätze ordnungsmäßiger Buchführung, 7. Aufl., S. 29 f.

62 Crezelius, in: Scholz, GmbHG, 9. Aufl., Anh. §42a Rn. 69.

63 Urteil vom 31.5.1967 – I 208/63 = BStBl. III 1967, S. 607 (608 f.).

64 Z.B.: Merkt, in: Baumbach/Hopt, HGB, 35. Aufl., § 238 Rn. 11; Beisse, in: StuW 1984, S. 3 (8); Ballwieser, in: Beck'sches Handbuch der Rechnungslegung, Band I, 31. Lfrg., B 105 Rn. 2; Thiel/Lüdtke-Handjery, Bilanzrecht, 5. Aufl., S. 123/Rn. 333; vermittelnd: Förschle/Usinger, in: BeckBilKo, 8. Aufl., §243 Rn. 16 ff.

65 Baetge, in: Küting/Weber, Handbuch der Rechnungslegung, 3. Aufl., II Rn. 84.

66 Hierzu: Larenz, Methodenlehre der Rechtswissenschaft, 6. Aufl., S. 320 ff.

Die induktive Methode hingegen vernachlässigt den Umstand, dass es sich bei der Findung der GoB stets um ein Verfahren der Rechtsanwendung handelt. Denn ausgelegt wird hierbei der unbestimmte Rechtsbegriff der „Grundsätze ordnungsmäßiger Buchführung". Da diese sich am Sinn und Zweck eines letztlich möglichst einheitlichen Bilanzrechts orientieren müssen, ist die deduktive Ableitung vorzugswürdig.

### *e) Rechtsnatur*

Auch die Rechtsnatur der GoB ist seit jeher umstritten. Das Meinungsspektrum reicht von der Qualifikation als Rechtsnormen, Handelsbrauch, kaufmännischem Standesrecht, Verkehrsanschauungen bis zu außerrechtlichen, auf der Grundlage der betriebswirtschaftlichen Erkenntnisse beruhenden Fachnormen[67]. Dieser Streit ist jedoch gegenwärtig aufgrund der Kodifikation vieler GoB in den §§ 238 ff HGB zu einem großen Teil entschärft.

Die verbleibende Problematik der Rechtsnatur beschränkt sich auf die nicht kodifizierten GoB und ist deshalb eng mit derjenigen bei der Bestimmung dieser GoB verknüpft[68].

Dabei muss beachtet werden, dass es sich hier nicht lediglich um eine Obliegenheit des internen, sondern eine gesetzliche Verpflichtung des externen Rechnungswesens und der Rechnungslegung handelt. Dieses soll (jedenfalls auch[69]) Dritte, also außerhalb des Unternehmens stehende Personen, schützen und ist aufgrund eines nicht selten bestehenden Interessenkonflikts zwischen dem den Abschluss Aufstellenden und den Adressaten kein dispositives Recht. Vielmehr handelt es sich bei den Regelungen zur Rechnungslegung um öffentliches Recht[70]. Die GoB teilen diese öffentlich-rechtliche Natur des kodifizierten Bilanzrechts[71].

---

67 Historischer Überblick bei: Steinbach, Die Rechnungslegungsvorschriften des Aktiengesetzes, 1973, S. 24 ff.; ähnliche Darstellungen bei: Knobbe-Keuk, Bilanz- und Unternehmenssteuerrecht, 9. Aufl., S. 42 und Crezelius, in: Scholz GmbHG, 9. Aufl., Anh. §42a Rn. 68.

68 Ähnlich: Knobbe-Keuk, Bilanz- und Unternehmenssteuerrecht, 9. Aufl., S. 42; Crezelius, in: Scholz GmbHG, 9. Aufl., Anh. §42a Rn. 68.

69 Vgl. zu den Zwecken der Bilanz: Teil II B. I.

70 Ebenso: Beisse, in: StuW 1984, S. 1 (7).

71 Crezelius, in: DB 1994, S. 689 (691); Mellwig, in: BB 1979, S. 1409 (1410) m.w.N.; zur öffentlich-rechtlichen Natur des Handelsbilanzrechts vgl. vertiefend: Icking, Die Rechtsnatur des Handelsbilanzrechts, 2000, S. 166 ff., mit zusammenfassendem Ergebnis auf S. 443 f. Dort auch der Hinweis, dass das Handelsbilanzrecht zusätzlich eine

Dies wird auch deutlich aus der, im hier gegebenen Kontext besonders relevanten, Zusammenschau mit § 5 Abs. 1 S. 1 EStG. Denn das Einkommensteuerrecht, als unbestritten öffentliches Recht, darf sich auch an dieser Stelle nicht privaten Handelsbräuchen oder der Gleichen öffnen. Vielmehr muss es sich auch wegen dieser Verzahnung von Handelsbilanzrecht und Steuerbilanz, bei den GoB, ob kodifiziert oder nicht, um Rechtsnormen handeln[72], und zwar ebenfalls solche des öffentlichen Rechts.

## 4. Folgen aus der Maßgeblichkeit

Der Begriff der (materiellen) Maßgeblichkeit wird im Gesetz nicht genannt. Es handelt sich vielmehr um die allgemein akzeptierte Zusammenfassung dessen, was in § 5 Abs. 1 S. 1 EStG mit den Worten, „[...] ist für den Schluss des Wirtschaftsjahres das Betriebsvermögen anzusetzen (§ 4 Absatz 1 Satz 1), das nach den handelsrechtlichen Grundsätzen ordnungsmäßiger Buchführung auszuweisen ist, es sei denn, im Rahmen der Ausübung eines steuerlichen Wahlrechts wird oder wurde ein anderer Ansatz gewählt [.]", umschrieben ist. Hieraus ergibt sich zum einen, bereits sprachlich, dass eine vollständige Übernahme der Handelsbilanz gesetzlich nicht gewollt ist[73], zum anderen die Relevanz der Bestimmung der Grundsätze ordnungsmäßiger Buchführung[74].

Aus der amtlichen Begründung zu § 5 EStG 1934[75] ist zu entnehmen, dass der steuerrechtlichen Gewinnermittlung bei buchführenden Kaufleuten die Handelsbilanz zugrunde gelegt werden sollte, dass jedoch der Spielraum, den die Grundsätze ordnungsmäßiger Buchführung dem Kaufmann für die Gewinnberechnung gewähren, steuerrechtlich nicht anerkannt werden sollten. Darüber hinaus ist die gesetzlich tatsächlich gewollte Art der Umsetzung der Verknüpfung von Handels- und Steuerbilanz jedoch nicht geregelt, weswegen diese in Rechtsprechung und Literatur nicht einheitlich beurteilt wird.

In der Rechtsprechung des BFH wird einerseits von einem strikten Gleichlauf zwischen Handels- und Steuerbilanz gesprochen[76], andererseits wird auf

privatrechtliche Seite aufweist, was jedoch nur nach einer Abgrenzung von Öffentlichem und Privatrecht aufgrund der „Interessentheorie" einen gewissen Widerspruch, welcher in der Theorie selbst begründet liegt (vgl. hierzu Icking, a.a.O., S. 260 ff.), erzeugt.

72 Beisse, in: StuW 1984, S. 1 (6).

73 Zu den Einschränkungen der Maßgeblichkeit vgl.: Teil II A. II. 4., 5.

74 Zu diesen vgl.: Teil II A. II. 3.

75 Einkommensteuergesetz (EStG) vom 16.10.1934 = RGBl. I 1934, 1005.

76 BFH Urteil vom 26.2.1975 – I R 72/73 = BStBl. II 1976, 13 (14).

eine „gebotene enge Auslegung des sogenannten Maßgeblichkeitsgrundsatzes" hingewiesen[77]. Eine solche begrenzte Auswirkung der Handels- für die Steuerbilanz lässt sich auch der Formulierung entnehmen, aus der Verweisung auf die handelsrechtlichen GoB folge allenfalls eine Bindung des Steuerrechts an handelsrechtliche Aktivierungs*verbote* und Passivierungs*gebote*[78]. Andererseits wird die Steuerbilanz generell als eine aus der Handelsbilanz abgeleitete Bilanz bezeichnet[79].

In der Literatur geht man zum Teil davon aus, dass, über den Wortlaut des § 5 Abs. 1 S. 1 EStG hinaus, für die steuerrechtliche Gewinnermittlung die konkreten Ansätze des Steuerpflichtigen in seiner Handelsbilanz maßgeblich sind, soweit diese weder handelsrechtlichen Normen noch strafrechtlichen Vorschriften widersprechen[80]. Andernorts wird festgestellt, die Verweisung in § 5 Abs. 1 S. 1 EStG inkorporiere sämtliche geschriebenen und ungeschriebenen Rechtssätze des Handelsrechts, denen die Qualität von GoB zukommt[81], beziehungsweise, dass die Verweisung des § 5 Abs. 1 S. 1 EStG „[...] sich im Ausgangspunkt auf das gesamte Normensystem des HGB bezieht, soweit dieses die Gewinnermittlung regelt [.]"[82]. Wieder andere formulieren vorsichtiger, der Steuerpflichtige habe bei der steuerrechtlichen Gewinnermittlung die abstrakten handelsrechtlichen Vorgaben zu befolgen, wobei dies dahin gehend konkretisiert wird, dass die materielle Abhängigkeit der steuerrechtlichen von der handelsrechtlichen Gewinnermittlung in den Fällen des § 5 Abs. 2–6 EStG abweichen kann[83].

In Bezug auf die Verweisung des Gesetzes auf die Grundsätze ordnungsmäßiger Buchführung wird hieran ansetzend der Streit um die Reichweite des Maßgeblichkeitsgrundsatzes fortgeführt und diskutiert welche konkreten handelsrechtlichen GoB über § 5 Abs. 1 S. 1 EStG für das Steuerrecht gelten[84]. Allgemein wird formuliert, durch Verweis auf die handelsrechtlichen GoB werden Regelungen des Handelsbilanzrechts auf das Steuerbilanzrecht übertragen, soweit in steuerrechtlichen Spezialvorschriften nichts anderes geregelt ist[85].

---

77 BFH Urteil vom 23.11.1983 – I R 216/78 = BStBl. II 1984, 277 (279).
78 BFH Beschluss vom 3.2.1969 – GrS 2/68 = BStBl. II 1969, 291 (293).
79 BFH Urteil vom 25.4.1985 – IV R 83/83 = BStBl. II 1986, 350 (352).
80 Dziadkowski/Henselmann, in: Beck'sches Handbuch der Rechnungslegung, Band 1, 14. Lfrg., B120 Rn. 41 f.
81 Mathiak in: K/S/M EStG, 13. Lfrg., §5 A 12.
82 Hennrichs, in: StuW 1999, 138 (141).
83 Crezelius, in: Kirchhof EStG, 11. Aufl., § 5 Rn. 1.
84 Vertiefend: Stobbe, in: H/H/R EStG, 239. Lfrg., §5 Rn. 15.
85 Stobbe, in: H/H/R EStG, 239. Lfrg., § 5 Rn. 15.

Differenzierend hingegen *Weber-Grellet*, welcher der Ansicht ist, die Verweisung in § 5 Abs. 1 S. 1 EStG beziehe sich nur auf die GoB i.e.S., also auf die Grundsätze und nicht auf die unterhalb dieser Grundsätze angesiedelten Normen[86]. Allerdings wird auch vertreten, § 5 Abs. 1 S. 1 EStG beziehe sich auf alle handelsrechtlichen GoB. Die dort angeordnete Maßgeblichkeit erstrecke sich nicht nur auf die fundamentalen Prinzipien der Buchführung, sondern auch auf die daraus abgeleiteten Regeln zur bilanziellen Behandlung einzelner Sachverhalte, wobei unerheblich sei, ob diese Regeln kodifiziert sind oder ob es sich um ungeschriebenes Recht handle[87].

Nach *Schulze-Osterloh*[88] bezieht sich die Maßgeblichkeit nicht auf alle Normen des kodifizierten Handelsbilanzrechts, sondern „im Wege teleologischer Reduktion" nur auf diejenigen Vorschriften, welche Ausdruck der handelsrechtlichen Grundsätze ordnungsmäßiger Buchführung seien. Hiergegen lässt sich anbringen, dass dem Gesetzgeber somit unterstellt wird, er habe Rechnungslegungsvorschriften geschaffen, die außerhalb einer ordnungsmäßigen Buchführung stehen[89].

Unabhängig von dem genauen Ausmaß des Maßgeblichkeitsgrundsatzes entspricht es jedoch der Übung des BFH, das Handelsbilanzrecht in Fragen des Steuerbilanzrechts anzuwenden. Dies ist auch im Sinne der Zuständigkeit des BFH nicht zu beanstanden. Soweit die Entscheidung eines anhängigen Rechtsstreits von der Entscheidung über eine handelsrechtliche Vorfrage abhängt, hat der BFH die Kompetenz zur Entscheidung über Vorfragen aus dem Gebiet des Handelsrechts[90]. Greift danach die Maßgeblichkeit des Handels- für das Steuerbilanzrecht, so ist eine Entscheidung des BFH zugleich eine handelsrechtliche Entscheidung[91].

Auch der EuGH geht im Ergebnis davon aus, dass die gesetzliche Fassung des § 5 Abs. 1 S. 1 EStG eine Entscheidungsdivergenz zwischen Zivilgerichtsbarkeit und Finanzgerichtsbarkeit vorbehaltlicher Sondervorschriften in Fragen der Bilanzierung ausschließen soll[92]. Dies lässt sich aus seiner Ansicht, er sei für

86 Weber-Grellet, in: Schmidt EStG, 32. Aufl., §5 Rn. 28.
87 Buciek, in: Blümich EStG, 106. Lfrg., §5 Rn. 205.
88 In: StuW 1989, S. 242 (248).
89 Mathiak in: K/S/M EStG, 43. Lfrg., §5 I 1, A 382.
90 Döllerer, in: FS Klein, S. 699 (700 f.).
91 Döllerer a.a.O. S. 701; ähnlich: Crezelius, in: NJW 1994, S. 981 (982).
92 Crezelius, in: Kirchhof EStG, 11. Aufl., § 5 Rn. 9; Schön, in: FS Flick 1997, S. 573 (580).

die Auslegung bilanz*steuerrechtlicher* Fragen zuständig, soweit diese vom Regelungsgehalt der 4. EG-RL vom 25.7. 1978[93] betroffen sind[94], herleiten.

Hieraus kann eine strikte Bindung der steuerrechtlichen Gewinnermittlung an die Vorgaben des Handelsbilanzrechts gefolgert werden[95].

## 5. Einschränkungen der Maßgeblichkeit

Schon aus der Art der gesetzlichen Verweisung in § 5 Abs. 1 S. 1 EStG auf die handelsrechtlichen Grundsätze ordnungsmäßiger Buchführung wird deutlich, dass kein bedingungsloser Gleichlauf von Steuerbilanz und Handelsbilanz gewollt ist[96]. Der *Steuer*bilanzgewinn ist Bemessungsgrundlage für Einkommen-, Körperschaft- und Gewerbesteuer und muss deshalb auch den systemtragenden Prinzipien des Steuerrechts Rechnung tragen[97].

### *a) Gesetzmäßigkeit der Besteuerung*[98]

Gemäß § 3 Abs. 1 AO ist die Pflicht zur Zahlung der Steuern an die Erfüllung des gesetzlichen Tatbestandes geknüpft. Dieser Grundsatz der Tatbestandsmäßigkeit der Besteuerung ist Ausfluss des Rechtsstaatsprinzips und fordert konkret, dass die Norm, die eine Steuerpflicht begründet, nach Inhalt, Gegenstand, Zweck und Ausmaß hinreichend bestimmt und begrenzt ist, sodass eine Steuerlast aufgrund des Tatbestandes und der daran geknüpften Rechtsfolge messbar und in gewissem Umfang für den Bürger voraussehbar und überschaubar ist[99].

Erforderlich ist demnach stets ein formelles Gesetz, aus dem sich sämtliche Tatbestandsmerkmale für die Steuerpflicht ergeben[100]. Deshalb wäre im Unterschied zur handelsrechtlichen Rechnungslegung, eine Anknüpfung der steuerlichen Rechnungslegung an die IFRS/IAS nicht möglich[101], was partiell auch

93 ABl. EG vom 14.8.1978 Nr. L 222/11-31, geändert in ABl. EG vom 4.12.1984 Nr. L 314/25 transformiert durch das BilRiLiG vom 19.12.1985 BGBl. I 1985,2355.

94 Vgl.: EuGH Urteil vom 14.9.1999, C-275/97 = DStR 1999, 1645.

95 Crezelius, in: Kirchhof EStG, 11. Aufl., §5 Rn. 9.

96 Vgl.: Teil II A. II. 4.

97 Thiel/Lüdtke-Handjery, Bilanzrecht, 5. Aufl., S. 104/Rn. 286.

98 Weiterführend: Wacke, in StuW 1947, 22; Widmer, Das Legalitätsprinzip im Abgabenrecht, 1988; Kruse, Lehrbuch des Steuerrechts, Band 1 Allgemeiner Teil, 1991, S. 54 ff.

99 Gersch, in: Klein AO, 11. Auflage, §3 Rn. 11; vgl. auch: BVerfG Urteil vom 24.1.1962 – 1 BvR 232/60 = BVerfGE 13, 318 (328).

100 Hey, in: Tipke/Lang, Steuerrecht, 21. Aufl., §3 Rn. 234.

101 Zum eo ipso rein privatrechtlichen Charakter der IFRS: Mildebrath, Der IAS-Einzelabschluss, S. 19 ff.

gegen die Heranziehung der diesen Rechnungslegungsstandards zugrunde liegenden Grundsätze bei der Interpretation des nationalen, verbundenen, Bilanzrechts spricht.

### *b) Bedeutung des Leistungsfähigkeitsprinzips*[102]

Der Grundsatz der Besteuerung nach der Leistungsfähigkeit ist ein tradiertes Fundamentalprinzip der Steuergerechtigkeit und oberster Vergleichsmaßstab für die gerechte Verteilung steuerlicher Lasten[103].

Grundsätzlich wäre die korrekte Bemessungsgrundlage der Totalgewinn des Unternehmens. Da jedoch der Staat auf den sukzessiven Eingang der Ertragssteuern angewiesen ist, wird ebenso wie im handelsrechtlichen Jahresabschluss auf den *Perioden*gewinn durch Betriebsvermögensvergleich abgestellt. Das Leistungsfähigkeitsprinzip wird in der Steuerbilanz also genau genommen unsauber umgesetzt, in Nuancen im Endeffekt ignoriert.

Der Konflikt zwischen dem steuerrechtlichen Leistungsfähigkeitsprinzip und dem Maßgeblichkeitsgrundsatz führt immer wieder zu Diskussionen. So soll der Grundsatz der Maßgeblichkeit bei auftretenden Konflikten zurücktreten, da er als primär technisches Prinzip nicht die gleiche Wertigkeit wie die ethischen Prinzipien der Steuergerechtigkeit, insbesondere das Leistungsfähigkeitsprinzip besitze[104]. Teils wird die Maßgeblichkeit im Konflikt mit der Leistungsfähigkeit als verfehlt angesehen, da es im Steuerrecht um Belastungsgleichheit gehe[105].

*Tipke* fordert, dass dem Leistungsfähigkeitszweck der Teilrechtsordnung Steuerrecht auch das Bilanzsteuerrecht Rechnung tragen müsse und deshalb insbesondere auch handelsrechtliche Manipulationsspielräume nicht in das Steuerrecht übertragen werden dürfen[106]. Diese Ansicht erfährt Zuspruch durch die Entscheidung des Großen Senats des BFH vom 3. 2. 1969[107].

Jene Entscheidung verfolgte das Ziel, die in der handelsrechtlichen Bilanz gegebenen Wahlrechte im Dienste der steuerrechtlichen Strukturprinzipien, insbesondere der Gleichmäßigkeit der Besteuerung, für die Anwendung des Maßgeblichkeitsgrundsatzes einzuschränken. Hiernach begründen handelsrechtliche

---

102 Weiterführend: Birk, Das Leistungsfähigkeitsprinzip als Maßstab der Steuernormen, 1983; P. Kirchhof, in: StuW 1985, 319.

103 Hey, in: Tipke/Lang, Steuerrecht, 21. Aufl., §3 Rn. 40.

104 Pezzer, in: DStJG 1991, S. 3 (7).

105 Weber-Grellet, in: DB 1994, 288 (291).

106 Tipke, Die Steuerrechtsordnung, 1993, S. 612 f.

107 BFH Beschluss vom 3.2.1969 – GrS 2/68 = BStBl. II 1969, 291.

Aktivierungswahlrechte steuerrechtliche Aktivierungsgebote und handelsrechtliche Passivierungswahlrechte steuerrechtliche Passivierungsverbote.

Diese Ansicht ist dogmatisch angreifbar, da sich Derartiges dem § 5 Abs. 1 S. 1 EStG nicht entnehmen lässt. Generell steht dem verhältnismäßig klaren Gesetzeswortlaut mit dem Leistungsfähigkeitsprinzip ein vage formuliertes Strukturprinzip gegenüber. Deshalb sollte das Leistungsfähigkeitsprinzip keine normative Wirkung dergestalt haben, dass es in Kollision mit dem Grundsatz der Maßgeblichkeit generelle Einschränkungen erlaubt. Es handelt sich um ein finanzwissenschaftliches Postulat ohne unmittelbare dogmatische Konsequenzen[108]. Ohne die Übertragung in den gesetzlichen Tatbestand kann es in die unmittelbare Anwendung des steuerrechtlichen Gesetzestextes nicht hineinwirken[109]. Nicht der Rechtsanwender, auch nicht der BFH, sondern nur der Gesetzgeber kann das Leistungsfähigkeitsprinzip konkretisieren[110]. Es gibt deshalb keinen Vorrang von Leistungsfähigkeitsüberlegungen vor dem gesetzlich fixierten Maßgeblichkeitsprinzip[111].

Der Gesetzgeber hat von seinem Rechtsetzungsermessen dahin gehend Gebrauch gemacht, dass er als steuerrechtlich abschöpfbar ansieht, was nach handelsrechtlichem Maßstab der Leistungsfähigkeit entspricht[112].

### c) *Gleichmäßigkeit der Besteuerung*[113]

Im Steuerrecht gilt zudem der Grundsatz der Gleichmäßigkeit der Besteuerung, dessen verfassungsrechtliche Grundlage sich in Art. 3 Abs. 1 GG findet. Er gebietet es, dass grundsätzlich für alle Steuersubjekte die gleiche Bemessungsgrundlage zu gelten hat[114].

Hieraus wird zum einen die Rechtsanwendungsgleichheit, zum anderen die Rechtssetzungsgleichheit gefolgert. Erstere besagt, dass die Steuergesetze durch

108 Crezelius, in: DB 1994, 689 (691) der das Leistungsfähigkeitsprinzip auch generell als „rechtsfolgenlos" ansieht.

109 Ähnlich Crezelius a.a.O.

110 Knobbe-Keuk, Bilanz- und Unternehmenssteuerrecht, 9. Aufl., § 2 II 3e; Döllerer, in: BB 1988, 238 (240).

111 Crezelius, in: DB 1994, 689 (691).

112 Ähnlich: Crezelius, in: DB 1994, 689 (691).

113 Weiterführend: Rüfner, in: Bonner Kommentar zum GG, 68. Lfrg., Art. 3 I GG, Rn. 196 ff.; Kruse, in: StuW 1990, 322.

114 Thiel/Lüdtke-Handjery, Bilanzrecht, 5. Aufl., S. 107/Rn. 294.

die Finanzbehörden und die Finanzgerichte gleichmäßig angewandt werden sollen[115].

Die Rechtssetzungsgleichheit wird aus Art. 3 Abs. 1 i.V.m. Art. 1 Abs. 3, 20 Abs. 3 GG gefolgert. Hiernach ist auch der (Steuer-)Gesetzgeber an den Gleichheitssatz gebunden und gehalten seinen am Wertesystem des Grundgesetzes orientierten Gerechtigkeitsauftrag zu erfüllen[116].

Der dualistische Einkünftebegriff setzt die Gleichmäßigkeit der Besteuerung ebenso wenig konsequent um wie die sich hieraus ergebenden Gewinn-/Überschussermittlungsmethoden, welche zu zwei unterschiedlichen Möglichkeiten der Leistungsfähigkeitsbemessung führen. Die Rückstellungsbildung ist hiervon betroffen, da die Möglichkeit der Senkung der Besteuerungsgrundlage mittels Ansatzes dieses Passivpostens nur für die Gewinnermittlung durchführbar ist.

Nach der Rechtsprechung[117] ist die Gleichmäßigkeit der Besteuerung hingegen nur durch Wahlrechte bei der handelsrechtlichen Bilanzierung besonders gestört, sodass diese entgegen dem Maßgeblichkeitsgrundsatz für Zwecke der Besteuerung eingeschränkt werden müssen[118].

Allerdings ist hierbei zwischen verschieden Arten von Wahlrechten, beziehungsweise deren Zwecke, zu unterscheiden. Wahlrechte, die der Vereinfachung beziehungsweise der Objektivierung und somit letztendlich der Praktizierbarkeit des Bilanzsteuerrechts dienen, müssen auch steuerrechtlich hingenommen werden. Jedoch sind Abbildungs- und Anpassungswahlrechte nach dieser Rechtsprechung nicht mit dem Grundsatz der Gleichmäßigkeit der Besteuerung zu vereinbaren, da die Steuerbilanz auf die Erfassung des vollen Gewinns gerichtet ist[119].

Gesellschafts- und wirtschaftspolitisch motivierte Wahlrechte sind zu deren Zweckerreichung auch steuerrechtlich hinzunehmen, soweit sie den Förderungszweck erfüllen und im Interesse der Allgemeinheit liegen[120].

---

115 Hey, in: Tipke/Lang, Steuerrecht, 21. Aufl., § 3 Rn. 110; grundlegend: BVerfGE 84, 239; Ondracek, in: FS Ritter, 1997, S. 227 ff; Tipke, in: FS Offerhaus, 1999, S. 819 ff.

116 Hey, in: Tipke/Lang, Steuerrecht, 21. Aufl., § 3 Rn. 110.

117 BFH Beschluss vom 3.2.1969 – GrS 2/68 = BStBl. II 1969, 291.

118 Vgl.: Teil II A. II. 5. b).

119 Weber-Grellet, in: DB 1994, 288 (291).

120 Thiel/Lüdtke-Handjery, Bilanzrecht, 5. Aufl., S. 110/Rn. 302.

## III. Zusammenfassende Stellungnahme

Handels- und Steuerbilanz erweisen sich als (derzeit noch) eng miteinander verknüpfte Zahlenwerke. Der Grundsatz der Maßgeblichkeit der Handels- für die Steuerbilanz verpflichtet den Rechtsanwender dazu, eine allzu große Kluft zwischen diesen beiden Bilanzarten nicht aufkommen zu lassen. Dies wird einerseits durch die Entstehungsgeschichte und den ursprünglichen Zweck dieses Instituts, andererseits aber auch durch die nachfolgende Rechtsprechung bestätigt.

Auch die Unbestimmtheit der „Grundsätze ordnungsmäßiger Buchführung" kann die These einer weitgehend verselbstständigten Steuerbilanz nicht bestätigen. Die Anwendung dieser Grundsätze ist ein Problem der Rechtsanwendung öffentlich-rechtlicher Normen, welchem mit den Mitteln der Auslegung nach juristischem Maßstab, zu vorderst der Frage nach dem Zweck der Rechnungslegungsregelungen, abgeholfen werden kann.

Die gesetzliche Verweisung des EStG auf die Handelsbilanz darf nicht durch steuerliche Grundprinzipien, welche ihre Grundlage in der Verfassung haben und nicht weiter durch den Gesetzgeber konkretisiert wurden, aus den Angeln gehoben werden. Vielmehr ist ein grundsätzlicher Gleichlauf der beiden Bilanzarten gesetzlich gewollt und deshalb vom Rechtsanwender zu verwirklichen.

Für den Fall der Rückstellungen ergeben sich aus dem EStG steuerrechtliche Sondernormen[121], welche als kodifizierte, verfassungsrechtlich legitimierte Normen selbstverständlich für die Steuerbilanz zu beachten sind. Allerdings folgen darüber hinaus die Regeln für den Ansatz und die Bewertung von Rückstellungen aus den handelsrechtlichen Grundsätzen ordnungsmäßiger Buchführung. Die Passivierungspflicht, die aus der Bildung von Verbindlichkeitsrückstellungen gemäß § 249 Abs. 1 S. 1 Alt. 1 HGB folgt, stellt laut der Rechtsprechung des BFH selbst einen Grundsatz ordnungsmäßiger Buchführung dar, welcher aufgrund des § 5 Abs. 1 S. 1 EStG auch für die Steuerbilanz Geltung beansprucht[122].

Aufgrund dessen zeigen sich bei der Untersuchung der vorliegenden Thematik keine grundlegenden Divergenzen zwischen Handels- und Steuerbilanz[123].

---

121 § 5IIa, III, IV, IVa, IVb EStG.

122 St. Rspr, vgl. BFH Urteile vom 6.2.2013 – I R 8/12 = DStR 2013, 1018; v. 6.6.2012 – I R 99/10 = DStR 2012, 1790 (1791 m.w.N.); v. 22.8.2012 – X R 23/10 = DStR 2012, 2114 (2115), wo die Norm des § 249 I 1 HGB selbst als auf den GoB beruhend bezeichnet wird; v. 19.9.2012 – IV R 45/09 = DStR 2012, 2166 (2170).

123 Auch Versin, Derogation des Maßgeblichkeitsprinzips im Einkommensteuerrecht, S. 61 ff., beschränkt sich hinsichtlich der Durchbrechungen des Maßgeblichkeitsgrundsatzes beim Ansatz von Rückstellungen auf die im EStG geregelten Sondertatbestände.

Die gesetzlichen Abweichungen des EStG für den Rückstellungsansatz tangieren das Grundproblem der „wirtschaftlichen Verursachung" nicht. Diejenigen Aspekte, die zu der Problemstellung und deren Lösung führen, müssen vielmehr dem Recht der Handelsbilanz, welches sich aufgrund des § 5 Abs. 1 S. 1 EStG auf das Recht der Steuerbilanz übertragen lässt, entnommen werden. Es besteht mithin ein Gleichlauf beider Bilanzarten betreffend die hier bearbeitete Problematik.

# B. Bilanzen als Objekte juristischer Betrachtung

## I. Sinn und Zweck der Bilanz

### 1. Handelsbilanz

Die Rechnungslegung dient verschiedenen Zielen, welche unter die Begriffe Rechenschafts-, Gewinnermittlungs-, Ausschüttungsbemessungs-, Gläubigerschutz- und Informationsfunktion geordnet werden können[124]. Allerdings lassen sich diese Begriffe wiederum Überbegriffen unterordnen. So kann grob zwischen der Informations- und der Zahlungsbemessungsfunktion des handelsrechtlichen Jahresabschlusses unterschieden werden[125].

Hierbei ist eine strikte Trennung zwischen Bilanz- und Jahresabschlusszweck nicht sinnvoll. Die Bilanz soll als Teil des Jahresabschlusses (§ 242 Abs. 3 HGB), bei bestimmten Unternehmen gemäß § 264 Abs. 1 S. 1 HGB um einen Anhang erweitert, ein den tatsächlichen Verhältnissen entsprechendes Bild der Vermögens-, Finanz- und Ertragslage vermitteln (§ 264 Abs. 2 S. 1 HGB). Aus diesem Grund wird auch der Begriff der Bilanzanalyse mit dem der Jahresabschlussanalyse synonym gebraucht[126].

#### *a) Informationsfunktion*

Im Gesetz selbst findet sich der Satz, dass die Bilanz das tatsächliche Verhältnis von Vermögen und Schulden des bilanzierenden Kaufmannes betreffend jedes einzelnen Wirtschaftsjahres darstellen soll (§ 242 Abs. 1 S. 1 HGB). Direkt wird also nur ein Aspekt des Bilanzzweckes, nämlich die Informationsfunktion – und innerhalb dieser, neben der Information über die Höhe von einzelnen Bilanzpositionen, die Information über die Schuldendeckung insgesamt – genannt.

---

124 Winnefeld, Bilanzhandbuch, 4. Aufl., Einführung Rn. 16.

125 Bitz/Schneeloch/Wittstock, Der Jahresabschluss, 5. Aufl., S. 40; Coeneberg/Haller/Schultze, Jahresabschluss und Jahresabschlussanalyse, 22. Aufl., S. 18; ähnlich und m. w. N.: Hinz, in: Beck'sches Handbuch der Rechnungslegung, Band 1, 32. Lfrg., B 100 Rn. 4 ff.

126 Küting/Weber, Die Bilanzanalyse, 10. Aufl., S. 1; Ballwieser, in: Chmielewicz/Schweitzer, Handwörterbuch des Rechnungswesens, 3. Aufl., Sp. 211.

Indirekt ergibt sich hierdurch jedoch auch die Information über den Umfang des Eigenkapitals, das sich als Rechengröße aus der Differenz zwischen Vermögen und Fremdkapital ergibt.

Des Weiteren kann aus der Differenz zwischen den Ansätzen des Eigenkapitals der Schlussbilanz und der Eröffnungsbilanz der Erfolg des Geschäftsjahres ermittelt werden.

Die Bilanz hat als Teil des handelsrechtlichen Jahresabschlusses die Aufgabe, den verschiedenen Adressaten ein derart gesetzlich vorgeschriebenes Maß an Informationen zur Verfügung zu stellen. Als Adressaten lassen sich hierbei externe und interne Bilanzadressaten unterscheiden. Externe Adressaten sind zum Beispiel Gläubiger, Anteilseigner, Lieferanten und Finanzanalysten[127]. Mithin solche Individuen, welche außerhalb des Unternehmens stehen, jedoch ein berechtigtes, über bloße Neugier hinausgehendes, Interesse an Kenntnissen über die wirtschaftliche Lage des Unternehmens haben. Interne Bilanzadressaten sind zum Beispiel die Unternehmensleitung oder die Kontrollorgane des Unternehmens[128], also grundsätzlich solche Individuen, welche direkt zum Unternehmenserfolg beitragen oder jedenfalls ein direktes Interesse an der wirtschaftlichen Lage des Unternehmens haben und hierauf eine gewisse Einflussnahmemöglichkeit besitzen.

Die Informationsfunktion kann sodann weiter in die Komponente Dokumentation, Selbstinformation der Unternehmensleitung, Information der Kapitalgeber und Information sonstiger Interessenten unterteilt werden[129].

### *aa) Dokumentation*

Die kodifizierte Pflicht zur Buchführung und Rechnungslegung soll der Beweissicherung für erfasste Geschäftsvorfälle und Endbestände dienen. Diese Dokumentationspflicht kann im Rahmen von Insolvenzen oder möglichen

127 Küting/Weber, Die Bilanzanalyse, 10. Aufl., S. 8; Baetge/Kirsch/Thiele, Bilanzanalyse, 2. Aufl., S. 15, wobei hier jedoch Konkurrenzunternehmen zwar als externe Bilanzanalytiker, nicht jedoch als Bilanzadressaten anerkannt sind (a.A. insoweit Küting/Weber, a.a.O.).

128 Küting/Weber und Baetge/Kirsch/Thiele jeweils a.a.O., wobei Letztere sich nicht auf Interne im eigentlichen Sinne beschränken, sondern auch solche Individuen hierzu zählen, die zwar eigentlich außerhalb des Unternehmens stehen, jedoch aufgrund ihres Beteiligungsanteils oder der Rechtslage als dem Unternehmen besonders nahe stehend anzusehen sind (z.B.: Großaktionäre und Großkreditgeber, aber auch die Finanzverwaltung).

129 Hinz, in: Beck'sches Handbuch der Rechnungslegung, Band 1, 32. Lfrg., B 100 Rn. 5.

Rechtsstreitigkeiten zur Klärung von entscheidungserheblichen Zweifelsfragen beitragen[130].

Auch der Sicherung der Besteuerungsgrundlage dient die Handelsbilanz, zumindest indirekt:

Gemäß § 140 AO ist die handelsrechtliche Buchführungs- und Bilanzierungspflicht auch für das Steuerrecht maßgeblich.

*bb) Selbstinformation der Unternehmensleitung*

Die Selbstinformation der Unternehmensleitung wird traditionell auch als Zweck der Bilanz angesehen[131]. Vom gedanklichen Ansatz her nachvollziehbar ist hierbei die Argumentation, dass die gesetzliche Pflicht zur Rechnungslegung den Kaufmann auch dazu zwingt, sich selbst mit den Informationen über sein Unternehmen auseinanderzusetzen und sich so seine Lage zu vergegenwärtigen. Insbesondere bei kleineren Unternehmen mag dies ein legitimer Zweck der Bilanzierungspflicht sein. Allerdings wird zu Recht darauf hingewiesen, dass das Management über aussagefähigere, interne Zahlenwerke verfügt[132]. Das primäre Informationsinstrument für unternehmensinterne Zielgruppen stellt das interne Rechnungswesen dar[133]. Die Bilanz wendet sich primär an externe Adressaten, während die Kosten- und Leistungsrechnung der zieladäquaten Steuerung der innerbetrieblichen Leistungserstellungsprozesse dient[134].

Die aus dem externen Rechnungswesen erstellte Bilanz und Gewinn- und Verlustrechnung sind weniger geeignet als Kontroll- und Dispositionsgrundlage für die Unternehmensführung selbst zu dienen[135].

Auch aus dem Gesetz lässt sich kein eindeutiger Hinweis darauf gewinnen, dass die Selbstinformation ein (gewichtiger) Zweck der Bilanz ist. Gemäß § 238 Abs. 1 S. 2 HGB ist die (externe) Buchführung, die in den §§ 238 ff. HGB geregelt

---

130 Hinz, in: Beck'sches Handbuch der Rechnungslegung, Band 1, 32. Lfrg., B 100 Rn. 9 ff.

131 Küting/Weber, Die Bilanzanalyse, 10. Aufl., S. 8; Hinz, in: Beck'sches Handbuch der Rechnungslegung, Band 1, 32. Lfrg., B 100 Rn. 14.

132 Jacobs/Greif/Weber, in: WiSt 1972, 425 (426).

133 Deimel/Isemann/Müller, Kosten- und Erlösrechnung, S. 21; dahin gehend auch: Groh, in: StBJb 1979/80, 121 (123).

134 Coenenberg/Fischer/Günther, Kostenrechnung und Kostenanalyse, 7. Aufl., S. 21; Moxter, in: BB 2000, 2143 (2149) weist allerdings darauf hin, dass in der Praxis, bei bestimmten Dispositionen, zum Teil durchaus auch deren Auswirkungen auf den Jahresabschluss, zwecks Steuerung der Außenwirkung, berücksichtigt wird.

135 Vgl. die detaillierte Darlegung der fehlenden Eignung in: Heno, Jahresabschluss nach Handelsrecht, Steuerrecht und internationalen Standards (IFRS), 7. Aufl., S. 16 f.

wird und deren eines Endprodukt die Bilanz darstellt, so zu gestalten, dass ein sachverständiger *Dritter* sich über die Lage des Unternehmens informieren kann.

Die Selbstinformation ist deshalb als subsidiärer Bilanzzweck anzusehen.

### *cc) Information der Kapitalgeber*

Bei den Kapitalgebern lässt sich eine Unterscheidung zwischen Eigen- und Fremdkapitalgebern treffen. Das legitime Informationsinteresse der Eigenkapitalgeber beruht auf dem Umstand, dass sie, sofern sie wie bei großen Kapitalgesellschaften üblich nicht selbst dem Management angehören, nicht unmittelbar in die Verwaltung ihres Vermögens eingebunden sind und somit die Verwalter eine Rechenschaftspflicht trifft[136]. Die Information der Eigenkapitalgeber hat hier den Zweck ihre Entscheidung darüber, welche Personen sie mit der Verwaltung und Kontrolle des Unternehmens betrauen, sowie die Entscheidungsfindung über den zukünftigen Bestand ihrer Beteiligung zu beeinflussen. Letzterer Aspekt trifft gleichermaßen für potentielle Gesellschafter zu.

Daneben sind an derartigen Informationen gleichermaßen aktuelle und potentielle Fremdkapitalgeber interessiert. Diese benötigen die Bilanz als Teil des Jahresabschlusses, um ihre Kapitalinvestition richtig bewerten zu können. Insbesondere die Fähigkeit des Unternehmens seinen Verpflichtungen aus der Bereitstellung des Fremdkapitals nachzukommen ist hier von Interesse. Die Bilanz trägt als Teil des Jahresabschlusses insbesondere zur Prognose über eine bevorstehende Insolvenz bei[137]. Hilfestellung leistet hierbei die gesetzliche Pflicht zur Offenlegung des Jahresabschlusses bestimmter Unternehmen[138].

### *dd) Information sonstiger Interessenten*

Aus der Offenlegungspflicht für den Jahresabschluss bestimmter Unternehmen[139] kann gefolgert werden, dass ein noch breiterer Kreis berechtigter Informationsinteressenten besteht. Die Jahresabschlüsse sind hierdurch allgemein zugänglich und sollen zum Beispiel Arbeitnehmern, Lieferanten, Verbänden und Gewerkschaften zur Informationsgewinnung dienen[140]. Dies hat adressatenspezifisch unterschiedliche Gründe. So sollen zum Beispiel die Publizitätserfordernisse

---

136 Hinz, in: Beck'sches Handbuch der Rechnungslegung, Band 1, 32. Lfrg., B 100 Rn. 17.

137 Hierzu: Baetge, in DB 2002, 2281 ff.

138 Vgl.: §§ 325, 339, 340 l, 341 l, 264 a I HGB; §§ 1, 9, 11, 15 PublG.

139 Vgl.: §§ 325, 339, 340 l, 341 l, 264 a I HGB; §§ 1, 9, 11, 15 PublG.

140 Hinz, in: Beck'sches Handbuch der Rechnungslegung, Band 1, 32. Lfrg., B 100 Rn. 32.

gegenüber Kreditinstituten und Versicherungsunternehmen, im Dienste des Gläubigerschutzes, durch Aufsichtsämter überwacht werden können[141].

### *b) Zahlungsbemessungsfunktion*

#### *aa) Zahlungsbemessung im Dienste des Gläubigerschutzes*

Da bei Kapitalgesellschaften eine Haftung der Gesellschafter mit ihrem Privatvermögen nicht besteht, sind die Gläubiger der Gesellschaft grundsätzlich der Gefahr ausgesetzt, dass das Gesellschaftsvermögen durch Ausschüttungen an die Gesellschafter derart geschmälert wird, dass dieses zur Deckung ihrer Ansprüche nicht mehr vollständig ausreicht. Deshalb besteht ein Ziel der Bemessung der Zahlungen an die Gesellschafter anhand der Handelsbilanz in der Sicherung des Mindesthaftungsvermögens im Interesse der Gläubiger[142].

Doch auch bei Betrieben, die nicht in Form von Kapitalgesellschaften strukturiert sind, besteht dieses Interesse am Kapitalverbleib im Unternehmen. Kapital, welches an betriebliche Verwendung gebunden ist, sichert dessen Bestand und fördert dessen Ausbau. Privates Vermögen, sei es auch Teil einer etwaigen Haftungsmasse, ist stets flüchtiger als betrieblich verstricktes Vermögen.

Die hierdurch festgelegte Sperrfunktion im Dienste der Ausschüttungsbemessung wird zum Teil als vorrangige Aufgabe des Jahresabschlusses angesehen[143].

Unter diesem Blickwinkel an die Bilanzaufstellung anknüpfend sind auch in den, nur bestimmte Gesellschaften betreffenden, Spezialgesetzen Regelungen getroffen, die der Kapitalerhaltung dienen[144].

#### *bb) Zahlungsbemessung im Sinne einer Ausschüttungssicherung*

Mit der Feststellung des Jahresabschlusses wird auch die gesellschaftsinterne Kompetenzaufteilung zwischen Management und Gesellschaftern über die Verwendung des Reinvermögens der Gesellschaft beeinflusst[145]. Der Jahresabschluss dient dabei der Konkretisierung derjenigen Teile des Reinvermögens, welche durch Gesetz oder Gesellschaftsvertrag der Verwendungskompetenz des Managements entzogen sind und über deren Verwendung ausschließlich

141 Hinz a.a.O. Rn. 34.

142 Hinz, in: Beck'sches Handbuch der Rechnungslegung, Band 1, 32. Lfrg., B 100 Rn. 35.

143 Moxter, in: FS Goerdeler, 1987, S. 361 (373).

144 Vgl. z.B.: § 30 I GmbHG, § 22 IV GenG, § 57 I AktG, 172 IV HGB.

145 Bitz/Schneeloch/Wittstock, Der Jahresabschluss, 5. Aufl., S. 50; Hinz, in: Beck'sches Handbuch der Rechnungslegung, Band 1, 32. Lfrg., B 100 Rn. 45.

die Gesellschafter entscheiden können[146]. In diesem Zusammenhang erfolgt durch den Jahresabschluss also auch eine Ausschüttungssicherung zugunsten der Gesellschafter.

Diese Funktion der internen Kompetenzverteilung erstreckt sich darüber hinaus aber auch auf Personengesellschaften, bei denen die Entnahmemöglichkeiten der Gesellschafter, aufgrund ihrer persönlichen Haftung, durch den Jahresabschluss nicht berührt werden. So erfolgt zum Beispiel durch § 122 Abs. 1, 2 HGB für die Gesellschafter einer OHG und die Komplementäre einer KG eine Beschränkung der Entnahmekompetenz. Für den Kommanditisten einer KG sieht § 169 Abs. 1 HGB eine Regelung für dessen Ausschüttungsanspruch vor. Da die Bestimmung des verteilbaren Gewinns und des Standes der Eigenkapitalkonten gemäß §§ 120, 167 HGB verbunden sind, dient der Jahresabschluss auch dort der Ermittlung der den Gesellschaftern zustehenden Entnahmebeträge[147].

Vertraglich können zudem weitere Zahlungsbemessungen zum Beispiel für den Vorstand oder den Aufsichtsrat[148], sowie Arbeitnehmer erfolgen.

Im Rahmen von verschiedenen Finanzierungsinstrumenten kann ebenso eine Zahlungsbemessung anhand des Jahresabschlusses erfolgen[149].

## 2. Steuerbilanz

Der Begriff der „Steuerbilanz" kommt in keinem Gesetz im formellen Sinne vor. Auch besteht grundsätzlich keine Pflicht, eine eigenständige Steuerbilanz zu erstellen. Gemäß § 60 Abs. 1, 2 EStDV genügt eine Abschrift der Handelsbilanz, die jedoch, und dies dürfte bei Ausnutzung der handelsbilanziellen Spielräume meist zwingend der Fall sein, den steuerrechtlichen Vorschriften anzupassen ist. In § 60 Abs. 2 S. 2 EStDV wird deshalb die Steuerbilanz als Alternative erwähnt.

Die für die Handelsbilanz vorgenommene Zweiteilung der Bilanzzwecke lässt sich bedingt auf die Steuerbilanz übertragen. Hier ist als Adressat absolut vorrangig das zuständige Finanzamt zu nennen. Zu dessen Information dient die Steuerbilanz primär. Zwar wird vereinzelt auch von Kreditgebern die Steuerbilanz verlangt[150], doch ist dies nicht als gesetzlich vorgesehener Zweck anzusehen.

Aus diesem eher eindimensionalen Informationszweck ergibt sich auch der primäre Zahlungsbemessungszweck. Dieser besteht bei der Steuerbilanz darin,

---

146 Hinz a.a.O.

147 Hinz, in: Beck'sches Handbuch der Rechnungslegung, Band 1, 32. Lfrg., B 100 Rn. 46.

148 Vgl. hierzu. § 113 III AktG.

149 Weiterführend hierzu: Bitz/Schneeloch/Wittstock, Der Jahresabschluss, 5. Aufl., S. 52.

150 Bitz/Schneeloch/Wittstock, Der Jahresabschluss, 5. Aufl., S. 55.

den Anspruch des Staates auf Teilhabe am Unternehmenserfolg zu fixieren, also den der Besteuerung unterliegenden Gewinn betragsmäßig zu erfassen. Zwar stellt der Steuerbilanzgewinn in der Regel nicht die endgültige Steuerbemessungsgrundlage dar, er ist jedoch die wichtigste Teilbemessungsgrundlage für die Einkommen-, Körperschaft- und Gewerbesteuer[151].

## 3. Zusammenfassende Stellungnahme

Vorstehende Ausführungen mögen zu dem Schluss verleiten, die Handelsbilanz habe sehr viel komplexeren, jedenfalls aber zahlreicheren, Ansprüchen zu genügen. Dabei darf jedoch nicht übersehen werden, dass die grundsätzliche Zweiteilung in Informations- und Zahlungsbemessungszweck ebenso bei der Steuerbilanz anwendbar ist.

Darüber hinaus ist zu beachten, dass die hier zu vermittelnde, betriebswirtschaftliche Information, mit ihren juristisch definierten Rahmenbedingungen, keinen Selbstzweck erfüllt. Die Information ist stets notwendiges Instrument zur Entscheidungsfindung, und diese Entscheidungen betreffen bei wirtschaftlich tätigen Unternehmen stets die Möglichkeit der Profitmaximierung. Unternehmen sind zweckgerichtete Kombinationen von materiellen und immateriellen Werten, durch deren Zusammenwirken finanzielle Überschüsse erwirtschaftet werden sollen[152]. Der Wert eines Unternehmens wird deshalb vom Grundsatz her dadurch bestimmt, dass die künftigen Nettoeinnahmen der Eigentümer – beziehungsweise die diese ermöglichenden finanziellen Überschüsse des Unternehmens – abgezinst werden[153]. Das Interesse an Informationen orientiert sich dabei anhand dieses übergeordneten Zwecks jeder Unternehmung.

Dies gilt sowohl für die Eigen- und Fremdkapitalgeber als auch sonstige Teilhaber am Unternehmenserfolg. Sie alle sind bestrebt durch möglichst detaillierte Informationen ihren Einsatz in das Unternehmen gewinnerhöhend zu verwalten, beziehungsweise die Entnahmemöglichkeit von Überschüssen beurteilen zu können.

Dabei kann die Bilanz aufgrund der nötigen gesetzlichen Rahmenbedingungen nur Mindestanforderungen an das Zahlenwerk zur Verwirklichung der Messziele stellen. Wo Normen die Rechtssicherheit gewährleisten, ist

---

151 Hinz, in: Beck'sches Handbuch der Rechnungslegung, Band 1, 32. Lfrg., B 100 Rn. 53.

152 IDW Standard: Grundsätze zur Durchführung von Unternehmensbewertungen (IDW S 1 i.d.F. 2008) 4.2 Tz. 18.

153 Vgl. IDW S 1 i.d.F. 2008 4.4.1.1. Tz. 24, 25.

Verallgemeinerung und Pauschalierung nicht auszuschließen, da gerade eine Vielzahl im Detail unterschiedlicher Lebenssachverhalte einheitlich geregelt werden soll.

Die Informationsfunktion durch das externe Rechnungswesen und dessen Endprodukte, die Bilanz und die Gewinn- und Verlustrechnung, ist also von vornherein begrenzt und seinerseits, wie maßgeblichen GoB zum Beispiel dem Vorsichtsprinzip (§ 252 Abs. 1 Nr. 4 HGB), in seinen Ausprägungen als Realisations- und Imparitätsprinzip, oder auch dem Anschaffungs- bzw. Herstellungskostenprinzip (§ 253 Abs. 1 S. 1 HGB) zu entnehmen ist, dem Gläubigerschutz durch Vermögenserhalt im Unternehmen verpflichtet.

Da zudem auch die Funktion der Zahlungsbemessung vordergründig im Dienste der Gläubiger, also als Ausschüttungssperrfunktion durch Bemessung des verteilungsfähigen (nicht-pflichtigen) Gewinns, nicht im Sinne der Ausschüttungssicherung konzipiert ist[154], offenbart sich ein einheitliches Konstrukt des Gläubigerschutzes mittels Kapitalerhaltung, welches beim handelsrechtlichen Jahresabschluss im Vordergrund steht[155], und sich auch den Gesetzesmaterialien zu AktG 1965 entnehmen lässt. In diesen wurde darauf hingewiesen, dass die Verbesserung der Rechnungslegungsvorschriften den Interessen der Aktionäre dienen sollte[156].

Gläubigerschützende Zahlungsbemessung bedeutet in erster Linie die angemessene Verteilung des Unternehmensgewinns auf die Berechtigten, wobei diejenigen, welche nicht unmittelbar auf das Unternehmen und sein Vermögen einwirken können, also alle außer den Unternehmensinternen selbst, besonderen Schutz vor einem Kapitalabfluss aus dem Investitionsobjekt – dem Unternehmen – bedürfen. Der Gläubigerschutz führt zu einer gerechten Teilhabe der Anteilseigner einerseits und der Fremdkapitalgeber andererseits.

Hierbei ist es nur konsequent, wenn der Staat innerhalb des gesellschaftsrechtlichen Gefüges aus gesetzlich Anteilsberechtigten nicht über den Privaten steht, sondern sich anhand desselben Entzugssystems am Unternehmensvermögen

154 Ebenso: Hinz, in: Beck'sches Handbuch der Rechnungslegung, Band 1, 32. Lfrg., B 100 Rn. 51; ähnlich: Moxter, in: StuW 1989, 232 (236 f.); Naumann, in WPg, 1991, 529 (530).

155 Ebenso: Winkeljohann/Schellhorn, in: Beck'scher Bilanzkommentar, 8. Aufl., § 264 Rn. 35; Kamann, in: DStR 1980, 400 (406); Winnefeld, Bilanzhandbuch, 4. Aufl., C 52; Arbeitskreis Bilanzrecht der Hochschullehrer Rechtswissenschaft, in BB 2008, 152 (153).

156 Begründung zum Regierungsentwurf eines Aktiengesetzes vom 3.2.1962, BT-Drs. IV/171, S. 93.

befriedigen kann. Als Teilnehmer am allgemeinen wirtschaftlichen Verkehr besitzt der Staat nur dahin gehend eine Sonderstellung, dass er seine Gläubigerstellung ohne direkte Investition in das Unternehmen erhält. Der Staat ist quasi als „stiller Teilhaber" des Unternehmens anzusehen[157], welcher, ebenso wie der Unternehmensträger selbst, den besonderen Gläubigerschutz der übrigen Forderungsberechtigten zu akzeptieren hat. Ein Vorrang des Staates als öffentlich-rechtlicher Gläubiger wäre möglicherweise verfassungsrechtlich tragbar. Jedoch ist eine Gleichberechtigung dem Grunde nach gesetzlich der Vorrang gegeben worden. Dies ergibt sich im Besonderen aus der Maßgeblichkeit der Handels- für die Steuerbilanz[158]. Die Anknüpfung der Anspruchsbemessung des Staates an das Rechenwerk, welches ebenso die Zuteilung des im Unternehmen verfügbaren Kapitals an die privaten Gläubiger regelt, zeigt, dass ein weitestgehender Gleichlauf den Bilanzzwecken für das Handels- und das Steuerrecht zugrunde liegt[159]. Unter diesen besitzt die Ermittlung des verteilungsfähigen Gewinns unter den privaten Fremdkapitalgebern, den Anteilseignern sowie dem Staat, eine Vorrangstellung.

Die Verteilungsfähigkeit bemisst sich einerseits anhand der Fähigkeit des Unternehmens Kapitalabflüsse zu verkraften, ohne die eigene Ertragskraft in geschäftsschädigender Weise zu schwächen und andererseits innerhalb dieser Betrachtung danach, keinen der Berechtigten unverhältnismäßig zu benachteiligen. Mit dem Maßgeblichkeitsprinzip des EStG hat sich der Staat, innerhalb der Steuerbilanz, der Prämisse des Gläubigerschutzes ebenso unterworfen, wie es der Unternehmensträger selbst zu tun hat. Wo es dem Gesetzgeber nicht tragbar scheint, das handelsrechtliche Konstrukt mit seinem gläubigerschützendem Auszahlungsbemessungsreglement auf die Steuerbilanz zu übertragen, kodifiziert er

157 Schön, in StuW 1995, 366 (374, 377 m.w.N.); Marx, in: BB 2011, 1003 (1005); dahin gehend lässt sich auch BFH Urteil vom 27.6.2001 - I R 45/97 = BStBl. II 2003, 121 (123) verstehen. Der BFH setzt hier bei dem Zweck des Realisationsprinzips, dem vorsichtigen Ertragsausweis an, und stellt hierbei Ausschüttungen mit der Besteuerung grundsätzlich gleich.

158 Vgl. hierzu: Teil II A. II.

159 Ebenso: Döllerer, in: BB 1971, 1333 (1334); Schön, in StuW 1995, 366 (377); J. Schulze-Osterloh, in: DStJG 23 (2000), 74 f.; Hüttemann, in: StbJb. 2002/03, 37 (45); mit Hinweis auf die Geltung des Vorsichtsprinzips über den Maßgeblichkeitsgrundsatz im Ergebnis auch Rückle, in: Leffson/Rückle/Großfeld, Handwörterbuch unbestimmter Rechtsbegriffe im Bilanzrecht des HGB, S. 403 (407); Moxter, in: StuW 1989, 232 (236 f.); Marx, in: BB 2011, 1003 (1006).

eine entsprechende Abweichung[160]. Wo er dies nicht tut, ist die Maßgeblichkeit anzuwenden und zu befolgen.

Aufgrund der tatsächlich bestehenden Verknüpfung dieser beiden „Bilanzen im Rechtssinne"[161] kann eben diese nicht grundsätzlich, mangels Zweckdienlichkeit, abgelehnt werden, um die Frage nach der bestehenden oder nicht bestehenden Gemeinsamkeit des Bilanzzwecks zu beantworten[162].

Die Aussage des BFH, Bilanzen haben im Handels- und im Steuerrecht unterschiedliche Funktionen[163], steht dem nicht entgegen. Das Gericht führt weiter aus[164]: „Während im Handelsrecht die Interessen der Gesellschafter und der Schutz der Gläubiger der Gesellschaft im Vordergrund stehen, spielt im Bilanzsteuerrecht die vollständige und periodengerechte Erfassung des Betriebsgewinns die Hauptrolle." Die Bilanz ist aber stets das Instrument zur Erfassung des bilanziellen Vermögens[165]. Aufgrund der Eignung und des Zwecks zum Periodenvergleich kann die Bilanz deshalb auch als Instrument zur Erfassung des „Betriebsgewinns" aufgefasst werden. Dem kann jedoch nicht eine „Funktion" des Gläubigerschutzes gegenübergestellt werden. Auch im Handelsrecht wird eine Bilanz aufgestellt, um eine Vermögensübersicht zu erhalten, aus der verschiedene weitere Informationen entnehmbar sind. Bei der Aufstellung, also Ansatz und Bewertung, lässt man sich lediglich vom Gedanken des Gläubigerschutzes leiten. Der Begriff des Gläubigerschutzes auf der einen, stellt also nicht das Pendant der Erfassung des Betriebsgewinns auf der anderen Seite dar. Der Betriebsgewinn ist steuerrechtlich Ansatzpunkt für die Steuerschuldbemessung. Bei dieser aber zeigt § 5 Abs. 1 S. 1 EStG, dass man sich an den handelsbilanziellen Grundsätzen zu orientieren hat. Der Gläubigerschutz flankiert dort die Ermittlung des verteilungsfähigen Gewinns, und der Staat hat sich über den Maßgeblichkeitsgrundsatz selbst diesem Konzept unterworfen, gewissermaßen also auf eine prädominante Stellung als Gläubiger verzichtet. Die Aussage des BFH lässt sich insoweit nicht als falsch oder generell oberflächlich bezeichnen. Allerdings könnte man von einer – wohl möglich im Interesse der Ergebnisbegründung

160 Vgl. zu § 6 Absatz 1 Nr. 3a EStG: BFH Urteil vom 5.5.2011 – IV R 32/07 = FR 2012, 471 (476).

161 Vgl. dazu Teil II B. II.

162 So aber Weber-Grellet, in: DB 1994, 288 (289).

163 BFH Urteil vom 29.1.1965 – VI 317/63 U = BStBl. III 1965, 179 (181) = BFHE 81, 496 (502).

164 BFH a.a.O.

165 Welches selbstverständlich nicht mit dem tatsächlichen Unternehmenswert übereinstimmt, vgl.: Moxter, in: BB 2000, 2143.

absichtlichen – „partiellen Ungenauigkeit" im Rahmen der Bildung von Vergleichspaaren sprechen.

Schlussendlich ist als Zweck beider Bilanzen die Ermittlung des verteilungsfähigen Gewinns festzustellen[166], im Grunde also eine reine Zahlungsbemessung. Hierfür unumgänglich ist die Informationsfunktion der Bilanz, die jedoch naturgemäß eingeschränkt ist. Der Gläubigerschutz flankiert die Zahlungsbemessung im Handelsbilanzrecht. Die Steuerbilanz folgt aufgrund des Maßgeblichkeitsgrundsatzes demselben Konstrukt.

Mittels unterschiedlicher Zwecke von Handels- und Steuerbilanz lässt sich eine janusköpfige Lösung zur Problematik der „wirtschaftlichen Verursachung" also nicht begründen.

## II. Bilanz im Rechtssinne

### 1. Einführung

Die der Rechnungslegung zugrunde liegenden Rechtsetzungen gehen bis in antike Rechtssysteme zurück[167]. Dennoch wird die Natur des Bilanz*rechts* nicht immer klar herausgestellt, wenn Differenzen zu Ansatz und Bewertung nach dem HGB bestehen.

Ein BFH Urteil über die Unzulässigkeit von Rückstellungen einer Teilzahlungsbank für künftige Verwaltungskosten enthält den schlichten Satz: „Die Bilanz im Rechtssinne ist keine Kostenrechnung [.]"[168]. Dieser Formulierung ist, wenngleich sie keine neuen Erkenntnisse widerspiegelt, sondern lediglich die geltende Rechtslage beschreibt, bedeutsamer als man es zunächst vermuten mag. Es ergibt sich zum einen die Frage, was genau eine „Bilanz im Rechtssinne" ausmacht und zudem, in welchem Sinne eine Bilanz denn darüber hinaus existieren könne.

Gerade bei der Problematik der „wirtschaftlichen Verursachung" von Verbindlichkeitsrückstellungen wird oftmals anhand betriebswirtschaftlicher Orientierungen argumentiert, wo sich eine solche dem Gesetz nicht ohne Weiteres entnehmen lässt[169].

---

166 Ebenso: Euler, in: StuW 1998, 15 (insbes.: S. 16 „ausschüttungsorientierte Einheitsbilanz", S. 23) m.w.N.

167 Siehe hierzu die detaillierte Darstellung von Schneider, in: FS Moxter, S. 1149 (1164 ff.).

168 BFH Urteil vom 17.7.1974 – I R 195/72 = BStBl. II 1974, 684 (686).

169 Vgl. insbesondere Moxters Alimentationsthese. Siehe hierzu: Teil III C. II. 3. c) aa).

„Bilanz im Rechtssinne“ ist dabei gewissermaßen der Oberbegriff des zur Verfügung stehenden Argumentationsinstrumentars, wenn, wie hier der Fall, das Gesetz eine Regelung vorgibt.

## 2. Begriff

Die Bilanz im Rechtssinne ist zu unterscheiden von der Bilanz im betriebswirtschaftlichen Sinne. Bei der Erstellung einer betriebswirtschaftlichen Bilanz besteht der Grundsatz der Bilanzierungsfreiheit[170]. Freiheit meint hierbei diejenige der Wahl der Bilanzaufgabe, nach welcher sich der Bilanzinhalt aus den Regeln der Logik erschließt[171].

Demgegenüber besteht bei der „Bilanz im Rechtssinne“ eine Bindung an gesetzliche Normen.

Der Grund hierfür ergibt sich aus dem jeweiligen Adressatenkreis der beiden Bilanzarten. Während Adressat der betriebswirtschaftlichen Bilanz primär der Kaufmann selbst ist, kommen für die Bilanz im Rechtssinne eine Vielzahl an Adressaten in Betracht[172]. Diese sind mit dem Ersteller der Bilanz nicht identisch, sodass zumindest die Gefahr einer interessensabhängigen Manipulation der Bilanz besteht, welcher mit der Normierung des Bilanzrechts begegnet werden soll. Durch die generell-abstrakte Normierung der Anforderungen an die „Bilanz im Rechtssinne“ ist diese in ihrer Aussagekraft für das konkrete Unternehmen begrenzt. Doch ist sie im Gegensatz zu betriebswirtschaftlichen Bilanzen auch mehrdimensional, das heißt nicht auf die Darstellung einer eng umgrenzten Aussage, wie zum Beispiel die Schuldendeckungskontrolle, eine Ausschüttungsprognose oder die Leistungsfähigkeitskontrolle, beschränkt.

Die „Bilanz im Rechtssinne“ ist Vermögensbilanz in dem Sinne, dass nur angesetzt werden darf, was als Vermögensgegenstand (oder Wirtschaftsgut[173]) auszudrücken ist, also insbesondere keine Verrechnungsposten[174]. Des Weiteren ist eine vorsichtige, objektive Bilanzierung gesetzlich vorgesehen[175]. Gleichzeitig drängt eine „Bilanz im Rechtssinne“ zwingend Bilanzaufgaben zurück, denen

---

170 Moxter, Bilanzlehre, 3. Auflage, Band 1, S. 149.

171 Moxter a.a.O.

172 Vgl. zu den Bilanzadressaten: Teil II B. I. 1. a), 2.

173 Zu den Unterschieden dieser beiden Begriffe, welche im vorliegenden Kontext jedoch keine Rolle spielen, vgl. die Gegenüberstellung in: Thiel/Lüdtke-Handjery, Bilanzrecht, 5. Aufl., S. 165/Rn. 439.

174 Moxter, Bilanzlehre, 3. Auflage, Band 1, S. 156.

175 Moxter, a.a.O., S. 157 f.

mit der Ermittlung eines unbedenklich ausschüttbaren Vermögenszuwachses nicht entsprochen werden kann[176]. Anders als bei ökonomischer Betrachtung bedeutet Vermögensermittlung durch Bilanzierung nach rechtlicher Betrachtung, nämlich stets Rückschau[177].

Die rein betriebswirtschaftliche Bilanz ist allerdings ohnehin durch die Finanzplanung heutzutage nahezu vollständig abgelöst worden[178]. Auch innerhalb der Finanzplanung ist jedoch ebenso streng zu differenzieren, denn die „Bilanz im Rechtssinne" ist kein Instrument der Finanzierung, sondern ein Instrument der Rechnungslegung[179]. Dies bedeutet auch, dass bestimmte Beträge, die zur Deckung bestimmter künftiger Ausgaben notwendig und bestimmt sind, für sich allein noch keine Passivierung rechtfertigen[180]. Deutlich wurde dies insbesondere durch ein Urteil des BFH, der dort ausdrücklich zwischen der Rechnungslegung als Gewinn*ermittlung* und Finanzierung als Gewinn*verwendung* differenziert[181].

Aus der Aufgabe des Grundsatzes der einheitlichen Behandlung des schwebenden Geschäfts durch die Rechtsprechung des I. Senats des BFH[182] kann ebenso eine Konkretisierung des Begriffs der „Bilanz im Rechtssinne" entnommen werden. Die Aktivierung von Ausgaben zum Beispiel der Umsatzsteuer auf Anzahlungen oder andere Vertriebskosten, mit der Begründung, die einheitliche Behandlung des schwebenden Geschäfts gebiete es, diese Ausgaben im Wege der Aktivierung auf das Jahr zu verlagern, in dem die Einnahmen fließen, aus denen diese Ausgaben zu decken sind, entstammt der Kostenrechnung, also dem internen Rechnungswesen. In den *gesetzlichen* Vorschriften über den Jahresabschluss ist sie jedoch nicht verankert[183].

## 3. Schlussfolgerung

Die betriebswirtschaftlichen Bilanzlehren haben es nicht vermocht eine durchgreifende materielle Reform des Bilanzrechts zu bewirken[184]. Das Bilanzrecht ist

---

176 Moxter a.a.O., S 158.

177 Moxter, a.a.O., S. 160; Döllerer, in: JbFfSt 1979/80, 195 (196).

178 Moxter, Bilanzlehre, 3. Aufl., Band 1, S. 154.

179 Döllerer, in: JbFfSt 1979/80, 195 (198).

180 Döllerer a.a.O.

181 BFH Urteil vom 25.9.1968 – I 52/64 = BFHE 93, 444 (447).

182 BFH Urteile vom 19.6.1973 – I R 206/71 = BStBl. II 1973, S. 774; v. 24.3.1976 – I R 139/73 = BStBl. II 1976, 450.

183 Döllerer, in: JbFfSt 1979/80, 195 (203).

184 Schneider, in: FS Moxter, S. 1149 (1173).

als Teilgebiet der Rechtsordnung mit den juristischen Methoden der Gesetzesauslegung auf den Einzelfall anzuwenden. Dabei kann betriebswirtschaftlichen Erwägungen im Wege der teleologischen Auslegung der Normen Bedeutung zukommen. Jedoch darf bei der Rechtsanwendung den Gepflogenheiten des Rechnungswesens keinerlei Beachtung geschenkt werden, soweit diese nicht in irgendwie gearteter Form im Gesetz Niederschlag gefunden haben.

Der Zweck des Bilanz*rechts* ist die Rechnungslegung, weshalb es nicht im Sinne der Finanzplanung anzuwenden ist. Auch ist die „Bilanz im Rechtssinne", gerade im Unterschied zur Kostenrechnung, weniger an der Informationsfunktion für sich orientiert, sondern dient sie primär der Ermittlung eines entziehbaren Betrags[185].

Das betriebswirtschaftlich Nachvollziehbare erlangt nur dort Bedeutung, wo der Gesetzgeber es in seine Normgebung hat einfließen lassen. Dies gilt es bei der Anwendung der bilanzrechtlichen Normen zu beachten.

Als Teil des Gesamtgefüges einer „Bilanz im Rechtssinne" ist innerhalb der Ansatzproblematik der Verbindlichkeitsrückstellung deshalb auf die juristische Begründbarkeit des Lösungsvorschlags zu achten.

## III. Wirtschaftliche Betrachtungsweise

### 1. Einführung

Dass „[...] das Bilanzrecht in besonderem Maße von dem Grundsatz der wirtschaftlichen Betrachtungsweise beherrscht wird [...]" bemerkte längst auch der BFH[186].

Diese „wirtschaftliche Betrachtungsweise" wird gerade im Bilanzrecht äußerst stark strapaziert, wenn es darum geht, das Gesetz auf konkrete Sachverhalte anzuwenden. So ist die hier vorliegende Problematik der „wirtschaftlichen Verursachung" im Grunde nichts anderes als die wirtschaftliche Betrachtung des gesetzlichen, formal-rechtlichen, Tatbestandsmerkmals der „Verbindlichkeit", genauer deren zeitlicher Zuordnung zur jeweiligen Rechnungsperiode.

Auch die beiden Teil-Rechtsordnungen, welche der Handels- und Steuerbilanz zugrunde liegen, kennen diese Betrachtungsweise. Im Steuerrecht stellt sie dabei aber die weitaus traditionsreichere Methode dar.

---

185 Breidert/Moxter, in: WPg 2007, 912 (913); vgl. im Übrigen zu den Bilanzzwecken: Teil II B. I.

186 Urteil vom 24.6.1969 – I R 15/68 = BStBl. II 1969, 581 (582).

Die Bedeutung eines dahin gehenden Grundsatzes der „wirtschaftlichen Betrachtungsweise" im Bilanzrecht wird nun durch Art. 6 Abs. 1 h) der „EU-Jahresabschlussrichtlinie 2013"[187] erneut verdeutlicht[188].

Auch wenn es sich bei der hier relevanten Bilanz um eine solche „im Rechtssinne" handelt[189], ist deshalb keine rein formalrechtliche Betrachtung angezeigt. Um jedoch nicht der Versuchung zu erliegen, durch die „wirtschaftliche Betrachtungsweise" ein subjektiv für sinnvoll erachtetes Ergebnis abseits des Gesetzes zu rechtfertigen, und diese somit zur bloßen Floskel verkommen zu lassen, bedarf es Grenzen bezüglich ihrer Wirkung innerhalb des Rechtsanwendungsprozesses. Solche lassen sich aus der Natur der „wirtschaftlichen Betrachtungsweise" und deren Verwendung innerhalb der Rechtsprechung der Bundesgerichte schließen.

## 2. Wirtschaftliche Betrachtungsweise im Steuerrecht

Die „wirtschaftliche Betrachtungsweise" wird gemeinhin vorrangig mit dem Steuerrecht in Verbindung gebracht[190]. Dies liegt vermeintlich insbesondere daran, dass sie hier eine seit Langem in Rechtsprechung[191] und Literatur[192]

---

187 Richtlinie 2013/34/EU des Europäischen Parlaments und des Rates vom 26.6.2013 über den Jahresabschluss, den konsolidierten Abschluss und damit verbundene Berichte von Unternehmen bestimmter Rechtsform und zur Änderung der Richtlinie 2006/43/EG des Europäischen Parlaments und des Rates und zur Aufhebung der Richtlinien 78/660/EWG und 83/349/EWG des Rates = Amtsblatt der Europäischen Union L 182/19. Die nun ausdrückliche Erwähnung dürfte weniger als Neuerung als vielmehr als Klarstellung der Bedeutung eines ohnehin schon geltenden Grundsatzes zu verstehen sein (ebenso: Hennrichs, in: WPg 2015, 315 (319)).

188 Dort wird das Erfordernis der Darstellung der Bilanzposten „unter Berücksichtigung des wirtschaftlichen Gehalts des betreffenden Geschäftsvorfalls" herausgestellt. Kritisch zur Bedeutung dieser Regelung: Hoffmann, in: StuB 2013, 557 f.

189 Vgl. Teil II B. II.

190 Möller, Die wirtschaftliche Betrachtungsweise im Privatrecht, S. 63; Pawlowski, Methodenlehre für Juristen, S. 105; Bydlinski, Juristische Methodenlehre und Rechtsbegriff, S. 596; Groh, in StuW 1989, 227 (229 f.) sieht das viele „Aufhebens", welches um die wirtschaftliche Betrachtung gerade im Steuerrecht gemacht wird offenbar als verfehlt an.

191 Siehe hierzu die Zusammenstellung von Crezelius, in: Steuerrechtliche Rechtsanwendung und allgemeine Rechtsordnung, 1983, S. 65 ff.

192 Englisch, in: Tipke/Lang, Steuerrecht, 21. Aufl., § 5 Rn. 70 ff., dort aber nun auch als „Wirtschaftliche Auslegung" oder „Wirtschaftliche Interpretation der Steuergesetze" bezeichnet; Pahlke, in: Pahlke/König, Abgabenordnung, 2. Aufl., § 4 Rn. 106 ff.; Fischer, in: NWB 1994, Fach 2, S. 6143 ff.

anerkannte und, nicht zuletzt wegen der unrühmlichen Rolle während des NS-Regimes, viel diskutierte Rechtsfigur ist.

Die Entstehung von der Lehre der „wirtschaftlichen Betrachtungsweise" fällt ebenso wie diejenige des Begriffs in die Zeit um 1924[193]. Die dahinterstehende Idee war jedoch schon etwas länger Gegenstand konkreter Diskussionen.

### a) *Entwicklung einer Kodifizierung*

Der vom späteren Senatspräsidenten des Reichsfinanzhofs, *Enno Becker*, im Frühjahr 1919 vorgelegte Entwurf einer Reichsabgabenordnung beinhaltete einen § 4 mit folgendem Inhalt, welcher nach Becker das Kernstück der Abgabenordnung darstellen sollte[194]:

„Bei der Auslegung der Steuergesetze ist nicht am Wortlaut zu haften, sondern ihr Zweck und ihre wirtschaftliche Bedeutung und der durch die Entwicklung begründete Wandel der Dinge und Anschauungen zu berücksichtigen. Dies gilt auch für die Würdigung von Tatbeständen des bürgerlichen Rechts."

Mit dieser Vorschrift sollte dem Richter bei der Anwendung der Steuergesetze die Freiheit eingeräumt werden, zu einer, an der Leistungsfähigkeit des Einzelnen orientierten und die gleichmäßige Besteuerung gewährleistenden, Entscheidung zu gelangen[195].

Die Endfassung des § 4 RAO wurde jedoch erheblich verkürzt und lautete nur noch wie folgt:

„Bei Auslegung der Steuergesetze sind ihr Zweck, ihre wirtschaftliche Bedeutung und die Entwicklung der Verhältnisse zu berücksichtigen." Hierbei fällt auf, dass zwar Satz 1, nicht jedoch Satz 2 des Vorschlages Beckers weitgehend übernommen wurde.

Eine diesem entsprechende Vorschrift wurde erst durch das Steueranpassungsgesetz von 1934[196], genauer mit § 1 Abs. 3 der neuen Vorschrift kodifiziert,

---

193 Möller, Die wirtschaftliche Betrachtungsweise im Privatrecht, S. 67 f.

194 Möller, Die wirtschaftliche Betrachtungsweise im Privatrecht, S. 63 f.; Becker, RAO, 7. Aufl., § 4 Anm. 1a.

195 Möller, Die wirtschaftliche Betrachtungsweise im Privatrecht, S. 64; Urbas, Die Wirtschaftliche Betrachtungsweise im Steuerrecht, S. 126 f. m.w.N.

196 RGBl. I 1934, S. 925: § 1 StAnpG
*(1) Die Steuergesetze sind nach nationalsozialistischer Weltanschauung auszulegen.*
*(2) Dabei sind die Volksanschauung, der Zweck und die wirtschaftliche Bedeutung der Steuergesetze und die Entwicklung der Verhältnisse zu berücksichtigen.*
*(3) Entsprechendes gilt für die Beurteilung von Tatbeständen.*

während die Absätze 1 und 2 überwiegend der alten Vorschrift entsprachen, allerdings mit dem, durch das Kontrollratsgesetz Nr. 12 vom 11.2.1946[197] gestrichenen, Bezug zur „nationalsozialistische[n] Weltanschauung". Dieser lautete: „Entsprechendes gilt für die Beurteilung von Tatbeständen."

Explizit wurde nun also nicht nur die (Steuer-)Gesetzesauslegung, sondern auch die Tatbestandswürdigung, im Sinne einer Sachverhaltsbetrachtung[198], normiert. Die Norm blieb so bis zur Neuordnung der Abgabenordnung 1977 in Kraft.

Diese Neuordnung durch die AO 1977[199] enthielt keine dem § 1 StAnpG entsprechende Verankerung der „wirtschaftlichen Betrachtungsweise" mehr[200]. Der Gesetzgeber hielt diese, da es sich bei dieser um ein allgemeines *Auslegungs*prinzip handle, im Steuerrecht ebenso für unnötig wie in den übrigen Rechtsordnungen[201]. Gesetzlich hat sich die „wirtschaftliche Betrachtung" dennoch auch in der neuen Abgabenordnung niedergeschlagen. Mit den §§ 39, 40, 41, 42 AO finden sich in der aktuellen Gesetzesfassung Vorschriften, welche als besondere Fälle einer wirtschaftlichen Betrachtungsweise verstanden werden[202].

### *b) Wirtschaftliche Betrachtungsweise in den einzelnen Steuerarten*

In der steuerrechtlichen Rechtsprechung findet die wirtschaftliche Betrachtungsweise vielfältigen Einsatz. Hierbei stellt diese auf die steuerrechtlichen Besonderheiten, namentlich die wirtschaftliche Tragweite der Steuergesetze, welche es zu bei der Rechtsanwendung zu beachten gelte, ab[203].

---

197 KR ABl., S. 60.

198 Möller, Die wirtschaftliche Betrachtungsweise im Privatrecht, S. 68.

199 BGBl. I 1976, S. 613 ff.

200 Wenngleich eine umfassende Kodifizierung zwischenzeitlich diskutiert wurde. Vgl.: §§ 3, 43 Arbeitskreisentwurf, abgedruckt, in: Bundesministerium der Finanzen, Reform der Reichsabgabenordnung, 1970.

201 BT-Drs. 7/4292, S. 15.

202 Tipke, Die Steuerrechtsordnung, 1993, Band III, S. 1308 ff.

203 RFH Urteil vom 17.9.1920 – II A 206/20 = RFHE 3, 270 (273); BFH Urteile vom 22.7.1953 – V 153/52 U = BFHE 57, 724 (726 f.) = BStBl. III 1953, S. 275; v. 13.12.1960 – I 171/60 U = BFHE 72,339 = BStBl. III 1961, 127; v. 5.10.1973 – VIII R 78/70 = BFHE 111, 43 (44) = BStBl. II 1974, 130.

### *aa) Steuern vom Einkommen, Ertrag und Vermögen*

Der BFH beurteilt zum Beispiel die Frage, wer Einkünfte aus Gewerbebetrieb erzielt, nicht notwendig nach der zivilrechtlichen Beteiligung, sondern danach, wer wirtschaftlich betrachtet als Mitunternehmer anzusehen ist[204].

Des Weiteren stellt der BFH bei Abweichen von tatsächlicher Handhabung und rechtlicher Regelung durch die Beteiligten auf die tatsächliche Sachbehandlung ab. Eine bürgerlich-rechtlich ernsthaft vereinbarte und durchgeführte Regelung ist grundsätzlich auch steuerrechtlich maßgebend[205].

Darüber hinaus werden die Begriffe „Einkommen“ und „Vermögen“ und die einschlägigen Tatbestandsmerkmale nach ihrer wirtschaftlichen Bedeutung interpretiert, ohne dabei jedoch Ordnungsprinzipien, wie die Bindung des Steuerrechts an die zivilrechtliche Beurteilung, ob eine juristische Person und damit ein Steuersubjekt vorliegt, zu berühren[206].

### *bb) Erbschaft- und Schenkungssteuer*

Die Erbschaft- und Schenkungssteuer ist grundsätzlich an das Zivilrecht gebunden. So knüpfen sowohl die in § 3 Abs. 1 ErbStG normierten Tatbestandsmerkmale[207], wie auch diejenigen des § 7 ErbStG in erster Linie an erbschafts- beziehungsweise schenkungsrechtliche Tatbestände des Bürgerlichen Rechts an. Allerdings wird eine Maßgeblichkeit des Zivilrechts für das Steuerrecht in diesem Bereich durch eine wirtschaftliche Betrachtungsweise in der Form einer von der zivilrechtlichen losgelösten, steuerrechtlichen, Begriffsbildung[208] vereinzelt durchbrochen[209].

---

204 BFH Urteile vom 28.10.1999 – VIII R 66 70/97 = BStBl. II 2000,183; v. 7.11.2000 – VIII R 16/97 = BStBl. II 2001, 186.

205 BFH Urteile vom 11.5.1962 – VI 55/61 U = BStBl. III 1962, 310; v. 10.7.1974 – I R 182/72 = BStBl. II 1974, 779.

206 Balmes, in: Kühn/vWedelstädt, Abgabenordnung und Finanzgerichtsordnung, 19. Aufl., § 4 Rn. 48.

207 BFH Urteil vom 15.10.1997 – II R 68/95 = BStBl. II 1997, 820 (822).

208 Drüen, in: Tipke/Kruse, Abgabenordnung, 127. Lfrg., § 4 Rz. 322.

209 BFH Urteil vom 25.1.2001 – II R 22/98 = BFH/NV 2001, 705 zu einer Erweiterung des Grundtatbestandes der „freigiebigen Zugabe“ und damit der „Schenkung unter Lebenden“ durch Ergänzungs- und Ersatztatbestände in § 7 ErbStG.

### *cc) Verkehrssteuern*

Im Rahmen der Verkehrssteuern bleibt für eine „wirtschaftliche Betrachtung" aufgrund der vergleichsweise engen Tatbestände weniger Raum als bei anderen Steuerarten[210]. Allerdings finden sich auch hier Begriffe, die einer wirtschaftlichen Betrachtung unterzogen werden. So sind dies im Rahmen der Umsatzsteuer insbesondere diejenigen des „Leistungsaustauschs" und der Unternehmerbegriff[211]. Nach der „wirtschaftlichen Betrachtung" kommt es für die Beurteilung von Gegenstand und Inhalt des Leistungsaustauschs darauf an, was tatsächlich gewollt und durchgeführt wird, nicht wie es rechtlich dargestellt wird[212]. Dies hat zur Folge, dass wirtschaftlich einheitliche Leistungen einheitlich zu betrachten sind[213].

Im Rahmen der Grunderwerbssteuer wird eine wirtschaftliche Betrachtungsweise unter anderem herangezogen, um einen einheitlichen Erwerbsvorgang festzustellen[214]. In § 1 Abs. 2 GrEStG wird daher explizit auf die *wirtschaftliche Ermöglichung* der Verwertung abgestellt.

### *c) Gehalt der wirtschaftlichen Betrachtungsweise im Steuerrecht*[215]

Mit dem Begriff der „wirtschaftlichen Betrachtungsweise" werden im Steuerrecht zwei unterschiedliche Rechtsanwendungsprobleme bezeichnet: Die Auslegung der steuerrechtlichen Tatbestandsmerkmale sowie das Verhältnis zwischen dem gesetzlichen Steuertatbestand und dem Sachverhalt, der diesem subsumiert werden soll[216]. Das Kernanliegen beider Aspekte der „wirtschaftlichen Betrachtung", welche in den Vorschriften der § 1 Abs. 2 und 3 StAnpG[217] kodifiziert

210 Balmes, in: Kühn/vWedelstädt, Abgabenordnung und Finanzgerichtsordnung, 19. Aufl., § 4 Rn. 52; Drüen, in: Tipke/Kruse Abgabenordnung, 127. Lfrg., § 4 Rz.327.

211 Handwörterbuch des Steuerrechts, 2. Auflage, A–J, S. 137.

212 Balmes, in: Kühn/vWedelstädt, Abgabenordnung und Finanzgerichtsordnung, 19. Aufl., § 4 Rn. 54.

213 Balmes a.a.O.

214 BFH Urteile vom 21.12.1981 – II R 124/79 = BStBl. II 1982, 330; v. 23.6.1982 – II R 155/80 = BStBl. II 1982, 741.

215 Siehe hierzu weiterführend, aus dem Blickwinkel der Betriebswirtschaftslehre: Urbas, Die wirtschaftliche Betrachtungsweise im Steuerrecht.

216 Crezelius, Steuerrechtliche Rechtsanwendung und allgemeine Rechtsordnung, 1983, S. 195.

217 Zu § 1 StAnpG 1934 vgl.: Teil II B. III. 2. a).

waren[218], ist es dabei, den wirtschaftlichen Sinn der Steuergesetze für die Rechtsanwendung fruchtbar zu machen[219].

Allerdings besteht keine Einigkeit darüber, ob beide Aspekte dieser vormaligen Gesetzesfassung mit dem Begriff der „wirtschaftlichen Betrachtungsweise" heutzutage gleichzusetzen sind.

*aa) Auslegung des Tatbestandes*

Es lassen sich also die wirtschaftliche Betrachtung des Gesetzestextes und die wirtschaftliche Betrachtung des Sachverhaltes unterscheiden.

Bezüglich der wirtschaftlichen Betrachtung des Gesetzestextes herrschte in den Zwanziger Jahren des vorherigen Jahrhunderts die Auffassung, dass zivilrechtliche Begriffe in steuerrechtlichen Tatbeständen mangels einer eigenständigen Begriffsbildung stets nur als Hilfsmittel zur Erfassung des dem steuerrechtlichen Tatbestandes zugrunde liegenden wirtschaftlichen Sachverhalts dienen, und die zivilrechtlichen Begriffe deshalb immer einer wirtschaftlichen Betrachtung bedürfen[220]. Diese Ansicht wird heute als zu starr angesehen, da es keine stets gültige schematische Ordnung zwischen Steuer- und Zivilrecht gibt[221].

Allerdings ist die Beschränkung der „wirtschaftlichen Betrachtung" auf die Gesetzesauslegung, insbesondere, aber nicht nur[222], bezüglich der zivilrechtlichen Begriffe des Steuerrechts, eine auch heute noch vielfach vertretene Ansicht[223].

Der BFH wendet eine wirtschaftliche Betrachtung meist an, um die zivilrechtlich korrekte Rechtslage für Zwecke der steuerrechtlichen Gesetzesanwendung anzupassen[224].

---

218 Vgl.: Teil II B. III. 2. a).

219 Crezelius, Steuerrechtliche Rechtsanwendung und allgemeine Rechtsordnung, 1983, S. 195.

220 Becker, Die Reichsabgabenordnung, 6. Aufl., 1928, § 4 Rn. 6; Ball, Steuerrecht und Privatrecht, 1924, S. 188 ff.

221 Lehner, in: FS Tipke, S. 237 (239).

222 Vgl. den Hinweis von Groh, in: StuW 1989, 227 (230).

223 Englisch, in: Tipke/Lang, Steuerrecht, 21. Aufl., § 5 Rn. 70; Lehner, in: FS Tipke, S. 237; Eibelshäuser, in: DStR 2002, 1426 (1429); vgl. insbesondere auch: BT-Drs. 7/4292, S. 15 – dort wird sie eine „allgemein geltende Auslegungsregel" genannt.

224 So z.B. in: BFH Urteil vom 29.1.1976 – IV R 97/74 = BFHE 118, 198 (Gesellschafter als Unternehmer i.S.d. § 15 EStG obwohl zivilrechtlich kein Gesellschafter, S. 204); BFH Urt. v. 30.11.1976 – VIII R 202/72 = BStBl. II 1977, 384 (Herstellung eines Gebäudes ist keine Anschaffung i.S.d. § 23 EStG, S. 387).

In der früheren Vergangenheit wurde die wirtschaftliche Betrachtung von der Rechtsprechung explizit auch als der staatlichen Mittelbeschaffung dienendes Auslegungskriterium bezeichnet, da diese dem Zweck der Steuergesetze entspreche[225]. Diese Auslegung „pro fisco“[226] ist jedoch mit dem Leistungsfähigkeitsprinzip nicht vereinbar[227]. Eine Orientierung am reinen Fiskalzweck der Steuergesetze vermittelt keine adressatenspezifisch unterscheidbare Vorgabe für eine teleologische Auslegung, da sonst stets diejenige Auslegung korrekt wäre, welche zu den höchsten Steuereinnahmen führt[228].

Das Bundesverfassungsgericht formuliert in Entscheidungen mit steuerrechtlichem Hintergrund betreffend eine „wirtschaftliche Betrachtungsweise“ wie folgt: „Die wirtschaftliche Betrachtungsweise hat ihren Platz dort, wo ein Steuergesetz zwar bestimmte rechtliche Sachverhalte nennt, dabei aber nicht deren spezielle rechtstechnische Einkleidung, sondern ihre rechtliche Wirkung meint.“[229].

Andernorts nimmt das Gericht spezieller Bezug auf die erwähnte Unterscheidung zwischen Zivil- und Steuerrecht[230]: „Diese sogenannte „wirtschaftliche Betrachtungsweise“ enthält nichts anderes als eine im Einkommensteuerrecht angelegte autonome Beurteilung eines zivilrechtlichen Sachverhalts.“[231]

Das BVerfG sieht die wirtschaftliche Betrachtungsweise also ebenfalls als eine, zumindest in besonderem Maße, im Steuerrecht angezeigte, Rechtsanwendungsmethode bezüglich der Subsumtion zivilrechtlicher Sachverhalte den Steuergesetzen. Dieser Anwendungsform der „wirtschaftlichen Betrachtung“ fehlt im Grunde jedoch eine eigenständige Daseinsberechtigung, denn sie entspricht einem Aspekt der teleologischen Auslegung[232]. Sie ist lediglich Teil

---

225 RFH Urteile vom 25.3.1931 – VI A 627/31 = RFHE 28, 197 (199 ff.); v. 22.9.1939 – V 139/39 = RFHE 47, 291 (293 f.).

226 Vgl.: Meilicke, Steuerrecht, Allgemeiner Teil, S. 101 f.

227 Lehner, in: FS Tipke, S. 237 (240).

228 Lehner a.a.O.

229 BVerfG Urteil vom 24.1.1962 – 1 BvR 232/60 = BVerfGE 13, 318 (329).

230 BVerfG Beschluss vom 3.6.1992 – 1 BvR 583/86 = NJW 1993, 1189.

231 Zu einer vertraglichen Gestaltung, die „im wirtschaftlichen Ergebnis der Situation eines Pachtvertrages gleichkommt“.

232 BFH Urteile vom 13.11.1959 – III 259/57 U = BStBl. III 1960, 52 (53); v. 24.1.1963 – II 195/58 U = BStBl. III 1963, 213 (215); Möller, Die wirtschaftliche Betrachtungsweise im Privatrecht, 1997, S. 72 m.w.N.; Englisch, in: Tipke/Lang, Steuerrecht, 21. Aufl., § 5 Rz. 70 m.w.N.

der ohnehin zur Auslegung von Gesetzestexten heranzuziehenden Frage nach Zweck und „Sachgemäßheit“ der gesetzlichen Regelung[233].

Da das Steuerrecht zwangsläufig an „wirtschaftlichen“ Sachverhalten, also immer an solchen, die Bezug zu Kapitalflüssen, oder jedenfalls -aufkommen, haben, anknüpft, führt eine teleologische Auslegung des gesetzlichen Tatbestandes hier stets zu der Frage, ob sich der Sachverhalt unter einem solchen, „wirtschaftlichen“ Blickwinkel der Norm subsumieren lässt. Dabei wird letztlich nach der Reichweite des Tatbestandes unter Zugrundelegung einer wirtschaftlichen Zweckrichtung dessen gefragt.

*bb) Sachverhaltsbeurteilung*

Darüber hinaus existiert die Diskussion über eine „wirtschaftliche Betrachtungsweise“ im Sinne einer Sachverhaltsbeurteilung. Wenn man den ersten Aspekt der „wirtschaftlichen Betrachtung“ also dem § 1 Abs. 2 StAnpG zuschreibt, so lässt sich hier eine Zuordnung zu § 1 Abs. 3 StAnpG vornehmen.

Die Unterscheidung ist gerade anhand des, fälschlicher Weise mit „Tatbeständen“ umschriebenen, Aspekts des § 1 Abs. 3 StAnpG vorzunehmen. Richtigerweise war hiermit „Sachverhalt“ gemeint[234]. Es geht dort also nicht um die Auslegung des Gesetzes, sondern die richtige Einordnung des Sachverhaltes, quasi eine „Auslegung“ des Sachverhaltes.

Diese Richtung der „wirtschaftlichen Betrachtung“ stellt sich jedoch bei genauerem Hinsehen als Scheinproblematik heraus. Die Sachverhaltsbeurteilung in dem Sinne, dass herauszufinden sei, wie ein zivilrechtliches Gebilde in der steuerrechtlichen Rechtsanwendung zu qualifizieren ist, lässt sich bei näherer Betrachtung als materielles Auslegungsproblem des Steuertatbestandes identifizieren[235]. Es liegt hier keine andere Beurteilung des Sachverhaltes vor als bei der „wirtschaftlichen Betrachtung“ im Sinne einer Auslegung des Gesetzes. Denn es wird die zivilrechtliche Gestaltung auf ihren steuerrechtlichen Gehalt hin überprüft, also ob der zivilrechtlich gegebene Sachverhalt im Steuergesetz geregelt wurde[236].

---

233 Vgl.: Larenz, Methodenlehre der Rechtswissenschaft, 6. Aufl., S. 333 und ff., dort wird die „wirtschaftliche Betrachtungsweise“ jedoch nicht gesondert behandelt.

234 Brandt, Die Beurteilung von Tatbeständen im Steuerrecht nach § 1 III Steueranpassungsgesetz, S. 1 m.w.N.

235 Crezelius, Steuerrechtliche Rechtsanwendung und allgemeine Rechtsordnung, S. 89, dort sog. „Qualifikationsfälle“.

236 Crezelius a.a.O. mit Beispielen aus der Rechtsprechung auf S. 86 f.

Eine Beurteilung des Sachverhalts in einem Sinne, wie er nicht der Wirklichkeit entspricht überspannt diesen Weg der Auslegung des Steuertextes und ist mit Art. 20 Abs. 3 GG nicht vereinbar[237]. Die Grenze ist dort zu ziehen, wo der Anwendung der Steuernorm ein so gar nicht geschehener Sachverhalt zugrunde gelegt wird, der Sachverhalt also mittels Fiktion auf den Gesetzestext umgedeutet wird[238]. Es würde sonst nicht von einer von den Parteien gewählten rechtlichen Einkleidung ausgegangen, und geprüft, ob diese von der Steuernorm erfasst sein soll, sondern bereits der Sachverhalt mittels Fiktion auf den Gesetzestext geprägt.

Der Wortlaut des Bundesverfassungsgerichtsbeschlusses vom 3.6.1992[239] lässt sich, entgegen *Möller*[240], nicht als andersartige Tendenz des Gerichts auffassen. Vielmehr ist es so, dass dieses hier ebenso wenig sauber zwischen Tatbestand und Sachverhalt unterscheidet, wie die ursprüngliche Gesetzesfassung des § 1 Abs. 3 StAnpG[241]. Dies zeigt sich anhand des der betreffenden Äußerung vorgelagerten Satzes des Beschlusses, auf den sich die Definition der „wirtschaftlichen Betrachtung" bezieht[242]. Denn dort heißt es: „[...] ist der Steuertatbestand der Einkunftserzielung nach § 21 I Nr. 1 EStG erfüllt, wenn der von den Beteiligten vertraglich gestaltete Sachverhalt im wirtschaftlichen Ergebnis der Situation eines Pachtvertrages gleichkommt."

Das Gericht meint also nichts anderes, als dass es auf die von den Parteien gewählte rechtliche Konstruktion nicht ankommt, wenn sich diese in der Durchführung, wirtschaftlich, als Pachtvertrag herausstellt. Mitnichten fingiert das Gericht hier einen Sachverhalt, sondern qualifiziert es hier das zivilrechtliche Gebilde bei der Anwendung des steuerrechtlichen Tatbestandes. Es fragt nicht was für ein Sachverhalt vorliegen könnte, sondern greift es den gegebenen Sachverhalt auf, um sodann zu prüfen, ob dieser der „Verpachtung" im Sinne des 21 Abs. 1 Nr. 1 EStG zu subsumieren ist. Mithin liegt auch hier eine Auslegung unter Betrachtung des Gesetzeszweckes vor.

237 Crezelius a.a.O., S. 91.

238 Crezelius a.a.O., S. 90, sog. „Fiktionsfälle".

239 Vgl.: Teil II B. III. 2. c) aa).

240 Möller, Die wirtschaftliche Betrachtungsweise im Privatrecht, 1997, S. 75, dort Fn. 85.

241 Dort allerdings gerade in umgekehrten Sinn.

242 BverfG a.a.O.: „*Diese* [Hervorhebung durch den Verfasser] sogenannte wirtschaftliche Betrachtungsweise [...]".

## 3. Wirtschaftliche Betrachtungsweise im Zivilrecht

### *a) Wirtschaftliche Betrachtungsweise in der zivilrechtlichen Literatur*

Die Behandlung der wirtschaftlichen Betrachtungsweise in der zivilrechtlichen Literatur, unter Ausschluss des Handelsbilanzrechts, ist sehr übersichtlich[243] und bringt für deren Diskussion keine, über das Spektrum im Rahmen der steuerrechtlichen Einordnung hinausgehenden, Impulse.

In der Sache wird auch hier über die Ausprägungen der „wirtschaftlichen Betrachtung" als Tatbestandsauslegung oder Sachverhaltsbetrachtung reflektiert und innerhalb des zweiten Aspekts über deren genaue Ausprägung. Der Großteil der Autoren lehnt die „wirtschaftliche Betrachtung" als eigenständiges Rechtsinstitut ab, da ihre legitime Funktion nur ein Aspekt der teleologischen Auslegung und ihre Ausprägung als Sachverhaltsbetrachtung im Sinne einer Fiktion von Sachverhalten nicht zulässig sei[244].

### *b) Wirtschaftliche Betrachtungsweise in der Rechtsprechung*

Der BGH verwendet die Rechtsanwendungsmethode der „wirtschaftlichen Betrachtungsweise" rein sprachlich unter vielerlei Bezeichnungen, ohne, dass sich hieraus eine inhaltliche Abweichung herausgebildet hätte. Neben „wirtschaftlicher Betrachtungsweise"[245], wie es auch in der Finanzgerichtsbarkeit heißt, und „wirtschaftlicher Betrachtung"[246] werden zudem Wendungen verwandt wie „wirtschaftlich verständige Beurteilung"[247], „vom wirtschaftlichen Gesichtspunkt aus betrachtet"[248] oder „reine(n) wirtschaftliche(n) Betrachtungsweise"[249] sowie weitere derartige Ergänzungen zur „wirtschaftlichen

---

243 Vgl. die Zusammenstellung bei Möller, Die wirtschaftliche Betrachtungsweise im Privatrecht, S. 80 ff.

244 Unter anderem: Ulmer, in: WuW 1971, 878 (882); Jahr, Funktionsanalyse von Rechtsfiguren, S. 14 (17 ff.); Bäcker, Eigenkapitalersetzende Rechtshandlungen der GmbH-Gesellschafter und Dritter, S. 67 ff.; Rittner, Die sogenannte wirtschaftliche Betrachtungsweise in der Rechtsprechung des Bundesgerichtshofs, S. 47.

245 Z.B.: BGH Urteile vom 1.3.1951 – III ZR 202/50 = BGHZ 1, 229 (233); v. 7.11.1960 – KZR 1/60 = BGHZ 33, 259 (264).

246 Z.B.: BGH Urteile vom 16.5.1951 – II ZR 58/50 = BGHZ 2, 142 (149); v. 10.11.1954 – II ZR 21/54 = BGHZ 15, 171 (175).

247 Z.B.: BGH Urteil vom 23.5.1951 – II ZR 71/50 = BGHZ 2, 176 (188).

248 Z.B.: BGH Urteil vom 29.5.1951 – I ZR 87/50 = BGHZ 2, 237 (243).

249 Z.B.: BGH Urteil vom 7.7.1960 – VIII ZR 215/59 = BGHZ 33, 321 (323).

Betrachtungsweise“[250] oder deren modifizierten Ausdrucksweisen[251].

Der BGH bedient sich der wirtschaftlichen Betrachtungsweise insbesondere im Staatshaftungsrecht, genauer dem Recht der Enteignung[252]. Allerdings ist auch das GmbH-Recht, nicht nur wegen der ehemals bestehenden gesetzlichen Bezugnahme in § 32a Abs. 3 GmbHG[253] auf „[...] anderer Rechtshandlungen [...] die [...] Absatz 1 oder 2 wirtschaftlich entsprechen[.]“, ein regelmäßiges Anwendungsgebiet der „wirtschaftlichen Betrachtungsweise“[254].

So vielseitig jedoch nicht nur die Bezeichnung, sondern auch die Anwendung der „wirtschaftlichen Betrachtung“ durch den BGH ist, so läuft auch diese auf die aus dem Steuerrecht bekannte[255] und ebenso im zivilrechtlichen Schrifttum erörterte[256] Problematik hinaus.

## 4. Wirtschaftliche Betrachtungsweise im Bilanzrecht

### *a) Einführung*

Obwohl das Bilanzrecht nicht neben dem Steuer- oder Handelsrecht steht, sondern ein integrativer Bestandteil dessen ist, und grundsätzlich die Begriffe der Handels- oder Steuerbilanz in Literatur und Rechtsprechung anerkannt sind, bemerkt der BFH[257], dass „[...] *das Bilanzrecht* [Hervorhebung durch den Verfasser] in besonderem Maße von dem Grundsatz der wirtschaftlichen

250 Z.B.: BGH Urteile vom 28.1.1957 – III ZR 141/55 = BGHZ 23, 157 (163) „wirtschaftliche wertende Betrachtungsweise“; v. 5.4.1973 – III ZR 67/72 = BGHZ 60, 337 (340) „bei praktisch-wirtschaftlicher Betrachtung“.

251 Z.B.: BGH Urteil vom 10.10.1974 – VII ZR 231/73 = BGHZ 63, 98 (102) „von der Wertung nach wirtschaftlichen Gesichtspunkten“; vgl. ergänzend und mit weiteren Formulierungen die Auflistung bei: Rittner, Die sogenannte wirtschaftliche Betrachtungsweise in der Rechtsprechung des Bundesgerichtshofs, S. 16 f.

252 Z.B.: BGH Urteile vom 24.10.1955 – III ZR 121/54 = BGHZ 19, 1 (4); v. 28.1.1957 – III ZR 141/55 = BGHZ 23, 157 (163); v. 30.9.1957 – III ZR 261/54 = BGHZ 25, 266 (269 f.); v. 21.6.1965 – III ZR 8/64 = BGHZ 44, 52 (58).

253 Aufgehoben mit Wirkung vom 1.11.2008 durch Art. 1 MoMiG v. 23.10.2008 (BGBl. I S. 2026); vgl. aber: § 19 IV 1 GmbHG.

254 BGH Urteile vom 13.10.1954 – II ZR 182/53 = BGHZ 15, 52 (61) zu verdeckten Sacheinlagen; v. 28.10.1981 – II ZR 223/80 = BGHZ 81, 365 (368 f.) zu verdeckter Gewinnausschüttung; v. 19.10.1988 – II ZR 255/87 = BGHZ 105, 168 (176) zu kapitalersetzendem Darlehen.

255 Vgl.: Teil II B. III. 2. c).

256 Vgl.: Teil II B. III. 3. a).

257 Urteil vom 24.6.1969 – I R 15/68 = BStBl. II 1969, S. 581 (582).

Betrachtungsweise beherrscht wird [...]". Daran zeigt sich, dass auch das oberste Gericht der Finanzgerichtsbarkeit, welches gleichzeitig das maßgebende Bilanzgericht[258] ist, der „wirtschaftlichen Betrachtungsweise" unabhängig von steuerrechtlichen Bezügen gerade im Hinblick auf die Bilanzierung einen besonderen Stellenwert beimisst.

Ähnlich äußert sich der BGH, wenn er feststellt: „Über die bilanzrechtliche Zuordnung [...] entscheidet eine wirtschaftliche Betrachtungsweise."[259]

Gerade das Bilanzrecht gilt als „Domäne wirtschaftlicher Betrachtungsweise"[260], was sich daraus erklärt, dass Bilanzierung der Abbildung wirtschaftlicher Sachverhalte[261], nicht der Wiedergabe von Rechtsstrukturen, dient[262].

Im deutschen Bilanzrecht ist die „wirtschaftliche Betrachtungsweise" als GoB anerkannt[263].

Im Rahmenkonzept der IFRS, F. 35, wird der „Wirtschaftlichen Betrachtungsweise" („*Substance Over Form*") eine eigenständige Definition gewidmet.

Dort heißt es: „Wenn die Informationen die Geschäftsvorfälle und andere Ereignisse, die sie vorgeben darzustellen, glaubwürdig darstellen sollen, müssen sie gemäß ihrem tatsächlichen wirtschaftlichen Gehalt und nicht allein gemäß der rechtlichen Gestaltung bilanziert und dargestellt werden. Der wirtschaftliche Gehalt von Geschäftsvorfällen oder anderen Ereignissen stimmt nicht immer mit dem überein, was scheinbar aus ihrer rechtlichen Gestaltung oder Sachverhaltsgestaltung hervorgeht. Ein Unternehmen kann beispielsweise einen Vermögenswert an eine andere Partei so veräußern, dass das Eigentum formalrechtlich auf diese Partei übergeht. Es können Vereinbarungen bestehen, wonach dem Unternehmen der künftige wirtschaftliche Nutzen aus dem Vermögenswert weiterhin zukommt. Unter derartigen Umständen würde eine Berichterstattung über einen Verkauf den vorgenommenen Geschäftsvorfall nicht glaubwürdig darstellen (wenn tatsächlich eine Transaktion stattgefunden hat)."

---

258 Crezelius, in: ZGR 87, 1 (2).

259 BGH Urteil vom 12.1.1998 – II ZR 82/93 = NZG 1998, 314 (315).

260 Beisse, in: StuW 1981, S. 1 (12); ähnlich Döllerer, in: JbFSt 1979/80, 195 (201); auf die besondere „wirtschaftliche Interessenlage" im Bilanzrecht auch hinweisend: Hoffmann, in DStR 2012, 1128 (1132 – Urteilsanmerkung).

261 Lüders, Der Zeitpunkt der Gewinnrealisierung im Handels- und Steuerbilanzrecht, S. 71 spricht vom „wirtschaftlich stark gefärbte[n] Bilanzrecht".

262 Hoffmann/Lüdenbach, NWB Kommentar Bilanzierung, 4. Aufl., §246 Rn. 230.

263 A/D/S, Rechnungslegung und Prüfung der Unternehmen, 6. Aufl., § 243 Rn. 11; Wiedmann, Bilanzrecht, 2. Aufl., § 243 Rn. 7; Braun, in: Kölner Kommentar zum Rechnungslegungsrecht, 2011, §246 Rn. 38.

Ausgangspunkt ist dort also die wahrheitsgetreue – weil der wirtschaftlichen Wirklichkeit entsprechende – Darstellung der zu vermittelnden Informationen.

### *b) Wirtschaftliche Betrachtungsweise in der Rechtsprechung*

Der BFH beruft sich, auch außerhalb der „wirtschaftlichen Verursachung", in zahlreichen Entscheidungen auf eine wirtschaftliche Betrachtungsweise, um seine Ergebnisse zu begründen. So sind die Begriffe „Wirtschaftsgut" und „Vermögensgegenstand" auf der Grundlage einer wirtschaftlichen Betrachtung auszulegen[264]. Bei dem Problem der phasengleichen Dividendenaktivierung stellte der Große Senat des BFH auf eine wirtschaftliche Betrachtung ab, um zu beurteilen, wann eine solche vorzunehmen ist[265].

Der BFH[266] bedient sich auch dann einer wirtschaftlichen Betrachtungsweise, wenn er als Herstellungskosten aktivierbare Aufwendungen nicht zur Passivierung zulassen will[267]. Allerdings begründet der BFH diese Entscheidung mit folgenden Worten: „Im Wege der Passivierung ist lediglich Aufwand zu antizipieren, der sich nach dem Stichtag im Sinne der Finanzbuchhaltung (pagatorisch) als solcher auswirkt."[268] Das Gericht stellt dort auf das Erfordernis einer wirtschaftlichen Belastung für die Passivierung ab, für deren Beurteilung es die Finanzbuchhaltung heranzieht.

In seinem Urteil vom 28.2.2001[269] lehnte der BFH in Anwendung einer „gebotenen wirtschaftlichen Beurteilung"[270] den Ansatz eines aktiven Rechnungsabgrenzungspostens bei degressiven Leasingraten für ein bewegliches Wirtschaftsgut ab. Im Rahmen der Teilwertbemessung kommt es nach dem

264 BFH Urteil vom 12.4.1984 – IV R 112/81 = BStBl. II 1984, 554 (555), wobei dort noch von „wirtschaftlichen Gesichtspunkten" die Rede ist, während der BFH in seinem Beschluss vom 7.8.2000 – GrS 2/99 = BStBl. II 2000, 632 (635) von Auslegung nach „wirtschaftlicher Betrachtung" spricht.

265 BFH Beschluss vom 7.8.2000 – GrS 2/99 = BStBl. II 2000, 632 (637), dort Ablehnung der phasengleichen Dividendenaktivierung, solange noch keine gesicherte Ausschüttungsabsicht besteht, was „auch auf der Grundlage einer wirtschaftlichen Betrachtungsweise [...] ein so wesentlicher Faktor für die Entstehung des Wirtschaftsgutes ‚Dividendenforderung' [...]" sei.

266 BFH Urteil vom 27.6.2001 – I R 45/97 = BStBl. II 2003, 121.

267 Breidert/Moxter, in: WPg 2007, 912 (917).

268 BFH a.a.O., S. 124.

269 I R 51/00 = BStBl. II 2001, 645.

270 a.a.O., S. 646.

BFH auf die Bewertung durch den fiktiven Erwerber aus „rein wirtschaftliche Sicht“ an[271].

### c) *Inhalt und Grenzen der wirtschaftlichen Betrachtungsweise*

Eine wirtschaftliche Betrachtungsweise zieht der BFH heran, wenn er bei der Gesetzesauslegung auf die Wirtschaftswirklichkeit abstellen will. Es zeigt sich die wirtschaftliche als eine der formalrechtlichen nicht immer entsprechende Betrachtungsweise. In diesem Sinne stellt sie aufgrund der generell wirtschaftlichen Zwecksetzung des Bilanzrechts zur Abbildung von Wirtschaftssachverhalten eine Selbstverständlichkeit dar[272].

Auch in der Literatur wird die „wirtschaftliche Betrachtungsweise“ überwiegend als Gesetzesanwendung[273] unter Beachtung des wirtschaftlichen Zwecks der Regelung angesehen.

Die Beurteilung des Sachverhaltes kann nicht, über die Subsumtion, unter Zuhilfenahme der „wirtschaftlichen Betrachtungsweise“, hinaus, abweichend vorgenommen werden[274]. Bei Gesetzen, welche die Abbildung wirtschaftlicher Sachverhalte regeln sollen, auf die wirtschaftliche Zweckrichtung der Norm abzustellen, um dieser den konkreten Sachverhalt zu subsumieren, bedeutet aber nichts anderes als den Gesetzestext teleologisch auszulegen, was mithin der „wirtschaftlichen Betrachtungsweise“ im Bilanzrecht entspricht. Exakt

271 BFH Urteil vom 24.10.2006 – I R 2/06 = BStBl. II 2007, 469 (471).

272 Hoffmann/Lüdenbach, NWB Kommentar Bilanzierung, 4. Aufl., §246 Rn. 230; dahin gehend auch: Moxter, in: StuW 1989, 232.

273 Explizit gegen eine Sachverhaltsbeurteilung im Sinne einer Fiktion (hierzu Teil II B. III. 2. c) bb)) lässt sich Weber-Grellet, in: Schmidt EStG, 32. Aufl., §5 Rn. 59 verstehen: „[...] zur bilanzsteuerrechtlichen Betrachtungsweise gehört auch die Anknüpfung an reale Sachverhalte[.]“; missverständlich hingegen Thies, Rückstellungen als Problem der wirtschaftlichen Betrachtungsweise, S. 47, welche zwar die wirtschaftliche Betrachtungsweise als „Instrument der teleologischen Gesetzesauslegung“ definiert und auch den Charakter als *rechtliche* Betrachtungsweise hervorhebt, sodann jedoch als Ziele die Rechtsfindung *und Sachverhaltsbeurteilung* festsetzt.

274 Zum Zwecke der Subsumtion einen nicht gegebenen Sachverhalt zu unterstellen vermag nur die Analogie, wobei hier, rein formal, ein anderer Tatbestand als tatsächlich geregelt, unterstellt wird, was aber aufgrund der Normierung des Tatbestandes nicht exakt ist. Näher: Larenz, Methodenlehre der Rechtswissenschaft, 6. Aufl., S. 381 ff., wo die Analogie auch nicht unter dem Abschnitt der Gesetzesauslegung aufgeführt ist.

formuliert macht die „wirtschaftliche Betrachtungsweise" also einen Aspekt der teleologischen Auslegung aus[275].

Dabei darf jedoch nie übersehen werden, dass es sich auch bei der „wirtschaftlichen Betrachtungsweise" nicht um eine betriebswirtschaftliche, sondern eine rechtliche Betrachtungsweise handelt[276]. Nur soweit das geltende Bilanzrecht einen Interpretationsrahmen gewährt, können betriebswirtschaftliche Überlegungen berücksichtigt werden[277]. Das betriebswirtschaftlich für richtig Gehaltene ist stets vom geltenden Recht zu unterscheiden[278], solange es keinen gesetzlichen Niederschlag gefunden hat[279]. Anknüpfungspunkt für eine Lösung bilanzrechtlicher Probleme, auch im Hinblick auf eine wirtschaftliche Betrachtungsweise, muss also der gesetzliche Tatbestand sein.

Diese besondere Rechtsanwendungsmethode bietet also keinen, über die rechtswissenschaftlich anerkannten Methoden hinausgehenden, Spielraum für Argumentationsansätze. Schon im Dienste der Rechtssicherheit ist nämlich auch eine wirtschaftliche nicht als eine außerrechtliche Betrachtungsweise zu verstehen[280]. Die notwendige Anknüpfung an eine „Bilanz im Rechtssinne"[281] gebietet eine Verrechtlichung der Gewinnermittlungsnormen, welche auf die „wirtschaftliche Betrachtungsweise" begrenzend einwirkt, indem eine völlige Loslösung vom Gesetz auch bei wirtschaftlicher Betrachtung unzulässig ist[282]. Eine „wirtschaftliche Betrachtungsweise" bedeutet daher keinesfalls die Legitimation, Rechtsstrukturen außer Acht zu lassen[283]. Denn es begrenzt das Postulat

---

275 Moxter, in: StuW 1989, 232; Beisse, in: StuW 1984, 1 (12); Döllerer, in: JbFfSt 1979/80, 195 (201); Hennrichs, in: WPg 2015, 315 (319; dort auch Bezug nehmend zur Auslegung gem. §§ 133, 157 BGB im Zivilrecht); Kammann, in DStR 1980, 400 (406); Winnefeld, Bilanzhandbuch, 4. Aufl., D 90; i.E. wohl auch: Weber-Grellet, in: Schmidt EStG, 32. Aufl., § 5 Rn. 59; Arbeitskreis Bilanzrecht der Hochschullehrer Rechtswissenschaft, in: BB 2008, 152 (156); Böcking, in: FS Beisse, S. 85 (87). A.A. hingegen Cahn, in: FS Karsten Schmidt S. 174.

276 Moxter, in: StuW 1989, 232; Winnefeld, Bilanzhandbuch, 4. Aufl., D 90; Mathiak, in: K/S/M EStG, § 5 A 83; Crezelius, in: ZGR 87, 1 (20).

277 Beisse, in: StuW 1984, 1 (12).

278 Beisse a.a.O., S. 13; dahin gehend auch Moxter, in: StuW 1989, 232 (233).

279 So auch: Moxter, in: BB 2000, 2143 (2146 m.w.N.).

280 Moxter, in: StuW 1989, 232 (240).

281 Vgl. dazu: Teil II B. II.

282 Breidert/Moxter, in: WPg 2007, 912 (913).

283 Hoffmann/Lüdenbach, NWB Kommentar Bilanzierung, 4. Aufl., §246 Rn. 233, mit dem Hinweis auf den Originalwortlaut des IFRS-Framework 35, welcher als Pendant zur „Wirtschaftlichen Betrachtungsweise" der deutschen Übersetzung „Substance

der „Bilanz im Rechtssinne“ nicht nur den Inhalt, sondern ist diesem auch das Gebot der „wirtschaftlichen Betrachtungsweise“ zu entnehmen. Diese ist als Mittel der Gesetzesauslegung auf den konkreten Sachverhalt anzuwenden. Eine an dessen wirtschaftlicher Natur angepasste Auslegung ist folglich keine betriebswirtschaftliche, sondern gerade eine rechtliche Betrachtungsweise[284].

Dabei ist kein Grund ersichtlich, die Anwendbarkeit der wirtschaftlichen Betrachtungsweise auf die Aktivseite zu beschränken[285], vielmehr ist sie auch auf der Passivseite, jedoch mit besonderer Rücksicht auf die Objektivierungsprinzipien der vorsichtigen Bilanzierung[286], anzuwenden.

## IV. Bilanztheorie

### 1. Einführung

Gegenstand der Bilanztheorie ist der Zusammenhang zwischen Bilanzzielen und Bilanznormen beziehungsweise zwischen Zielsystemen und deren Realisierung dienenden Normsystemen auf dem Gebiet der Rechnungslegung[287]. Es handelt sich also zunächst um eine umfassende theoretische Beschreibung des Bilanzrechts im Allgemeinen.

Doch auch gerade im Zusammenhang mit der konkreten Problematik wird vielfach auf die Bedeutung der korrekten bilanztheoretischen Einordnung hingewiesen[288]. Dabei wird nicht nur abstrakt die Beurteilung von Rückstellungen als Bilanzposten, sondern darüber hinaus die „wirtschaftliche Verursachung“ selbst, als nicht kodifiziertes Tatbestandsmerkmal, in den Theorienstreit einbezogen. Innerhalb dessen sind es zu vorderst die statische und die dynamische

---

Over Form“ und gerade *nicht* „Substance *Without* Form“ festlegt; mit etwas Zurückhaltung auch Moxter, in: StuW 1989, 232 (240).

284 So auch Moxter, in: StuW 1989, 232.

285 Ebenso Woerner, in: FS Moxter, S. 483 (489); im Ergebnis auch, allerdings mit Hinweis auf die Besonderheit gegenüber der Aktivseite, Moxter, in: StuW 1983, 300 (305).

286 Vgl. insbesondere § 252 Abs. 1 Nr. 4 HGB.

287 Moxter, Bilanzlehre, 1. Aufl., S. 213.

288 Vgl. nur Crezelius, in: DB 1992, 1353: „Das theoretische Verständnis der Rückstellungen ist davon abhängig, ob man einer statischen oder einer dynamischen Bilanzauffassung zuneigt.“; dahin gehend auch Winnefeld, Bilanzhandbuch, 4. Aufl., D 865, 866; A/D/S, Rechnungslegung und Prüfung der Unternehmen, 6. Aufl., § 249 Rn. 21, 22; Knobbe-Keuk, Bilanz- und Unternehmenssteuerrecht, 9. Aufl., S. 114 f., spricht von einem „dynamische(n) Rückstellungsbegriff“, wenn man die Periodenzurechnung als maßgeblichen Bilanzzweck ansieht.

Bilanztheorie, welche in vielfältiger Weise im Rahmen der Frage nach Relevanz und Inhalt der „wirtschaftlichen Verursachung" zur Argumentation genutzt werden[289].

So heißt es zum Beispiel, das Kriterium der „wirtschaftlichen Verursachung" gelte gemeinhin als Ausfluss dynamischen Bilanzdenkens und würde auch durchgängig im Sinne des dynamischen Verursachungsprinzips gehandhabt[290]. Andere sehen sowohl eine unter dynamischen als auch unter statischen Gesichtspunkten erfolgte Definition der „wirtschaftlichen Verursachung" in der Entwicklung des deutschen Bilanzrechts[291]. *Moxters* Alimentationsthese[292] schließlich zeigt unverkennbar Züge der dynamischen Bilanztheorie im Hinblick auf den Inhalt und, nach dieser Auslegung zwangsläufig auch, der Relevanz des Merkmals.

## 2. Statische Bilanztheorie

### *a) Bilanzzweck nach statischer Interpretation*

Nach der statischen Bilanztheorie dient die Bilanz der Vermögensermittlung im Sinne einer Bestimmung des Schuldendeckungspotentials[293].

Die Bilanz als Vermögensbilanz dient zwar nach dieser Auffassung auch der Gewinnermittlung, doch ist dies nur ein Nebenprodukt der Vermögensermittlung, da dem Gewinn hiernach der Vermögenszuwachs entspricht[294]. Der Begriff der „Statik" rührt daher, dass die Bilanz hiernach vornehmlich als eine Art „Momentaufnahme"[295] das Vermögen den Schulden am Stichtag gegenüberstellen soll.

---

289 Eine weitere, in diesem Zusammenhang aber weniger interessante, Bilanztheorie, welche vielfach Erwähnung findet, ist die „Organische Theorie". Vgl. hierzu: Schmidt, Die organische Tageswertbilanz, 3. Aufl. Hierbei wird das Unternehmen in gesamtwirtschaftlicher Sicht betrachtet. Besonderes Augenmerk liegt auf der Erhaltung seiner leistungswirtschaftlichen Substanz und hiermit verknüpft der Vermeidung von Scheingewinnen, weswegen das Vermögen mit Wiederbeschaffungspreisen bewertet wird.

290 Kammann, in: DStR 1980, 400 (405 f.).

291 Strobl, in: FS Moxter, S. 407 (427).

292 Vgl. Teil III C. II. 3. c) aa).

293 Moxter, Bilanzlehre, 1. Aufl., S. 215.

294 Moxter, Bilanzlehre, 3. Aufl., Band 1, S. 5.

295 Großfeld/Luttermann, Bilanzrecht, 4. Aufl., S. 74/Rn. 270.

Das Potential zur Schuldendeckung kann hierbei unter zwei verschiedenen Blickwinkeln ermittelt werden. Zum einen kann von einer Unternehmenszerschlagung ausgegangen werden. Maßgebliches Betrachtungsobjekt für das Schuldendeckungspotential ist dann der Liquiditätserlös. Zum anderen kann von der Unternehmensfortführung auszugehen sein und das Potential zur Schuldendeckung demnach aus den zu erwartenden Zahlungströmen zu bestimmen sein. Da Schulden Auszahlungsverpflichtungen darstellen, und diese nur durch liquide Mittel, welche dem Unternehmen aus Einzahlungen zugeflossen sind, beglichen werden können, ist beiden Interpretationen des Schuldendeckungspotentials gemeinsam, dass sie im Endeffekt potentielle Einzahlungen verkörpern[296]. In der Literatur bilden dies die unterschiedlichen Ausprägungen der statischen Bilanzlehre[297].

### *b) Schuldendeckungspotential als objektiviertes Zerschlagungsvermögen*

#### *aa) Grundgedanke*

Das Reichsoberhandelsgericht hatte einst festgestellt, maßgeblich sei „[...] überall der allgemeine Verkehrswerth im Gegensatz zu einem nur auf willkürliches subjektives Ermessen oder auf bloße Spekulation zurückführende Werthanschlage [.]“[298]. Dies entsprach einer statischen Bilanzierung unter zwei Gesichtspunkten[299]: Erstens sind nur solche Objekte als Vermögen aufzuführen, die bei einer Unternehmensliquidation Einzahlungen erwarten lassen. Zweitens sind die entsprechenden Objekte mit ihrem Einzel-Veräußerungserlös zu bewerten.

Die Bilanz sollte hiernach, unter Ausschaltung möglicher Subjektivismen, darunter interessanterweise gerade auch derjenigen, welche unter Einfluss der Liquidationssituation bestehen würden, „der objectiven Wahrheit der wirklichen Vermögenslage entsprechen“[300].

---

296 Moxter, Bilanzlehre, 1. Aufl., S. 216.

297 Moxter, a.a.O. S. 217 weist darauf hin, dass für die Beurteilung der Schuldenbegleichungsmöglichkeiten im Ganzen, eigentlich beide Arten des Vermögens zugleich von Interesse wären.

298 ROHG Urteil vom 3.12.1873, abgedruckt in: Entscheidungen des Reichs-Oberhandelsgerichts, hrsg. von den Räthen des Gerichtshofes, Band XII, Erlangen 1874, S. 15 (18), zitiert nach Moxter, Bilanzlehre, 1. Aufl., S. 218.

299 Moxter, Bilanzlehre, 1. Aufl., S. 217 f.

300 ROHG a.a.O., S. 18.

#### *bb) Kritik*

Die Kritik an der Interpretation des Schuldendeckungsvermögens nach dem ROHG basiert vornehmlich auf dem sehr speziellen Blickwinkel, aus dem heraus hier die Betrachtung erfolgt. Wer sich über die Schuldendeckungsmöglichkeiten eines Unternehmens informieren will, interessiert sich nicht nur für das Verhältnis von Zerschlagungsvermögen und Schulden, denn so wird nur der für das Unternehmen pessimistischste Fall, nämlich derjenige der Beendigung des Betriebs, berücksichtigt[301].

Auf diesem Wege wird durch die Einengung des Blickwinkels ein für viele Unternehmen falsches Bild dargestellt. Gerade auf dem *laufenden* Betrieb basieren die finanzierungs- und investitionsplanerischen Überlegungen im Hinblick auf die Unternehmung. Aus heutiger Sicht ist bereits dem Gesetz, insbesondere § 252 Abs. 1 Nr. 2 HGB[302], eine andere Sichtweise zu entnehmen.

Darüber hinaus ist die vom ROHG erwünschte Objektivierung sämtlicher in der Bilanz anzusetzender Werte nicht stets durchführbar und führt zwangsläufig zu Abweichungen der individuellen Realität des Unternehmens[303].

### *c) Schuldendeckungspotential als subjektives Fortführungsvermögen*

#### *aa) Grundgedanke*

Maßgeblichen Anteil an der Verbreitung der statischen Theorie hatte *Herman Veit Simon.* Ihm zufolge verlange das HGB die „Darstellung des Vermögens einer bestimmten Persönlichkeit“[304]. Durch seine Anknüpfung an „individuelle Werthe“[305], also gerade abweichend vom streng eine Objektivierung fordernden ROHG, nicht auf die anhand des Interesses Dritter zu bestimmenden Verkehrswerte, ist für ihn letzten Endes das Vermögen des laufenden Betriebs, also ein „Fortführungsvermögen“ entscheidend. Hierbei unterschied er zwischen „Veräußerungsgegenständen“ und „Betriebsgegenständen“[306], was nach heutiger Terminologie Umlauf- und Anlagevermögen entspricht[307]. An diese Unterscheidung

---

301 Moxter, Bilanzlehre, 1. Aufl., S. 223.

302 Vgl. hierzu auch: Teil IV B. III.

303 Moxter a.a.O., S. 228 f.

304 Simon, Herman Veit, Die Bilanzen der Aktiengesellschaft und der Kommanditgesellschaft auf Aktien, 3. Aufl., Berlin 1899, S. 303, hier und im Folgenden zitiert nach Moxter, Bilanzlehre, 1. Aufl., S. 220 ff.

305 A.a.O., S. 304.

306 A.a.O., S. 326.

307 Moxter, Bilanzlehre, 1. Aufl., S. 220.

knüpfte er auch die jeweilige Bewertungsmethode. „Veräußerungsgegenstände" sind zum Verkauf bestimmt und deshalb mit dem „Realisationswert" (= Verkaufswert)[308] anzusetzen[309], während Betriebsgegenstände zum Einsatz im Unternehmen bestimmt sind und deren Ansatz deshalb mit dem „Betriebswert" (= Gebrauchswert)[310] erfolgt[311]. Den „Betriebswert" bemaß er nach dem, gegebenenfalls um Abschreibungen herabzusetzenden, Anschaffungspreis[312].

Anders als beim Ansatz eines Zerschlagungsvermögens wird hier also nur dasjenige Vermögen mit einem am Markt orientierten Wert angesetzt, welches auch dazu bestimmt ist, zu gegebenem Zeitpunkt in den Markt eingeführt zu werden. Zusätzlich berücksichtigte *Simon,* wenn das Unternehmen aus besonderen Gründen mehr als den Marktpreis erzielen kann.

Während das ROHG möglichst objektive Werte in der Bilanz angesetzt haben wollte, drängte *Simon* die Objektivität dort zurück, wo diese für den bilanzierenden Kaufmann nicht repräsentativ sind[313]. Das dem Bilanzierenden so eingeräumte Ermessen sollte seine Grenzen nur in einem willkürlichen, fiktiven oder missbräuchlichen Ansatz finden[314].

### *bb) Kritik*

Zur Beurteilung der Möglichkeit, künftigen Auszahlungsverpflichtungen nachkommen zu können, bedarf es der Information über die Höhe und die Anfallzeitpunkte aller zu erwartenden Einzahlungen und Auszahlungen[315]. Die Interpretation des Schuldendeckungsvermögens nach *Simon* würde heutzutage demnach nicht durch eine Bilanz, sondern durch einen Finanzplan verwirklicht[316]. Diese beiden Zahlenwerke sind jedoch streng voneinander zu trennen[317].

Aus der Bilanz ist nur ein geringer Teil der Aussagen des Finanzplans, mithin der erforderlichen Informationen, um das Schuldendeckungsvermögen im Sinne eines Fortführungsvermögens bestimmen zu können, abzuleiten[318].

---

308 Moxter, a.a.O., S. 220.
309 Simon, a.a.O., S. 304.
310 Moxter, a.a.O., S. 220.
311 Simon a.a.O., S. 304.
312 Moxter a.a.O., S. 220.
313 Moxter a.a.O., S. 222.
314 Moxter a.a.O., S. 222.
315 Moxter, Bilanzlehre, 1. Aufl., S. 224.
316 Moxter, a.a.O., S. 223 f.
317 Vgl.: Teil II B. I. 1. a) bb), II. 2.
318 Hierzu vertiefend: Moxter, Bilanzlehre, 1. Aufl., S. 224 ff.

Die individualistisch geprägte Vermögensermittlung führt vielmehr zu einem unvollständig berechneten Unternehmenswert, einer Größe also, welche die Bilanz gar nicht in der Lage ist abzubilden[319].

## 3. Dynamische Bilanztheorie

### *a) Bilanzzweck nach dynamischer Interpretation*

Als dynamisch werden alle jene bilanztheoretischen Bemühungen bezeichnet, welche „gewinnorientiert" sind. Bilanziert wird nach dieser Auffassung um den Erfolg wirtschaftlichen Handelns, „Gewinn" genannt, zu ermitteln[320]. Hieraus erklärt sich auch die Bezeichnung als „dynamisch": Erfolg oder „Gewinn" kann nur als Ergebnis eines Vergleichs zweier Zeitpunkte, mithin der Analyse eines Zeitraums, festgestellt werden. Es handelt sich dabei um die Feststellung der Bewegungsrichtung und -intensität von Bestandsgrößen.

### *b) „Gewinn" im Sinne der dynamischen Theorie*

#### *aa) Anknüpfen an das „Einkommen"*

#### *(1) Konzeption des „Einkommens"*

Bei Lichte betrachtet besteht der Zweck eines Wirtschaftsunternehmens einzig in der Vermehrung des eingesetzten Kapitals. Hiervon ausgenommen sind lediglich Unternehmen die sozialen Zwecken oder beispielsweise einer Art Liebhaberei im steuerrechtlichen Sinne dienen.

Anders ausgedrückt, ist die Realisierung von Entnahmen beziehungsweise Ausschüttungen, finanzielle Zielgröße der Kapitaleigner, also ein wichtiger, wenn nicht der einzige Zweck ihrer Kapitalanlage im Unternehmen[321]. Die maximalen Entnahmen einer Periode hängen dabei grundsätzlich von den Entnahmen der Vorperiode beziehungsweise den geplanten Entnahmen der Nachperioden ab. Die Gegenwartsentnahme beeinflusst die Zukunftsentnahmen.

„Einkommen", nach dieser Konzeption, ist demgegenüber der maximale *uniforme* Entnahmestrom[322]. Man fragt also, welcher Betrag in der gegenwärtigen Periode maximal entnommen werden kann, ohne die Entnahme eines gleich großen Betrags in allen Folgeperioden zu beeinträchtigen[323]. Hierbei handelt es

---

319 Moxter a.a.O., S. 227; vgl. zum Unternehmenswert Teil IV B. II. 2.

320 Moxter, Bilanzlehre, 1. Aufl., S. 245 f.

321 Vgl.: Moxter a.a.O., S. 246.

322 Moxter a.a.O., S. 247.

323 Moxter a.a.O., S. 246.

sich regelmäßig um einen rein fiktiven Entnahmestrom, da uniforme Entnahmen nur selten der Lebenswirklichkeit von Unternehmen entsprechen, insbesondere erwartet man tatsächlich für ein optimal am Markt platziertes Unternehmen stetig wachsende Ausschüttungen, welche dem erstrebten ständigen Wachstum des Unternehmens entsprechen. Allerdings besitzt ein derart definiertes, einheitliches „Einkommen", zumindest scheinbar, einen entscheidenden Vorteil: Es stellt, wegen der Komprimierung von relevanten Informationen auf einen einzigen Betrag bezüglich verschiedener Unternehmen eine einfach zu vergleichende Messgröße dar[324].

Die Einkommenskonzeption ist dabei, wegen ihrer Zielorientierung, den maximalen, uniformen Ausschüttungsbetrag zu bestimmen, zwangsläufig zukunftsorientiert. Für den Kapitaleigner sind jedoch auch vergangenheitsbezogene Daten, insbesondere zum Abgleich von Ziel und Erfolg und sich daraus ergebenden Verbesserungsmöglichkeiten für Folgeperioden, interessant[325]. Für die vergangene Periode lassen sich mittels der Einkommenskonzeption derartige Informationen dann durch einen Vergleich von Entnahmeerwartungen zu Beginn und am Ende der jeweiligen Periode erfassen[326].

*(2) Kritik an der Einkommenskonzeption*

Aus der Zukunftsorientierung der Einkommenskonzeption folgt auch eine erhebliche Unsicherheitskomponente, welche sich letzten Endes auch auf ihren Vorteil, die einfache Vergleichbarkeit der Endgröße, auswirkt.

In welcher Höhe Auszahlungen für Entnahmen in einer Periode möglich sind, wird von den Periodeneinzahlungen, den übrigen Periodenauszahlungen und dem Kassenbestand zu Periodenbeginn bestimmt[327]. Gerade Informationen über die zu erwartenden Zahlungen sind jedoch nicht exakt möglich. Darüber hinaus erfordert deren Verarbeitung teils erheblichen rechnerischen Aufwand. Ein einigermaßen zuverlässiges Bild des Erfolges wirtschaftlichen Handelns lässt sich praktisch nur[328] gewinnen, indem man die dominierenden Determinanten

324 Moxter a.a.O., S. 248 f.

325 Moxter a.a.O., S. 251.

326 Moxter a.a.O.: „Zielrealisationserwartung".

327 Moxter a.a.O., S. 252.

328 Ein anderer, mathematisch jedoch noch komplizierterer Weg, wäre eine Regression der Zielgröße „Einkommen" auf die entsprechenden Determinanten. Dies hätte allerdings den Vorteil, dass sich nur *ein* approximierter Entnahmestrom ergibt. Vgl. zu diesem Verfahren im Allgemeinen: Newbold/Carlson/Thorne, Statistics for Business, 8. Aufl., S. 474 f.

für die Entwicklung der Zahlungen anhand verschiedener denkbarer Szenarien und mit Hilfe derer sodann das „Einkommen" bestimmt, was jedoch zu verschiedenen Entnahmeströmen führt[329]. Die durch den „Einkommen"-Begriff erfolgte Einwertigkeit der Messgröße würde so im Endeffekt wieder aufgehoben. Die Identifikation verschiedener Szenarien schon grundsätzlich, jedoch die Auswahl eines Entnahmestroms als heranzuziehende Größe im Besonderen, wäre sodann von großer Subjektivität geprägt[330].

*bb) Anknüpfung an den „bilanziellen Periodengewinn"*

*(1) Konzeption des „Periodengewinns"*

*(a) Grundlagen, insbesondere die „Periodenleistung"*

Die aus der Zukunftsorientierung folgenden Probleme für die Einkommenskonzeption, insbesondere deren zwangsläufige Subjektivität, sind beim „Periodengewinn" weitgehend eliminiert. Dieser basiert im Wesentlichen auf Vergangenheitsgrößen und erfüllt somit die Aufgabe der Objektivierung des Gewinns. Zukünftige Zahlungen wirken sich auf den Periodengewinn nur dann aus, wenn sie durch Vergangenheitsereignisse hinreichend objektiviert sind[331]. Ziel ist jedoch auch hier die Bestimmung eines Einkommens im Sinne einer „potentiellen Durchschnittsentnahme"[332].

Bei der Periodengewinnermittlung steckt man in dem „Grunddilemma"[333], dass starre Regeln für diese zwar die Subjektivität eindämmen, gleichzeitig aber die Gefahr eines fiktiven Gewinns, welcher mit der tatsächlichen Situation nur bedingt übereinstimmt, vergrößert. Flexible Regeln sind hingegen aufgrund der eingeschränkten Objektivität nur begrenzt für die Rechnungslegung geeignet.

Der Periodengewinn hat zwei Bestandteile, von denen die eine, „Periodenertrag" genannt, Einzahlungen und die andere, „Periodenaufwand" genannt, Auszahlungen reflektiert. Als Periodenertrag gelten alle jene Einzahlungen, die durch Leistungen der Periode verursacht sind[334]. Für die Periodenzuordnung kommt es hierbei allein auf die Leistung, nicht die Einzahlung an. Genauer ist darauf abzustellen, ob die Leistung in der Rechnungsperiode realisiert wurde[335].

329 Moxter a.a.O.
330 Moxter a.a.O., S. 254.
331 Moxter a.a.O., S. 255.
332 Moxter a.a.O., S. 256.
333 Moxter a.a.O., S. 256.
334 Moxter, a.a.O., S. 258.
335 Moxter a.a.O.

„Leistung“ meint hier den schuldrechtlichen Leistungsbegriff und entspricht den durch das Unternehmen erfüllten Verpflichtungen, soweit diesen Gegenleistungen des Vertragspartners gegenüberstehen, welche Einzahlungen generieren werden[336]. An diese Definition knüpft auch der Periodenaufwand an[337], denn dies sind alle jene Auszahlungen, die durch die Periodenleistung verursacht sind[338]. Auch hier erfolgt die Periodisierung also anhand der Zuordnung zum Zeitpunkt der Leistung. Insgesamt ergibt sich so ein Periodengewinn als „Nettoperiodenleistung“[339].

### *(b) Periodenaufwand*

Im Bereich des Periodenaufwands ergeben sich die für die vorliegende Arbeit interessantesten Parallelen, nämlich diejenigen zu *Moxters* Alimentationsthese[340]. Innerhalb des Periodenaufwands zeigt sich deutlich weshalb eine Auslegungstendenz der „wirtschaftlichen Verursachung“ als dynamisch geprägt anzusehen ist[341].

Periodenaufwand bilden hiernach jene Auszahlungen, die durch die Periodenleistung verursacht sind, wobei es für die Periodenzuordnung nicht auf die Auszahlung, sondern einzig auf die Verursachung des Periodenaufwands durch die Periodenleistung in der Rechnungsperiode ankommt[342]. Durch Subtraktion des Periodenaufwands von den Periodenerträgen erhält man rechnerisch die „Nettoperiodenleistung“.

Für die Kritik an *Moxters* Alimentationsthese als rein dynamisch, ist folgender Zusammenhang entscheidend: Periodenaufwand ist, was Periodenleistungen zugerechnet werden kann. Wie soeben dargestellt, werden Periodenleistungen aber nicht selbst, sondern lediglich die zugehörigen Periodenerträge erfasst. In

---

336 Moxter a.a.O.

337 Da der Periodenaufwand, den für die vorliegende Arbeit interessanteren Aspekt darstellt, werden weitere Einzelheiten dort dargestellt. Insbesondere kann die Zuordnung von Nach- und Vorperiodeneinzahlungen synonym zu den Begriffen „Verbindlichkeit“ und „Aktivum“ (dazu siehe sogleich) für den Periodenertrag mit den Begriffen „Forderung“ und „Erlöschen einer Verbindlichkeit“ beschrieben werden. Vgl.: hierzu Moxter, a.a.O., S. 284 f.

338 Moxter a.a.O., S. 259.

339 Moxter a.a.O.

340 Siehe hierzu: Teil III C. II. 3. c) aa).

341 Vgl. zu dieser: Teil III B. II. 4. c) bb).

342 Moxter a.a.O., S. 263.

der dynamischen Bilanz erfolgt die Periodenzuordnung des Aufwands also letztlich anhand der Zurechnung zu den Erträgen.

Die strikte Zuordnung zu Periodenleistungen erfährt eine Einschränkung, wenn Fehlschätzungen in einer Vorperiode vorliegen. Diese werden als „periodenfremde Periodenaufwendungen" beziehungsweise „-erträge"[343] in der Rechnungsperiode „korrigiert". Unter Berücksichtigung dessen ist Periodenaufwand definiert als Summe der Auszahlungen, die durch die Perioden- oder Vorperiodenleistung verursacht sind[344]. Die erforderliche Zuordnung der Auszahlungen zu den Periodenleistungen ist dabei jedoch das entscheidende Problem. Maßgeblich soll hier sein, dass sich das Unternehmen am Ende der Rechnungsperiode einer neuen, bisher nicht bilanziell berücksichtigten bestehenden Verbindlichkeit ausgesetzt sieht[345]. Die der Verbindlichkeit entsprechende Auszahlung wird in der Rechnungsperiode als Aufwand angesetzt[346]. Für die Frage nach dem „Bestehen" der Verbindlichkeit wird die Liquidation des Unternehmens am Bilanzstichtag fingiert, um Leistungen aus Nachperioden von der Zurechnung zur Rechnungsperiode auszuschließen[347]. In der Rechnungsperiode unterlassene Auszahlungen, welche sich noch nicht als Verbindlichkeit niedergeschlagen haben[348], werden hingegen nicht antizipiert, wenn nicht die Periodenleistung entsprechend zugerechnet werden kann[349].

343 Moxter a.a.O., S. 265.

344 Moxter a.a.O., S. 266 f., allerdings mit dem Hinweis, dass auch Nachperiodenleistungen Berücksichtigung finden können. Für den Fall von Rückstellungen (im Beispiel für Bergschäden) kann dies der Fall sein, wenn sich über den erwarteten Zeitraum von Periodenleistungen aus einer Quelle (im Beispiel: Kohlestollen) geirrt wird. Schätzt man zu Beginn die Dauer der Periodenleistungen zu niedrig, ändert sich jedoch nicht die letztendliche (Gesamt-)Auszahlung, so rechnet man den Periodenleistungen einen zu hohen Periodenaufwand zu. Es werden hier also tatsächlich Auszahlungen späterer Perioden den jeweiligen Rechnungsperioden zugerechnet.

345 Moxter, a.a.O., S. 271.

346 Moxter, a.a.O., wobei auch ungewisse Auszahlungen anzusetzen sind. Hierbei soll auf die „vernünftige kaufmännische Beurteilung" abzustellen sein, Moxter a.a.O., S. 273.

347 Moxter, a.a.O., 271.

348 Z.B.: Auszahlungen für Forschung und Entwicklung, welche sich auf mehrere Periodenleistungen auswirken, allerdings unproportionale Auszahlungen verursachen, da jene in späteren Perioden nachgeholt werden, Moxter, a.a.O., S. 272.

349 Moxter, a.a.O., S. 272 f.

Ob Auszahlungen, welche vor der Rechnungsperiode angefallen sind, der Rechnungsperiode zugeordnet werden, bestimmt sich im Grundsatz[350] danach, ob ein am Ende der Rechnungsperiode vorhandenes „Aktivum"[351] besteht[352].

#### *(2) Gehalt des „Periodengewinns" als entscheidende Maßgröße*

Die Förderung der Objektivierung durch das Abstellen auf Vergangenheitsgrößen geht mit großen Ungenauigkeiten einher. Die Konstruktion des Periodengewinns ist zu unflexibel, was erwartete Änderungen der Periodenleistungen, bezüglich der Periodenerträge, beziehungsweise was erwartete Änderungen der Leistungsauszahlungen, bezüglich des Periodenaufwandes angeht[353]. Hinzu kommen Verzerrungen des Periodengewinns durch außerordentliche Erträge und Aufwendungen aufgrund mangelhafter Informationslage in den Vorperioden[354].

Darüber hinaus eröffnet sich mittels absichtlicher Fehldatierung von Ausgangsrechnungen beziehungsweise der Fehlzurechnung von Auszahlungen die Möglichkeit der Manipulation von Periodenertrag und -aufwand, sogar im rein buchungstechnischen Bereich[355].

### *cc) Schmalenbachs Bilanzlehre*

Wenngleich *Schmalenbach* nur Schöpfer *einer* dynamischen Bilanztheorie ist[356], so ist sein Name doch wohl derjenige, welcher am stärksten mit dem Begriff der „Dynamischen Bilanz", als Gegenstück zur „Statischen Bilanz" im vorne verwandten Sinne[357], verknüpft wird[358].

---

350 Zu Besonderheiten bei derartigen „Auszahlungsübertragungen" betreffend bestimmte Wirtschaftsgüter: Moxter a.a.O., S. 276 ff.

351 Im Sinne eines „verkehrsfähigen Objekts", Moxter, a.a.O., S. 274; besteht ein solches nicht, so spricht man von „rein wirtschaftlichem Gut". Die Übertragung der Auszahlung in die Rechnungsperiode wird sodann schlicht aus Objektivierungsgründen nicht vorgenommen, Moxter, a.a.O., S. 275.

352 Moxter, a.a.O, S. 274, entscheidend ist dabei, dass dieses *erst* in der Rechnungsperiode entsteht.

353 Moxter, a.a.O., S. 288 f., 290.

354 Moxter, a.a.O., S. 289, 290 f.

355 Moxter a.a.O., S. 289, 291.

356 Weitere Bilanzen mit dynamischem Charakter sind z.B. die finanzwirtschaftliche Bilanz (Sommerfeld, in: Handwörterbuch der Betriebswirtschaft, Band 1, 1926, Sp. 1340 ff.) und die pagatorische Bilanz (Kosiol, Bilanzreform und Einheitsbilanz, 2. Aufl.).

357 Vgl.: Teil II B. IV. 2.

358 Andererseits missverständlich, aber wohl ebenso dahin gehend zu verstehen: Baetge/Kirsch/Thiele, Bilanzen, 5. Aufl., S. 17; Moxter, Bilanzlehre, 3. Aufl., Band 1, S. 29, 32.

*(1) Grundkonzeption*

*Schmalenbach* stellte maßgeblich auf die Vergleichbarkeit der Unternehmensgewinne ab. Im Grunde versuchte er also relativ richtige Periodengewinne zu finden, wenn es schon nicht möglich ist[359], absolut richtige Periodengewinne festzustellen.

„Relativ richtig" sind Periodengewinne dann, wenn sie untereinander vergleichbar sind, man also wenigstens die Bewegungsrichtung der Veränderung in einer Periode erkennen kann[360].

Er ging aber weniger von einer aus der Not geborenen Alternative zur Ermittlung des absoluten Periodengewinns aus, als vielmehr davon, dass es ohnehin maßgeblich darauf ankomme, das „Auf und Ab"[361] des Unternehmens zu erkennen. Für ihn war gerade die Ermittlung der Veränderung der Periodengewinne, die „Entwicklung des Geschäftserfolgs"[362], die interessante Maßgröße[363]. Aufgrund dieser Rangfolge der Bedeutsamkeit nahm er sogar Verfälschungen des absoluten Periodengewinns in Kauf, wenn diese der Ermittlung des relativen Periodengewinns zuträglich waren[364].

Beherrschender Grundsatz[365] für die Gewinnermittlung nach *Schmalenbach* ist die „Methodenstetigkeit"[366]. Hiernach sollen die einmal gewählten Verfahren zur Aufwands- und Ertragsermittlung nur aus besonderem Anlass gewechselt werden[367]. Der Grund hierfür liegt darin, dass Veränderungen einer Vergleichbarkeit der Periodengewinne abträglich wären. Nach *Schmalenbach* sind periodenfremde Einflüsse schon grundsätzlich weitestgehend zu vermeiden. Dies konkretisiert sich zum einen in einem generellen Zuschreibungsverbot. Im Dienste der Ermittlung der tatsächlichen Veränderungsrichtung des Periodengewinns sind nach *Schmalenbach* die Verzerrungen des Periodengewinns durch periodenfremde Periodenerträge[368] unzulässig[369]. Auf der anderen Seite sollen

359 Vgl.: Teil II B. IV. 3. b) bb) (2).
360 Moxter, Bilanzlehre, 1. Aufl., S. 330.
361 Schmalenbach, Dynamische Bilanz, 13. Aufl., S. 54.
362 Schmalenbach a.a.O., S. 26.
363 Moxter, Bilanzlehre, 1. Aufl., S. 330.
364 Moxter a.a.O.
365 Moxter a.a.O.
366 Moxter a.a.O.
367 Schmalenbach, Dynamische Bilanz, 13. Aufl., S. 54.
368 Bsp.: Zuschreibung in der Rechnungsperiode nach zu hoch bemessenem Aufwand in der Vorperiode.
369 Vgl. Moxter, a.a.O., S. 331; Schmalenbach, Dynamische Bilanz, 13. Aufl., S. 142.

auch Sonderabschreibungen, mithin Verzerrungen des Periodengewinns durch periodenfremden Periodenaufwand[370], vermieden werden.

Um solchen periodenfremden Aufwand zu eliminieren, empfiehlt es sich nach *Schmalenbach*,auch Vorräte möglichst niedrig anzusetzen, sodass keine Anpassung aufgrund des Niederstwertprinzips infolge eintretender Marktpreissenkungen zu erfolgen hat[371].

Um das Ziel, den relativ richtigen Periodengewinn in der Rechnungsperiode zu ermitteln, nicht zu gefährden, nahm *Schmalenbach* sogar die Ermittlung eines falschen Periodengewinns in der Vorperiode in Kauf und favorisierte deshalb die Vornahme tendenziell überhöhte Abschreibungen[372].

*(2) Beurteilung*

Trotz der Kritik von *Moxter*[373], *Schmalenbach* verrate im Grunde nicht das Ziel seiner dynamischen Bilanz und hülle sich stattdessen in unklare Begrifflichkeiten, ist ihm zunächst zuzugeben, dass er die Theorie der Dynamischen Bilanz, wohl gerade durch seine rücksichtslose Voranstellung der Relativierung entscheidend als Gegenspieler der Statischen Bilanz definiert hat.

Er hat sich der Problematik der periodenfremden Einflüsse auf den Periodengewinn der Rechnungsperiode angenommen und sein Grundprinzip, die „Methodenstetigkeit", trägt darüber hinaus tatsächlich zur Objektivierung der Gewinnermittlung bei. Allerdings lässt sich dieses nicht konsequent durchhalten. Eine strikte Anwendung der „Methodenstetigkeit" würde, aus Mangel an Informationen über zukünftige oder auch vergangene Entwicklungen, unvermeidbare Fehlbeurteilungen, unkorrigierbar machen.

---

370 Bsp.: Sonderabschreibungen wegen Anfangs zu hoch angesetzter Nutzungsdauer einer Maschine.

371 Moxter a.a.O., S. 333, mit dem Hinweis, dass hierbei das Prinzip der Verrechnung periodennaher Beschaffungspreise mit in die Überlegung einfließt. Hiernach ist der Periodenaufwand für ein verkauftes Wirtschaftsgut danach zu bemessen, wie hoch der aktuelle (also gegebenenfalls nicht der tatsächliche, für dieses bestimmte Wirtschaftsgut) Einkaufspreis hierfür wäre, Moxter, a.a.O., S. 278.

372 Moxter a.a.O, S. 331, mit dem Hinweis, dass gerade diese Empfehlung sich bei (vorzeitigem) Erschöpfen des Abschreibungsvolumens gegenläufig auswirkt: Der Periodenertrag wird dann in der Rechnungsperiode höher dargestellt, als er tatsächlich war. Hierdurch wird gerade eine falsche (positive) Veränderungsrichtung vorgespiegelt.

373 A.a.O., S. 335.

Die Theorie *Schmalenbachs* ist wegen ihres Präzisionsgrades und ihrer Einschichtigkeit daher als ein rein wissenschaftlicher Beitrag zur Bilanztheorie zu verstehen.

## 4. Bilanztheorie im geltenden Bilanzrecht

### *a) Bilanztheorie des heute geltenden Bilanzrechts nach Beurteilung in der Literatur*

Im Ergebnis hat man sich bei dem Streit zwischen Statik und Dynamik, aktuell, darauf geeinigt, dass beide Theorien Einfluss auf das moderne Bilanzrecht ausüben und sich in ihm wieder finden, wobei der Statik eine gewisse Dominanz zugebilligt wird[374].

Dabei wird vielfach auf das AktG 1965[375] Bezug genommen[376]. Diesbezüglich werden insbesondere das Verbot der Aktivierung selbst geschaffener immaterieller Wirtschaftsgüter, die abschließende Regelung der Rückstellungstatbestände und die Beschränkung der Rechnungsabgrenzung als Hinweis gesehen, dass die dynamische Bilanzlehre nicht mehr ohne Weiteres als Grundsatz ordnungsmäßiger Buchführung angesehen werden kann[377]. Auf das Steuerrecht wurde diese Kodifizierung zum Teil mit der Neufassung des § 5 EStG im Jahr 1969[378] ausgeweitet.

---

374 Diese Auffassung wird mit den unterschiedlichsten Formulierungen beschrieben, welche jedoch stets auf das genannte Ergebnis hinauslaufen. Insbesondere werden sämtliche Autoren, welche eine Dominanz der Statik sehen hier eingeteilt, da eine Dominanz Ausdruck von mindestens zwei Aspekten ist, nämlich in diesem Fall der dominierenden Statik und der weniger im Vordergrund stehenden, aber zwangsläufig als existierend vorausgesetzten, Dynamik. Vgl. unter anderem: Großfeld/Luttermann, Bilanzrecht, 4. Aufl., S. 75/Rn. 276; Moxter, in: FS Döllerer, S. 447 (449); ders. in: StuW 1983, 300 (307) – Dort legt er Wert auf die Feststellung, dass es sich um eine „Fortführungsstatik" (S. 302) handelt, also insbesondere keine „Zerschlagungsvermögen" ermittelt wird (vgl. zu Letzterem: Teil II B. IV. 2. b)); Kammann, in: DStR 1980, 400 (406); Woerner, in StVj 1993, 193 (196); Kayser, Ansatz und Bewertung von Rückstellungen nach HGB, US-GAAP und IAS, S. 109; Beisse, in: JbFfSt 1978/79, 186 (196); im Ergebnis auch Döllerer, in: (Der)BB 1968, 637 (641); a.A., jedoch nur im Hinblick auf die Dominanz der Statik: Groh, in: StBJb 1979/80, 121 (128 f., 138) – Wobei dieser jedoch die Abgrenzung zwischen Statik und Dynamik zu starr an die Begriffe des „Vermögens" und des „Gewinns" heftet. Vgl. hierzu Teil II B. IV. 4. c).

375 Vom 6.9.1965 = BGBl. I 1965, 1089.

376 Beisse, in: DStR 1980, 243 (244); ders. in: JbFfSt 1978/79, 186 (189) m.w.N.

377 Beisse, in: JbFfSt 1978/79, 186 (189 f.).

378 Gesetz zur Änderung des EStG vom 16.5.1969 = BGBl. I, 421 = BStBl. I 1969, 320.

### b) *Bilanztheorie in der Rechtsprechung*

Der BFH war zunächst der Dynamischen Theorie zugeneigt. So stellte das Gericht insbesondere auf die Bedeutung der Periodenabgrenzung und die Ermittlung der „periodisch richtigen Gewinne“[379] beziehungsweise die „periodengerechte Erfassung des Betriebsgewinns“[380] ab.

Darüber hinaus setzt der BFH aber auch explizit an der „dynamischen Bilanzauffassung“ an, um eine Begründung für seine Entscheidung zu finden[381]. Andernorts stellt er fest, das Ertragssteuerrecht gehe von einer dynamischen Bilanzauffassung aus[382].

Auch der BGH äußerte sich dahin gehend, dass er eine „dynamische(r) Auffassung“ als im Handelsbilanzrecht grundsätzlich angelegt ansieht[383].

Mit der Neufassung des § 5 EStG wurde eine Wende der Bilanzrechtsprechung gegen Ende der Sechziger Jahre eingeläutet. Besonders deutlich wird dies anhand der Rechtsprechung zur Frage der Rückstellungen für Ausgleichsansprüche von Handelsvertretern[384]. Hier wurde eine Rückstellungsbildung durch den Geschäftsherrn zunächst deswegen nicht zugelassen, weil es „dem Grundsatz der richtigen Abgrenzung des Periodengewinns“ widerspräche, wenn die Gegenwart mit Aufwand belastet würde, welcher mit dem Ertrag der Zukunft in Verbindung steht[385]. Später[386] kam der BFH zwar zum selben Ergebnis (Verbot der Rückstellungsbildung), allerdings aufgrund einer eher statischen Argumentation. Abgestellt wurde dabei darauf, dass die Verpflichtung zum Ausgleich durch den Geschäftsherrn rechtlich erst mit Beendigung des Vertragsverhältnisses entsteht und deshalb erst in diesem Zeitpunkt eine passivierungspflichtige, wirtschaftliche Last darstellen kann[387]. Letztendlich fehlt es dem BFH hier also am Drittschuldcharakter der Verpflichtung[388]. Solche „Verbindlichkeiten gegenüber

379 BFH Urteil vom 14.1.1960 – IV 108/58 U = BStBl. III 1960, 137 (139).

380 BFH Urteil vom 29.1.1965 – VI 317/63 U = BStBl. III 1965 179 (181) = BFHE 81, 496 (502).

381 BFH Urteil vom 4.9.1962 – I 198/61 U = BStBl. III 1963, 7.

382 BFH Urteil vom 12.7.1968 – III 181/64 = BStBl. II 1968, 794 (797); ebenso BFH Gutachten vom 5.5.1953 – I D 2/53 S = BStBl. III 1953, 224.

383 BGH Urteil vom 27.2.1961 II ZR 292/59 = BGHZ 34, 324 (331).

384 Vgl. hierzu auch Teil IV A. II.

385 BFH Urteil vom 1.3.1960 – I 141/59 U = BStBl. III 1960, 208.

386 BFH Urteil vom 28.4.1971 – I R 39,40/70 = BStBl. II 1971, 601 (602).

387 Die wirtschaftliche Verursachung könne dabei nur später als die rechtliche Entstehung der Verpflichtung eintreten und sei deshalb nicht entscheidend, vgl. S. 602 a.a.O.

388 So auch Beisse, in: JbFfSt 1978/79, 186 (190).

dem Unternehmen selbst" werden traditionell der Dynamik zugeordnet, weil ihr Ansatz einer vergleichbaren Erfolgsermittlung dienlich sei, wobei hingegen eine momentane Vermögensübersicht im Sinne der Statik dies nicht verlange[389].

Grundsätzlich als gegen die Dynamik, insbesondere deren Grundsatz der Maßgeblichkeit einer „Nettoperiodenleistung"[390] sprechend, sind hingegen einige Entscheidungen in den siebziger Jahren anzusehen. So wurde ausdrücklich betont, dass eine Ausdehnung des Grundsatzes periodengerechter Gewinnermittlung über die gesetzlich anerkannten Fälle hinaus nicht mit den Grundsätzen ordnungsmäßiger Buchführung vereinbar sei, und weiter, dass es keinen handelsrechtlichen Grundsatz ordnungsmäßiger Bilanzierung gebe, der es zuließe, dass Einnahmen in eine spätere Zeit verlagert werden, in welcher die Ausgaben anfallen zu deren Deckung sie dienen[391].

Insgesamt ging die Kehrtwende derart radikal, dass es für *Döllerer*, dessen Auffassung auch – mit Sicherheit jedoch nicht nur – deshalb besonders interessant ist, da er zu diesem Zeitpunkt Vorsitzender Richter am BFH war, den Anschein hatte, die frühere „Liebe" des BFH zur dynamischen Bilanzlehre sei „geradezu in Hass umgeschlagen"[392].

### *c) Stellungnahme*

Eine klare Aussage dahin gehend, das moderne Bilanzrecht sei dynamisch oder statisch lässt sich kaum mehr in Rechtsprechung oder Literatur finden. Dies ist das Ergebnis einer folgerichtigen Interpretation des kodifizierten Bilanzrechts.

Dabei greift es zu kurz, die beiden Theorien allein mit den Schlagwörtern „Vermögen" und „Gewinn" zu umschreiben, um sodann eine Einordnung vorzunehmen. Die bloße Reduktion der Theorien auf dieses Ergebnis ihrer jeweiligen Anwendung eignet sich nicht zur Subsumtion. Die Bilanz im Rechtssinne ist vom Grundsatz her eine Momentaufnahme über das Vermögen des Kaufmannes, worauf auch das Gesetz in § 242 Abs. 1 S. 1 HGB selbst hinweist. Daraus kann aber noch nicht geschlossen werden, das moderne Bilanzrecht folge generell der

---

389 A/D/S, Rechnungslegung und Prüfung der Unternehmen, 6. Aufl., § 249 Rn. 22; gegen den Ansatz nicht kodifizierter „Aufwandsrückstellungen" allgemein: BFH Urteil vom 7.3.1973 – I R 48/69 = BStBl. II 1973, 565 (567).

390 Vgl. hierzu: Teil II B. IV. 3. b) bb) (1).

391 BFH Urteil vom 4.5.1977 – I R 27/74 = BStBl. II 1977, 802 (805) m.w.N.

392 In: DStR 1979, 3 (5). Anlass für diese Aussage war, dass, wie Döllerer meinte, Bestreben des BFH sogar aus dem Merkmal der „wirtschaftlichen Verursachung" von Rückstellungen „[...] den Geist der dynamischen Bilanzlehre [...] zu vertreiben [...]", a.a.O.

Statik. Aus der Momentaufnahme über das Vermögen kann der, oder besser *ein*[393], Periodengewinn ermittelt werden. Zwar ist auch in der statischen Bilanz der Gewinn abzulesen, allerdings nur als Nebenprodukt, während es gerade Ziel der dynamischen Bilanz ist den Gewinn zu ermitteln[394]. Das Gesetz trägt jedoch schon mit dem Erfordernis der Eröffnungsbilanz, gemäß § 242 Abs. 1 S. 1 Alt. 1 HGB, dem Interesse an einem Bestandsgrößenvergleich, mithin der Möglichkeit zur Ermittlung der Stromgröße[395] „Ertrag", explizit und nicht nur zufällig, im Sinne eines Nebenprodukts, Rechnung.

Der ermittelbare Periodengewinn ist nicht der, welcher der dynamischen Theorie entspricht, keinesfalls der *Schmalenbachs*. Allerdings entspricht er im Grunde der Forderung der Dynamik nach der Ermittlung des „Gewinns" im Sinne eines Erfolges wirtschaftlichen Handelns. Auch ist es (zumindest ein) Ziel der Bilanz, insbesondere der Steuerbilanz, den Erfolg zu ermitteln, da gerade die Ertragssteuern auf die Steuerbilanz zur Steuerbemessung angewiesen sind.

Treffend, dort aber nur bezogen auf die Steuerbilanz, formuliert *Beisse*: „[...] ist die Steuerbilanz vor allem Vermögensübersicht [...], unbeschadet ihres Zweckes, der Erfolgsermittlung zu dienen."[396]

Das Inventar gemäß § 240 Abs. 1 HGB ist eine bloße Vermögensübersicht. Die Bilanz zeichnet sich demgegenüber gerade durch die *Gegenüberstellung* von Aktiva und Passiva aus. Das entscheidende Wort in der gesetzlichen Bilanzdefinition gemäß § 242 Abs. 1 S. 1 HGB ist nicht „Vermögen", sondern „Verhältnis". Der Mehrwert der Bilanz gegenüber einer Vermögensübersicht liegt in den durch die Gegenüberstellung der einzelnen Posten einer Periode ableitbaren Informationen. Die Bilanz als bloße Vermögensübersicht zu beschreiben unterschlägt mithin deren Eignung zur Gewinnung von Zusatzinformationen, auch über Stromgrößen und wird auch nicht der gesetzlichen Intention gerecht.

Darüber hinaus ist nicht ausschließlich statisch, was auf eine Vermögensermittlung abzielt, und dynamisch, was auf eine Gewinnermittlung abzielt. Dies sind nur Oberbegriffe für die Zielsetzung, nicht aber eine ausreichende Beschreibung für die Durchführung der Theorien. Die Besonderheit der Statik besteht nicht nur darin, dass das Ziel der Ansatz einer Bestands- statt einer Stromgröße

393 Siehe diesbezüglich im Folgenden.

394 Vgl. Teil II B. IV. 2. a), 3. a).

395 Auch „Strömungsgröße" genannt, vgl.: Wöhe/Kußmaul, Grundzüge der Buchführung und Bilanztechnik, 8. Aufl., S. 14; wie hier: Baetge/Kirsch/Thiele, Bilanzen, 5. Aufl., S. 3.

396 Beisse, in: DStR 1980, 243 (244).

ist. Sie ist nicht reine Vermögensbestandsrechnung,[397] sondern durch ein komplexes Ineinandergreifen von Vermögens- und Gewinnermittlungsprinzipien gekennzeichnet[398].

Der Fehlerhaftigkeit einer bloßen Subsumtion unter „Vermögens-" beziehungsweise „Gewinnermittlung" wird dabei besonders deutlich anhand der dynamischen Bilanz *Schmalenbachs*. Zwar steht dort ebenso wie im modernen Bilanzrecht die Gewinnermittlung im Vordergrund, doch ist dort der „Gewinn" nicht als entziehbarer Betrag, sondern als Indikator der Unternehmensentwicklung konzipiert[399].

Auch der Grundsatz der periodengerechten Gewinnermittlung ist keine dynamische Besonderheit[400]. Eine statische Bilanz muss ebenfalls eine treffende Periodenabgrenzung durchführbar machen. Eine „Momentaufnahme" setzt begriffsnotwendig die genaue Begrenzung des „Moments" voraus.

Wenn die Untersuchung der klassischen Bilanztheorien[401] eines deutlich macht, dann zumindest, dass durch die Zuordnung zu einerseits „Vermögen" und andererseits „Gewinn" den Unterschieden nicht Genüge getan ist[402]. Deshalb überrascht es auch nicht, wenn selbst für die scheinbar so klar Stellung beziehende ältere Rechtsprechung behauptet wird, der BFH habe die Steuerbilanz nie als rein dynamisch verstanden[403].

Der Ursache-Wirkungs-Zusammenhang wird dabei schon dann verkannt, wenn, wie oftmals der Fall[404], aufgrund des Wertes der Objektivierung in der „Bilanz im Rechtssinne", hieraus eine statisch geprägte Bilanz gefolgert wird. Die Objektivierung ist jedenfalls nicht das Primärziel, sondern vielmehr die

---

397 Vgl. zum Begriff: BFH Urteil vom 26.4.1995 – I R 92/94 = BStBl. II 1995, 594 (595).

398 Moxter, Bilanzrechtsprechung, 6. Aufl., S. 5, insbesondere mit dem Hinweis, dass auch das Herausstellen des Bedürfnisses einer Verrechtlichung bzw. Objektivierung des Bilanzinhaltes eine statisch geprägte Tendenz darstellt.

399 Moxter, in: StuW 1989, 232 (237).

400 Moxter, in: FS Döllerer S. 447 (456).

401 Unter Teil II B. IV. 2., 3.

402 Treffend formuliert von Döllerer, in: Der BB 1968, 637 Bezug nehmend auf eine Kommentierung, in der die Eigenschaft als „Gewinnermittlungsbilanz" für den aktienrechtlichen Jahresabschluss herausgestellt wurde: „ [...] folgt, dass die Jahresbilanz [...] mit der Feststellung des Kommentars, daß sie in erster Linie der Gewinnermittlung diene [...] noch keine dynamische Bilanz im Sinn der dynamischen Bilanzlehre geworden ist."

403 Moxter, in: FS Döllerer, S. 447 (448) m.w.N.

404 Vgl. Moxter, Bilanzrechtsprechung, 6. Aufl., S. 4.

notwendige Folge, der Entscheidung für die Statik. Eine dynamische Bilanz legt Wert auf die Betrachtung der Unternehmensentwicklung, deren Abbildung zwangsläufig weniger leicht einer Objektivierung unterworfen werden kann, als es bei dem maßgeblichen Abstellen auf Bestandsgrößen – also die momentane Stellung des Unternehmens abbildende Angaben – vom Grundsatz her der Fall ist.

Darüber hinaus macht eine Momentaufnahme nur dann Sinn, wenn deren Werte nachprüfbar sind. Wobei hingegen bei einer Betrachtung der Dynamik des Unternehmens etwaige subjektive Einflüsse, jedenfalls relativ gesehen, sich über die Totalperiode, als Summe aller Vorperioden, weitestgehend ausgleichen. Dennoch ist die Forderung nach Objektivierung auch innerhalb der dynamischen Bilanzlehre nicht fremd. Eine Theorie, welche auf die Rechnungslegung Anwendung finden soll, kann sich zwangsläufig nicht einem rein subjektiven Maßstab unterwerfen.

Das geltende Bilanzrecht ist also von beiden Theorien beeinflusst[405]. Das Gesetz, die höchstrichterliche Rechtsprechung und die herrschende Literatur haben keine der Theorien aus dem heutigen Bilanzrecht ausgeschlossen. Der Streit über die Grundkonzeption der Bilanz als statisch oder dynamisch ist deshalb auch in vorliegendem Zusammenhang prinzipiell nicht von vorrangiger Bedeutung. Um eine konkrete Problematik in die Theorien einordnen zu können, ist vielmehr anhand der einzelnen betreffenden Position eine Gesetzesauslegung im Dienste der „Bilanz im Rechtssinne“[406] vorzunehmen. Hierbei ist zu berücksichtigen, ob nach dem Gesetz eine Regelung eher in einem statischen oder dynamischen Sinne zu verstehen ist[407]. Die Schlagworte „Statik“ oder „Dynamik“ einer Argumentation voranzustellen ist hingegen nicht zielführend. Diesen Theorien lassen sich keine unmittelbaren Lösungsansätze zur „wirtschaftlichen Verursachung“ entnehmen ohne diese ihrerseits auf ihre Präsenz

---

405 Vgl. auch: Döllerer, in: Der BB 1968, 637 (641).

406 Vgl. hierzu Teil II B. II.

407 Dahin gehend auch BFH Urteil vom 26.4.1995 – I R 92/94 = BStBl. II 1995, 594: „Der *Gewinn* wird [...] danach durch eine *Vermögensbestandsrechnung* [...] nach *grundsätzlich* statischen Bilanzierungs*grundsätzen* ermittelt [Hervorhebung durch Verfasser].“ (S. 595) – Hieraus lässt sich zum einen folgern, dass der BFH die Aufgabe der Bilanz in ihrer Grundkonzeption in der Vermögensermittlung sieht, dies aber dem Primärzweck der Erfolgsermittlung nicht entgegensteht und, dass dies wiederum im Einklang mit einer grundsätzlichen Statik steht. Zum anderen ist bereits hier, deutlicher später (S. 597, dort zu Rechnungsabgrenzungsposten), die grundsätzlich vom Bilanz*posten* abhängige Interpretation im Kontext der Bilanztheorien zu erkennen.

im maßgeblichen Umfeld des Streits, vornehmlich des Vorsichtsprinzips, hin zu untersuchen.

Insbesondere die Aufwands-Ertrags-Zuordnung der dynamischen Konstruktion des Periodenaufwands, welche auch im Zusammenhang mit der „wirtschaftlichen Verursachung" als Begründungsansatz dient, muss sich an der Vereinbarkeit mit den maßgeblichen Bilanzierungsgrundsätzen messen lassen, wie sie als konkrete gesetzgeberische Entscheidung ihren Niederschlag im geltenden Bilanzrecht gefunden haben.

## V. Bilanzierungsgrundsätze

### 1. Einführung

Mit den „Bilanzierungsgrundsätzen" ist hier das gemeint, was im Grunde im IFRS-Framework 24 ff., insbesondere 37 („Prudence") und 38 („Completeness"), als „Qualitative Characteristics of Financial Statements"[408] bezeichnet wird. Im deutschen Bilanzrecht finden sich die Normen zu diesen Grundsätzen meist unter den „Bewertungsvorschriften" des HGB, dort § 252 Abs. 1. Allerdings ist bereits dem Gesetz zu entnehmen, dass der dortige Katalog keine vollständige Aufzählung enthält („insbesondere"). Entgegen dem Wortlaut handelt es sich hierbei auch nicht ausschließlich um Bewertungsvorschriften, vielmehr sind auch Regeln den Ansatz betreffend enthalten[409]. Allgemein anerkannt ist die Einordnung als Grundsätze ordnungsmäßiger Buchführung[410].

Die Bilanzierungsgrundsätze sind in der vorliegenden Arbeit jedoch nicht nur insoweit interessant, als sie dies für jedes andere bilanzrechtliche Thema, wegen ihres umfassenden Einflusses auf die Bilanzierung[411], auch wären. Sie beeinflussen vielmehr ganz entscheidend die Argumentation gerade betreffend diese Problematik. Zu lesen ist zum Beispiel, dass es der „bilanztheoretische Kern dieser Diskussion"[412] um den maßgeblichen Zeitpunkt der Passivierung

408 In der offiziellen deutschen Übersetzung: „Qualitative Anforderungen an den Abschluss".

409 Hoffmann/Lüdenbach, NWB Kommentar Bilanzierung, 4. Aufl., § 252 Rn. 1.

410 Vgl. nur die Aufzählung in Winnefeld, Bilanzhandbuch, 4. Aufl., D 40; ferner: Hoffmann/Lüdenbach, NWB Kommentar Bilanzierung, 4. Aufl., §252 Rn. 1; Leffson, Die Grundsätze ordnungsmäßiger Buchführung, 7. Aufl., S. 173 ff.; vgl. ferner, insbesondere zur Geltung in der Steuerbilanz, Teil II A. II. 3.

411 Vgl. zum Zweck der GoB: Teil II A. II. 3. c).

412 Kozikowski/Schubert, in: BeckBilKo, 8. Aufl., §249 Rn. 34.

ungewisser Verbindlichkeiten, insbesondere also die Relevanz der „wirtschaftlichen Verursachung" im Falle des bereits rechtlichen Bestehens der Verbindlichkeit, ist, wie sich das Realisationsprinzip zum Vollständigkeitsgebot verhält. Die, schon wegen ihrer erheblichen Präsenz in der Literatur, hervorzuhebende „Alimentationstheorie" von *Moxter*[413] wird im Wesentlichen auf eine spezielle[414] Anwendung des Realisationsprinzips gestützt.

Das Realisationsprinzip gemäß § 252 Abs. 1 Nr. 4 Hs. 2 HGB muss dabei im gesetzlichen Kontext gesehen werden, sodass ein Eingehen auf das Vorsichts- (§ 252 Abs. 1 Nr. 4 Hs. 1 Alt. 1 HGB) und insbesondere auch im Hinblick auf den Passivposten „Rückstellung" auf das Imparitätsprinzip (§ 252 Abs. 1 Nr. 4 Hs. 1 Alt. 2 HGB) unumgänglich ist. Daneben sind weitere Bilanzierungsgrundsätze für die spätere Einordnung der Problematik der vorliegenden Arbeit von Interesse, auf welche sich insbesondere in der Literatur immer wieder berufen wird.

## 2. Verhältnis der Grundsätze zueinander

Sieht man richtigerweise in der korrekten Einordnung des Problems in die Bilanzierungsgrundsätze einen entscheidenden Schritt zu dessen Lösung, so könnte man sich manche Diskussion ersparen, indem man bei Konkurrenzfragen zu einem generellen Vorrang des einen über den anderen Grundsatz käme. Genösse also beispielsweise das Realisationsprinzip den Vorrang vor dem Vollständigkeitsgebot[415], so wäre man nicht gezwungen sich über ein Nebeneinander der beiden Prinzipien, eigentlich nicht einmal über das zurücktretende Vollständigkeitsgebot an sich, Gedanken zu machen[416]. Dem Gesetz ist jedoch weder in § 252 HGB noch sonst wo ein klarer Hinweis zur Lösung der Konkurrenzfrage zu entnehmen. Gerade dies könnte man dahin gehend interpretieren, dass eine Gleichrangigkeit zwischen den Grundsätzen besteht[417]: Wo das

413 Vgl. hierzu Teil III C. II. 3. c) aa).

414 Besonders in der Betriebswirtschaftslehre wird manch einer meinen diese sei nur in der Hinsicht speziell, dass es sich hierbei um die *einzig richtige* handle.

415 So Herzig, in: DStJG Band 14, S. 199 (213).

416 So für das Verhältnis von Realisationsprinzip und Vollständigkeitsgebot einerseits sowie Imparitätsprinzip andererseits: Rürup, in: FS Forster, S. 519 (S. 537, 545); einen generellen Vorrang des Realisationsprinzips vor dem Imparitätsprinzip ablehnend: Schulze-Osterloh, in: FS Forster, S. 653 (667, 670). Nach diesem wird vielmehr das Realisationsprinzip zum Teil durch das Imparitätsprinzip verdrängt.

417 Im Ergebnis ebenso, jedenfalls im Hinblick auf die im Zusammenhang mit der vorliegenden Arbeit interessanten Grundsätze der § 252 I Nr. 1–5 HGB: Müller, in: FS Goerdeler, S. 397 (410).

Gesetz keinen Vorrang andeutet, herrscht Gleichrang, innerhalb eines Gesetzes unter gleich alten Regelungen[418]. Wo sogar eine nicht abschließende, fortlaufend nummerierte Auflistung sprachlich in sich abgeschlossener „Grundsätze" vorliegt, kann nicht ohne Weiteres angenommen werden, die eine Ziffer stehe, in ihrer Bedeutsamkeit, unterhalb der anderen. Eine Liste an Grundsätzen soll einen „Allgemeinen Teil" für die übrigen Regeln außerhalb dieser Auflistung festlegen. Ist der eine Grundsatz dem anderen übergeordnet, so böte es sich bei der Normierung an, dies auch optisch beziehungsweise sprachlich, zum Beispiel durch eine Kombination von Haupt- und Nebensatz innerhalb derselben Ordnungsziffer anzudeuten.

Es ist darüber hinaus auch nicht zwangsläufig notwendig, kollidierende Regelungen einer Rangordnung zu unterwerfen. Die Konkurrenz ist entweder mittels Auslegung dahin gehend zu klären, ob für den Sachverhalt tatsächlich mehrere Tatbestände einschlägig sind oder bei genauer Betrachtung nur ein, für den konkreten Sachverhalt einschlägiger, Tatbestand existiert. Sollten tatsächlich zwei oder mehr Grundsätze die Bilanzierung des gleichen Geschäftsvorfalles konträr berühren, so kann im Wege einer der „Praktischen Konkordanz"[419] ähnlichen Abwägung und Auslegung sämtlicher miteinander kollidierender Grundsätze[420] zu einer gleichermaßen optimalen Wirksamkeit zu verhelfen versucht werden. Keinesfalls aber ist von vornherein eine Rangordnung zu unterstellen, wo keine solche gesetzlich angedeutet oder logisch unumgänglich ist.

## 3. Vorsichtsprinzip

### *a) Vorsichtsprinzip als eigenständiger Bilanzierungsgrundsatz*

#### *aa) Ursprung und ältere Deutung*

Die Kodifikation des Vorsichtsprinzips in § 252 Abs. 1 Nr. 4 Hs. 1 HGB geht zurück auf Art 31 Abs. 1 lit. c der 4. EG-Richtlinie[421]. Dort war der „Grundsatz

418 Larenz, Methodenlehre der Rechtswissenschaft, 6. Aufl., S. 266 f. Vgl. dort auch S. 267 Fn. 25: Die Terminologie ist außerhalb des Strafrechts umstritten, weshalb vorliegend auf dort gebräuchliche Formulierungen verzichtet wird.

419 Üblicherweise im Rahmen des Verfassungsrechts, dort insbesondere der Grundrechtskollision gebraucht. Vgl.: Hesse, Grundzüge des Verfassungsrechts der Bundesrepublik Deutschland, 20. Aufl., S. 28 Rn. 72 mit weiterführenden Literaturhinweisen.

420 Dahin gehend und einen gesetzlich festgelegten Vorrang einzelner Grundsätze ebenfalls ablehnend, auch Moxter, Bilanzrechtsprechung, 6. Aufl., S. 2.

421 Vierte Richtlinie 78/660/EWG des Rates v. 25.7.1978 aufgrund von Art. 54 III lit. g EGV über den Jahresabschluss von Gesellschaften bestimmter Rechtsformen,

der Vorsicht"[422] im Rahmen der allgemeinen Bewertungsgrundsätze festgelegt. Innerhalb dessen wurden hervorgehobene Ausprägungen ausgewiesen, welche mit *Schruff*[423] als „Realisations-", „Imparitäts-" und „Abschreibungsprinzip"[424] bezeichnet werden können. In den Beratungen, die letztlich zu dieser Norm in der Richtlinie führten, wurde das Vorsichtsprinzip auch mit anderen Einzelvorschriften ausdrücklich in Zusammenhang gebracht[425]. Diese Entwicklung hat ihren Niederschlag in der geltenden Fassung des HGB gefunden, wo „namentlich", also beispielhaft unter besonderer Berücksichtigung ihres Stellenwertes, zwei Aspekte genannt werden, ohne dass diese Aufzählung abschließend sein soll.

Die, auch heute noch verwandte[426], floskelhafte Forderung, der Kaufmann solle sich nicht reicher, lieber ärmer, rechnen, als er wirklich ist, wurde lange als der maßgebliche Inhalt des Vorsichtsprinzips angesehen[427], doch ist er zu pauschal, um den Sinngehalt dieses Grundsatzes vollends zu erfassen.

---

ABlEG Nr. L 222 S. 11. Art. 31 I sieht unter anderem vor: „*Die Mitgliedstaaten stellen sicher, daß für die Bewertung der Posten im Jahresabschluß folgende allgemeine Grundsätze gelten: [...] c) Der Grundsatz der Vorsicht muß in jedem Fall beachtet werden. Das bedeutet insbesondere: aa) Nur die am Bilanzstichtag realisierten Gewinne werden ausgewiesen. bb) Es müssen alle voraussehbaren Risiken und zu vermutenden Verluste berücksichtigt werden, die in dem Geschäftsjahr oder einem früheren Geschäftsjahr entstanden sind, selbst wenn diese Risiken oder Verluste erst zwischen dem Bilanzstichtag und dem Tag der Aufstellung der Bilanz bekannt geworden sind.*"

422 Auf dessen Bedeutung – auch im Rahmen einer grundsätzlich steuerrechtlichen Problematik (hierzu kritisch: Hennrichs, in: WPg 2015, 315 (317) – hinweisend der EuGH vom 3.10.2013 – C-322/12 (GIMLE), ABl. EU 2013, Nr. C 344, S. 34 (Rn. 32).

423 Schruff, Rechnungslegung und Prüfung der AG und GmbH nach neuem Recht (4. EG-Richtlinie), 1978, S. 79.

424 Das Abschreibungsprinzip wurde nicht als eigenständige Regelung in das HGB übernommen, weil sich „[...] der Grundsatz, daß Abschreibungen und Rückstellungen unabhängig vom Ergebnis bereits bei der Aufstellung des Jahresabschlusses zu berücksichtigen sind, [...] von selbst versteht[.]", vgl.: BT-Drs. 1985 – 10/4268, S. 99.

425 Nachweis bei Leffson/Rückle/Großfeld, Handwörterbuch unbestimmter Rechtsbegriffe im Bilanzrecht des HGB, S. 404 mit Fn. 5, 6.

426 Vgl.: Hoffmann/Lüdenbach, NWB Kommentar Bilanzierung, 4. Aufl., § 252 Rn. 53.

427 Vgl.: Leffson/Rückle/Großfeld, Handwörterbuch unbestimmter Rechtsbegriffe im Bilanzrecht des HGB, S. 408 („Vorsicht, Vorsicht über alles", nach Schneider, in: ZfbF 1967, 206 (214)).

*bb) Gehalt des Vorsichtsprinzips*

Obwohl der Grundsatz der Vorsicht im Schrifttum als einer der wichtigsten Grundsätze ordnungsmäßiger Buchführung bezeichnet wird, findet sich kaum eine Definition, oder auch nur genaue inhaltliche Umschreibung des Prinzips[428].

Zunächst bleibt festzustellen, dass es sich bei dem Vorsichtsprinzip um einen der Bilanzierungsgrundsätze handelt, für den die Einordnung unter die Bewertungsvorschriften ein unvollständiges Bild liefert. Es handelt sich vielmehr um einen auch den Bilanzansatz entscheidend beeinflussenden Grundsatz[429]. Dabei gilt es über § 5 Abs. 1 S. 1 EStG auch für das Steuerrecht, wird aber in den Steuergesetzen vielfach eingeschränkt[430].

Die Bedeutung des Vorsichtsprinzips wird heute vornehmlich als durch andere Grundsätze konkretisiert angesehen, wobei das Realisations- und das Imparitätsprinzip die größte Bedeutung erlangt haben[431]. Weitere Konkretisierung erfährt das Vorsichtsprinzip durch die aus diesen beiden Unterprinzipien ableitbaren Grundsätze, wie dem Niederstwertprinzip oder dem Prinzip der Berücksichtigung drohender Verluste aus schwebenden Geschäften[432]. Allerdings ist aus der gesetzlichen Fassung des § 252 Abs. 1 Nr. 4 HGB zu folgern, dass eine eigenständige Bedeutung der generellen Vorsicht besteht. Die genannten Ausprägungen stellen demnach nur Unterprinzipien dar, in denen sich das Prinzip der Vorsicht zwar wiederfindet, sich jedoch nicht gänzlich in diesen

428 Vgl. Leffson, Die Grundsätze ordnungsmäßiger Buchführung, 7. Aufl., S. 465 mit beispielhaften Umschreibungen aus dem Schrifttum in Fn. 1; ders. a.a.O., S. 467 sieht offenbar eine treffende Definition in folgender Formulierung, wonach das Vorsichtsprinzip den Bilanzierenden dazu anhalten soll „[...] Schätzgrößen so festzulegen, daß nicht durch zu optimistische Schätzungen der Periodenerfolg möglicherweise zu hoch ausgewiesen wird (Vorsichtsprinzip) [.]". Hierdurch wird jedoch einerseits zu stark auf eine dynamische Zielrichtung und andererseits zu wenig auf die gleichsam gegebene Relevanz beim Bilanzansatz abgestellt.

429 Hoffmann/Lüdenbach, NWB Kommentar Bilanzierung, 4. Aufl., § 252 Rn. 58; Winnefeld, Bilanzhandbuch, 4. Aufl., E 70; Großfeld/Luttermann, Bilanzrecht, 4. Aufl., S. 93/Rn. 333.

430 Winkeljohann/Büssow, in: BeckBilKo, 8. Aufl., § 252 Rn. 30; zu den steuergesetzlichen Einschränkungen vgl. ebendort, sowie Teil II B. V. 3. b).

431 Vgl. Leffson/Rückle/Großfeld, Handwörterbuch unbestimmter Rechtsbegriffe im Bilanzrecht des HGB, S. 409, wo insbesondere auch noch das „Abschreibungsprinzip" genannt wird, womit wohl eine Ausprägung des Niederstwertprinzips gemeint ist, vgl. Winnefeld, Bilanzhandbuch, 4. Aufl., E 225, 70.

432 Winnefeld, Bilanzhandbuch, 4. Aufl., E 70.

erschöpft. Andernfalls wäre der Zweck der gesetzlichen Formulierung fraglich, einen Grundsatz explizit zu nennen, diesem aber keine eigenständige Bedeutung beizumessen. Die über das Imparitäts- und Realisationsprinzip hinausgehende Wirkung lässt sich zudem daraus ableiten, dass im Laufe der Beratungen zur 4. EG-Richtlinie das Vorsichtsprinzip noch mit anderen Einzelvorschriften ausdrücklich in Zusammenhang gebracht wurde[433].

Unbestreitbar ergibt sich aus der Forderung, es sei vorsichtig zu bewerten, eine aufgrund undeutlicher Konturen schwer konkret greifbare Aufgabe. Jedoch erlangt das Vorsichtsprinzip zum Beispiel bei der Ausübung von Ermessensspielräumen eine eigenständige, unmittelbare Bedeutung[434], ohne dass hier ein weiteres Unterprinzip greift. Darüber hinaus wird noch immer, im Geiste der älteren Interpretation des sich besser arm rechnenden Kaufmannes, als eigenständiger Inhalt des Vorsichtsprinzips die stärkere Berücksichtigung der Risiken, als der Chancen gesehen[435]. Vorsichtige Bilanzierung heißt im Hinblick auf den Zweck der Bilanz[436], bei der Verteilung des Gesellschaftsvermögens insbesondere die Gläubiger vor Abflüssen zu schützen, die nicht durch die Substanz des Unternehmens gerechtfertigten sind, beziehungsweise grundsätzlicher gesprochen, bei der Bilanzierung auf den Vermögenserhalt im Unternehmen, auch im Dienste dessen Fortbestandes, besonders achtzugeben. Diese Tendenz findet sich auch in den IFRS wieder[437].

Insgesamt lässt sich das Vorsichtsprinzip damit als maßgeblich durch seine Unterprinzipien, insbesondere Realisations- und Imparitätsprinzip,

---

433 Nachweis bei Leffson/Rückle/Großfeld, Handwörterbuch unbestimmter Rechtsbegriffe im Bilanzrecht des HGB, S. 404; vgl. zu Ausprägungen des Vorsichtsprinzips außerhalb des § 252 I Nr. 4 HGB: Winkeljohann/Büssow, in: BeckBilKo, 8. Aufl., § 252 Rn. 50.

434 Winnefeld, Bilanzhandbuch, 4. Aufl., E 70.

435 Claussen, in: Kölner Kommentar zum Rechnungslegungsrecht, § 252 Rn. 38.

436 Vgl. Teil II B. I. dort insbesondere zusammenfassend 3.

437 Vgl. IFRS-Rahmenkonzept 37. Dort wird eine Konkretisierung dahin gehend vorgenommen, dass „Vermögenswerte oder Erträge nicht zu hoch und Schulden oder Aufwendungen nicht zu niedrig angesetzt werden[.]", allerdings im Rahmen einer „Sorgfalt bei der Ermessensausübung", was jedoch seinerseits im Grunde nur das (selbstverständliche) Verbot des Missbrauchs klarstellt. Vgl. zur neueren Entwicklung des Vorsichtsprinzips durch das IASB: Beinsen/Wagenhofer, in: IRZ 2013, 413. Die Autoren kommen zu dem Schluss, dass es in Anbetracht der Haltung des IASB konsequent wäre, ein Vorsichtsprinzip explizit als einen übergeordneten Grundsatz in das Regelwerk aufzunehmen (a.a.O., S. 419).

konkretisiert ansehen. Darüber hinaus findet sich in ihm aber auch ein allgemeiner Programmsatz der Bilanzierung im Dienste des Gläubigerschutzes[438] beziehungsweise der „Erhaltung des Schuldendeckungspotentials“[439].

Es lässt sich dabei auch eine gewisse Tendenz dieses Grundsatzes zu einer statischen Bilanztheorie erkennen[440].

Der Grundsatz der Vorsicht ist für alle Einzelvorschriften zu beachten und ergänzt oder modifiziert andere allgemeine Grundsätze[441]. Gut umschrieben wird dies, in Verbindung mit dem Going-Concern-Grundsatz gemäß § 252 Abs. 1 Nr. 2, von *Großfeld/Luttermann*[442]: „[Der Kaufmann] muss [...] unter Ungewissheit vorsichtig vorgehen, denn seine Angaben umfassen nach dem Gebot der Unternehmensfortführung auch die Zukunft [...]“.

Auch wenn oftmals noch immer ein Vorrang des Vorsichtsprinzips vor anderen Bilanzierungsgrundsätzen angenommen wird[443], kann dem Gesetz, trotz dessen umfassender Wirkung, kein solcher entnommen werden[444]. Es handelt sich hierbei lediglich um einen Grundsatz, welcher zwar häufigere, nicht jedoch stärkere, Beachtung als andere GoB finden muss.

---

438 Zur Akzeptanz dieses Grundsatzes auch in der Steuerbilanz vgl.: Teil II B. I. 3.; vgl. im Übrigen auch: IDW-Grundsätze zur Durchführung von Unternehmensbewertungen (IDW S 1 i.d.F. 2008, verabschiedet vom FAUB am 2.4.2008, billigende Kenntnisnahme durch den HFA am 30.5.2008) 4.6. Tz. 64: „[...] Das für die handelsrechtliche Bilanzierung verbindliche Vorsichtsprinzip bringt eine ungleiche Gewichtung der z.T. gegenläufigen Interessen von Gläubigern [...] und Unternehmenseignern [...] zugunsten des Gläubigerschutzes zum Ausdruck [...].“.

439 Buciek, in: Blümich EStG, 117. Lfrg., §5 Rn. 240.

440 Vgl. Teil II B. IV. 2. a).

441 Leffson/Rückle/Großfeld, Handwörterbuch unbestimmter Rechtsbegriffe im Bilanzrecht des HGB, S. 405.

442 Bilanzrecht, 4. Aufl., S. 93/Rn. 332.

443 So z.B.: Kessler, in: DB 1997, 1.

444 Vgl. schon Teil II B. V. 2.; im Übrigen speziell zum Vorsichtsprinzip ebenso: Hoffmann/Lüdenbach, NWB Kommentar Bilanzierung, 4. Aufl., § 252 Rn. 56; zu einem Konflikt mit dem steuerrechtlichen Prinzip der Leistungsfähigkeit vgl. Teil II A. II. 5. b). Vgl. hierzu auch BFH Urteil vom 5.5.2011 – IV R 32/07 = FR 2012, 471 (474), wo eine Abweichung vom Vorsichtsprinzip unter bestimmten Umständen zwar als möglich angesehen, ein Vorrang, oder eine generelle Unvereinbarkeit beider Prinzipien offenbar aber nicht vertreten wird.

### *b) Imparitätsprinzip*

Die Intention, welche heute unter den Begriff des Imparitätsprinzips gefasst wird, geht zurück auf eine jahrhundertealte handelsrechtliche Konvention[445], wobei dieses jedoch lange Zeit weder allgemein exakt bestimmt, noch durch spezielle Regeln eindeutig umschrieben war[446]. Dabei wurde der Begriff der „Imparität“ erstmals 1925 von *Lion* geprägt[447]. Die Ungleichheit, welche hier namensgebend für das Prinzip ist, nimmt Bezug auf das Realisationsprinzip: Während Erträge vor ihrer Entstehung durch Umsatzakt nicht ausgewiesen werden dürfen, sind unrealisierte Risiken und Verluste, deren Eintritt wahrscheinlich ist, ergebnismindernd zu berücksichtigen, wenn sie am Bilanzstichtag durch konkrete Anzeichen bereits drohen[448]. Statt einer Verlustrealisation genügt hier, dass eine Verlustursache, zum Beispiel der Schluss eines Vertrages, bereits am Bilanzstichtag gesetzt wurde[449]. Als Verlustursache kommt jede konkrete Ursache in Betracht, welche bei wirtschaftlicher Betrachtung ein konkretes, nach dem Vorsichtsprinzip relevantes Risiko späterer Verluste zur Folge haben kann[450]. Dennoch weist *Beisse*[451] zu Recht darauf hin, dass der Begriff des „Verlustantizipationsprinzips“, wie er häufig synonym verwandt wird[452], missverständlich ist. Nach § 252 Abs. 1 Nr. 4 Hs. 1 HGB sind nur jene Risiken und Verluste, „[...] die bis zum Abschlußstichtag *entstanden* [Hervorhebung durch Verfasser] sind, zu berücksichtigen [...]“. Die Vermögensminderung wird also nicht vorweggenommen, sondern ist eine solche bereits eingetreten, wenngleich sie noch nicht endgültig ist. Es handelt sich demnach nicht um künftigen, sondern bereits entstanden Aufwand[453]. Ungenau wäre es deshalb zu behaupten,

---

445 Fey, Imparitätsprinzip und GoB-System im Bilanzrecht 1986, S. 18.

446 Leffson, Die Grundsätze ordnungsmäßiger Buchführung, 7. Aufl., S. 340.

447 Koch, in: ZfhF 1960, 319 (327) unter Hinweis auf Lion, Das Bilanzsteuerrecht, 2. Aufl., S. 67, zitiert nach Leffson, Die Grundsätze ordnungsmäßiger Buchführung, 7. Aufl., S. 339 Fn. 1.

448 Winnefeld, Bilanzhandbuch, 4. Aufl., E 210.

449 Vgl. BFH Urteil vom 16.11.1982 – VIII R 95/81 = BStBl. II 1983, 361 (363).

450 Winnefeld, Bilanzhandbuch, 4. Aufl., E 212.

451 In: FS Moxter, S. 3 (18 f.).

452 So z.B.: Winnefeld, Bilanzhandbuch 4. Aufl., E 210; A/D/S, Rechnungslegung und Prüfung der Unternehmen, 6. Aufl., § 252 HGB Rn. 63, 93.

453 Beisse, in: FS Moxter, S. 3 (19); dahin gehend auch: Hoffmann/Lüdenbach, NWB Kommentar Bilanzierung, 4. Aufl., § 252 Rn. 99; dagegen zwar dahin gehend differenzierend, jedoch beides als vom Imparitätsprinzip erfasst ansehend: Schulze-Osterloh, in: DStJG Band 23, S. 67 (72).

das Imparitätsprinzip schreibe die Vorwegnahme eines in einer späteren Rechnungsperiode eintretenden negativen Erfolgsbeitrag vor, welcher auf Dispositionen oder latenten Ereignissen der beendeten oder einer früheren Periode beruht[454]. Vielmehr wird lediglich die Realisierung des endgültigen Verlustes vorweggenommen, was gerade die Ungleichbehandlung im Verhältnis zu Gewinnen ausmacht, deren Realisierung[455] gemäß § 252 Abs. 1 Nr. 4 Hs. 2 HGB am Abschlussstichtag vorliegen muss.

„Vorhersehbar", im Sinne der Vorschrift, sind Risiken und Verluste, wenn mit ihrem Eintritt ernsthaft zu rechnen ist[456], was naturgemäß in Einzelfällen schwerlich zu präzisieren sein kann.

Zusammengefasst ist es das Ziel des Imparitätsprinzips, im Interesse der Kapitalerhaltung und des Gläubigerschutzes, künftige Rechnungsperioden von vorhersehbaren Risiken und Verlusten frei zu halten, die am Bilanzstichtag zwar noch nicht realisiert, aber bereits verursacht sind[457]. In ihm zeigt sich also deutlich der Bezug zum Vorsichtsprinzip. Schon nach dem Wortlaut, insbesondere aber auch im Hinblick auf diese Zwecksetzung, bezieht es sich nur auf die Passivseite der Bilanz, ist dabei aber nicht auf die Bewertung beschränkt.

Neben § 252 Abs. 1 Nr. 4 HGB hat das Imparitätsprinzip noch in außerplanmäßigen Abschreibungen bei Vermögensgegenständen des Anlagevermögens (§253 Abs. 3 S. 3 HGB), dem strengen Niederstwertprinzip für Vermögensgegenstände des Umlaufvermögens (§ 253 Abs. 4 HGB) sowie in Rückstellungen für drohende Verluste aus schwebenden Geschäften[458] (§ 249 Abs. 1 S. 1 HGB)[459] konkrete gesetzliche Ausformungen erhalten. Es ginge allerdings, ähnlich wie schon im Rahmen des Vorsichtsprinzips[460], zu weit den Gehalt des Imparitätsprinzips auf diese kodifizierten Fälle zu beschränken[461]. Vielmehr ist dem Gesetz auch generell zu entnehmen, dass im Dienste der Kapitalerhaltung,

454 Winkeljohann/Büssow, in: BeckBilKo, 8. Aufl., § 252 Rn. 34.

455 Vgl. hierzu Teil II B. V. 3. c) bb) (1).

456 Winkeljohann/Büssow, in: BeckBilKo, 8. Aufl., § 252 Rn. 35 m.w.N.

457 BFH Beschluss vom 23.6.1997 – GrS 2/93 = DStR 1997, 1442 (1444) = BStBl. II 1997, 735.

458 Umstritten ist, ob auch die, hier relevanten, Rückstellungen für ungewisse Verbindlichkeiten dem Imparitätsprinzip zuzuordnen sind. Vgl. hierzu Teil III B. IV. 1.

459 Winkeljohann/Büssow, in: BeckBilKo, 8. Aufl., § 252 Rn. 41.

460 Vgl. hierzu Teil II B. V. 3 a) bb).

461 So aber Knobbe-Keuk, Bilanz-und Unternehmenssteuerrecht, 9. Aufl., S. 50.

Wertungsdiskrepanzen zwischen Erträgen und Aufwendungen gerade bezweckt sind[462].

Im Rahmen der Steuerbilanz gilt das Imparitätsprinzip vom Grundsatz her über § 5 Abs. 1 S. 1 EStG ebenso. Teilweise wird es jedoch als generell mit dem Leistungsfähigkeitsprinzip unvereinbar angesehen[463]. Diesen Bedenken kann mit einem Verweis auf das korrekte Verständnis des Imparitätsprinzips, welches eben kein „Verlustantizipationsprinzip" ist, sondern bereits eingetretene Vermögensminderungen betrifft, begegnet werden[464]. Im Übrigen dürften auch diejenigen, welche die Darstellung einer zu geringen Leistungsfähigkeit durch das Imparitätsprinzip befürchten, aufgrund der starken Einschränkungen dessen im Steuerrecht - durch das Verbot von Drohverlustrückstellungen gemäß § 5 Abs. 4a EStG und das strenge Wertaufholungsgebot im Rahmen der Teilwertabschreibungen gemäß § 6 Abs. 1 Nr. 1 S. 4, Nr. 2 S. 3 EStG, sowie das Erfordernis der voraussichtlich dauernden Wertminderung auch bei Umlaufvermögen (§ 6 Abs. 1 Nr. 2 S. 2 EStG) - im Ergebnis wenig Anlass zu grundsätzlicher Kritik haben.

### *c) Realisationsprinzip*

#### *aa) Ursprung und Bedeutung für die Untersuchung*

Das kodifizierte Realisationsprinzip geht zurück auf die Aktienrechtsnovelle im Jahre 1884[465].

Es wurde in das Aktiengesetz übernommen, um die Ausschüttung fiktiver Gewinne zu verhindern[466]. Erstmals rechtsformunabhängig existiert das Realisationsprinzip in § 252 Abs. 1 Nr. 4 Hs. 2 HGB seit dem BiRiLiG vom 19.12.1985[467].

---

462 Als weiteres Beispiel für die Wertung des Imparitätsprinzips, außerhalb der genannten gesetzlich geregelten Fälle, lässt sich die Ungleichbehandlung eines Überhangs der passiven latenten Steuern über die aktiven im Verhältnis zum umgekehrten Falle gem. § 274 I 1, 2 HGB auffassen. Hingegen besteht eine solche im, weniger durch das Vorsichtsgebot geprägten, IFRS-Abschluss gem. IAS 12.15, 12.24, 12.34 gerade nicht.

463 Z.B.: Doralt, in: DB 1998, 1357 (1357 f.).

464 Vgl. auch: Kessler, in: DStR 1994, 1289 (1294).

465 Hommel/Berndt, in: BB 2009, 2190.

466 Moxter, in: ZVglRWiss 2004, 268 (279).

467 Entwurf eines Gesetzes zur Durchführung der Vierten, Siebten und Achten Richtlinie des Rates der Europäischen Gemeinschaften zur Koordinierung des Gesellschaftsrechts (Bilanzrichtlinien-Gesetz), BT-Drs. 1985 10/4268, S. 7 ff.

Das Realisationsprinzip besitzt für die vorliegende Untersuchung besonders hohe Relevanz. *Moxters* Alimentationsthese[468] stützt sich maßgeblich auf die nach seiner Meinung angezeigte Auslegung als Aufwandsrealisationsprinzip. In diesem Sinne entwickelte sich auch der Begriff der „rückstellungsbegrenzenden Wirkung des Realisationsprinzips", wonach sich der Ansatz von Verbindlichkeitsrückstellungen an den Anforderungen des Realisationsprinzips messen lassen müsse[469]. Darüber hinaus wird dem Realisationsprinzip insgesamt vielerorts ein starker Einfluss auf die Periodisierung eingeräumt, oder diese sogar als der vornehmliche Zweck dieses Grundsatzes ordnungsgemäßer Buchführung angesehen. Da das Merkmal der „wirtschaftlichen Verursachung" im Endeffekt gerade die Aufgabe der korrekten Periodenzuordnung des Aufwands besitzt[470], ist eine diesbezügliche Klärung unumgänglich. Dabei kommt man nicht umhin eine Einordnung des Realisationsprinzips in ein einheitliches Konstrukt mit § 252 Abs. 1 Nr. 5 HGB vorzunehmen, und seine Stellung innerhalb des Vorsichtsprinzips, mithin auch seine Beziehung zum Imparitätsprinzip, zu klären.

Auch das Realisationsprinzip besitzt nicht nur für die Bewertung, sondern ebenso für den Bilanzansatz Relevanz, da zwischen Bewertung und Bilanzierung ein sachlogischer Zusammenhang besteht[471].

#### *bb) Inhalt des Realisationsprinzips*

##### *(1) Ertragsrealisation*

Herkömmlicherweise wird das Realisationsprinzip auf die Frage der Realisation, der bei einem Umsatzvorgang oder sonstigen Geschäft entstehenden Erfolgsbeiträge bezogen[472]. Es regelt den Zeitpunkt, ab dem ein Ertrag aus einem Geschäftsvorfall bilanziell zu beachten ist.

Danach dürfen Vermögensmehrungen nur erfasst werden, wenn sie disponibel sind[473]. Wann genau dies in hinreichender Form sichergestellt ist, wird

468 Vgl. hierzu: Teil III C. II. 3. c) aa).

469 Diesen Begriff aufgreifend: Schön, in: BB 1994, Beilage 9, S. 6; in diesem Sinne das Realisationsprinzip gebrauchend: Kraus, in StuW 1988, 133 (146), welcher das Kriterium der „wirtschaftlichen Verursachung" als durch das Realisationsprinzip ersetzbar ansieht; Günkel, in: StbJb. 1990/91, 97 (107 f.); Paus, in: BB 1988, 1419.

470 Vgl. Teil III C. II. 4. b) aa).

471 Crezelius, in: NJW 1994, 981 (983); Ballwieser, in: MüKo HGB, 3. Aufl., § 252 Rn. 54; Buciek, in: Blümich EStG, 116 Lfrg., § 5 Rn. 241.

472 Gelhausen, Das Realisationsprinzip im Handels- und im Steuerbilanzrecht, 1985, S. 25.

473 BFH Urteil vom 12.5.1993 – XI R 1/93 = BStBl. II 1993, 786 (787).

anhand objektiver Kriterien beurteilt. So ist maßgeblicher Aspekt für den Ausweis von Beiträgen zum Unternehmenserfolg, dass sie durch einen Umsatzvorgang am Markt bestätigt wurden[474].

„Gewinn" im Sinne der Vorschrift ist hiernach nicht als Reinvermögenszuwachs, sondern „Umsatzgewinn" zu verstehen[475]. Bei Lieferungen und anderen Leistungen wird ein Gewinn in diesem Sinne realisiert, wenn der Leistungsverpflichtete die von ihm geschuldeten Erfüllungshandlungen wirtschaftlich erfüllt hat und ihm die Forderung auf die Gegenleistung von den mit jeder Forderung verbundenen Risiken abgesehen so gut wie sicher ist[476]. Wo ein Abstellen auf den Umsatzvorgang nicht zielführend ist, wird als Realisationsvoraussetzung ganz allgemein eine Quasi-Sicherheit der Vermögensmehrung gefordert[477]. Diese soll gegeben sein, wenn der Erfolgsausweis unter Risiko- und Objektivitätsgesichtspunkten hinreichend konkretisiert ist[478]. Das Realisationsprinzip kennzeichnet sich demnach, mit seiner Forderung nach einem so gut wie sicheren Risikoabbau, durch einen vorsichtigen und typisierten Ertragsausweis[479]. Dies geschieht im Dienste einer Bilanz, die auf die Ermittlung des entziehbaren Gewinns abstellt[480], da Entziehbarkeit sachlogisch zunächst Verfügbarkeit voraussetzt.

Diese Grundsätze gelten gleichermaßen für die Handels- wie für die Steuerbilanz. Steuerrechtlich findet das Realisationsprinzip darüber hinaus aber noch Legitimation in dem Grundsatz der Besteuerung nach der Leistungsfähigkeit[481]. Aus diesem werden zudem die im Steuerrecht existenten „Gewinnrealisierungsersatztatbestände"[482], welche nicht an einem Umsatzakt am Markt geknüpft sind, gerechtfertigt.

---

474 Winnefeld, Bilanzhandbuch, 4. Aufl., E 86.

475 Moxter, in: StuW 1989, 232 (233); vgl. auch: Winnefeld, Bilanzhandbuch, 4. Aufl., E 90.

476 BFH Urteil vom 12.5.1993 – XI R 1/93 = BStBl. II 1993, 786 (787) m.w.N.; vgl. zu der Diskussion um weitere mögliche Realisationszeitpunkte: Lüders, Der Zeitpunkt der Gewinnrealisierung im Handels- und im Steuerbilanzrecht, 1987, S. 15 ff., insbes. S. 21 ff.

477 Euler, Grundsätze ordnungsmäßiger Gewinnrealisierung, 1989, S. 67 ff.

478 Winnefeld, Bilanzhandbuch, 4. Aufl., E 94.

479 Hommel/Berndt, in: BB 2009, 2190 (2194).

480 Vgl.: Moxter, in ZVglRWiss 2004, 268 (270).

481 Vgl.: Winnefeld, Bilanzhandbuch, 4. Aufl., E 100.

482 Knobbe-Keuk, in: DStR 1985, 494, insbesondere bzgl. Entnahmen und der Betriebsaufgabe. Knobbe-Keuk kritisiert die Rechtfertigung über das Leistungsfähigkeitsprinzip.

### *(2) Aufwandsrealisation*

Für die vorliegende Arbeit von sehr viel größerer Relevanz ist die in der Literatur[483] verbreitet angenommene Ausprägung als Aufwandsrealisationsprinzip. Diese basiert im Wesentlichen darauf, dass das Realisationsprinzip als grundsätzlich maßgebliches Periodisierungsprinzip angesehen wird, welches somit auch für die Passivseite Geltung beansprucht. In diesem Zusammenhang wird auch immer wieder der Wortlaut als Argument angeführt[484].

#### *(a) Wortlautargument*

Gemäß § 252 Abs. 1 Nr. 4 Hs. 2 HGB ist das Realisationsprinzip wie folgt kodifiziert: „*Gewinne* [Hervorhebung durch Verfasser] sind nur zu berücksichtigen, wenn sie am Abschlußstichtag realisiert sind." In gutem Glauben an die Genauigkeit des Gesetzgebers bei der Formulierung des Gesetzestextes könnte man hierdurch verleitet sein das Realisationsprinzip in Form eines „Nettorealisationsprinzips" ausgestaltet anzusehen. Denn als „Gewinn" wird in bilanziellem Kontext stets eine positive Saldogröße (Differenz) von spezifisch zu definierenden Minuenden und Subtrahenden definiert[485]. Hier wäre also grundsätzlich der Saldo aus Erträgen und Aufwendungen der Rechnungsperiode[486] gemeint.

Allerdings ist der Wortlaut einer Norm nur eines von mehreren Auslegungskriterien. Zwar muss jede Gesetzesauslegung mit dem Wortlaut beginnen[487], doch darf sie dort nicht enden. Der gesetzliche Wortlaut ist auf seinen natürlichen und gesetzlichen Gebrauch hin zu überprüfen und in die sonstigen Auslegungskriterien, der Historie, der Systematik und des Telos der Norm, einzugliedern[488].

Der „natürliche" Sprachgebrauch von „Gewinn" zielt grundsätzlich auch auf einen irgendwie gearteten Saldo ab[489]. Allerdings würde es zu weit gehen, wenn

483 Vgl. nur: Ballwieser, in: MüKo HGB, 3. Aufl., § 252 Rn. 53; Moxter, in: StuW 1983, 300 (304 f.); ders., in: StuW 1989, 232 (235); ders., in: FS Döllerer S. 447 (449); Hey, in Tipke/Lang, 20. Aufl., § 17 Rn. 109 (in der 21. Aufl. nun aber a.A. von Hennrichs, bei §9 Rn. 183.); Herzig, in: DStJG Band 14, S. 199 (204); Schulze-Osterloh, in: DStJG Band 23, S. 67 (72); ders. dagegen einschränkend, in: FS Forster, S. 653 (667).

484 Ballwieser, in: MüKo HGB, 3. Aufl., § 252 Rn. 53; Moxter, in: StuW 1989, 232 (240); Herzig, in: DStJG Band 14, S. 199 (204 f.).

485 Busse von Colbe (Hrsg.), Lexikon des Rechnungswesens, 3. Aufl., S. 248.

486 Vgl.: Busse von Colbe (Hrsg.) a.a.O., S. 249.

487 Larenz, Methodenlehre der Rechtswissenschaft, 6. Aufl., S. 321.

488 Vgl.: Larenz a.a.O.

489 Vgl.: Brockhaus Enzyklopädie, 19. Aufl., Band 8, S. 478: „‚Erlangtes', ‚Vorteil'; allg.: praktischer oder materieller Nutzen; Bereicherung.– Ggs.: Verlust.".

beim alltäglichen Gebrauch tatsächlich eine dahin gehende Intention beziehungsweise ein diesbezügliches aktives Bewusstsein beim Begriffsverwender unterstellt würde. Vielmehr dürfte es so sein, dass meist nur auf einen gewissen Zuwachs hingewiesen werden soll, ohne hierbei jedoch einen „Nettozuwachs" zu meinen, also ausdrücklich auch einen damit zusammenhängenden Abfluss bereits mit „eingerechnet" zu haben.

Der gesetzliche Sprachgebrauch ist hier nur im Zusammenhang mit den übrigen Normen des HGB, dort der §§ 238 ff., nicht des EStG[490] zu beurteilen, da beide Gesetze auf völlig unterschiedliche Entstehungsprozesse zurückgehen. In den übrigen Vorschriften, in welchen die §§ 238 ff. HGB auf den „Gewinn" Bezug nehmen[491], wird ebenfalls auf den Saldo aus Zu- und Abflüssen abgestellt.

Somit erweist sich der Wortlaut als recht eindeutig auf ein „Nettorealisationsprinzip" abzielend. Allerdings dient der Wortlaut einer Norm nur zu Orientierung, insbesondere der *Begrenzung,* des Auslegungsergebnisses[492], legt also gewissermaßen den äußeren Rahmen fest.

Der Bedeutungszusammenhang des Gesetzes legt dem gegenüber nahe, dass es sich um eine bloße Ertragsrealisation handelt, denn § 252 Abs. 1 Nr. 4 Hs. 2 HGB ist Satzteil des, das Vorsichtsprinzip kodifizierenden, § 252 Abs. 1 Nr. 4 HGB, dessen erster Halbsatz das, unstreitig nur Aufwendungen betreffende, Imparitätsprinzip behandelt[493]. Es zeigt eine gewisse Stringenz, wenn das Gesetz die „Vorsicht" im Sinne eines, grundsätzlich primär zugunsten des Gläubigerschutzes wirkenden[494], allgemeinen Grundsatzes festlegt und sodann zunächst die Passiv-, im Folgenden die Aktivseite regelt. Weniger einleuchtend wäre es den allgemeinen Grundsatz festzulegen, sodann etwas zur Passivseite zu erwähnen und im Anschluss die sich auf beide Bilanzseiten maßgeblich auswirkende Ausprägung des Vorsichtsgrundsatzes – in einem Nebensatz –zu regeln.

Wertvolle Erkenntnisse liefert im Übrigen die Frage nach der Regelungsabsicht des historischen Gesetzgebers. Traditionell wurde das Realisationsprinzip auf die Aktivseite, also die Realisierung von Erträgen, beschränkt[495]. Durch die Neufassung des Gesetzes sollte hieran keine Änderung vorgenommen

490 Vgl. hierzu: Creifelds, Rechtswörterbuch, 20. Aufl., S. 535.
491 Vgl. insbesondere: §§ 266 III, 242 II.
492 Larenz, Methodenlehre der Rechtswissenschaft, 6. Aufl., S. 324.
493 Zum Imparitätsprinzip vgl.: Teil II B. V. 3. b).
494 Vgl.: Teil II B. 3. a) bb).
495 Knobbe-Keuk, Bilanz- und Unternehmenssteuerrecht, 9. Aufl., S. 49; Siegel, in: BB 1993, 326 (334) m.w.N.

werden[496], mithin auch weiterhin ein „Gewinn" nur im Sinne eines „Ertrages" zu verstehen sein.

Im Übrigen ist auch denkbar, dass mit dem Gewinnbegriff in § 252 Abs. 1 Nr. 4 Hs. 2 HGB lediglich Erträge inklusive deren gegebenenfalls enthaltenen kalkulatorischen Gewinnanteils gemeint sind[497].

Es kann deshalb zumindest konstatiert werden, dass der Wortlaut, so eindeutig er zunächst erscheinen mag, der Erwartung einer eindeutigen Interpretation nicht entsprechen kann. Man muss nicht einmal so weit gehen, dem Gesetzgeber ein „Redaktionsversehen" zu unterstellen.

Der Wortlaut ist nicht mehr als der erste Anknüpfungspunkt für eine Auslegung[498] und keineswegs wäre es eine Besonderheit dieser Norm, wenn der gesetzliche Wortlaut nicht die eigentlich korrekte Vokabel beinhaltet[499].

#### *(b) Realisationsprinzip im Kontext des Vorsichtsprinzips oder als umfassendes Periodisierungsprinzip*

Fasst man das Realisationsprinzip als das allgemein maßgebliche Periodisierungsprinzip auf[500], so ist es konsequent, diesem auch die Aufwandsrealisation zu subsumieren. Sieht man es hingegen primär als eine Ausprägung des Vorsichtsprinzips, so ist das Verhältnis zum Imparitätsprinzip dahin gehend zu interpretieren, dass Aufwendungen nur von diesem geregelt werden.

---

496 Vgl. BT-Drs. 1983 10/317, S. 87 i.V.m. BT-Drs. 1985 10/4268, S. 100; vgl. im Übrigen auch Biener/Berneke, Bilanzrichtliniengesetz, S. 90 Anm. 4, sowie Woerner, in: FS Moxter, S. 483 (490) und Siegel, in: BB 1993, 326 (334), ders., in: FS Forster, S. 585 (596); BFH Urteil vom 27.6.2001 – I R 45/97 = BStBl. II 2003, 121 (123).

497 Vgl.: Winnefeld, Bilanzhandbuch, 4. Aufl., E 89; dahin gehend auch: Woerner, in: FS Moxter, S. 483 (490); FH Urteil vom 27.6.2001 – I R 45/97 = BStBl. II 2003, 121 (123).

498 Vgl. Larenz, Methodenlehre der Rechtswissenschaft, 6. Aufl., S. 320.

499 Es ist wohl eine der ersten Besonderheiten, die ein Student bei Berührung mit dem Einkommensteuerrecht erfährt, dass der finale Zusammenhang aus dem Wortlaut des § 9 I 1 EStG, kausal, im Sinne des Veranlassungsprinzips, ausgelegt wird, vgl. Loschelder, in: Schmidt EStG, 32. Aufl. § 9 Rn. 7, und das, obwohl das Gesetz offensichtlich differenziert (§ 4 IV EStG).

500 So insbesondere: Moxter, in: StuW 1983, 300 (304); ders. in: FS Döllerer, S. 447 (447, 449); im konkreten Zusammenhang mit dem Thema der Arbeit im Ergebnis auch: Herzig, in: DB 1990, 1341 (1347); Ballwieser, in: MüKo HGB, 3. Aufl., §252 Rn. 53.

### *(aa) Allgemeines Periodisierungsprinzip*

#### *(i) Behandlung des Periodisierungsprinzips in der Literatur*[501]

Mit Periodisierung soll die Zurechnung von Erträgen und Aufwendungen zu den einzeln abzuschließenden Teilen der Rechnungslegung des Unternehmens, den Rechnungsperioden, mithin hier dem zu bilanzierenden Geschäftsjahr, gemeint sein.

Mithilfe der Periodisierung, beziehungsweise der Periodenabgrenzung, wird aus Praktikabilitätserwägungen ein „künstlicher Schnitt in den stetigen Ablauf des betrieblichen Geschehens"[502] vorgenommen, was das Problem aufwirft, welcher Teilperiode man welchen Erfolgsbeitrag zurechnen soll[503]. Wie bereits erwähnt, ist diese grundsätzliche Notwendigkeit keine Spezialität der dynamischen Bilanztheorie.

Ein Periodisierungsprinzip ist bezüglich seiner Existenz generell unbestritten. Alles andere liefe nämlich auf die alleinige Relevanz der Totalperiode hinaus, was bei abschnittsbezogenem Kapitalentzug zu großen Ungenauigkeiten führen würde, da sich mit Prognosen abgeholfen werden müsste. Allerdings finden sich in der Literatur verschiedene Interpretationen zu dessen genauer Ausgestaltung und gesetzlicher Anknüpfung. *Leffson* nannte ein solches Periodisierungsprinzip „Abgrenzung der Sache und der Zeit nach" und band dieses nicht an eine spezielle Norm im HGB. Die „Abgrenzung der Sache nach" wird hiernach maßgeblich vom Realisationsprinzip bestimmt. Es legt die Zuordnung der Erlöse fest und die Aufwendungen werden sodann als diesen zuzuordnende Gegenposten erfasst[504]. Es erfolgt also eine Zurechnung des Periodenaufwandes zum Periodenertrag, im Geiste der dynamischen Bilanztheorie[505]. Ein „Verursachungsprinzip", welches als entscheidendes Zurechnungskriterium fungieren könnte, lehnte er wegen zu großer Ungenauigkeit ab[506]. Die „Abgrenzung der

---

501 Vgl. hierzu im einkommensteuerrechtlichen und insbesondere auch verfassungsrechtlichen Kontext: Ismer, in: DStJG Band 34, 91. Der Autor kommt zu dem Schluss, dass eine gesetzliche Periodisierung von Einkünften „nicht besonders präzise" formuliert ist (S. 120), die Periodenzuordnung dem Gesetzgeber „offensichtlich nicht besonders wichtig ist" (S. 115).

502 Leffson, Die Grundsätze ordnungsgemäßer Buchführung, 7. Aufl., S. 300.

503 Vgl.: Federmann, Bilanzierung nach Handelsrecht, Steuerrecht und IAS/IFRS, 12. Aufl., S. 200.

504 Leffson, Die Grundsätze ordnungsgemäßer Buchführung, 7. Aufl., S. 301.

505 Mit dem „Periodengewinn" als Saldo, vgl. Leffson a.a.O., S. 300.

506 Leffson, a.a.O., S. 304 ff.

Zeit nach“ soll Einnahmen und Ausgaben periodisieren, die ihrer Natur nach zeitraumbezogen anfallen[507]. Hiernach sollen solche Erträge pro rata temporis in erfolgswirksame und erfolgsneutrale Teile aufgespaltet und den entsprechenden Perioden zugeordnet werden[508]. Auch dabei erfolgte eine Zuordnung des Aufwandes zum zugehörigen Ertrag[509].

Nach dem Grundsatz der „Abgrenzung der Sache und der Zeit nach“ wird auch in der neueren Literatur noch explizit periodisiert[510]. Hier wird allerdings ein direkter Bezug zu § 252 Abs. 1 Nr. 5 HGB hergestellt. Innerhalb dieser Interpretation eines Periodisierungsprinzips wird das Realisationsprinzip nicht mit dem allgemeinen Grundsatz gleichgesetzt, wenn auch ein ähnliches Ergebnis erzielt wird: Das Realisationsprinzip wird als Begrenzung oder Konkretisierung[511] des Grundsatzes der Abgrenzung der Sache nach angesehen. Die Aufwandszurechnung folgt sodann den Erträgen. Einer solchen Interpretation eines Periodisierungsprinzips entspricht auch das Regelwerk der IAS/IFRS[512].

Andernorts[513] wird zwar bei § 252 Abs. 1 Nr. 5 angesetzt[514], jedoch nur um festzustellen, dass diese Norm zwar die Periodisierung behandelt, für deren Durchführung aber keine hinreichenden Hinweise bietet. Stattdessen ist das so genannte „Verursachungsprinzip“[515] maßgebend.

Hiernach sind Aufwendungen und Erträge Minderungen beziehungsweise Erhöhungen des Unternehmensvermögens im Zeitpunkt ihrer wirtschaftlichen

507 Leffson a.a.O., S. 330.

508 Leffson, a.a.O., S. 330.

509 Leffson, a.a.O., S. 330 f.

510 Vgl.: Baetge/Kirsch/Thiele, Bilanzen, 5. Aufl., S. 168 ff.; ähnlich auch: Winnefeld. Bilanzhandbuch, 4. Aufl., E 87, wo die Ertragsrealisation vom Realisationsprinzip, die Aufwandsrealisation durch den „Grundsatz der sachlichen Abgrenzung“ bestimmt wird; Baetge, in: FS Forster, S. 27 (42 f.); Naumann, in: WPg 1991, 529 (530).

511 Leffson a.a.O., S. 301: „feste Ausgangspunkt“.

512 Vgl.: Zülch/Fischer, in: MüKo Bilanzrecht IAS, 3. Ergänzungslieferung 2012, IAS 1 Rn. 45.

513 A/D/S, Rechnungslegung und Prüfung der Unternehmen, 6. Aufl., § 252 Rn. 94 ff.; Küting/Weber, Handbuch der Rechnungslegung, 3. Aufl., § 252 Rn. 91 ff. (insbes. Rn. 93 ff.); Claussen, in: Kölner Kommentar zum Rechnungslegungsrecht, § 252 Rn. 56; vgl. auch den Hinweis bei Hoffmann/Lüdenbach, NWB Kommentar Bilanzierung, 4. Aufl., § 252 Rn. 206.

514 Diesbezüglich kritisch: Hoffmann, in: StuB 2013, 121, mit dem Hinweis auf den eigentlich sehr viel beschränkteren Wortlaut der Norm.

515 Kritisch zu diesem Begriff wegen der mangelnden Schärfe: Schulze-Osterloh, in: FS Forster, S. 653 (667 f.).

Verursachung[516]. Damit wird zunächst nur festgelegt, dass eine kausale Betrachtung, also eine Ursache-Wirkungs-Zurechnung, die Periodisierung vorgibt. Da eine exakte Bestimmung eines Ursache-Wirkungs-Zusammenhangs nicht immer möglich ist, bedarf es hiernach einer engen Auslegung des Verursachungsprinzips[517]. Aus der grundsätzlich fast beliebig langen Kausalkette der Beiträge zur Aufwandsentstehung wird die Ertragsentstehung herausgegriffen, welche durch das Realisationsprinzip geregelt ist. Das Realisationsprinzip schränkt dabei die Bedeutung einer abstrakten Frage nach der wirtschaftlichen Verursachung des Aufwands als Zurechnungskriterium ein, beziehungsweise ergänzt es, da es im Bereich der Ertragszurechnung konkretisierend wirkt[518].

*(ii) Zusammenfassung*

Die Periodenabgrenzung hat die Kodifizierung, welche sie tatsächlich erhalten hat, durch § 252 Abs. 1 Nr. 5 HGB[519], nicht durch § 252 Abs. 1 Nr. 4 Hs. 2 HGB, erhalten. Auch wenn der Norm selbst wenig zu entnehmen ist[520], so ist doch die gesetzliche Zuordnung der Periodisierungsaufgabe zu dieser Vorschrift zu beachten, was, wenigstens unterschwellig, auch allseits anerkannt wird. Das „Verursachungsprinzip" ist daher auch, ebenso wie die „Abgrenzung der Sache und der Zeit nach", in § 252 Abs. 1 Nr. 5, welcher entgegen der amtlichen Überschrift, keine reine Bewertungsvorschrift darstellt[521], angelegt und wird durch

---

516 Winkeljohann/Büssow, in: BeckBilKo, 8. Aufl., §252 Rn. 51.

517 Küting/Weber, Handbuch der Rechnungslegung, 3. Aufl., § 252 Rn. 94; Versin, Derogation des Maßgeblichkeitsprinzips im Einkommensteuerrecht, S. 47, konkretisiert diese Forderung dahin gehend, dass stets auf das letzte Glied der Ursachenkette abzustellen sei.

518 Küting/Weber, Handbuch der Rechnungslegung, 3. Aufl., § 252 Rn. 96 f.; nach A/D/S, Rechnungslegung und Prüfung der Unternehmen, 6. Aufl., § 252 Rn. 100 sowie WP Handbuch 2000, 12. Aufl., Band I, E 220 besteht ein „enger Zusammenhang" zwischen dem Grundsatz der Periodenabgrenzung in § 252 I Nr. 5 und Realisations- sowie Imparitätsprinzip.

519 Hiervon geht auch das FG Düsseldorf in seiner Entscheidung vom 13.12.2010 (3 K 3356/08 F = EFG 2011, 884 (886)), gerade in Bezug auf den Ansatz von Verbindlichkeitsrückstellungen, aus. Moxter, in: StuW 1989, 232 (234) entnimmt der Norm, in Überdehnung des Tatbestandes, einen dem „Matching Principle" ähnlichen Regelungsgehalt.

520 Laut Ballwieser, in: MüKo HGB, 3. Aufl., § 252 Rn. 76, folgt aus der Vorschrift keinerlei weitere materielle Konsequenz, da sich die Periodisierungsregeln nur aus den Einzelvorschriften und anderen GoB erschließen lassen.

521 Hoffmann/Lüdenbach, NWB Kommentar Bilanzierung, 4. Aufl., § 252 Rn. 205.

das Realisationsprinzip lediglich konkretisiert, beziehungsweise von diesem maßgeblich beeinflusst.

Eine tragende Rolle bei der Periodenabgrenzung ist dem Realisationsprinzip nicht abzusprechen[522]. Doch ist zur Regelung auch der Passivseite, mithin des Aufwands ein weiterer Schritt erforderlich, welchen die entsprechende Literatur, teilweise stillschweigend, vornimmt: Die umfassende Periodisierungsfunktion des Realisationsprinzips folgt direkt weder aus dem „Verursachungsprinzip" noch aus dem „Grundsatz der Abgrenzung der Sache und der Zeit nach" und wird von dessen Vertretern, so, auch nicht angenommen. Das Realisationsprinzip wird zunächst nur als Konkretisierung beider Prinzipien zur Periodenabgrenzung im Hinblick auf Erträge gesehen, wie es dem Gesetz unmittelbar zu entnehmen ist. Erst eine Unterstellung eines dem „Matching Principle"[523] ähnlichen Zuordnungsprinzips[524] ist sodann in der Lage die Aufwandsrealisation entsprechend einem umfassenden Realisationsprinzip zu regeln.

Die Frage der korrekten Periodenzuordnung verengt sich dabei auf die Frage nach der Zuordnung des Aufwands zu den zugehörigen Erträgen.

*(bb) Realisationsprinzip im Kontext des Vorsichtsprinzips*

Das Realisationsprinzip ist systematisch dem Vorsichtsprinzip zugeordnet[525]. Der Aufbau des Gesetzes zeigt also den entscheidenden Aspekt zur Interpretation des Realisationsprinzips an: Das Vorsichtsprinzip ist der übergeordnete Grundsatz, Imparitäts- und Realisationsprinzip die entscheidenden Ausprägungen. Ursprünglich ist das Realisationsprinzip also eine Maßgabe, um dem Vorsichtsprinzip Wirkung zu verleihen. Das Ziel ist vordergründig die Tendenz zum Gläubigerschutz[526] zu verwirklichen. Hierin besteht die vornehmliche Existenzberechtigung des Realisationsprinzips[527].

---

522 Vgl. hierzu insgesamt auch: Hoffmann/Lüdenbach, NWB Kommentar Bilanzierung, 4. Aufl., § 252 Rn. 105: „Der Realisationsgrundsatz [...]verleih[t] dem Periodisierungsprinzip [...] des § 252 Abs. 1 Nr. 5 HGB Ausdruck[.]".

523 Vgl. hierzu: Teil III C. II. 3. c) aa) (1).

524 Welches den Begriff der „Abgrenzung der Sache" nach ausfüllt, vgl. Leffson, Die Grundsätze ordnungsgemäßer Buchführung, 7. Aufl., S. 301.

525 BFH Urteil vom 27.6.2001 – I R 45/97 = BStBl. II 2003, 121 (123); BFH Urt. v. 29.11.2000 – I R 87/99 = BStBl. II 2002, 655 (657); Moxter, in: BB 1984, 1780 (1781); widersprüchlich: Herzig, in: DStJG Band 14, S. 199 (202) und anderseits a.a.O. S. 213.

526 Vgl. zum Vorsichtsprinzip: Teil II B. V. 3. a) bb).

527 Dahin gehend wohl auch Moxter, in: StuW 1983, 300 (304).

Dabei ist es grundsätzlich schlüssig eine Zuordnung des Imparitätsprinzips zur Passivseite und des Realisationsprinzips zur Aktivseite vorzunehmen, was sich unter anderem auch dem Wortlaut des Gesetzes entnehmen lässt: Warum sollte im zweiten Halbsatz der Norm noch einmal die Passivseite beziehungsweise Aufwand thematisiert werden, wenn dies bereits im ersten Halbsatz des § 252 Abs. 1 Nr. 4 HGB geschehen ist? Es ist gerade ein Ziel der Norm auf die Ungleichheit beider Bilanzseiten hinzuweisen. Der Hinweis, dass Erträge „nur" zu berücksichtigen sind, hat für sich gerade dadurch Bedeutung, dass auf eine ausdrückliche Andersartigkeit der Behandlung im Vergleich zu „Verlusten" hingewiesen werden soll.

Das Realisationsprinzip ist mithin die Ausprägung des Vorsichtsprinzips, welche Erträge behandelt. Bei vorsichtiger Bilanzierung sind diese erst bei gesicherter Sachlage im Vermögen des Unternehmens auszuweisen. Hingegen regelt der andere Hauptaspekt des Vorsichtsprinzips, das Imparitätsprinzip, die Berücksichtigung von Aufwendungen.

### *(c) Abschließende Stellungnahme zur Einordnung des Realisationsprinzips*

Es zeigt sich ein einheitliches Bild eines gesetzlich verankerten Realisationsprinzips, dessen Ziel die Kodifizierung der Ertragserfassung in der Bilanz und Gewinn- und Verlustrechnung ist. Eine darüber hinaus gehende Regelung ist dem Gesetz nicht zu entnehmen[528].

Der Behelf über ein deutsches „Matching Principle" zum gewünschten Ergebnis zu gelangen geht fehl[529]. Dieses kann im deutschen Bilanzrecht nur insoweit durch das Periodisierungsprinzip verwirklicht werden, als es sich in das Gefüge der Grundsätze ordnungsmäßiger Buchführung einfügt. Eine darüber hinaus gehende Anwendung des „Matching Principle" ist nicht zulässig[530]. Wie die Rechtsprechung betont, existiert im deutschen Bilanzrecht gerade kein Grundsatz, der es gebietet, Aufwendungen den Erträgen zuzuordnen, durch die sie wirtschaftlich veranlasst sind[531].

---

528 So, unter Hinweis auf die Entstehungsgeschichte der Norm, unglücklicherweise aber unter Benutzung des Gesetzeswortlauts („Gewinnrealisation"), auch Kessler, in: DStR 1996, 1430 (1432 m.w.N.).

529 Ebenso: Hennrichs, in: MüKo AktG, 2. Aufl., §249 HGB Rn. 29, 42.

530 So auch: Strobl, in: FS Moxter, S. 407 (432).

531 Vgl. BFH Urteile vom 27.6.2001 – I R 45/97 = BStBl. II 2003, 121 (zweiter Leitsatz, sowie S. 123); v. 12.12.1991 – IV R 28/91 = BStBl. II 1992, 600 (604); v. 17.7.1974 – I

Der Wunsch, Periodenerträgen deren Periodenaufwand zuzurechnen, entspringt dem Ansatz der dynamischen Bilanzlehre. Wie vorstehend erläutert[532] herrscht im deutschen Bilanzrecht aber keine generelle Statik oder Dynamik vor. Die Tendenz muss anhand der jeweiligen Position oder dem jeweiligen Grundsatz durch Auslegung ermittelt werden. Das Realisationsprinzip, als Konkretisierung des Vorsichtsprinzips, ist eher von der Statik geprägt[533]. Es geht dabei darum den objektivierten, die Unternehmensschulden überdeckenden, Gewinn zu ermitteln. Das Vorsichtsprinzip hat demgegenüber nicht das vordergründige Ziel Perioden abzugrenzen oder eine Vergleichbarkeit der Gewinne zu erleichtern, sondern den Gläubigerschutz, mithin die Kapitalerhaltung zu stärken[534]. Die vordergründige Orientierung am Vorsichtsprinzip[535] gebietet dabei eine Passivierung unabhängig von zugehörigen Erträgen[536].

Eine tragende Rolle bei der Periodisierung kann dem Realisationsprinzip nicht abgesprochen werden. Doch hat die Periodisierung hier keinen Selbstzweck, geschieht also nicht um der Periodisierung selbst willen, etwa wie *Schmalenbach* eine Vergleichbarkeit von Periodengewinnen zum Zwecke des Vergleichs erreichen wollte[537]. Perioden werden durch das Realisationsprinzip abgegrenzt, um dem jeweiligen Ausschnitt aus der Totalperiode einen, vorsichtig ermittelten, Ertragsanteil zuzuordnen. Es ist kein übergeordnetes, allgemeines Periodisierungsprinzip, sondern eine, die Erträge betreffende, Konkretisierung des Vorsichtsprinzips, welche die Zuordnung dieser Erträge zu den jeweiligen Perioden zur Folge hat. Diese Periodenzuordnung erfolgt im Sinne des Vorsichtsprinzips erst bei gesicherter Sachverhaltslage. Die Periodisierung ist dabei

R 195/72 = BFHE 113, S. 115 (119); dahin gehend auch BFH Urt. v. 8.9.2011 - IV R 5/09 = BB 2011, 3119 (3122).

532 Vgl.: Teil II B. IV., dort insbesondere 4. c).

533 Vgl. auch: Moxter, in: BB 1984, 1780 (1784). In Bezug auf zweifelhafte *Aktivierungen* möchte dieser sich zudem offenbar ebenfalls maßgeblich an der „Einbettung" in das Vorsichtsprinzip orientieren.

534 Vgl. Buciek, in: Blümich EStG, 106. Lfrg., § 5 EStG Rn. 240.

535 Vgl. auch Buciek, in: Blümich EStG, 106. Lfrg., § 5 Rn. 241: „Der traditionelle Grundgedanke des Realisationsprinzips ist, dass der Kfm „sich nicht reich rechnen darf" [...]" und Rn. 242a; ebenfalls dahin gehend: Crezelius, in: Scholz GmbH Gesetz, 9. Aufl., Anh. § 42 a Rn. 87; auch Leffson, in: Die Grundsätze ordnungsmäßiger Buchführung, 7. Aufl., S. 189, stellt fest, dass die Zuordnung zu Rechnungsperioden, nicht nur bzgl. des Realisationsprinzips, wesentlich durch das „Postulat der Vorsicht" geprägt ist.

536 Ähnlich: Siegel, in: BB 1993, 326 (334).

537 Vgl. Teil II B. IV. 3. b) cc).

ein, wenngleich sicher nicht zufälliger, Reflex der vorsichtigen Ermittlung der Erträge im Rechnungsabschnitt[538]. Ziel ist die Verwirklichung des Vorsichtsprinzips, ein notwendiger Schritt die Durchführung die Periodenabgrenzung. Dieser Zusammenhang zwischen der Wirkung des Realisationsprinzips auf die Periodisierung und der gesetzlichen Zuordnung des Realisationsprinzips zum Vorsichtsprinzip wird nicht selten übersehen, wenn sich innerhalb eines Periodisierungsprinzips auf das Realisationsprinzip gestützt wird.

Dies bedeutet keinen Vorrang eines GoB (des Vorsichtsprinzips) vor einem anderen (des Periodisierungsprinzips). Das Periodisierungsprinzip ist vom Grundsatz her eine notwendige Selbstverständlichkeit der Bilanzierung und möglicherweise gerade deshalb gesetzlich so schwach ausgebildet. Die maßgeblichen Impulse der Periodisierung ergeben sich aus anderen GoB und deren Rechtsnatur liegt im Vorsichtsprinzip begründet, aus dem heraus auch deren vorherrschende Aufgabe zu interpretieren ist, sodass diese zwangsläufig im Rahmen der Periodisierung zu beachten ist. Insbesondere kann hierbei das Imparitätsprinzip nicht derart übergangen werden, dass auch Aufwand als durch das Realisationsprinzip geregelt angesehen wird. Dies würde das Imparitätsprinzip praktisch seiner Bedeutung berauben[539]. Es entspricht gerade der gesetzlichen Konstruktion des Imparitätsprinzips, dass Aufwand und Ertrag nicht gleichzubehandeln sind. Welchen Gehalt hätte dieser Grundsatz, wenn man Aufwand generell dem Ertrag folgen lassen würde?

Das Realisationsprinzip stellt demnach kein allgemeines Periodisierungsprinzip dar, ein Aufwandsrealisationsprinzip ist demzufolge abzulehnen[540].

---

538 Auch Großfeld/Luttermann, Bilanzrecht, 4. Aufl., S. 92/Rn. 329, lassen sich dahin gehend verstehen, wenn betreffend Realisationsprinzip *und* Imparitätsprinzip festgestellt wird: „[...] der Sache nach regeln sie Zeit!“. Was *der Sache nach* geschieht, ist grundsätzlich nicht das vordergründig Geregelte, sondern nur eine tatsächliche Folge.

539 Vgl.: Schön, in: BB 1994, Beilage 9 (S. 7); für eine Überlagerung des Realisationsprinzips durch das Imparitätsprinzip in diesem Fall auch: Buciek, in: Blümich EStG, 116. Lfrg., § 5 Rn. 242.

540 Ebenso z.B.: Siegel, in: FS Forster, S. 585 (605); Woerner, in: FS Moxter, S. 483 (490); BFH Urteil vom 27.6.2001 – I R 45/97 = BStBl. II 2003, 121 (123); Mayer-Wegelin, in: DB 1995, 1241 (1244); Buciek, in: Blümich EStG, 116. Lfrg., § 5 Rn. 241, 242 a; Hennrichs, in: MüKo AktG, 2. Aufl., §249 HGB Rn. 29; im Ergebnis auch: Christiansen, in: DStR 2007, 127 (128).

## 4. Vollständigkeit und Verrechnungsverbot

### *a) Vollständigkeit*

#### *aa) Grundlagen*

Das Gebot der Vollständigkeit ist vom Grundsatz her in § 246 Abs. 1 S. 1 HGB kodifiziert.

Ganz allgemein kann man diesem entnehmen, dass alle buchungspflichtigen Vorfälle und sämtliche Güter des Betriebs zu erfassen und alle diesbezüglichen, zugänglichen, Informationen auszuwerten sind[541]. Im Unterschied zu Bewertungsfehlern liegt ein Verstoß gegen § 246 Abs. 1 HGB vor, wenn bei der Bilanzaufstellung ein Teil der vorhandenen Gegenstände überhaupt nicht angesetzt wird[542]. Es handelt sich hierbei um *die* Grundnorm für den Bilanzansatz[543], welche eine Basis für den Grundsatz der Bilanzwahrheit bildet, aber durch den Grundsatz der Wesentlichkeit beschränkt wird[544].

In den IAS/IFRS ist der Grundsatz der „Completeness" im IFRS-Framework 38 erwähnt.

Wie bereits dem Wortlaut des § 246 Abs. 1 S. 1 HGB zu entnehmen ist, gilt die allgemeine Ansatzverpflichtung nur, „soweit gesetzlich nichts anderes bestimmt ist". Demnach sind die gesetzlichen Ansatzwahlrechte und -verbote zu beachten[545]. Darüber hinaus sind jedoch alle bilanzierungsfähigen Vermögensgegenstände, Schulden und Rechnungsabgrenzungsposten in der Bilanz zu erfassen, die in personeller Hinsicht dem Kaufmann und in sachlicher Hinsicht dem Betriebsvermögen zuzurechnen sind[546]. Weitere Anforderungen ergeben sich aus den speziellen Ansatzvorschriften der §§ 246 ff. HGB[547].

Bedeutung im hier gegebenen Kontext erlangt dieser Grundsatz ordnungsmäßiger Buchführung[548] vor allem deshalb, weil ein Verstoß möglich erscheint, sollte, wie bei nicht Vorliegen einer wirtschaftlichen Verursachung in der

---

541 Leffson, Die Grundsätze ordnungsmäßiger Buchführung, 7. Aufl., S. 219.

542 BGH Urteil vom 16.1.1995 – II ZR 279/93 = WM 1995, 388 (389).

543 Hoffmann/Lüdenbach, NWB Kommentar Bilanzierung, 4. Aufl., § 246 Rn. 1.

544 Vgl.: Großfeld /Luttermann, Bilanzrecht, 4. Aufl., S. 89/Rn. 318 und S. 91/Rn. 323, sowie betreffend die Bilanzwahrheit auch: Leffson, Die Grundsätze ordnungsmäßiger Buchführung, 7. Aufl., S. 219.

545 Förschle/Kroner, in: BeckBilKo, 8. Aufl., § 246 Rn. 2, 85 ff.

546 Wiedmann, in: Ebenroth u.a. HGB, 2. Aufl., § 246 Rn. 2.

547 Wiedmann a.a.O.

548 Winnefeld, Bilanzhandbuch, 4. Aufl., D 12.

Vergangenheit von Teilen der Rechtsprechung und Literatur gefordert[549], eine rechtlich bestehende Verbindlichkeit nicht zu passivieren sein[550].

Andererseits ist ebenso denkbar, dass aufgrund der exakten Anforderungen des Vollständigkeitsgebots, insbesondere dessen Beschränkung durch den Wesentlichkeitsgrundsatz, auf der Passivseite eine „lediglich" rechtlich bestehende Verbindlichkeit gerade nicht ausreichend ist.

Das Vollständigkeitsgebot kann zusammenfassend in folgende Tatbestandsmerkmale untergliedert werden[551]: Erforderlich ist bezüglich Passivposten

(1) das Vorliegen einer Schuld,
(2) die dem Kaufmann objektiv (also als Betriebsvermögen),
(3) und subjektiv zuzurechnen ist und für die
(4) kein Ansatzverbot oder -wahlrecht[552] besteht.

Im vorliegenden Zusammenhang ist im Besonderen die Frage nach den Voraussetzungen für das Vorliegen einer Schuld interessant[553]. Im Hinblick auf das Steuerrecht ergeben sich diesbezüglich keine Besonderheiten gegenüber dem Handelsrecht[554], insbesondere verläuft die Qualifikation als Vermögensgegenstand oder Schuld, beziehungsweise Wirtschaftsgut, im Ergebnis simultan[555].

#### *bb) Passivierungsgrundsatz*

##### *(1) Einordnung und Anforderungen*

Ein etwaiger „Passivierungsgrundsatz" stellt keinen eigenständigen Grundsatz ordnungsmäßiger Buchführung dar[556], sondern soll lediglich den Grundsatz der

---

549 Vgl. Teil III C. II. 3. b) bb), c).

550 In diesem Fall nur bei Vorliegen „äußerst gewichtige[r] Argumente" einen Verstoß gegen das Vollständigkeitsgebot ablehnend: Dziadkowski, in: WPg 2012, 500 (501); BFH Urteil vom 27.6.2001 – I R 45/97 = DStR 2001, 1384 (1386).

551 Hennrichs, in: MüKo AktG, 2. Aufl., § 246 HGB Rn. 12.

552 Vgl. hierzu: Hennrichs, Wahlrechte im Bilanzrecht der Kapitalgesellschaften, 1999. Passivierungswahlrechte haben in der Steuerbilanz aufgrund der Entscheidung des GrS des BFH vom 3.2.1969 in diesem Zusammenhang keine eigenständige Bedeutung, da aus ihnen ein Ansatzverbot folgt, vgl.: Teil II A. II. 5. b).

553 Die Vollständigkeit als Zurechnungsproblem (siehe hierzu: Förschle/Kroner, in: Beck-BilKo, 8. Aufl., §246 Rn. 2 f.) kann mangels konkreter Relevanz außer Betracht bleiben.

554 Siehe hierzu: Wiedmann, in: Ebenroth u.a. HGB, 2. Aufl., § 246 Rn. 12 ff.

555 Vgl.: BFH Beschluss vom 7.8.2000 – GrS 2/99 = BStBl. II 2000, 632 (635).

556 A.A. insoweit wohl: Baetge/Kirsch/Thiele, Bilanzen, 5. Aufl., S. 335; andererseits wird ein, eigenständiger Grundsatz als solcher z.B. bei Leffson, Die Grundsätze ordnungsgemäßer Buchführung, 7. Aufl., nicht erwähnt. A/D/S, Rechnungslegung und Prüfung der Unternehmen, 6. Aufl., §246 HGB Rn. 103, nennen dieselben Voraussetzungen,

Vollständigkeit auf der Passivseite, unter Ausnahme des Eigenkapitals[557], konkretisieren. Durch ihn wird festgelegt, unter welchen Kriterien das Vorliegen einer Schuld beziehungsweise die abstrakte Passivierungsfähigkeit, zu bejahen ist[558], mithin eine Passivierung, unter diesem Gesichtspunkt gem. § 246 Abs. 1 S. 1 HGB zwingend ist.

„Schulden" im Sinne des § 246 Abs. 1 S. 1 HGB sind Wirtschaftslasten und bilden in der Bilanz das Fremdkapital ab[559]. In der Sprache des Bilanzrechts handelt es sich dabei um den Oberbegriff der zu passivierenden Verbindlichkeiten und Rückstellungen[560]. Die Annahme einer Schuld im Sinne des § 246 Abs. 1 S. 1 HGB setzt nach allgemeiner Ansicht[561] voraus, dass

(1) eine Verpflichtung des Unternehmens zu einer Leistung besteht,
(2) diese am Bilanzstichtag eine wirtschaftliche Belastung begründet und
(3) selbstständig bewertbar ist[562].

Im Hinblick auf die Thematik der vorliegenden Arbeit besitzt besonders das Merkmal der „wirtschaftlichen Belastung" einen unmittelbaren Einfluss. Aus diesem Erfordernis wird mancherorts das stete Erfordernis einer „*wirtschaftlichen* Verursachung" abgeleitet[563], mithin der Vollständigkeitsgrundsatz

---

wie sie Baetge/Kirsch/Thiele a.a.O., S. 137 innerhalb des „Passivierungsgrundsatzes" bringen, im Rahmen des § 246, ohne einen solchen gesonderten Grundsatz zu bezeichnen. Für das Ergebnis sowie die weitere Untersuchung ist die genaue Kategorisierung des Passivierungsgrundsatzes indes ohne Belang.

557 Vgl.: Wiedmann, in: Ebenroth u.a. HGB, 2. Aufl., §246 Rn. 5.

558 Vgl.: Baetge/Kirsch/Thiele, Bilanzen, 5. Aufl., S. 137. Die konkrete Passivierungsfähigkeit bestimmt sich nach den rechtlichen Voraussetzungen, die in den Passivierungsvorschriften festgelegt sind und die unter Umständen von denen des Passivierungsgrundsatzes abweichen können, vgl.: Baetge, in: FS Forster, S. 27 (29).

559 Hennrichs, in: MüKo AktG, 2. Aufl., §246 HGB Rn. 70.

560 Wiedmann, in: Ebenroth u.a. HGB, 2. Aufl., §246 Rn. 4; Hennrichs, in: MüKo AktG, 2. Aufl., §246 HGB Rn. 71; A/D/S, Rechnungslegung und Prüfung der Unternehmen, 6. Aufl., §246 HGB Rn. 102.

561 Vgl.: A/D/S, Rechnungslegung und Prüfung der Unternehmen, 6. Aufl., §246 HGB Rn. 103; Baetge/Kirsch/Thiele, Bilanzen, 5. Aufl., S. 137; Winnefeld, Bilanzhandbuch, 4. Aufl., D 840; Morck, in: Koller/Roth/Morck HGB, 7. Aufl., §246 Rn. 7.

562 Vgl. zur weiteren Kategorisierung der Kriterien für die abstrakte Passivierungsfähigkeit die Übersicht III-3, S. 138, bei: Baetge/Kirsch/Thiele, Bilanzen, 5. Aufl.

563 Braun, in: Kölner Kommentar zum Rechnungslegungsrecht, §246 Rn. 22; Baetge/Kirsch/Thiele, Bilanzen, 5. Aufl., S. 366 sehen aufgrund dieses Merkmals bei Verbindlichkeitsrückstellungen sogar direkt eine Alimentation im Sinne Moxters als zwingend an.

bezüglich nur rechtlich bestehender Verbindlichkeiten auf Tatbestandsebene eingeschränkt[564]. Unbestreitbar besteht eine Verknüpfung von „wirtschaftlicher Belastung" (oder „wirtschaftlicher Last") und der „wirtschaftlichen Verursachung" ungewisser Verbindlichkeiten.

### *(2) Erfordernis der wirtschaftlichen Belastung*

#### *(a) Wirtschaftliche Belastung als Tatbestandsmerkmal des Passivierungsgrundsatzes*

Nach dem BFH widerspricht es den Grundsätzen ordnungsgemäßer Buchführung, „wenn ein Kaufmann Verbindlichkeiten in seiner Bilanz ausweist, obwohl mit einer Inanspruchnahme durch den Gläubiger mit an Sicherheit grenzender Wahrscheinlichkeit nicht mehr zu rechnen ist, so daß die – bestehende – rechtliche Verpflichtung für ihn keinerlei wirtschaftliche Bedeutung mehr hat"[565]. Andernorts wird im Zusammenhang mit der wirtschaftlichen Belastung ausdrücklich nur auf die Bewertung einer Verbindlichkeit Bezug genommen[566].

Grundsätzlich wird das Merkmal der (fehlenden) „wirtschaftlichen Belastung" in der Rechtsprechung definiert, als mit an Sicherheit grenzender Wahrscheinlichkeit, dass eine Inanspruchnahme durch den Gläubiger nicht erfolgt, wobei es für gewisse Verbindlichkeiten im Hinblick auf die Bewertung von größerer Bedeutung als für den Ansatz ist[567]. Für ungewisse Verbindlichkeiten, welche nur als Rückstellungen in der Bilanz Niederschlag finden können, sind andere Wahrscheinlichkeitsschwellen maßgeblich als für gewisse[568]. Die Wahrscheinlichkeitsschwelle im Rahmen der Rückstellungsbildung hat aufgrund

---

564 Dahin gehend: Niedersächsisches FG Urteil vom 18.12.2008 – 10 K 120/04 = DStRE 2009, 972 (973); Weber-Grellet, in: Schmidt EStG, 32. Aufl., §5 Rn. 381 f.

565 BFH Urteil vom 22.11.1988 – VIII R 62/85 = BStBl. II 1989, 359 (361); die wirtschaftliche Belastung in ähnlicher Weise prüfend auch: BFH Urteile vom 16.2.1996 – I R 73/95 = BStBl. II 1996, 592 (593); v. 27.3.1996-I R 3/95 = BStBl. II 1996, 470 (471 f.).

566 BFH Urteil vom 20.9.1995 – X R 225/93 = BStBl. II 1997, 320 (323 f.).

567 Schubert, Der Ansatz von gewissen und ungewissen Verbindlichkeiten in der HGB-Bilanz, S. 111 f., mit eingehender Judikaturanalyse auf S. 98 ff. Hinsichtlich der Relevanz der Wahrscheinlichkeit des Bestehens und der Geltendmachung auch für den Ansatz einer Rückstellung dem Grunde nach: BFH Urteil vom 28.4.1971 – I R 39,40/70 = BStBl. II 1971, 601 (602).

568 Vgl.: BFH Urteil vom 27.3.1996 – I R 3/95 = BStBl. II 1996, 470 (472); BFH Urteil vom 16.2.1996 – I R 73/95 = BStBl. II 1996, 592 (593).

ihrer höheren Anforderung[569] grundsätzlich auch Bedeutung für den Ansatz. Jedoch beschränkt sich dort die Relevanz der Frage nach der wirtschaftlichen Belastung auf das Merkmal der „Wahrscheinlichkeit der Inanspruchnahme“[570].

Im Schrifttum zeigt sich weitgehend dasselbe Bild. Die „wirtschaftliche Belastung“ wird dort zumeist anhand der „Wahrscheinlichkeit der Inanspruchnahme“ beurteilt[571]. Allerdings existieren abweichende Darstellungen, welche eine derart klare Zuordnung nicht vornehmen[572]. Dort wird die Begrifflichkeit der „wirtschaftlichen Belastung“ nicht klar von der „wirtschaftlichen Verursachung“ unterschieden. Diese Vorgehensweise vermischt zwei nicht gleichzusetzende Aspekte der Passivierung. Die „wirtschaftliche Belastung“ ist zwar ein solch unbestimmtes Merkmal, dass es letztlich nicht eindeutig zuordenbar ist, doch besteht schon begrifflich ein klarer Unterschied zwischen „Verursachung“ und „Belastung“. Erstere setzt einen Anfangspunkt, klärt also den Beginn einer Last, ist aber mit dieser nicht gleichzusetzen. Demnach muss im Hinblick auf die Auswirkung der „wirtschaftlichen Belastung“ auf die Problematik der „wirtschaftlichen Verursachung“ wie folgt differenziert werden[573]: Das Merkmal der „wirtschaftlichen Last“ oder „wirtschaftlichen Belastung“ als Aspekt des Passivierungsgrundsatzes, mithin der Bestimmung der abstrakten Ansatzpflicht auf der Passivseite der Bilanz, behandelt vornehmlich die Bewertung (gewisser Verbindlichkeiten), beziehungsweise konkretisiert sich hauptsächlich in der, von einer etwaig zu berücksichtigenden „wirtschaftlichen Verursachung“ zu unterscheidenden, „Wahrscheinlichkeit der Inanspruchnahme“ innerhalb des Rückstellungstatbestandes[574]. Nur durch eine solch klare Trennung ist es möglich

---

569 „51 %- Formel“, vgl.: Hoffmann/Lüdenbach, NWB Kommentar Bilanzierung, 4. Aufl., §249 Rn. 46; vgl. zu den unterschiedlichen Wahrscheinlichkeitsschwellen bei Schulden: Moxter, in: BB 1998, 2464.

570 Vgl. hierzu, insbesondere zur Abgrenzung zu dem der „wirtschaftlichen Verursachung“: Teil III. C. II. 4. b) bb).

571 Hennrichs, in: MüKo AktG, 2. Aufl., §246 HGB Rn. 84; Winnefeld, Bilanzhandbuch, 4. Aufl., D 855; Hoffmann/Lüdenbach, NWB Kommentar Bilanzierung, 4. Aufl., §246 Rn. 77 i.V.m. §249 Rn. 43 ff.

572 Kozikowski/Schubert, in: BeckBilKo, 8. Aufl., §247 Rn. 201; Winnefeld, Bilanzhandbuch, 4. Aufl., D 1424.

573 Vgl. auch: Teil II C. II. 4. b), insbesondere bb) (1), (2).

574 Vgl. hierzu im Hinblick auf die Inanspruchnahmewahrscheinlichkeit: Großfeld/Luttermann, Bilanzrecht, 4. Aufl., Rn. 765 (Rückstellungen) und Rn. 813 f. (Verbindlichkeiten); ähnlich definiert auch Moxter, in: FS Forster, S. 427 (429) die wirtschaftliche Belastung.

dem Tatbestandsmerkmal eigenständigen Nutzen (und nicht zusätzliche Verwirrung) abzugewinnen[575].

Bei dem Problem der „wirtschaftlichen Verursachung" bei Verbindlichkeitsrückstellungen handelt es sich jedoch nicht um ein solches der Inanspruchnahmewahrscheinlichkeit durch den Gläubiger. Als korrekter Ansatzpunkt innerhalb des Passivierungsgrundsatzes ergibt sich vielmehr die Frage, ob, gegebenenfalls unter Bemühung einer wirtschaftlichen Betrachtungsweise, eine Verpflichtung des Kaufmannes *zum Bilanzstichtag* vorliegt, weniger, ob die Intensität der Vermögensbelastung hinreichend für eine bilanzielle Erfassung auf der Passivseite ist. Es handelt sich um ein Problem der zeitlichen Zuordnung der „Verpflichtung des Unternehmens"[576]. Dies ist, bezogen auf den Passivierungsgrundsatz, das entscheidende Merkmal zum Thema der vorliegenden Arbeit[577].

Allein aus dem Tatbestandsmerkmal der „wirtschaftlichen Belastung" ergibt sich demnach kein Hinweis auf eine vom Grundsatz des Vollständigkeitsgebots abweichende Lösung: Verbindlichkeiten, ob gewiss oder ungewiss, sind abstrakt passivierungspflichtig, soweit man diese zum Bilanzstichtag als Verpflichtung des Unternehmens ansieht[578]. Dennoch stehen die beiden Aspekte der Verbindlichkeitspassivierung nicht völlig losgelöst zueinander. Die Thematik der „wirtschaftlichen Verursachung" betrifft nämlich das Problem, dass „der Prozess der Entstehung der Verbindlichkeit ein Stadium erreicht hat, das **am Stichtag als bestehende Belastung** anzusehen ist"[579]. Es besteht also eine Verknüpfung zwischen der Zeitpunkt- und der Intensitätskomponente.

---

575 Hoffmann/Lüdenbach, in: NWB Kommentar Bilanzierung, 4. Aufl., § 249 Rn. 40, lehnen das Merkmal der „wirtschaftlichen Belastung" als bloße weitere Verwässerung der Diskussion um den Begriff der „wirtschaftlichen Verursachung" gänzlich ab. Es herrsche in der Rechtsprechung reine Kasuistik, wenn es um die Konkretisierung des Merkmales gehe, § 246 Rn. 78. Hingegen trennen sie die „Wahrscheinlichkeit der Inanspruchnahme", als *das* Unsicherheitsmoment des Rückstellungsansatzes, strikt von der „wirtschaftlichen Verursachung (a.a.O., Rn. 43).

576 Eine dahin gehende Einordnung ergibt sich auch aus der Darstellung bei Winnefeld, Bilanzhandbuch, 4. Aufl., D 1434.

577 Zu dennoch auftretenden Abgrenzungsproblemen siehe: Teil III C. II. 4. b).

578 Zur Behandlung ungewisser Verbindlichkeiten im Rahmen des § 249 I 1 HGB unter diesem Gesichtspunkt vgl.: Teil III C. II. 3. c) bb).

579 Crezelius, in: Kirchhoff EStG, 14. Auflage, §5 Rn. 122. Ähnlich auch A/D/S, Rechnungslegung und Prüfung der Unternehmen, 6. Aufl., §246 Tz. 105 sowie BFH Urteil vom 24.6.1969 – I R 15/68 = BStBl. II 1969, 581 (582). Letztere stellt vermutlich die Ursprungsformulierung dar.

*(b) Wirtschaftliche Belastung im Sinne eines Periodisierungsprinzips*

Eine andere Intention verfolgt *Weber-Grellet* mit „seinem" Belastungsprinzip[580]. Dieses soll als passives Pendant zum aktiven Realisationsprinzip[581] eine zeitliche Zuordnung von Aufwendungen zu derjenigen Rechnungsperiode vermitteln, die sie wirtschaftlich belastet.

Zum Teil wird hierin nur eine Spielart *Moxters* Alimentationsthese gesehen[582]. Jedenfalls aber erreicht diese Theorie nicht viel mehr, als das Merkmal der „wirtschaftlichen Verursachung" durch dasjenige der „wirtschaftlichen Belastung" zu ersetzen[583], was in Anbetracht der vergleichbaren Unbestimmtheit keinen allzu großen Gewinn darstellt.

Ein „Belastungsprinzip" kennt die Rechtsprechung hingegen nur im Rahmen der „außergewöhnlichen Belastungen" im Sinne der § 33 f. EStG[584] oder von Sonderausgaben gemäß §§ 10 ff. EStG[585] beziehungsweise als ein der Einkommensteuer generell zugrunde liegendes Prinzip[586]. Es ist im Bereich des subjektiven Nettoprinzips angesiedelt und erreicht tatsächlich eine Periodenzuordnung nach wirtschaftlichen Gesichtspunkten[587]. Allerdings ist es bislang höchstrichterlich auf die genannten Fälle beschränkt, ohne dass je ein direkter Bezug zum Bilanzsteuerrecht mit seinem, insbesondere aufgrund der Verweisung in § 5 Abs. 1 S. 1 EStG, erheblich erweiterten Normenkatalog und den hieraus resultierenden Spezifika, hergestellt wurde.

---

580 Vgl. hierzu insbesondere: Weber-Grellet, in: DB 2002, 2180 (2182 f.); dies offenbar aufgreifend: Niedersächsisches FG Urteil vom 18.12.2008 – 10 K 120/04 = DStRE 2009, 972 (973); kritisch: Christiansen, in: DStR 2009, 2213 (2213 ff.).

581 Weber-Grellet, in: Schmidt EStG, 32. Aufl., §5 Rn. 381 f.

582 Christiansen, in: DStR 2009, 2213 (2216). Allerdings grenzt sich Weber-Grellet vom Erfordernis der Alimentation strikt ab, vgl. diesen, in: Schmidt EStG 32. Aufl., §5 Rn. 382.

583 Woerner, in: FS Moxter, S. 484 hingegen bevorzugt den Begriff der „wirtschaftlichen Entstehung" (S. 496), möchte den Zeitpunkt aber anhand der wirtschaftlichen Belastung festmachen (S. 504 f.). Offenbar differenziert auch Winnefeld, in: Bilanzhandbuch, 4. Aufl., D 1424 nicht sauber zwischen wirtschaftlicher Verursachung und wirtschaftlicher Belastung, bezieht sich dabei jedoch auf einen Aufsatz von Herzig, in welchem dieser die wirtschaftliche Belastung gar nicht wie unterstellt verwendet.

584 Vgl.: BFH Urteile vom 18.4.2002 – III R 15/00 = BStBl. II 2003, 70 = NJW 2002, 3351 m.w.N.; v. 10.6.1988 – III R 248/83 = BStBl. II 1988, 814 (815) m.w.N.

585 Vgl.: BFH Urteil vom 7.7.2004 – XI R 10/04 = BStBl. II 2004, 1058 (1059).

586 BVerfG Beschluss vom 30.9.1998 – 2 BvR 1818/91 = NJW 1998, 3769 (3769 f.).

587 Ismer, in: DStJG Band 34, S. 91 (115).

Diese Nutzung des Begriffs der „wirtschaftlichen Belastung“ unterscheidet sich von derjenigen, wie sie im Rahmen des Tatbestands des Passivierungsgrundsatzes eines dessen Merkmale beschreibt. Doch fördert auch der Vorschlag, ein „Belastungsprinzip“ die Periodisierung von Aufwand regeln zu lassen, die Lösung der grundlegenden Problematik kaum, da sich hieraus insgesamt wenig Neues ergibt. Es handelt sich letztlich um ein weiteres „Verursachungsprinzip“[588], welches ohne nähere gesetzliche Konkretisierung das Erreichen eines gewünschten Ergebnisses fördert, ohne hierbei auf hinreichend objektivierbar definierte Anforderungen zurückgreifen zu können.

### *b) Verrechnungsverbot*

Das Verrechnungsverbot, auch Saldierungsverbot genannt[589], erlangt in vorliegendem Kontext insbesondere dort Relevanz, wo eine rechtlich bestehende Verpflichtung aufgrund noch ausstehender, dem zugrunde liegenden Aufwand zuzurechnender Erträge nicht passiviert wird[590]. Aufgrund des Verbotes der Verrechnung von Erträgen und Aufwendungen liegt hier ein Verstoß gegen § 246 Abs. 2 HGB nahe[591].

Im HGB erfolgte eine Kodifikation in § 246 Abs. 2 S. 1 HGB. Die europarechtliche Grundlage bildet Art. 7 der Richtlinie vom 25. Juli 1978[592], in der es heißt: „Eine Verrechnung zwischen Aktiv – und Passivposten sowie zwischen Aufwands- und Ertragsposten ist unzulässig.“

Die IAS/IFRS regeln den Grundsatz in IAS 1.33, enthalten aber darüber hinaus weitere Sondervorschriften zur Verrechnung.

Nach dem Verrechnungsverbot sind grundsätzlich Forderungen nicht mit Verbindlichkeiten und Aufwendungen nicht mit Erträgen zu verrechnen, sondern jeweils gesondert in Bilanz und Gewinn- und Verlustrechnung auszuweisen. Ziel dieses Grundsatzes ordnungsgemäßer Buchführung ist es die Zusammensetzung der Aktiv- und Passivseite in ihrem vollen Umfang darzustellen[593].

---

588 Vgl. zu diesem: Teil II B. V. 3. c) bb) (2) (b) (aa) (i).

589 Claussen, in: Kölner Kommentar zum Aktiengesetz, 2. Aufl., §246 HGB Rn. 28.

590 Vgl.: Teil III C. II. 3. c) aa).

591 Dies bejahend: BFH Urteil vom 27.6.2001 – I R 45/97 = DStR 2001, 1384 (1386 f.).

592 Vierte Richtlinie des Rates vom 25. Juli 1978 aufgrund von Artikel 54 III lit. g) des Vertrages über den Jahresabschluß von Gesellschaften bestimmter Rechtsformen-78/660/EWG = Amtsblatt der Europäischen Gemeinschaften vom 14.8.1978 Nr. L 222/11.

593 Claussen, in: Kölner Kommentar zum Aktiengesetz, 2. Aufl., §246 HGB Rn. 28.

Daneben hätte eine Saldierung, abhängig von etwaig unterschiedlich vorzunehmenden Bewertungen der einander zuzuordnenden Aktiv- und Passivposten, aber auch Auswirkungen auf das Jahresergebnis[594]. Er folgt damit im Prinzip selbstverständlich aus dem Gebot der Vollständigkeit nach § 246 Abs. 1 HGB und auch der Bilanzklarheit gemäß § 243 Abs. 2 HGB[595].

Allerdings wird dieser Grundsatz durch zahlreiche Durchbrechungen aufgeweicht. Nicht vom Verrechnungsverbot erfasst sind Kontokorrentverhältnisse gemäß § 355 HGB bei denen nur der Saldo geschuldet ist oder „offene Absetzungen", bei denen die jeweilig angesprochenen Bilanzpositionen selbstständig in der Bilanz erkennbar bleiben[596]. Neben den gesetzlichen Ausnahmen in § 246 Abs. 2 S. 2 HGB enthalten weitere Vorschriften Abweichungen, wie zum Beispiel § 249 Abs. 1 S. 1 Alt. 2 HGB für Drohverlustrückstellungen[597] oder gemäß § 274 Abs. 1 S. 3 HGB für latente Steuern. Daneben sind noch weitere Durchbrechungen des Verrechnungsverbotes zum Teil anerkannt[598], welche insbesondere das Vorliegen einer Aufrechnungslage, aber auch einer „unvollkommenen" Aufrechnungslage oder Gesamtschuldverhältnisse betreffen[599]. In der Gewinn- und Verlustrechnung ist die Verrechnung von Aufwendungen und Erträgen grundsätzlich verboten. Die diesbezüglichen Ausnahmen ergeben sich großteils aus den § 275 ff. HGB[600].

Zur Klarstellung sei darauf hingewiesen, dass eine systematische Auslegung des § 246 Abs. 3 S. 2 HGB zu dem Ergebnis führen muss, dass sich die daraus ergebende Zulässigkeit begründeter Ausnahmen auf die Stetigkeitsregelung des § 246 Abs. 3 S. 1 HGB, nicht auf § 246 Abs. 1 oder 2 HGB bezieht[601].

Nicht nach § 246 Abs. 2 HGB, sondern nach § 252 Abs. 1 Nr. 3 HGB beurteilt sich die Frage nach der Zulässigkeit von *Bewertungs*einheiten. Allerdings wird hieran aufgrund der Tatsache, dass es bei dem Thema, mit dem sich die

---

594 Hennrichs, in: MüKo AktG, 2. Aufl., §246 Rn. 194.
595 Hennrichs, in: MüKo AktG, 2. Aufl., §246 Rn. 194.
596 Förschle/Kroner, in: BeckBilKo, 8. Aufl., §246 Rn. 110.
597 So richtigerweise Hennrichs, in: MüKo AktG, 2. Aufl., §246 Rn. 197.
598 Hierzu insgesamt kritisch, Hennrichs, in: MüKo AktG, 2. Aufl., §246 Rn. 199.
599 Siehe zu diesen zusammenfassend: Förschle/Kroner, in: BeckBilKo, 8. Aufl., §246 Rn. 105 ff.
600 Siehe zu diesen zusammenfassend: Förschle/Kroner, in: BeckBilKo, 8. Aufl., §246 Rn. 115 ff.
601 Hoffmann/Lüdenbach, NWB Kommentar Bilanzierung, 4. Aufl., §246 Rn. 403; Förschle/Kroner, in: BeckBilKo, 8. Aufl., §246 Rn. 125; Morck, in: Koller/Roth/Morck HGB, 7. Aufl., §246 Rn. 16.

vorliegende Arbeit auseinandersetzt, letztlich nur um den Ansatz von Rückstellungen geht, im konkreten Zusammenhang nicht argumentativ angesetzt[602].

Für die Steuerbilanz gilt ergänzend § 5 Abs. 1a S. 1 EStG, wonach dort insbesondere § 246 Abs. 2 S. 2 HGB nicht anwendbar ist.

602 Gegen eine strikte Trennung von Saldierungsverbot und dem Verbot der Bildung von Bewertungseinheiten offenbar Wiedmann, in: FS Moxter, 453 (458) – Allerdings spricht er dort in diesem Zusammenhang konkret nur die bereits oben erwähnten Fälle der zulässigen Verrechnung (insbesondere die Drohverlustrückstellung) sowie den umgekehrten Fall an, also, dass bei zulässiger Bewertungseinheit auch die Saldierung vom Ansatz her zulässig sein muss. Insoweit ist dem zuzustimmen, ändert aber nichts an der systematischen Trennung zwischen Ansatz- und Bewertungs-„Saldierung", siehe auch Hennrichs, in: MüKo AktG, 2. Aufl., §246 Rn. 196.

# Teil III Rückstellungen

# A. Einleitung

Der Begriff der „wirtschaftlichen Verursachung“ beschreibt kein ausschließliches Rückstellungsproblem. Dennoch ist gerade diese, genauer die Verbindlichkeitsrückstellung gem. § 249 Abs. 1 S. 1 Alt. 1 HGB, der Schauplatz des kontroversesten Streits um dieses Merkmal. Der Grund hierfür liegt in der, verhältnismäßig zur Verbindlichkeit gerade tatbestandlichen, Ungewissheit der Verpflichtung. Hierdurch tritt das Merkmal der „wirtschaftlichen Verursachung“, aber auch dasjenige der „Wahrscheinlichkeit der Inanspruchnahme“, stärker in den Vordergrund. Denn bezüglich der hier gerade besonders interessanten Verbindlichkeiten, die noch nicht rechtlich entstanden sind, ist so eine multiple Kompensation der Unsicherheitsfaktoren betreffend den Bilanzansatz gerade entscheidende Voraussetzung. Die sich grundsätzlich auch bei gewissen Verbindlichkeiten stellende Frage nach der „wirtschaftlichen Verursachung“, ebenso wie die nach der „Wahrscheinlichkeit der Inanspruchnahme“, entfaltet dort nicht dieselbe Brisanz wie im Rahmen der Verbindlichkeitsrückstellungen. Die Besonderheit der Ungewissheit der Verbindlichkeit fördert die Relevanz der hier untersuchten Aspekte erst wirklich zutage. Deshalb wurden auch diese als Rahmen für die konkrete Untersuchung gewählt.

Dabei sind die exakte Einordnung von Rückstellungen im Allgemeinen und Verbindlichkeitsrückstellungen im Besonderen unumgänglich, um diesbezüglich die Diskussion zur „wirtschaftlichen Verursachung“ richtig deuten und einordnen zu können. So kommt der BFH nicht umhin in vielen Entscheidungen von anderen Bilanzposten und Abschreibungen abzugrenzen, weshalb dies auch in der vorliegenden Arbeit kurz geschehen ist.

Die Bilanzierungsgrundsätze spielen, wie erwähnt, eine entscheidende Rolle beim Lösungsansatz bezüglich der grundlegenden Problematik gerade auch in Bezug auf Rückstellungen. So eröffnet die Zurechnung der Verbindlichkeitsrückstellung zum Imparitätsprinzip andere Argumentationsmöglichkeiten im Hinblick auf das Problem der „wirtschaftlichen Verursachung“ als eine solche zum Realisationsprinzip. Gleiches gilt für die Einordnung in die Bilanztheorien, wobei diese weniger pauschal vorgenommen werden kann.

Ebenso muss die gesetzliche Aufgabe der Verbindlichkeitsrückstellung in Einklang mit der Interpretation der „wirtschaftlichen Verursachung“ stehen.

# B. Einordnung von Rückstellungen

## I. Gesetzliche Regelung

Der Begriff der Rückstellungen war im Handelsgesetzbuch vom 10.5.1897[603] noch nicht enthalten. Stattdessen erfolgte unter dem Begriff „Reservefonds" eine Zusammenfassung der heute als Rücklagen, Rückstellungen und Verbindlichkeiten fallenden Positionen[604]. Erst durch die Aktienrechtsnovelle 1931[605] wurde in das HGB der Begriff der Rückstellungen gesondert eingeführt, allerdings dort noch als *zweckgebundene* Rückstellung verstanden[606]. Im heutigen Sinne werden Rückstellungen seit dem Aktiengesetz 1937 interpretiert[607].

Die derzeit geltende, grundlegende Kodifikation erfolgt in § 249 HGB[608]. Die Vorschrift regelt den Rückstellungsansatz grundsätzlich[609] abschließend, vgl. § 249 Abs. 2 S. 1. Die Bewertung erfolgt gemäß § 253 Abs. 1 S. 2, 3, Abs. 2 HGB, der Ausweis gemäß §§ 247 Abs. 1, 266 Abs. 1, 3 HGB.

Aus § 266 Abs. 3 in Verbindung mit §§ 242 Abs. 1 S. 1, 246 Abs. 1 S. 1 Hs. 1 HGB ergibt sich, dass es sich um Schulden des Kaufmannes handelt, welche jedoch keine Verbindlichkeiten, passive Rechnungsabgrenzungsposten oder

---

603 RGBl. 1897, S. 219.

604 Döllerer, in: DStR 1979, 3.

605 Verordnung des Reichspräsidenten über Aktienrecht, Bankenaufsicht und über eine Steueramnestie vom 19.9.1931, RGBl. I, 493.

606 Döllerer, in: DStR 1979, 3.

607 Döllerer a.a.O.; vgl. zur historischen Entwicklung ergänzend: A/D/S, Rechnungslegung und Prüfung der Unternehmen, 6. Aufl. §249 HGB Rn. 1 ff.

608 Das BilMoG hatte nur auf die Bewertung von Rückstellungen Einfluss. Insbesondere der Ansatz von Verbindlichkeitsrückstellungen blieb unberührt, vgl.: IDW ERS HFA 34 = WPg Supplement 2/2012, S. 59 (60).

609 Sondervorschriften enthalten: §§ 28, 53 EGHGB, §§ 341e–341h HGB; die Rückstellungsbildung bei passiven latenten Steuern nach § 274 I 1HGB a.F. ist durch das BilMoG 2009 abgeschafft worden. Begründung hierfür ist, dass die nun zu berücksichtigenden quasi-permanenten Differenzen nicht die Voraussetzungen einer Rückstellung nach § 249 HGB erfüllen. Latente Steuern werden nun als „Sonderposten eigener Art" geführt. Vgl. hierzu: Küting/Pfitzer/Weber, Das neue deutsche Bilanzrecht, 2. Aufl., S. 519.

passive latente Steuern[610] darstellen. Demnach handelt es sich um (wirtschaftliche) Belastungen des Unternehmensvermögens, welche sich jedoch durch besondere Merkmale von den übrigen Passivposten unterscheiden[611].

In der Vierten EG-Richtlinie[612] wird in Art. 20 Abs. 1 der diesbezügliche Grundsatz aufgestellt. Hiernach sind Rückstellungen „ihrer Eigenart nach genau umschriebene Verluste oder Verbindlichkeiten, die am Bilanzstichtag wahrscheinlich oder sicher, aber hinsichtlich ihrer Höhe oder dem Zeitpunkt ihres Eintritts unbestimmt sind.“. Sodann erfolgt in Absatz 2 eine Öffnungsklausel für innerstaatliche Rückstellungstatbestände im dort beschrieben Rahmen.

In die Steuerbilanz sind gemäß § 5 Abs. 1 S. 1 EStG grundsätzlich die handelsbilanziellen Rückstellungen zu übernehmen. Der BFH betont in seinen Urteilen stets, dass die Verpflichtung zur Bildung von Rückstellungen für ungewisse Verbindlichkeiten gemäß § 249 Abs. 1 S. 1 HGB zu den Grundsätzen ordnungsmäßiger Buchführung gehört, und sie deshalb gemäß § 5 Abs. 1 S. 1 EStG auch für die Steuerbilanz gilt[613]. Das Steuerrecht kennt demnach zwar keinen eigenständigen Rückstellungsbegriff[614], enthält jedoch zahlreiche Sondertatbestände, welche die handelsrechtliche Regelung modifizieren, ohne hierbei einen einheitlichen systematischen Grundgedanken erkennen zu lassen[615]. Demnach bestehen steuerrechtliche Modifikationen bei bedingten Verpflichtungen, die aus künftigen Einnahmen oder Gewinnen zu zahlen sind (§ 5 Abs. 2a EStG), bei Rückstellungen wegen Patentverletzungen oder anderen Rechtsverletzungen von Schutzrechten für immaterielle Wirtschaftsgüter (§ 5 Abs. 3 EStG), bei Rückstellungen für Jubiläumszuwendungen (§ 5 Abs. 4 EStG), bei Drohverlustrückstellungen (§ 5 Abs. 4a EStG), bei Aufwendungen, die in Anschaffungs- oder Herstellungskosten von Wirtschaftsgütern münden (§ 5 Abs. 4b EStG), bei

610 Neuerung durch das BilMoG 2009 und die hierdurch veranlasste Änderung der §§ 274 I 1 HGB. Diesbezüglich kritisch: Altenburger, in: Kölner Kommentar zum Rechnungslegungsrecht, §249 Rn. 8.

611 Vgl. die ähnlichen Definitionen bei Günkel/Bongaerts, in: NWB Praxishandbuch Bilanzsteuerrecht, 2012, Rn. 5524 m.w.N. und Altenburger, in: Kölner Kommentar zum Rechnungslegungsrecht, §249 Rn. 4.

612 Vierte Richtlinie des Rates vom 25. Juli 1978 – 78/660/EWG, ABl. Nr. L 222/11.

613 Vgl.: BFH Urteil vom 27.1.2010 – I R 103/08 = BStBl. II 2010, 614 (615), i.V.m. §8 I KStG; BFH Urt. v. 25.3.2004 – IV R 35/02 = BStBl. II 2006, 644 (645) m.w.N.

614 Vgl.: BFH Urteile vom 25.3.2004 – IV R 35/02 = BStBl. II 2006, 644 (645); v. 27.1.2010 – I R 103/08 = BStBl. II 2010, 614 (615).

615 So auch: Schlotter, in: MüKo Bilanzrecht, 1. Aufl., §249 Rn. 2; Prinz, in: DB 2011, 492 (494).

Pensionsrückstellungen (§ 6a EStG) sowie für die Bewertung (§§ 6 Abs. 1 Nr. 3a i.V.m. 5 Abs. 6 EStG)[616].

## II. Aufgabe

Je nachdem, ob man der dynamischen oder der statischen Bilanztheorie folgt, können Rückstellungen, abstrakt betrachtet, unterschiedliche Funktionen zugeordnet werden: Einerseits die Ermittlung des korrekten Periodengewinns durch die Zuordnung von wahrscheinlichem Aufwand in das Geschäftsjahr seiner Verursachung zu verwirklichen, andererseits das Unternehmensvermögen durch Ausweis aller Schulden gegenüber Dritten richtig darzustellen[617]. Für die Rechtsanwendung entscheidend ist jedoch allein der Katalog des § 249 HGB[618]. Innerhalb dessen finden sich beide Theorien verwirklicht[619]. Auch hier bezieht das Gesetz also gerade nicht pauschal zugunsten der einen oder anderen Theorie Stellung.

Gemeinsamer handels- und steuerrechtlicher Kerngedanke der Bildung von Rückstellungen ist es jedenfalls, unsicheres Vermögen aus dem Gewinn auszuscheiden, damit es weder ausgeschüttet noch besteuert werden kann[620].

Insbesondere steuerrechtlich haben Rückstellungen im Endeffekt Finanzierungscharakter, da sie dort zu einer Steuerstundung führen[621]. Bezüglich des Steuerrechts stoßen Rückstellungen deshalb auf grundsätzliche Kritik, welche insbesondere auf eine ungerechtfertigte Bevorteilung derjenigen Steuerpflichtigen gestützt wird, die ihre Einkünfte mittels Betriebsvermögensvergleich bestimmen, gegenüber denjenigen, welche Überschusseinkünfte beziehen und deshalb Verbindlichkeiten erst im Zeitpunkt des Mittelabflusses geltend machen

616 Vgl. zum Ganzen: Günkel/Bongaerts, in: NWB Praxishandbuch Bilanzsteuerrecht, 2012, Rn. 5521.

617 Claussen, in: Kölner Kommentar zum Aktiengesetz, 2. Aufl., §249 HGB Rn. 3.

618 Crezelius, in: Scholz GmbHG, 9. Aufl., Anh. § 42a Rn. 192.

619 Vgl.: Claussen, in: Kölner Kommentar zum Aktiengesetz, 2. Aufl., §249 HGB Rn. 3; Crezelius, in: ZGR 1987, 1 (31) sieht in §249 HGB einen „Kompromiß zwischen dynamischem und statischem Verständnis".

620 Hennrichs beim 5. Münchner Unternehmenssteuerforum vom 29.6.2011, teilweise abgedruckt in: DStR 2011 Beihefter, S. 94 (98); ähnlich: Schön, in BB 1994 Beilage 9, S. 4, 6; in dieser Auffassung findet sich insbesondere die Teilhaberthese wieder. Vgl. hierzu: Teil II B. I. 3.; dahin gehend auch: Naumann, Die Bewertung von Rückstellungen, S. 73.

621 BFH Urteil vom 5.5.2011 - IV R 32/07 = FR 2012, 471 (474).

können[622]. Es bestehe hierdurch ein Verstoß gegen das aus Art. 3 Abs. 1 zu folgernde Leistungsfähigkeitsprinzip, weshalb der Maßgeblichkeitsgrundsatz zurücktreten müsse[623]. Die Differenzierung des Gesetzes im Hinblick auf die Einkommensermittlung ist jedoch vom BVerfG verfassungsrechtlich unbeanstandet geblieben[624]. Schon deshalb vermag die Annahme der Verfassungswidrigkeit von Rückstellungen mit oben genannter Argumentation nicht zu überzeugen. Im Übrigen entspricht es gerade der Besteuerung nach der Leistungsfähigkeit, wenn Unternehmen bestehende Lasten, wenngleich sie nicht realisiert sind, vom Gewinn abziehen dürfen[625].

## III. Abgrenzungen zu anderen Bilanzpositionen sowie Abschreibungen

### 1. Verbindlichkeiten

Die Frage, ob eine Verpflichtung als Verbindlichkeit oder als Rückstellung zu passivieren ist beantwortet sich anhand des Merkmals der Unsicherheit[626]. Diese Unsicherheit drückt sich bei Verbindlichkeitsrückstellungen als Ungewissheit und bei Drohverlustrückstellungen in dem Bezug zum schwebenden Geschäft und einem erst *drohenden* Verlust aus[627]. Es handelt sich also um eine Schuld, bei der die Möglichkeit alternativer zukünftiger Geschehensverläufe bereits tatbestandlich berücksichtigt, im Verhältnis zu Verbindlichkeiten sogar vorausgesetzt ist.

Ist dagegen nur die Fälligkeit unsicher, so wird die Verpflichtung als Verbindlichkeit ausgewiesen[628].

---

622 Doralt, in: DB 1998, 1357 (1357 f.).

623 Doralt a.a.O.; vgl. zum Maßgeblichkeitsgrundsatz: Teil II A. II., insbesondere 5., III.

624 Vgl.: BVerfG Beschluss vom 9.7.1969 – 2 BvL 20/65 = BVerfGE 26, 302 (311); BVerfG Beschl. V. 11.5.1970 – 1 BvL 17/67 = BVerfGE 28, 227 (236 f.); vgl. auch: Schön, in: StuW 1995, 366 (370 f.).

625 So auch: Prinz, in: DStJG Band 34, S. 135 (177); vgl. im Übrigen zum verfassungsrechtlichen Gebot des Imparitätsprinzips: Teil II B. V. 3. b); vgl. explizit zum verfassungsrechtlichen Gebot der Bildung von Verbindlichkeitsrückstellungen: Schlotter, in: MüKo Bilanzrecht, 1. Aufl., §249 Rn. 7, 12, 15.

626 Vgl.: Hoffmann/Lüdenbach, NWB Kommentar Bilanzierung, 4. Aufl., §246 Rn. 76.

627 Eine ähnliche Systematisierung vornehmend: Hoffmann/Lüdenbach, NWB Kommentar Bilanzierung, 4. Aufl., §249 Rn. 3 ff.

628 Ballwieser, in: MüKo HGB, 3. Aufl., §249 Rn. 10; Hennrichs, in: MüKo AktG, 2. Aufl., §249 HGB Rn. 12.

## 2. Rücklagen

Rein begrifflich nahestehend sind insbesondere die Rücklagen. Es werden offene und stille Rücklagen sowie bezüglich ersteren Kapital- (§ 272 Abs. 2 HGB) und Gewinnrücklagen (§ 272 Abs. 3, 4 HGB) unterschieden. Wie sich aus § 266 Abs. 3 HGB ergibt, handelt es sich dabei um ein Eigenkapitalkonto[629]. Rückstellungen werden hingegen, zumindest wirtschaftlich, als Fremdkapital angesehen[630].

Rücklagen dienen als variabler Puffer zum bilanziellen Ausgleich von Buchverlusten, bevor das gezeichnete Kapital vermindert wird, erhöhen zum Teil die Haftungsbasis, tragen zur Liquiditätsverbesserung des Unternehmens bei und besitzen zudem (ebenfalls) eine Ausschüttungssperrfunktion[631].

Zusammengefasst lässt sich daher eine Abgrenzung wie folgt vornehmen: Während Rücklagen Gewinnverwendung darstellen, sind Rückstellungen Instrumente der Gewinnermittlung[632].

## 3. Rechnungsabgrenzungsposten

Rechnungsabgrenzungsposten werden gemäß § 250 Abs. 1, 2 HGB in aktive und passive unterteilt[633]. Im Steuerrecht findet sich mit § 5 Abs. 5 EStG zudem eine ausführliche Sonderregel. Beide Arten sind von den Rückstellungen eindeutig zu unterscheiden:

Schon aus § 246 Abs. 1 S. 1 HGB ist ersichtlich, dass es sich bei (passiven) Rechnungsabgrenzungsposten, anders als bei Rückstellungen, nicht um Schulden im Sinne des Gesetzes handelt. Zudem teilen passive Rechnungsabgrenzungsposten mit den Rückstellungen zwar die Bilanzseite, stellen jedoch gemäß § 250 Abs. 2

---

629 Baetge/Kirsch/Thiele, Bilanzen, 12. Aufl., S. 498; zur Zuordnung zum Eigenkapital im Rechtssinne differenzierend: Braun, in: Kölner Kommentar zum Rechnungslegungsrecht, §248 Rn. 42.

630 Wöhe, Bilanzierung und Bilanzpolitik, 8. Aufl., S. 540; problematisch ist hierbei die Einordnung von Aufwandsrückstellungen, vgl. dazu: A/D/S, Rechnungslegung und Prüfung der Unternehmen, 6. Aufl., §249 HGB Rn. 34 ff.

631 Baetge/Kirsch/Thiele, Bilanzen, 12. Aufl., S. 498.

632 Döllerer, in: DStZ 75, 291 (292) sowie grundlegend: RFH Urteil vom 17.12.1929 – I A a 643/29 = RStBl. 1930, 95.

633 Grdsl. ließe sich noch in *transitorische* und *antizipative*, sowie hinsichtlich des Zeitablaufs *zeitlich bestimmte* und *zeitlich unbestimmte* Rechnungsabgrenzungsposten unterscheiden. Allerdings regelt das Gesetz nur die transitorischen RAP mit bestimmter Laufzeit. Vgl. hierzu: Hoffmann/Lüdenbach, NWB Kommentar Bilanzierung, 4. Aufl., §250 Rn. 2.

HGB „*Einnahmen* [Hervorhebung durch Verfasser] vor dem Abschlußstichtag" dar. Rückstellungen spiegeln hingegen gerade zukünftige *Ausgaben* wider.

Passive Rechnungsabgrenzungen stellen zwar ebenfalls Vermögensbelastungen dar, jedoch werden diese anhand eines bereits zugeflossenen Vermögenszuwachses ermittelt[634], während Rückstellungen direkt den zukünftigen, zu erwartenden Vermögensabfluss widerspiegeln. Der Vermögenszufluss wird bei der Rechnungsabgrenzung durch einen Passivposten neutralisiert. Somit soll der noch durch eine Leistungspflicht belastete Vermögenszufluss das Unternehmensergebnis nicht positiv beeinträchtigen. Die Bildung passiver Rechnungsabgrenzungsposten verwirklicht damit letztlich das Realisationsprinzip[635].

Insoweit besteht im Hinblick auf Rückstellungen eher mit aktiven Rechnungsabgrenzungsposten eine Ähnlichkeit, welche ebenso Ausgaben betreffen. Hiervon erfasst sind nicht nur tatsächliche Geldabflüsse, sondern unter Umständen auch die Begründung einer Verbindlichkeit[636]. Bei Rückstellungen ist die Verbindlichkeit aber noch ungewiss, die Ausgabe ist gerade noch nicht erfolgt. Dieses Unsicherheitsmoment fehlt insofern den Rechnungsabgrenzungsposten.

Beide Rechnungsabgrenzungsposten stellen bilanzielle Korrektive des Jahresergebnisses bezüglich bereits eingetretener Einnahmen oder Ausgaben im Dienste der Abbildung eines zutreffenden Periodenerfolges dar. *Diese* dienen somit direkt der richtigen Periodenabgrenzung[637] und sind ganz im Sinne *Schmalenbachs* eine stark dynamisch geprägte Bilanzposition[638]. *Ihnen* kommt vordergründig die Aufgabe einer periodengerechten Erfolgsermittlung zu[639].

## 4. Abschreibungen

Kein eigenständiger Bilanzposten, zugleich aber umso problematischer bezüglich der Klärung des Konkurrenzverhältnisses, sind die außerplanmäßigen

634 Deswegen auch „*Ertrags*abgrenzung", vgl.: A/D/S, Rechnungslegung und Prüfung der Unternehmen, 6. Aufl., §249 Rn. 38.

635 Vgl. hierzu auch: Tischbierek, Der wirtschaftliche Verursachungszeitpunkt von Verbindlichkeitenrückstellungen, S. 86.

636 Prinz, in: Kölner Kommentar zum Rechnungslegungsrecht, §250 Rn. 14; Ellrott/Krämer, in: BeckBilKo, 8. Aufl., §250 Rn. 18.

637 Faltenbaum u.a., Buchführung und Bilanz, 21. Aufl., S. 225.

638 Hoffmann/Lüdenbach, NWB Kommentar Bilanzierung, 4. Aufl., §250 Rn. 1.

639 Vgl. BFH Urteil vom 24.6.2009 – IV R 26/06 = BStBl. II 2009, 781 (782), wo es heißt: „Die Ertragswirkung der Einnahmen soll in die Periode verlagert werden, in der die korrespondierenden Aufwendungen anfallen."

Abschreibungen, beziehungsweise insbesondere steuerrechtlich die Teilwertabschreibungen. Speziell im Bereich der Umweltschutzverpflichtungen, also bezüglich ungewisser Verbindlichkeiten aufgrund von mit dem Unternehmen in Zusammenhang stehenden Umweltrisiken, kann es zu einem Abgrenzungsproblem zwischen Rückstellungen und Teilwertabschreibungen kommen[640].

So stellt sich zum Beispiel bei einer (öffentlich-rechtlichen) Verpflichtung zur Sicherung und Sanierung eines schadstoffbelasteten Grundstücks die Frage nach dem Verhältnis einer diesbezüglichen Rückstellung zur Teilwertabschreibung auf das Grundstück nach § 6 Abs. 1 Nr. 2 S. 2 i.V.m. Nr. 1 S. 2, 3 EStG. Während vielerorts ein Vorrang der Rückstellung[641], teilweise aber auch der Teilwertabschreibung[642] angenommen wird, bevorzugen Andere eine grundsätzlich getrennte Beurteilung von Abschreibung und Rückstellung[643]. Dieser letzten Ansicht ist dabei der Vorzug zu geben. Die Verpflichtung der Schadensbeseitigung ist mit der Wertminderung des Grundstückes nicht gleichzusetzen. Es handelt sich hierbei um zwei unterschiedliche Wirtschaftsgüter, deren Bewertung und Ansatz nach dem Grundsatz der Einzelbewertung und des Vollständigkeitsgebots unabhängig voneinander zu erfolgen hat[644].

## IV. Einordnung in die Grundsätze ordnungsgemäßer Buchführung

### 1. Einordnung in das Vorsichts- und Periodisierungsprinzip

Rückstellungen werden häufig generell als Ausprägung des Imparitätsprinzips angesehen[645]. Andrerseits wird jedoch zum Teil auch

640 Ein tatsächlicher Unterschied, der jedoch an den praktischen Problemen nichts ändert, ist, dass Abschreibungen anders als Rückstellungen nicht nur den Gewinn, sondern auch den Wertansatz eines konkreten Vermögensgegenstandes in der Bilanz herabsetzen, sie also vermögens- *und* erfolgswirksam sind. Vgl. diesbzgl. die Unterscheidung „Rückstellungen-Wertberichtigungen“, in: Wöhe, Bilanzierung und Bilanzpolitik, 8. Aufl., S. 544.

641 Herzig, in: WPg 1991, 610 (618 f.); Kupsch, in: BB 1992, 2320 (2326 f.); i.E. auch: Eilers, Rückstellungen für Altlasten und Umweltschutzverpflichtungen, 1993, S. 41.

642 Loose, Rückstellungen für Umweltverbindlichkeiten, 1993, S. 125 ff., 128.; Siegel, in: BB 1993, 326 (329).

643 BFH Urteil vom 19.11.2003–I R 77/01 = BStBl. II 2010, 482 (485 f.) = DB 2004, 113 (115 f.); BMF IV C 6- S 2137/07/10004 - 2010/0367332 = BStBl. I 2010, 495 (496); Schmidt/Roth, in: DB 2004, 553 (556 f.).

644 Vgl. BFH Urteil vom 19.11.2003 – I R 77/01 = DB 2004, S. 115.

645 Crezelius, in: DB 1992, 1353; ders. in: Scholz GmbHG, 9. Aufl., Anh. §42a Rn. 192.

differenziert: Drohverlustrückstellungen seien hiernach Ausprägung des Imparitätsprinzips und Verbindlichkeitsrückstellungen Ausprägung des Realisationsprinzips[646]. Diese Unterscheidung überzeugt nicht. Die Rückstellungen werden als Passivposten generell durch das Vorsichts[647]- und insbesondere das Imparitätsprinzip vorgegeben. Eine damit einhergehende Periodisierung des Aufwandes ist, wie bereits beschrieben[648], ein notwendiger Reflex, um dem Vorsichtsgebot zur Effektivität zu verhelfen. Rückstellungen sollen bereits bestehende Lasten für das Unternehmen abbilden, was aufgrund des Vorsichtsgebots, und wegen des Imparitätsprinzips im Unterschied zu nicht realisierten Erträgen, geschehen muss. Da der betreffende Aufwand nicht aus der Luft gegriffen, sondern bereits im Unternehmen angelegt, nur *noch* nicht realisiert ist, erfolgt durch die Bildung einer Rückstellung tatsächlich eine Periodisierung des Aufwandes. Dieser wird bereits vor der Realisation berücksichtigt, mithin einer früheren Periode als der Auszahlungsperiode zugeordnet. Allerdings dient diese Periodisierung nicht vordergründig einer exakten Periodenabgrenzung, etwa im Sinne *Schmalenbachs* zur besseren Vergleichbarkeit der Periodengewinne. Ziel ist die Verwirklichung des Vorsichtsprinzips, im Dienste des dem Gläubigerschutz entsprechenden, möglichst frühzeitigen, Ausweises von Unternehmenslasten[649].

---

646 Herzig, in: DStJG Band 14, S. 199 (202); Baetge/Kirsch/Thiele, Bilanzen, 5. Aufl., S. 360; Ballwieser, in: MüKo HGB, 3. Aufl., §249 Rn. 8, der zudem auch die Zuordnung von Aufwandsrückstellungen zum Realisationsprinzip „allenfalls teilweise“ bejaht; für eine Grundlage der Verbindlichkeitsrückstellungen im Realisationsprinzip auch: Rürup, in: FS Forster, S. 519 (544); BFH Urteil vom 29.11.2000 – I R 87/99 = BStBl. II 2002, 655 (657).

647 Für die generelle Zuordnung des § 249 I 1 HGB zum Vorsichtsprinzip: Viskorf/Haag, in: DStR 2011 Beihefter 5, S. 94.

648 Vgl. insbesondere: Teil II B. V. 3. c) bb) (2) (c).

649 Vgl. Großfeld/Luttermann, Bilanzrecht, 4. Aufl., S. 195/Rn. 754; auch der EuGH (Urteil vom 14.9.1999 RS C-275/97 = Slg. 1999 I-5331 (5358) betont beim Rückstellungs*ansatz* bzgl. Art. 20 RL 78/660/EWG zuerst die Beachtung des Vorsichtsprinzips. Das Erfordernis der Bilanzwahrheit, welches in diesem Zusammenhang im Übrigen nur erwähnt, jedoch erst bei der Rückstellungsbewertung weiter ausgeführt wird, steht dem nicht entgegen; in diesem Sinne ist auch die Formulierung des BFH, „[...] die Verbindlichkeitsrückstellung soll, [...] im Interesse eines periodengerechten Gewinnausweises gewährleisten, dass am Bilanzstichtag verursachte potenziell gewinnmindernde Faktoren in der Bilanz berücksichtigt werden[.]“, zu verstehen, vgl. BFH Urteil vom 6.2.2013 – I R 62/11 = DB 2013, 1091 (1093) und BFH Urt. v. 29.11.2000 – I R 87/99 = BStBl. II 2002, 655 (657).

Wenn also Drohverlustrückstellungen, soweit ersichtlich unbestritten, dem Imparitätsprinzip, als passiver Ausprägung des Vorsichtsprinzips, zugeordnet werden, so kann eine andersartige Zuordnung der Verbindlichkeitsrückstellungen nicht überzeugen. Vom Grundsatz her dienen sie demselben Zweck, betreffen lediglich unterschiedliche Sachverhaltskonstellationen. Eine Differenzierung aus dem Grunde, dass Drohverlustrückstellungen Aufwand künftigen und Verbindlichkeitsrückstellungen sowie Aufwandsrückstellungen Aufwand bereits realisierten Erträgen zurechnen sollen[650] ist dabei der falsche Ansatz, da hierdurch wiederum die Aufgabe der Rückstellung in zweifacher Hinsicht nicht korrekt abgebildet wird. Zum einen zielen Rückstellungen, wie gezeigt, grundsätzlich nicht auf eine Aufwandsperiodisierung ab, zum anderen existiert im deutschen Bilanzrecht kein Grundsatz, nach dem Aufwand stets korrespondierenden Erträgen zugeordnet werden müsste[651].

Was bleibt, ist ein Passivposten, welcher nach Vorsichts- und insbesondere Imparitätsprinzip eine möglichst frühzeitige Abbildung von Risiken gewährleisten soll[652]. Das Unterscheidungsmerkmal zu den Verbindlichkeiten ist die Unsicherheit. Die Tatsache, dass hieraus ein eigener Bilanzposten folgt, ist dem Imparitätsprinzip geschuldet.

Anders als bei Rechnungsabgrenzungsposten ist bei Rückstellungen generell nicht die Periodisierung das vordergründige Ziel. Deshalb rechnet das Gesetz nicht diese bloßen Rechnungsposten, wohl aber Rückstellungen zu den Schulden, also dem passiven Gegenstück zum Vermögensgegenstand, welche stets unter besonderer Berücksichtigung des Imparitätsprinzips zu interpretieren sind. Dieses beinhaltet nämlich die grundlegende Aussage zur passiven Auswirkung des Vorsichtsprinzips. Dies gilt gleichermaßen für alle Arten von gesetzlich geregelten Rückstellungen.

Gegen eine Differenzierung spricht zuletzt auch, dass nach handelsrechtlicher Auffassung, der im Grunde auch der BFH folgt, die Rückstellungen für Verluste aus schwebenden Geschäften einen Sonderfall der Rückstellungen für ungewisse

---

650 Baetge/Kirsch/Thiele, Bilanzen, 5. Aufl., S. 358.

651 Vgl. BFH Urteil vom 27.6.2001 – I R 45/97 = BStBl. II 2003, 121 (zweiter Leitsatz, sowie S. 123); BFH Urteil vom 12.12.1991 – IV R 28/91 = BStBl. II 1992, 600 (604).

652 Dahin gehend, insbesondere die Verbindlichkeitsrückstellungen ebenfalls dem Imparitätsprinzip zuordnend: Schön, in: BB 1994 Beilage 9, S. 3 f.; die vornehmliche Zuordnung zum Vorsichtsprinzip bejahend: Lambrecht, in: K/S/M EStG, 44. Lfrg., § 5 D1.

Verbindlichkeiten darstellen[653]. Dies wäre schwerlich zu begründen, würde man beiden Rückstellungsarten unterschiedliche GoB zugrunde legen.

### 2. Einordnung in das Vollständigkeitsgebot

Konsequenz aus der gesetzlichen Zuordnung der Rückstellungen zu den Schulden ist zunächst nur die Passivierungspflicht aller Rückstellungen nach dem Vollständigkeitsgebot gemäß § 246 Abs. 1 S. 1 HGB. Diese Erkenntnis trägt jedoch noch nicht zur Lösung des Problems bei, ob rechtlich bestehende Verbindlichkeiten unabhängig von einer wirtschaftlichen Verursachung in der Vergangenheit zu passivieren sind. Da bei Ungewissheit über die Höhe der Verpflichtung eine Verbindlichkeit nicht angesetzt werden kann, vielmehr nur eine Rückstellung in Betracht kommt, greift das Vollständigkeitsgebot nur, wenn die Voraussetzungen für den Ansatz einer Rückstellung vorliegen. Denn ungewisse Verbindlichkeiten werden vom Vollständigkeitsgebot nur im Rahmen von Rückstellungen erfasst. Es wäre demnach zirkelschlüssig aus der Ansatzpflicht gemäß § 246 Abs. 1 S. 1 HGB für Rückstellungen zu schließen, dass eine Rückstellung angesetzt werden muss, wenn gerade streitig ist, ob eine solche gebildet werden darf.

Das Vollständigkeitsgebot kann also nur im Rahmen der Frage, ob die für einen Rückstellungsansatz hinreichende abstrakte Passivierungsfähigkeit gegeben ist, herangezogen werden. Sofern eine solche bejaht werden muss, ist die Ansatzpflicht nach § 246 Abs. 1 S. 1 HGB unproblematisch[654].

## V. Einordnung in die Bilanztheorie

Die Diskussion bezüglich einer *generellen* Zuordnung von Rückstellungen zur statischen oder dynamischen Bilanztheorie mag kontrovers sein, doch ist sie bei genauer Betrachtung für die vorliegende Arbeit von geringer Bedeutung.

Die Diskussion beschränkt sich weitgehend auf das maßgebliche Merkmal, anhand dessen die Dynamik oder Statik festgemacht wird, welches in der

---

653 Nachweis bei: Crezelius, in: ZGR 1987, 1 (36) m.w.N.; BFH Urteil vom 19.7.1983 – VIII R 160/79 = BStBl. II 1984, 56 (58); BFH Urt. v. 16.11.1982 – VIII R 95/81 = BStBl. II 1983, 361 (363); Schön, in: BB 1994, Beilage 9, S. 11 m.w.N.

654 Diese Differenzierung wird nicht immer klar herausgestellt. Vgl. z.B.: Dziadkowski, in: WPg 2012, 500 (501).

„Außenverpflichtung“, im Sinne einer Verpflichtung gegenüber Dritten, gesehen wird[655].

Nach statischer Bilanztheorie ist vordergründiges Ziel der Bilanzerstellung die Abbildung der Schuldendeckungsfähigkeit des Unternehmens. Demnach sind innerhalb dieser, Schulden bereits durch eine Drittverbindlichkeit, also eine Außenverpflichtung, gekennzeichnet. Nur solche müssen im Falle eines fiktiven Stichpunktes auch tatsächlich durch das Unternehmen beglichen werden können.

Nach dynamischer Sicht hingegen ist die periodenrichtige Erfolgsermittlung entscheidend. Hierbei kommt es nicht darauf an, ob mit den Aufwendungen eine Schuld korrespondiert. Der Bilanzansatz bestimmt sich nicht danach, ob eine Schuld anzusetzen ist, sondern ob Ausgaben der bestehenden oder einer vorherigen Rechnungsperiode zuzuordnen sind[656]. Aufwand soll also auch dann abgebildet werden, wenn dieser aus einer bloßen Innenverpflichtung folgt, da die Auswirkungen auf den Periodenerfolg hiernach letztlich dieselben sind.

Die Diskussion ist von vornherein gesetzlich entschieden, und zwar weder einseitig zugunsten der statischen noch der dynamischen Theorie. Hiernach sind nämlich einzig die Aufwandsrückstellungen unter diesem Gesichtspunkt generell der Dynamik zuzuordnen[657]. Eine derart vorgenommene Einordnung führt die Diskussion um die „wirtschaftliche Verursachung“ also nicht weiter, da Verbindlichkeitsrückstellungen und Aufwandsrückstellungen voneinander unabhängig gesetzlich geregelt sind.

Würde anhand dieser groben Zuordnung eine Bilanztheorie zur Argumentation hinsichtlich der korrekten Ausgestaltung der „wirtschaftlichen Verursachung“ gereichen, so wäre es die statische. Eine „Schuld“-unabhängige, also generell eher dynamisch geprägte Passivierung innerhalb der – im Gegensatz zur Aufwandsrückstellung – eine (ungewisse) Schuld gesetzlich voraussetzenden Rückstellungsart, ist nicht schlüssig zu begründen. Vielmehr ist das Erfordernis einer Gläubiger-Schuldner-Beziehung letztlich gerade Ausdruck eines eher statischen Bilanzverständnisses[658]. Allerdings ist hiermit kein Ergebnis für die

655 Vgl.: Knobbe-Keuk, Bilanz- und Unternehmenssteuerrecht, 9. Aufl., S. 114 f.; Döllerer, in: DStR 1979, 3; Baetge/Kirsch/Thiele, Bilanzen, 5. Aufl., S. 360 ff.; Baetge, in: FS Forster S. 27 (32); A/D/S, Rechnungslegung und Prüfung der Unternehmen, 6. Aufl., §249 Rn. 21 f., insbesondere sehr deutlich bei Rn. 22/S. 406; Thies, Rückstellungen als Problem der wirtschaftlichen Betrachtungsweise, S. 10 f.

656 Baetge/Kirsch/Thiele, Bilanzen, 5. Aufl., S. 361 f.

657 Jedenfalls für Verbindlichkeitsrückstellungen deshalb die dynamische Theorie innerhalb des §249 HGB ablehnend: Woerner, in: JbFfSt 1978/79, S. 228 (233).

658 Crezelius, in: ZGR 1987, 1 (31 f.); dahin gehend auch: Strobl, in: FS Moxter 407 (426).

richtige Handhabung der „wirtschaftlichen Verursachung" vorweggenommen. Das Gesetz entscheidet innerhalb des § 249 HGB gerade, wie so oft, nicht eindeutig zulasten der einen oder anderen Bilanztheorie.

Dieses Ergebnis legt nahe, dass eine abstrakte Zuordnung zu den Bilanztheorien zu unbestimmt bleibt und vielmehr eine konkrete Zuordnung erst innerhalb eines, so weit wie möglich, eingegrenzten Aspekts vorgenommen werden kann, sollen bilanztheoretische Erwägungen als Mittel der Argumentation dienen[659].

Die dynamische oder statische Tendenz des jeweiligen Bilanzpostens, beziehungsweise seiner Tatbestandsmerkmale, ist anhand der konkreten gesetzlichen Regelung zu bestimmen. Eine pauschale Aussage über die Dynamik oder Statik von Rückstellungen lässt sich nicht eindeutig belegen und ist auch nicht unbedingt zielführend. Vielmehr zeigt sich, dass eine eindeutige, abstrakte Zuordnung des Rückstellungsbegriffs durch das Gesetz gerade nicht vorgenommen wird[660].

Die vorangestellte Frage, ob Rückstellungen abstrakt betrachtet statischen oder dynamischen Charakter haben, ist im Rahmen der bilanz*rechtlichen* Diskussion daher zu vernachlässigen.

Zudem folgen weder aus der einen noch der anderen Ansicht hierzu zwingende Ergebnisse für das Problem der „wirtschaftlichen Verursachung". Auch steuerrechtlich ist die jeweils vertretene Auffassung einer grundlegenden Bilanztheorie wenig bedeutsam. Sowohl bei Anwendung der statischen als auch der dynamischen Bilanztheorie ist die Verbindlichkeitsrückstellung verfassungsrechtlich geboten und erfährt nur je nach Blickwinkel eine unterschiedliche Auslegung in Bezug auf die „wirtschaftliche Verursachung"[661].

---

659 Schön, in: BB 1994 Beilage 9, S. 3 f. weitet die Diskussion über die Bilanztheorien offenbar aus, worauf jedoch erst bei der Behandlung der wirtschaftlichen Verursachung eingegangen werden soll.

660 Siehe hierzu schon: Teil III B. II.

661 Schlotter, in: MüKo Bilanzrecht, 1. Aufl., §249 Rn. 7, 12.

# C. Rückstellungen für ungewisse Verbindlichkeiten

## I. Einordnung in § 249 HGB

Verbindlichkeitsrückstellungen (§ 249 Abs. 1 S. 1 Alt. 1 HGB) sind von Drohverlustrückstellungen bei schwebenden Geschäften (§ 249 Abs. 1 S. 1 Alt. 2 HGB), Instandhaltungs- und Abraumbeseitigungs-Aufwandsrückstellungen (§ 249 Abs. 1 S. 2 Nr. 1 HGB) und Rückstellungen für faktische Gewährleistungsverpflichtungen (§ 249 Abs. 1 S. 2 Nr. 2 HGB) zu unterscheiden.

Die in der Steuerbilanz nicht zulässigen Drohverlustrückstellungen (§ 5 Abs. 4a EStG), sowie Rückstellungen für faktische Verpflichtungen können vom Grundsatz her den Verbindlichkeitsrückstellungen, im weiteren Sinne, zugeordnet werden[662].

Die Aufwandsrückstellungen unterscheiden sich von diesen durch die am Stichtag nicht bestehende Schuld gegenüber Dritten, einer sogenannte Außenverpflichtung[663].

Von den Verbindlichkeiten im Sinne des § 249 Abs. 1 S. 2 Nr. 2 HGB unterscheiden sich die Verbindlichkeitsrückstellungen nur dadurch, dass Erstere einen Spezialfall der grundsätzlich auch unter § 249 Abs. 1 S. 1 Alt. 1 HGB fallenden faktischen Verpflichtungen bilden[664]. Es macht für die Zwecke der Jahresabschlussermittlung keinen Unterschied, ob es sich um rechtliche oder faktische Verpflichtung handelt, wenn sich aus der faktischen Verpflichtung ein Leistungszwang ergibt, dem sich der Kaufmann nicht entziehen kann[665].

Schon wegen der steuerrechtlichen Unzulässigkeit der Drohverlustrückstellungen ist die Abgrenzung zu diesen weitaus relevanter, und wohl auch deshalb

---

662 Vgl.: Teil III B. IV.; Altenburger, in: Kölner Kommentar zum Rechnungslegungsrecht, §249 Rn. 18, 20; Kozikowski/Schubert, in: BeckBilKo, 8. Aufl., §249 Rn. 112; Crezelius, in Kirchhof EStG, 11. Aufl., §5 Rn. 117, 119; Hennrichs, in: MüKo AktG, 2. Aufl., §249 HGB Rn. 26 ist allerdings zuzugeben, dass *gesetzes*systematisch die Gewährleistungsrückstellungen den Aufwandsrückstellungen zugeordnet sind.

663 Hoffmann/Lüdenbach, NWB Kommentar Bilanzierung, 4. Aufl., §249 Rn. 7.

664 Hierzu kritisch: Hennrichs, in: MüKo AktG, 2. Aufl., §249 Rn. 26, auch m.w.N. für die hier vertretene h.M.

665 Vgl. zur alten Gesetzesfassung: BGH Urteil vom 28.1.1991 – II ZR 20/90 = DB 1991, 962 (963).

sehr viel umstrittener[666]. Das alleinige Vorliegen eines schwebenden Geschäfts schließt eine Verbindlichkeitsrückstellung im Sinne des § 249 Abs. 1 S. 1 Alt. 1 HGB nicht aus[667]. Der Unterschied der beiden Rückstellungsarten liegt, grob gesagt, in der stärkeren Zukunftsorientierung der Verlustrückstellungen[668], weil sie auf zukünftige Verluste abzielen, was jedoch nicht über die Tatsache täuschen soll, dass auch hier bereits bestehende Belastungen des Unternehmensvermögens abgebildet werden. Insbesondere sind *bei diesen* auch die synallagmatisch miteinander verknüpften Leistungspflichten auf ihre Ungleichwertigkeit hin zu überprüfen[669], mithin auch die Ertragsseite zwingend mit in die Frage nach einem Rückstellungsansatz einzubeziehen[670]. Nach herrschender Auffassung besteht ein Vorrang der Verbindlichkeitsrückstellungen[671].

Im Rahmen der Verlustrückstellungen ergibt sich ein, in gewisser Weise mit demjenigen der „wirtschaftlichen Verursachung" im Rahmen der Verbindlichkeitsrückstellungen vergleichbares, Problem: Auch dort kann sich unter Umständen die Frage stellen, ob die rechtlich bestehende Verpflichtung für die Passivierung unberücksichtigt bleiben muss[672]. Hier ist der Ursprung des Problems jedoch der Saldierungsbereich aufgrund des besonderen gesetzlichen Erfordernisses eines negativen Saldos („drohende Verluste", § 249 Abs. 1 S. 1 Alt. 2 HGB).

Vorliegend sollen nur die Verbindlichkeitsrückstellungen im engeren Sinne, also solche gemäß § 249 Abs. 1 S. 1 Alt. 1 HGB, näher betrachtet werden, da sie es sind, welche den vorwiegenden Schauplatz für die Diskussion um die „wirtschaftliche Verursachung" darstellen.

---

666 Siehe zum Verhältnis von Verbindlichkeits- und Verlustrückstellungen vertiefend: Groh, in: BB 1988, 27.

667 Kozikowski/Schubert, in: BeckBilKo 8. Aufl., §249 Rn. 67 m.w.N.; BFH Urteil vom 16.9.1970 – I R 184/67 = BStBl. II 1971, 85 (86).

668 Vgl.: Groh, in: BB 1988, 27; Crezelius, in: Kirchhof EStG, 11. Aufl., §5 Rn. 139.

669 Vgl. BFH Urteil vom 2.10.1997 – IV R 82/96 = DStR 1998, 23 m.w.N.; Schön, in: BB 1994, Beilage 9, S. 11.

670 Bei den Fällen des „Erfüllungsrückstandes", welcher §249 I 1 Alt. 1 HGB subsumiert wird (vgl.: Kozikowski/Schubert, BeckBilKo, 8. Aufl., §249 Rn. 67 m.w.N.) besteht hingegen gerade eine Ausgeglichenheit von Leistung und Gegenleistung, vgl.: Schön, in: BB 1994, Beilage 9, S. 11.

671 BFH Urteil vom 15.4.1993 – IV R 75/91 = DStR 1993, 1552 (1553); Kozikowski/Schubert, in: BeckBilKo, 8. Aufl., §249 Rn. 67.

672 Vgl. hierzu: Hennrichs, in: MüKo AktG, 2. Aufl., §249 Rn. 105 ff.

## II. Voraussetzungen für den Ansatz von Verbindlichkeitsrückstellungen

### 1. Arten von Verbindlichkeitsrückstellungen

Verbindlichkeitsrückstellungen können im Hinblick auf die Verpflichtung unterschieden werden in rechtliche und faktische, sowie öffentlich- und privatrechtliche[673]. Wie bereits erwähnt, sind die (rein) faktischen Verpflichtungen für die vorliegende Arbeit weniger interessant.

Auch die öffentlich-rechtlichen Verpflichtungen sollen hier nicht gesondert untersucht werden. Dies deshalb, weil bezüglich derer, dem BFH zum Dank, quasi ein „Sonderrecht"[674] im Hinblick auf die Rückstellungsbildung besteht, welches aber nicht in unmittelbarem Zusammenhang mit der „wirtschaftlichen Verursachung" steht. So müssen ungewisse öffentlich-rechtliche Verpflichtungen, über die Anforderungen, welche für privatrechtliche Verpflichtungen existieren hinaus, „hinreichend konkretisiert" sein. Dies kann durch eine Verfügung der zuständigen Behörde, die ein bestimmtes Handeln vorsieht, oder unmittelbar durch Gesetz geschehen sein. Allerdings im Hinblick auf die gesetzliche Anordnung nur dann, wenn diese i) in sachlicher Hinsicht ein inhaltlich genau bestimmtes Handeln vorsieht, ii) in zeitlicher Hinsicht ein Handeln innerhalb eines bestimmten oder zumindest bestimmbaren Zeitraums fordert und iii) dieses Handlungsgebot sanktionsbewehrt und damit durchsetzbar ist[675]. Bei behördlichen Verfügungen sind diese Anforderungen ebenso zwingend, allerdings regelmäßig ohne Weiteres gegeben[676].

### 2. Unstreitige Voraussetzungen

Die Voraussetzungen für den Ansatz einer Verbindlichkeitsrückstellung lassen sich nach der Rechtsprechung des BFH wie folgt zusammenfassen:

Erforderlich ist unstreitig

---

673 Ballwieser, in: MüKo HGB, 3. Aufl., §249 Rn. 11.

674 Crezelius, in: Kirchhof EStG, 11. Aufl., §5 Rn. 117, welcher zu Recht eine gesetzliche Stütze für diese Rspr. vermisst; ebenso kritisch: Schön, in BB 1994, Beilage 9, S. 8; Kozikowski/Schubert, in: BeckBilKo, 8. Aufl., § 249 Rn. 33; Mayr, in: DB 2003, 740 (741).

675 BFH Urteil vom 19.10.1993 – VIII R 14/92 = BStBl. II 1993, 891 (892) m.w.N.; BFH Urteil vom 6.2.2013 – I R 62/11 = DB 2013, 1091 (1092 f.) m.w.N.

676 Vgl.: BFH Urteil vom 19.11.2003 – I R 77/01 = DStR 2004, 134 (135).

- eine betrieblich veranlasste,
- dem Grunde nach ungewisse Verpflichtung, welche auch der Höhe nach ungewiss sein kann, die mit hinreichender Wahrscheinlichkeit entstehen wird oder eine nur der Höhe nach ungewisse Verpflichtung
- gegenüber einem Dritten, aus welcher dieser den Kaufmann
- mit hinreichender Wahrscheinlichkeit in Anspruch nehmen wird[677].

Neben der Außenverpflichtung, welche zu Aufwandsrückstellungen abgrenzen soll, und der für die sachliche Zuordnung zur Unternehmenssphäre selbstverständlichen betrieblichen Veranlassung sind die Charakteristika also die Ausprägungen der Ungewissheit, nämlich die der Inanspruchnahme aus der Verpflichtung und deren Entstehen.

### 3. „Wirtschaftliche Verursachung“ als Ansatzkriterium

#### *a) Einführung*

Die Frage, ob ein Kriterium der „wirtschaftlichen Verursachung“ beim Ansatz von Verbindlichkeitsrückstellungen existiert, ist weitgehend unumstritten. Das Gebot der Vollständigkeit und der Vorsicht, sowie eine wirtschaftliche Betrachtungsweise und je nach Blickwinkel auch ein übergeordnetes Periodisierungsprinzip gebieten es ein solches Merkmal als Teil des Tatbestandes gemäß § 249 Abs. 1 S. 1 Alt. 1 HGB anzuerkennen. Auch aus § 268 Abs. 5 S. 3 HGB folgt deutlich, dass Verbindlichkeiten auch dann im Jahresabschluss Berücksichtigung finden können, wenn sie „erst nach dem Abschlußstichtag rechtlich entstehen“.

Doch unmittelbar nach der Feststellung der gedanklichen Einheit in Lehre und Praxis bezüglich dieses Aspektes endet der Konsens auch schon wieder. Er ist ausschließlich auf die grundsätzliche Existenz der „wirtschaftlichen Verursachung“ als Ansatzkriterium beschränkt. Daran anschließend sind die maßgeblichen Folgen dieser Erkenntnis in großen Teilen umstritten.

Die Problematik des Merkmals der „wirtschaftlichen Verursachung“ bei Verbindlichkeitsrückstellungen lässt sich grundsätzlich in die beiden Themenkreise „Relevanz“ und „Inhalt“ aufspalten. Es kann also die Frage gestellt werden, wann es auf dieses Merkmal überhaupt ankommt, insbesondere ob es sich um ein generelles Ansatzkriterium, unabhängig von etwaig rechtlich bestehenden Verbindlichkeiten, handelt.

---

677 BFH Urteile vom 22.8.2012 – X R 23/10 = DStR 2012, 2114 (2115 f.) und v. 19.9.2012 – IV R 45/09 = DStR 2012, 2166 (2170), jeweils m.w.N.

Darüber hinaus stellt sich die Frage nach dem konkreten Inhalt, der Interpretation des Begriffs der „wirtschaftlichen Verursachung".

Beide Problemkreise sind eng verknüpft und bauen in letzter Konsequenz aufeinander auf. So findet sich eine stringente Lösungsmöglichkeit für die Frage nach der Relevanz auch in derjenigen zum Inhalt wieder. Nichtsdestotrotz soll hier im Dienste der Übersichtlichkeit der Versuch unternommen werden, beide Aspekte zunächst weitgehend getrennt zu durchleuchten. Orientiert wurde sich hierbei auch an dem Vorgehen des BFH, welcher in seinen einschlägigen Urteilen stets zunächst die Voraussetzungen für den Rückstellungsansatz klärt und sich hierbei zwangsläufig zum Problemkreis „Relevanz" äußert und im Folgenden, soweit es die Entscheidungserheblichkeit gebietet, den Inhalt der „wirtschaftlichen Verursachung" näher erläutert.

Die Problematik lässt sich wie folgt zusammenfassen: Für welche Verbindlichkeiten kommt es auf die wirtschaftliche Verursachung der zugrunde liegenden Verpflichtung an? Nur für diejenigen, die zumindest auch im Hinblick auf das Entstehen ungewiss sind, oder für alle, also auch solche, die nur der Höhe nach ungewiss sind, mithin bereits dem Grunde nach, rechtlich, bestehen. Anders formuliert lautet die entscheidende Frage: Ist die „wirtschaftliche Verursachung" ein allgemeines Merkmal eines einheitlichen, gesetzlichen Tatbestandes der Verbindlichkeitsrückstellung?[678]

### *b) Rechtsprechung des BFH*

Die Rechtsprechung des BFH bietet kein einheitliches Bild über die Ansicht des Gerichts betreffend den Stellenwert der „wirtschaftlichen Verursachung". Doch nicht genug, dass die Ansichten der verschiedenen Senate differieren, zum Teil ist untereinander wohl nicht einmal klar, in welche Richtung hin Stellung bezogen wurde.

So ist einem Urteil des IV. Senats zu entnehmen, dass er die Aussage einiger Entscheidungen zu diesem Thema nicht zweifelsfrei zuordnen kann, denn dort

---

678 2x2-Matrix zur Literatur- und Rechtsprechungsansicht hinsichtlich der Problematik „Ansatz von Verbindlichkeitsrückstellungen" in Abhängigkeit von wirtschaftlicher Verursachung und rechtlicher Entstehung einer Verbindlichkeit:

| | | **Rechtliche Entstehung in der Rechnungsperiode:** | |
|---|---|---|---|
| | | Ja | Nein |
| **Wirtschaftliche Verursachung in der Rechnungsperiode:** | Ja | Ansatz (unstr.) | Ansatz (weitgehend unstr.) |
| | Nein | *Ansatz/ Kein Ansatz (str.)* | Kein Ansatz (unstr.) |

heißt es nach Darstellung der Ansicht des I. Senats: „Urteilen anderer Senate ist *möglicherweise* [Hervorhebung durch den Verfasser] zu entnehmen, dass auch eine dem Grunde nach rechtlich entstandene Verbindlichkeit in der Zeit vor dem Bilanzstichtag wirtschaftlich verursacht sein muss […].“[679]

### *aa) Alternativverhältnis von wirtschaftlicher Verursachung und rechtlicher Entstehung*

Grundsätzlich hinreichend deutlich positioniert sich der I. Senat. So stellte er fest:

„Ungewisse Verbindlichkeiten führen nur dann zur Bildung einer Rückstellung, wenn die Verbindlichkeit am Bilanzstichtag entweder dem Grunde nach entstanden *oder* [Hervorhebung durch den Verfasser] wirtschaftlich im abgelaufenen oder in früheren Wirtschaftsjahren verursacht worden ist […].“[680]

Ähnlich deutlich auf die Unterscheidung hinweisend formulierte er später:

„Ist die Verpflichtung noch nicht entstanden, so ist ferner Voraussetzung der Bildung einer Rückstellung, daß die ungewisse Verbindlichkeit im abgelaufenen Wirtschaftsjahr oder in der davor liegenden Zeit wirtschaftlich verursacht worden ist […].“[681]

Andernorts beschreibt er die Voraussetzungen für die Rückstellungsbildung ausführlicher und formuliert dabei auch den *Doppeltatbestand* des § 249 Abs. 1 S. 1 Alt. 1 HGB:

„Voraussetzung für die Bildung einer Rückstellung für ungewisse Verbindlichkeiten ist nach ständiger Rechtsprechung des Bundesfinanzhofs (BFH) entweder – erstens – das Bestehen einer dem Betrag nach ungewissen Verbindlichkeit oder – zweitens – die hinreichende Wahrscheinlichkeit des künftigen Entstehens einer Verbindlichkeit dem Grunde nach – deren Höhe zudem ungewiss sein kann – und ihre wirtschaftliche Verursachung in der Zeit vor dem Bilanzstichtag. Als weitere Voraussetzung beider Rückstellungstatbestände muss der Schuldner ernsthaft mit seiner Inanspruchnahme rechnen […].“[682]

---

679 BFH Urteil vom 8.9.2011 – IV R 5/09 = BB 2011, 3119 (3120).

680 BFH Urteil vom 12.12.1990 – I R 18/89 = BStBl. II 1991, 485 (486).

681 BFH Urteil vom 25.3.1992 – I R 69/91 = BB 1992, 1964 (1965).

682 BFH Urteil vom 27.6.2001 – I R 45/97 = BStBl. II 2003, 121 (121 f.); der I. Senat hat mit Urteil vom 6.2.2013 – I R 8/12 = DStR 2013, 1018 (1020) eine Änderung seiner Rechtsprechung verlautbart. Allerdings betrifft diese ausschließlich die Frage, wann eine öffentlich-rechtliche Verpflichtung rechtlich entsteht. Den, hier relevanten, Kern der Entscheidung hat das Gericht hingegen ausdrücklich bekräftigt (a.a.O., S. 1019). Vgl. zu den Folgen des Urteils I R 8/12 auch: Christiansen, in: DStR 2013, 1347 (1349)

Hiernach umfasst die gesetzlich geregelte Verbindlichkeitsrückstellung also zwei Tatbestände: zum einen denjenigen für der Höhe nach ungewisse Verbindlichkeiten und zum anderen für (auch) dem Grunde nach ungewisse Verbindlichkeiten. Nur die zweite Variante besitzt als zusätzliches Tatbestandsmerkmal die wirtschaftliche Verursachung in der Vergangenheit.

Das BMF reagierte auf diese Aussage mit einem Nichtanwendungserlass[683], weil diesem zufolge die „wirtschaftliche Verursachung" bei rechtlich entstandenen Verbindlichkeiten ein kumulatives Tatbestandsmerkmal darstellt.

Später bezieht sich der Senat auf dieses Urteil und formuliert deutlich:

„Denn die wirtschaftliche Verursachung einer Verbindlichkeit im abgelaufenen Wirtschaftsjahr ist ein Merkmal, das nach der Rechtsprechung des BFH zwar bei der Passivierung künftig entstehender Verbindlichkeiten, nicht hingegen bei der Passivierung dem Grunde nach bereits bestehender – lediglich dem Betrag nach ungewisser – Verpflichtungen zu gelten hat [...]."[684]

Auch hierauf reagierte das BMF mit einem Nichtanwendungserlass[685].

Die beiden Nichtanwendungserlasse beeindruckten den Senat nicht sonderlich. Der verfassungsrechtlich festgelegten Gewaltenteilung zum Ausdruck verhelfend, wich er auch später nicht von seiner Linie ab. Die Formulierung in dem Urteil vom 20.8.2008[686] ist fast wortgleich mit derjenigen vom 27.6.01, an den entscheidenden Stellen völlig unverändert:

---

und Korn, in SteuK 2013, 248; durch die Kürze seiner Aussage hingegen missverständlich: Oser, in BB 2013, 1522.

683 BMF vom 21.1.2003 – IV A 6-S 2137-2/03 = BStBl. I 2003, 125; interessant hierzu: Ackermann, in: DB 2003, 240 – Laut diesem hatte das BMF ursprünglich die Absicht, das BFH Urteil über den entschiedenen Einzelfall hinaus anzuwenden. Diese Absicht hatte das BMJ (welches von Hause aus grundsätzlich für die Anwendung des §249 HGB zuständig wäre!) ausdrücklich begrüßt. Nach der dennoch abweichenden Beschlussfassung durch das BMF hat das BMJ das BMF darauf hingewiesen, dass die nunmehr vertretene Auffassung nicht den handelsrechtlichen Grundsätzen zur Bilanzierung von Rückstellungen entspreche. Dem BMJ sei keine höchstrichterliche Entscheidung bekannt, in der die Rückstellungsbildung bei einer rechtlich entstandenen Verbindlichkeit nur deshalb versagt worden wäre, weil sie wirtschaftlich vor dem Bilanzstichtag nicht verursacht sei. – Entgegen der Ansicht Korn's, in: SteuK 2013, 248 (249) hat sich dieser Nichtanwendungserlass nicht durch das BFH Urteil I R 8/12 erübrigt, vgl. oben.

684 BFH Urteil vom 5.6.2002 – I R 23/01 = DStRE 2002, 1180 (1181).

685 BMF vom 12.10.2005 – IV B 2-S 2137-38/05 = BStBl. I 2005, 953 (954).

686 I R 19/07 = DStR 2008, 2058 (2059).

„Voraussetzung für die Bildung einer Rückstellung für ungewisse Verbindlichkeiten ist nach ständiger Rechtsprechung des BFH entweder – erstens – das Bestehen einer dem Betrag nach ungewissen, dem Grunde nach aber bestehenden Verbindlichkeit oder – zweitens – die hinreichende Wahrscheinlichkeit des künftigen Entstehens einer – ggf. zugleich auch ihrer Höhe nach noch ungewissen – Verbindlichkeit und ihre wirtschaftliche Verursachung in der Zeit vor dem Bilanzstichtag [...]. [Der Kaufmann] muss darüber hinaus ernsthaft mit seiner Inanspruchnahme rechnen [...]."

Das Urteil vom 27.1.2010[687] formuliert zunächst in gleicher Weise, fügt jedoch noch an:

„Für die Passivierung rechtlich noch nicht bestehender Verbindlichkeiten ist des Weiteren ein wirtschaftlicher Bezug der möglicherweise entstehenden Verbindlichkeit zum Zeitraum vor dem jeweiligen Bilanzstichtag erforderlich."

Dieser Zusatz kann nur dahin gehend verstanden werden, dass der Senat nicht nur eine ständige Rechtsprechung demonstrieren will, sondern diese auch zweifelsfrei interpretiert wissen möchte. Denn bei diesem „wirtschaftliche[n] Bezug" handelt es sich gerade um das Merkmal der „wirtschaftlichen Verursachung"[688]. Demnach besteht ein hinreichender Vergangenheitsbezug stets bei rechtlich entstandenen Verbindlichkeiten. Diese Definition der Rückstellungsvoraussetzungen existiert auch noch in einer verkürzten Fassung, ohne die deutliche „erstens-zweitens"-Formulierung:

„Voraussetzung für die Bildung einer Rückstellung für ungewisse Verbindlichkeiten ist nach ständiger Rechtsprechung des BFH entweder das Bestehen einer dem Betrag nach ungewissen Verbindlichkeit oder die hinreichende Wahrscheinlichkeit des künftigen Entstehens einer Verbindlichkeit und ihre wirtschaftliche Verursachung in der Zeit vor dem Bilanzstichtag [vgl.... I R 45/97...]."[689]

Jedenfalls das Zitat der Entscheidung I R 45/97 macht deutlich, dass der Senat hier nur eine verkürzte Fassung des „Doppeltatbestandes" formuliert, an dessen Inhalt aber festhält.

---

687 I R 103/08 = BStBl. II 2010, 614 (615).

688 Vgl. insbesondere auch BFH a.a.O. S. 616, wo der wirtschaftliche Bezug mithilfe der „wirtschaftlich wesentlichen Tatbestandsmerkmale" konkretisiert wird.

689 BFH Urteil vom 5.6.2002 – I R 96/00 = BStBl. II 2005, 736 (737); inhaltsgleich, insbesondere mit selbem Entscheidungszitat: BFH Urt. v. 5.6.2002 – I R 23/01, NV = DStRE 2002, 1180 (1181).

Doch anders als des Öfteren angedeutet[690] ist es nicht allein der I. Senat der sich dergestalt positioniert. So äußerte sich der XI. Senat zum grundsätzlichen Rückstellungsansatz wie folgt: „Rückstellungen dürfen und müssen danach [§ 5 Abs. 1 EStG i.V.m. § 249 Abs. 1 S. 1 HGB, Anmerkung des Verfassers] gebildet werden, wenn das Bestehen oder künftige Entstehen einer betrieblichen Verbindlichkeit dem Grunde und/oder der Höhe nach sowie die Inanspruchnahme des Steuerpflichtigen wahrscheinlich sind und, sofern es sich um eine künftige Verbindlichkeit handelt, wenn die Verbindlichkeit wirtschaftlich im abgelaufenen oder in dem (den) vorangegangenen Wirtschaftsjahr(en) verursacht ist [...].“[691].

Die „künftige Verbindlichkeit“ ist diejenige, deren „künftige Entstehung“ dem Grunde nach noch ungewiss ist. Nur bezüglich dieser bedarf es des Merkmals der „wirtschaftlichen Verursachung“. Ähnlich hat auch der VIII. Senat bereits formuliert:

„Voraussetzung für die Passivierung einer [...] Verbindlichkeit ist jedoch, daß sie [...] am Bilanzstichtag [...] entweder dem Grunde nach entstanden oder, sofern es sich um eine künftig entstehende Verbindlichkeit handelt, wirtschaftlich im abgelaufenen oder in den vorangegangenen Wirtschaftsjahren verursacht worden ist [...].“[692]

Vergleichbar mit dem I. Senat, und auch unter Bezugnahme auf diesen, verwendet der Senat auch eine verkürzte Variante:

„Voraussetzung ist [...] das Bestehen einer dem Betrage nach ungewissen Verbindlichkeit oder die hinreichende Wahrscheinlichkeit der Entstehung einer Verbindlichkeit dem Grunde nach [...] und ihre wirtschaftliche Verursachung [...].“[693]

Dafür, dass dieser Formulierung eine Intension im Sinne des I. Senats zugrunde liegt, spricht auch, dass der VIII. Senat die Problematik um den „Doppeltatbestand“ nicht weiter ausführt. Vielmehr ist die Verpflichtung dort „[...] bereits im Streitjahr wirtschaftlich verursacht. Dabei kann dahinstehen, ob sie rechtlich erst im folgenden Wirtschaftsjahr oder schon mit Ablauf des

---

690 Vgl. z.B.: Weber-Grellet, in: Schmidt EStG, 32. Aufl., §5 Rn. 384.

691 BFH Urteil vom 10.12.1992 – XI R 34/91 = BStBl. II 1994, 158 (159) – Das Erfordernis der wirtschaftlichen Verursachung wird dort gerade deswegen als unverzichtbar angesehen, weil die Verbindlichkeit noch *nicht* rechtlich entstanden ist, S. 160.

692 BFH Urteil vom 19.5.1987 – VIII R 327/83 = BStBl. II 1987, 848 (849); vergleichbare Formulierung auch bei BFH Urt. v. 13.5.1998 – VIII R 58/96 = DStRE 1999, 5 (6).

693 BFH Urteil vom 19.8.2002 – VIII R 30/01 = BStBl. II 2003, 131 (132).

Streitjahres entstanden ist." Dem entspricht auch, dass der VIII. Senat in dieser Entscheidung die „wirtschaftliche Verursachung" mit der „wirtschaftlichen Entstehung" gleichsetzt. Diese Interpretation des Begriffs der „wirtschaftlichen Verursachung" lässt auf ein statisch geprägtes, dem Vollständigkeits- und Vorsichtsprinzip geschuldetes, Verständnis der „wirtschaftlichen Verursachung" seitens des Senats schließen, demzufolge nur ein Alternativverhältnis von wirtschaftlicher Verursachung und rechtlicher Entstehung stringent sind[694]. Der VIII. Senat befindet sich hier in der Tradition des I. Senats, welcher bezüglich rechtlicher Entstehung und wirtschaftlicher Verursachung, bei deren zeitlichem Auseinanderfallen, den früheren der beiden Zeitpunkte für maßgeblich hält[695].

Andererseits formuliert der VIII. Senat die Voraussetzungen des Ansatzes von Verbindlichkeitsrückstellungen aber auch wie folgt:

„- Bestehen oder die Wahrscheinlichkeit des künftigen Entstehens einer Verbindlichkeit.

- Wirtschaftliche Verursachung der Verbindlichkeit in der Zeit vor dem Bilanzstichtag [...]."[696]

Hieraus könnte man folgern, dass der VIII. Senat die „wirtschaftliche Verursachung" unabhängig vom rechtlichen Bestehen der Verbindlichkeit fordert. Allerdings spricht gegen eine solche Auslegung des Entscheidungssatzes, dass der Senat im Rahmen des zweiten Spiegelstriches, also bezüglich der „wirtschaftlichen Verursachung" als vermeintlich allgemeines Ansatzkriterium, die Entscheidung des I. Senats vom 30.11.2005[697] zitiert. Dort ist Entscheidungsgegenstand eine dem Grunde nach ungewisse Verbindlichkeit und gerade diesbezüglich äußert sich der I. Senat auch zum Ansatzkriterium der „wirtschaftlichen Verursachung".

Auch in der Entscheidung des VIII. Senats stellte dieser eine „sowohl dem Grunde als auch der Höhe nach ungewisse Verbindlichkeit [...]" fest.[698]

Der IV. Senat wiederum nimmt Bezug auf Äußerungen des VIII. Senats, wenn er eine Differenzierung wie folgt vornimmt:

---

694 Zur inhaltlichen Ausfüllung des Begriffs der wirtschaftlichen Verursachung vgl. Teil III C. II. 4.

695 BFH Urteile vom 23.9.1969 – I R 22/66 = BStBl. II 1970, 104 (106); v. 27.6.2001 – I R 45/97 = BStBl. II 2003, 121 (123).

696 BFH Urteil vom 25.4.2006 – VIII R 40/04 = DStR 2006, 1741 (1742).

697 I R 110/04 = DStR2006, 367 (368).

698 Maßgebliches Tatbestandsmerkmal für die Entscheidung des Gerichts war die „Wahrscheinlichkeit der Inanspruchnahme".

„Voraussetzung für die Passivierung ist, dass die Verbindlichkeit am Bilanzstichtag entweder dem Grunde nach entstanden oder, sofern es sich um eine erst künftig entstehende Verbindlichkeit handelt, wirtschaftlich im abgelaufenen oder in dem vorangegangenen Wirtschaftsjahr verursacht ist [...].“[699]

Eine etwas verkürzte und deswegen weniger deutliche Fassung verwendet dieser Senat in seinem Urteil vom 25.3.2004[700] und schließt sich diesbezüglich auch dem VIII. Senat an. Wenn dort zu lesen ist, dass „Voraussetzung für die Bildung einer Rückstellung für ungewisse Verbindlichkeiten [...] das Bestehen einer dem Betrag nach ungewissen Verbindlichkeit oder die hinreichende Wahrscheinlichkeit der Entstehung einer Verbindlichkeit dem Grunde nach [...] und ihre wirtschaftliche Verursachung [...]“ ist, so wird die Intension zwar deutlich, ist allerdings nicht eindeutig wiedergegeben. Ob sich die Ausführung „[...] und ihre wirtschaftliche Verursachung [...]“ nur auf die dem Grunde nach ungewissen Verbindlichkeiten bezieht, lässt sich der Aussage nicht mit letzter Gewissheit entnehmen. Da jedoch im Besonderen Entscheidungen des I. Senats, welcher eine ganz ähnliche Formulierung zum Teil ebenfalls verwendet, als Referenz für diese Formulierung gebraucht werden, ist anzunehmen, dass eine Interpretation in dessen Sinne gemeint war[701].

Inhaltsgleich formulierte auch der X. Senat in seiner Entscheidung vom 21.9.2005[702]. Auch hier wird zwar die „wirtschaftliche Verursachung“ geprüft, allerdings an die „gesetzliche Pflicht“ geknüpft, was darauf hinweist, dass nach dieser Entscheidung der „wirtschaftlichen Verursachung“ keine eigenständige Bedeutung bei rechtlich voll entstandenen Verbindlichkeiten zukommt[703].

Später[704] formuliert der IV. Senat dann wieder deutlich, weil er sich auf die, der Höhe nach ungewissen, dem Grunde nach jedoch bestehenden Verbindlichkeiten beschränkt und dort die „wirtschaftliche Verursachung“ als Ansatzkriterium nicht nennt. Allerdings erfolgt auch hier keine absolut klare Positionierung, da man die Aussage, „Voraussetzung der Rückstellungsbildung ist (soweit hier

---

699 BFH Urteil vom 12.12.1991 – IV R 28/91 = BStBl. II 1992, 600 (601).

700 IV R 35/02 = BStBl. II 2006, 644 (645).

701 Inhaltlich kam es auf eine Differenzierung nicht an, da die Verbindlichkeit nach Ansicht des BFH sowohl rechtlich entstanden als auch wirtschaftlich verursacht war. Das Gericht thematisierte die Problematik deshalb auch nicht, sondern konzentrierte sich vielmehr auf die „Wahrscheinlichkeit der Inanspruchnahme“ bzw. die „Konkretisierung“ bei öffentlich-rechtlichen Verbindlichkeiten.

702 X R 29/03 = BFH NV, 515 (516 f.).

703 Vgl. diesbzgl. auch: Christiansen, in: DStR 2009, 2213 (2216).

704 BFH Urteil vom 9.2.2006 – IV R 33/05 = BStBl. II 2006, 517 (518).

von Interesse) [...]" grundsätzlich auch so verstehen könnte, dass andere Rückstellungsvoraussetzungen auch für dem Grunde nach gewisse Verbindlichkeiten existieren, allerdings hier nicht entscheidungsrelevant sind.

Die „wirtschaftliche Verursachung" wird in der Rechtsprechung also regelmäßig als Ansatzkriterium auf die dem Grunde nach ungewissen Verbindlichkeiten beschränkt. Dabei ist es nicht nur der I. Senat, der sich in dieser Hinsicht äußert.

Am besten geeignet, eine zweifelsfreie Definition für den Verbindlichkeitsrückstellungsansatz darzustellen, ist die „erstens-zweitens"-Formulierung des I. Senats. Hierdurch wird deutlich, dass es sich nach dieser Ansicht bei § 249 Abs. 1 S. 1 Alt. 1 HGB um einen Doppeltatbestand handelt: einmal denjenigen, der dem Grunde und möglicherweise auch der Höhe nach ungewissen, und einmal denjenigen, der der Höhe nach ungewissen, dem Grunde nach aber gewissen Verbindlichkeiten. Nur für Ersteren ist das Tatbestandsmerkmal der „wirtschaftlichen Verursachung" und der Wahrscheinlichkeit des Entstehens erforderlich. Die Wahrscheinlichkeit der Inanspruchnahme besteht hingegen bei beiden Alternativen als zusätzliches Tatbestandsmerkmal.

Als Kurzfassung kann die „entweder-oder"-Formulierung angesehen werden, welche, zum Teil leicht abgewandelt, auch der IV. und VIII. Senat verwenden. Diese ist jedoch syntaktisch nicht ganz so eindeutig und ist wohl ebenso ein Grund für die Aussage des IV. Senats in seinem Urteil vom 8.9.2011[705] wie die sonstigen unsauberen Formulierungen, welche nur anhand des konkreten Falles und in Zusammenhang mit den konkreten Zitaten die eigentliche Aussage des jeweiligen Senats erkennen lassen[706].

### *bb) „Wirtschaftliche Verursachung" als selbstständiges Ansatzkriterium*

Deutlich für ein generelles Ansatzkriterium der „wirtschaftlichen Verursachung" plädierte der XI. Senat in seiner Entscheidung vom 19.8.1998[707]. Hiernach ist Voraussetzung für den Rückstellungsansatz „[...] das Bestehen oder die Wahrscheinlichkeit des Entstehens einer Verbindlichkeit dem Grunde und/oder der Höhe nach, die wirtschaftliche Verursachung der Verbindlichkeit in der Zeit vor dem Bilanzstichtag, und daß der Schuldner ernsthaft mit seiner Inanspruchnahme rechnen muß [...]". Dieser Satz macht im Besonderen durch Trennung anhand von Kommata die hier gewollte Darstellung einzelner

---

705 BFH Urteil vom 8.9.2011 – IV R 5/09 = BB 2011, 3119, s.o.

706 Zweifelnd im Hinblick auf die tatsächliche Positionierung des VIII. Senats auch: Günkel/Bongaerts, in: NWB Praxishandbuch Bilanzsteuerrecht, 2012, §249 Rn. 5563.

707 XI R 8/96 = BStBl. II 1999, 18 (19).

Tatbestandsmerkmale deutlich. In dieser Entscheidung bezieht sich der XI. Senat auf eine Entscheidung des VIII. Senats[708], die wohl ebenfalls dahin gehend zu verstehen ist. Hierbei werden die Tatbestandsmerkmale für die Bildung von Rückstellungen „allgemein" aufgezählt. Die „wirtschaftliche Verursachung" ist dabei als eigenständiges Merkmal, unabhängig von etwaig dem Grunde nach bestehenden Verbindlichkeiten, genannt.

Sehr ähnlich zu seiner Formulierung in dem Urteil vom 19.8.1998 benennt der XI. Senat die Voraussetzungen in seinem Urteil vom 19.10.2005[709]: „[...] eine betrieblich veranlasste und in der Vergangenheit wirtschaftlich verursachte, aber dem Grunde und/oder der Höhe nach ungewisse Verbindlichkeit gegenüber einem Dritten [...]". Hierbei bezieht sich der Senat auf die Entscheidung des IV. Senats vom 25.3.2004[710], in welcher die ungenaue „entweder-oder"-Formulierung verwendet wird.

Der X. Senat nennt als Voraussetzungen für die Bildung von Verbindlichkeitsrückstellungen „[...] das Bestehen einer dem Betrage nach ungewissen Verbindlichkeit oder die hinreichende Wahrscheinlichkeit der Entstehung einer Verbindlichkeit dem Grunde nach – deren Höhe zudem ungewiss sein kann – und ihre wirtschaftliche Verursachung in der Zeit vor dem Bilanzstichtag [.]"[711]. Diese Formulierung ist der verkürzten Variante des I. Senats sehr ähnlich, nur dass kein „entweder" dem „oder" vorangestellt wird. Allerdings ist diese Eingangsdefinition für den Rückstellungsansatz hier anders zu interpretieren. Im Hinblick auf Abfallverwertungen im Folgejahr, mit denen auch erst in diesem Jahr Einnahmen erzielt werden sollen, versagt der Senat den Rückstellungsansatz, obwohl die Verpflichtung zur Verwertung bereits im Rechnungsjahr rechtlich entstanden ist, weil die „Ursache der Recyclingkosten" erst in der Periode der Einnahmeerzielung liegt.

Den wenigen BGH-Urteilen ist eine klare Stellungnahme zu diesem Problem nicht zu entnehmen. So äußerte sich dieser in seinem Urteil vom 28.1.1991[712] zwar wie folgt: „Zutreffend ist der Ausgangspunkt der Revision, wonach für die Bildung einer Rückstellung außer dem faktischen Leistungszwang erforderlich ist, daß die Verpflichtung wirtschaftlich in abgelaufenen Geschäftsjahren verursacht ist.", allerdings bezieht er sich dabei explizit gerade auf eine rechtlich

708 BFH Urteil vom 19.10.1993 – VIII R 14/92 = BStBl. II 1993, 891 (892).
709 XI R 64/04 = BStBl. II 2006, 371 (373).
710 IV R 35/02 = BStBl. II 2006, 644.
711 BFH Urteil vom 21.9.2005 – X R 29/03 = DStRE 2006, 964 (965).
712 BGH II ZR 20/90 = NJW 1991, 1890.

nicht bestehende Verbindlichkeit. Somit ist der Aussagehalt für die hier fragliche Problembeurteilung erheblich beschränkt.

### *cc) Zusammenfassung*

Es zeigt sich insgesamt – entgegen Verlautbarungen fast jeder der oben zitierten Entscheidungen – keine stetige, jedenfalls keine einheitliche Rechtsprechung. Zum Teil finden sich sogar in der Rechtsprechung einzelner Senate divergierende Ansichten. Als besonders problematisch erweisen sich dabei gerade die zum überwiegenden Teil eher unklaren Formulierungen. Deutlich für ein kumulatives oder alternatives Verhältnis von wirtschaftlicher Verursachung und rechtlichem Bestehen wird sich nur in sehr wenigen Entscheidungen ausgesprochen, was wohl auch daran liegt, dass eine eindeutige Stellungnahme nur dann notwendig ist, wenn die Verbindlichkeit rechtlich entstanden, aber nicht wirtschaftlich verursacht ist und ansonsten sämtliche Voraussetzungen für den Rückstellungsansatz erfüllt sind. Stattdessen prüft der BFH oftmals beide Merkmale, um nach Bejahung deren Vorliegens auf das Verhältnis zwischen ihnen überhaupt nicht mehr einzugehen.

Andernorts beschränkt man sich auf eine allgemeine, recht undeutliche Definition der Rückstellungsvoraussetzungen um dann den wesentlichen Teil der Entscheidung mithilfe der dem BFH offenbar leichter einer Entscheidungsfindung zugänglich erscheinenden „Wahrscheinlichkeit der Inanspruchnahme“[713] zu beurteilen.

Es hat vielerorts den Anschein, als wäre der BFH nicht gewillt eine Entscheidung des Großen Senats herbeizuführen und ist deshalb stets bemüht, eine Entscheidungsdivergenz zu vermeiden. Exemplarisch hat der IV. Senat in seinem Urteil vom 13.12.2007[714] die Problematik um die korrekte Interpretation der jeweils in den Entscheidungen angewandten Definition der Voraussetzungen für den Ansatz von Verbindlichkeitsrückstellungen zwar aufgegriffen, sich jedoch im Hinblick auf die dahinterstehende materielle Problematik einer Entscheidung ausdrücklich enthalten. Ebenso eindrucksvoll zeigt sich die Problematik anhand der Entscheidung desselben Senats vom 8.9.2011[715] und insbesondere deren Analyse in der Literatur.

Während *Weber-Grellet* die Entscheidung ohne Weiteres in die Reihe derjenigen einordnet, welche für die Irrelevanz der rechtlichen Entstehung sprechen[716],

---

713 Vgl. näher hierzu: Teil III C. II. 4. b) bb).

714 IV R 85/05 = BStBl. II 2008, 516 (518 f.).

715 IV R 5/09 = BB 2011, 3119.

716 In: Schmidt EStG, 32. Aufl., §5 Rn. 384.

sieht *Christiansen* in dieser eine Annäherung an die Auffassung des I. Senats[717], interpretiert den Entscheidungsgehalt also gerade entgegengesetzt. Das Gericht selbst durfte sich einer Entscheidung enthalten, weil sowohl das rechtliche Bestehen als auch die „wirtschaftliche Verursachung" zu bejahen war.

Auch bei der Interpretation der Entscheidung des VIII. Senats vom 25.4.2006[718] gehen die Meinungen auseinander: Während einerseits aus dieser entnommen wird, der VIII. Senat spreche sich für ein stetes Erfordernis der „wirtschaftlichen Verursachung" aus[719], meinen andere hierin eine Auslegung der Verbindlichkeitsrückstellungen im Sinne des I. Senats erkennen zu können[720] und wieder andere können eine klare Positionierung des Senats in dieser Entscheidung überhaupt nicht wiederfinden[721].

Die Begründung tatsächlich anwendbarer Richtlinien zur Gesetzesanwendung ist den Bundesgerichten in dieser Weise nicht möglich.

### *c) Ansichten in der Literatur*

Naturgemäß erfolgt die Diskussion in der Literatur sehr viel kontroverser. Die Aufgabe der Wissenschaft ist es gerade den Kenntnisstand zu vertiefen und voranzutreiben, weswegen eine Konfliktscheu, welche man dem BFH nicht immer guten Gewissens absprechen kann, hier nicht hemmend wirkt. Im Übrigen ist man hier nicht auf die Entscheidungsrelevanz gerade dieser Problematik angewiesen, um sich zur Thematik zu äußern, beziehungsweise äußern zu müssen.

Auf der einen Seite existiert deshalb eine weitverbreitete Ansicht, nach der es auf die rechtliche Entstehung der Verbindlichkeit überhaupt nicht ankommt[722]. Hiernach wird das Merkmal der „rechtlichen Entstehung" von dem der „wirtschaftlichen Verursachung" überlagert. Es besitzt für sich genommen keine eigenständige Relevanz für den Rückstellungsansatz. Konsequenterweise werden Verbindlichkeiten nicht berücksichtigt, die nur der Höhe nach noch ungewiss, allerdings nicht im Rechnungsjahr wirtschaftlich verursacht sind. Die in

---

717 In: DStR 2011, 2483 (insbes. S. 2484); dahin gehend auch Prinz, in: FR 2012, 136 (136, 137).

718 VIII R 40/04 = BStBl. II 2006, 749.

719 Buciek, in: Blümich EStG, 116. Lfrg., §5 Rn. 799a.

720 So zu Recht: Christiansen, in: DStR 2007, 127 (130).

721 Günkel/Bongaerts, in: NWB Praxishandbuch Bilanzsteuerrecht, 2012, S. 930 Rn. 5563.

722 Unter anderem: Weber-Grellet, in: FR 2001, 900; Euler, in: BB 2001, 1897; Moxter, in: DStR 2004, 1098 (1100); Ballwieser, in: MüKo HGB, 3. Aufl., §249 Rn. 17.

sich schlüssigste und wohl am weitesten verbreitete Theorie innerhalb dieser Ansicht ist die sogenannte „Alimentationsthese".

Auf der anderen Seite wird das, insbesondere vom I. Senat des BFH proklamierte, Alternativverhältnis von rechtlichem Bestand und „wirtschaftlicher Verursachung" vertreten. Liegt eines der beiden Merkmale vor, so besteht eine gesetzliche Pflicht zum Rückstellungsansatz[723].

Der konkrete Ansatzpunkt der Diskussion ist wie bereits erwähnt, der Fall einer rechtlich bestehenden, wirtschaftlich aber noch nicht verursachten Verbindlichkeit.

#### *aa) Alimentationsthese*

##### *(1) Konstruktion*

Die maßgebliche Stütze der Alimentationsthese ist eine Interpretation des Realisationsprinzips als umfassendes Periodisierungsprinzip. Demgemäß richtet sich der Zeitpunkt der Passivierung von Aufwand letztendlich nach dem Realisationsprinzip. Die Argumentation hierfür folgt zum einen aus dem Wortlaut und zum anderen aus der primären, das Vorsichtsprinzip überlagernden, Funktion des Realisationsprinzips Aufwand und Ertrag der jeweiligen Verursachungsperiode zuzuordnen[724]. Die Verursachung des Aufwands bestimmt sich dabei nach dem Ertrag, welcher mittels dieses Aufwandes generiert werden soll, beziehungsweise anders ausgedrückt, resultiert aus dieser Auffassung, dass mit einer Rückstellung nur solche zukünftigen Ausgaben passiviert werden, die bis zum Stichtag realisierte Umsätze *alimentiert* haben[725]. Betrachtet man diese Konstruktion näher, so wird klar, dass nach dieser Theorie im Grunde nicht das Realisationsprinzip direkt auch die Periodenzuordnung des Aufwands regelt, sondern ein weiteres Prinzip, welches dem durch das Realisationsprinzip periodengerecht verteilten Ertrag den entsprechenden Aufwand zuordnet.

In der US-amerikanischen Rechnungslegung ist diese Gesamtkonstruktion als „Accrual Principle" bekannt, welche sich in die Unterprinzipien „Realization

---

723 Unter anderem: Achatz, in: DStJG Band 15, S. 161 (178); Koths, in: DB 2002, 709; Gosch, in: DStR 2002, 977 (981); Fatouros, in: DB 2005, 117 (insbes. S. 124); Buciek, in: Blümich EStG, 116. Lfrg., §5 Rn. 799b; Schulze-Osterloh, in: Baumbach/Hueck GmbH-Gesetz, 18. Aufl., §42 Rn. 237; Tiedchen, in: H/H/R EStG, 244. Lfrg., §5 Rn. 504; Lemmen/Niemann/Wohlgemuth, in: Jahres- und Konzernabschluss nach Handels- und Steuerrecht, 13. Aufl., B Rn. 1655L.

724 Vgl. hierzu: Teil II B. V. 3. c) aa) (2).

725 Herzig, in: DStJG Band 14, S. 199 (212).

Principle" und „Matching Principle" aufteilt. Das „Realization Principle" regelt den Zeitpunkt, zu dem ein *Ertrag* im Statement of Income des US-amerikanischen Jahresabschlusses zu erfassen ist[726]. Die Zuordnung des *Aufwands* zu den einzelnen Rechnungsperioden wird hingegen durch das „Matching Principle" geregelt[727]. Dessen Funktionsweise lässt sich mittels des oft bemühten Satzes „let the expense follow the revenues"[728] beschreiben. Aufwand wird also quasi nur indirekt auf Perioden verteilt, nämlich derart, dass er dem (periodengerecht zuzuordnenden) Ertrag folgt. Die Aufwendungen sind demnach (nur in) Abhängigkeit von den zugehörigen Erträgen der entsprechenden Periode zuzuordnen. Lediglich wenn kein sachlicher Zusammenhang mit entsprechenden Erträgen besteht, ist die Periode maßgeblich, in der der Aufwand anfällt[729].

Die Periodisierung des Aufwands erfolgt demnach nur indirekt nach dem Realisationsprinzip/Realization Principle. In derselben Weise ist auch die Alimentationsthese zu verstehen.

Diese Zuhilfenahme eines weiteren Prinzips, dem in Deutschland das „Prinzip der sachlichen Abgrenzung" entspricht[730], soll allerdings nicht darüber hinwegtäuschen, dass im Endeffekt bei der Alimentationsthese das Realisationsprinzip die Aufwandszuordnung übernimmt, es also dieses ist, welches in besonderer Weise interpretiert, den Kern der These bildet[731].

Das Realisationsprinzip erhält durch die Alimentationsthese eine „rückstellungsbegrenzende Funktion", denn der Rückstellungsansatz, für Aufwand der Rechnungsperiode, bestimmt sich nach der Periodenzugehörigkeit des entsprechenden Ertrags. Eine Rückstellung in der Rechnungsperiode kann danach nur dann gebildet werden, wenn nach dem Realisationsprinzip der zugehörige Ertrag auch der Rechnungsperiode zuzurechnen ist. Sofern dies nicht der Fall

---

726 Pellens, Internationale Rechnungslegung, 4. Aufl., S. 163.

727 Pellens, Internationale Rechnungslegung, 4. Aufl., S. 165.

728 Kieso/Weygandt/Warfield, Intermediate Accounting, S. 46, zitiert nach Pellens, Internationale Rechnungslegung, 4. Aufl., S. 165.

729 Pellens, Internationale Rechnungslegung, 4. Aufl., S. 165.

730 Haller, in: Ballwieser, US-amerikanische Rechnungslegung, 4. Aufl., S. 1 (14 f); zur Abgrenzung der Sache nach innerhalb eines deutschen Periodisierungsprinzips vgl.: Teil 2 B. V. 3. c) bb) (2) (b) (aa) (i), (ii).

731 Vgl. Moxter, in: BB 1979, 433 (438); ders., in: StuW 1983, 300 (305); ders. in: StuW 1989, 232 (235) konkretisiert diese Funktion des Realisationsprinzips dort aber noch durch das „aus dem Realisationsprinzip folgende Prinzip umsatzabhängiger Aufwandsperiodisierung"; Herzig, in: DStJG Band 14, S. 199 (211 f.); Ballwieser, in: MüKo HGB, 3. Aufl., §249 Rn. 19.

ist, kommt auch dann ein Rückstellungsansatz nicht in Betracht, wenn die Verbindlichkeit dem Grunde nach besteht, sie nur der Höhe nach ungewiss ist.

Letztendlich kommt es damit auf den rechtlichen Bestand der Verbindlichkeit gar nicht an.

Die Passivierung erfolgt allein nach Maßgabe des Realisationsprinzips.

*(2) Kritik*

Eine Orientierung anhand der Periodisierung der Erträge bei der Aufwandsperiodisierung im Stile eines „Matching Principle" findet im deutschen Rechnungslegungsrecht keine Stütze.

Bei der US-amerikanischen externen Rechnungslegung, in welcher dieses Konzept Anwendung findet, ist die Information selbst im Grunde genommen als allein maßgebliche Funktion anzusehen[732]. Dies spiegelt sich zum Teil auch darin wider, dass dort keine Kodifikation durch einen Gesetzgeber erfolgt, sondern die Anwender und Adressaten den Entwicklungsprozess der „Principles" oder „Standards" gestalten[733].

Die Periodenabgrenzung dient der Vergleichbarkeit von Periodengewinnen im Dienste der Anschaulichkeit der Unternehmensentwicklung. Dabei wird hier gerade die Periodisierung an sich zur entscheidenden Frage der gesamten Bilanzierung[734]. Diese stark dynamische Tendenz[735] ist der Vorrangstellung der Informationsfunktion immanent[736]. Beide Aspekte bedienen und fördern sich gegenseitig.

Private Bilanzadressaten, welche in der angloamerikanischen Rechnungslegung primär angesprochen werden sollen, sind vornehmlich an der Kenntnis einer prognostizierten Unternehmensentwicklung interessiert, um ihre Investitionsentscheidung steuern zu können[737].

Ebenso ist aber die statische Tendenz[738] einer letztlich vermögensbewahrenden Funktion der deutschen Rechnungslegung immanent. Die Informationsfunktion in einer zukunftsgerichteten Variante wird bewusst durch

732 Vgl. die Zusammenstellung von Haller, in: Ballwieser, US-amerikanische Rechnungslegung, 4. Aufl., S. 1 (11).

733 Vgl. den kurzen Überblick der Gesellschaft für Finanzwirtschaft in der Unternehmensführung e.V., in: DB 1995, 1137.

734 Pellens, Internationale Rechnungslegung, 4. Aufl., S. 163.

735 Vgl. zur dynamischen Bilanztheorie: Teil II B. IV. 3.

736 Vgl. auch Grundmann, in: DStR 2004, 232 (234), welcher als Funktion der Information den Vergleich, also sogar den Bilanzzweck der dynamischen Theorie nach ihrer Grundausprägung gemäß Schmalenbach, sieht.

737 Born, Rechnungslegung international, 3. Aufl., S. 599.

738 Vgl. zur statischen Bilanztheorie: Teil II B. IV. 2.

kapitalerhaltende Grundsätze zurückgedrängt, da hier wegen der Abhängigkeit von Auszahlungsbemessungen eine eher rückschauende, also statischen, Information veranlasst ist.

Einen Dienst an der besseren Anschaulichkeit der Unternehmensentwicklung ist dem „Matching Principle“ nicht abzusprechen. Doch entspricht dies allein nicht dem deutschen Bilanzrecht. Der Jahresabschluss wird im Rahmen der US-amerikanischen Rechnungslegung nicht zur Ausschüttungsbemessung herangezogen. Auch die Gerichte greifen nicht auf die US-GAAP zurück[739]. Des Weiteren ist die Maßgeblichkeit der Handels- für die Steuerbilanz dort sehr viel weniger ausgeprägt, als dies in Deutschland nach geltender Gesetzeslage der Fall ist[740].

Eine am Gläubigerschutz orientierte, vorsichtige Bilanzierung gebietet gerade im Bereich der Passivierung eine verstärkte Orientierung an der Statik. Hiernach muss die Erfolgsvergleichbarkeit der Ermittlung des rechtlichen Vermögens im Konfliktfalle weichen[741]. Dem kann es nicht entsprechen, rechtlich bestehende Verbindlichkeiten in der Bilanz nicht abzubilden.

Wie deshalb auch die Rechtsprechung betont, existiert im deutschen Bilanzrecht kein Grundsatz, der es gebietet, Aufwendungen den Erträgen zuzuordnen, durch die sie wirtschaftlich veranlasst sind[742]. Es gibt hiernach weder einen handelsrechtlichen Grundsatz ordnungsmäßiger Bilanzierung, der es gebietet, Einnahmen in eine spätere Zeit zu verlagern, in welcher die Ausgaben anfallen, zu deren Deckung sie dienen, noch einen solchen, der fordert, Ausgaben in das Jahr zu verlagern, in welchem die Einnahmen zufließen, aus denen die Ausgaben gedeckt werden sollen[743].

Eine Maßgeblichkeit der Erträge für die Passivierung würde darüber hinaus auch dem Imparitätsprinzip, als grundlegende Konkretisierung des Vorsichtsprinzips im Hinblick auf das Verhältnis von Aktivierung und Passivierung, widersprechen[744].

739 Schildbach, US-GAAP, 2. Aufl., S. 11 f.

740 Schildbach, US-GAAP, 2. Aufl., S. 16 f.; vgl. im Übrigen zur Maßgeblichkeit im deutschen Recht: Teil II A. II.

741 Vgl. zusammenfassend zur unterschiedlichen „Grundphilosophie“ der angloamerikanischen und der kontinentaleuropäischen Rechnungslegung: Achleitner/Behr, International Accounting Standards, 3. Aufl., S. 15 – Dort wird insbesondere dem „true and fair view/presentation“ das Vorsichtsprinzip gegenübergestellt.

742 Vgl. BFH Urteil vom 27.6.2001 – I R 45/97 = BStBl. II 2003, 121 (zweiter Leitsatz, sowie S. 123); BFH Urteil vom 12.12.1991 – IV R 28/91 = BStBl. II 1992, 600 (604).

743 BFH Urteil vom 27.6.2001 – I R 45/97 = BStBl. II 2003, 121 (123).

744 Vgl. zum Imparitätsprinzip: Teil II B. V. 3. b). Dieses konkretisiert ein etwaig generelles „Matching Principle“ in Deutschland gerade in der dargestellten, imparitätischen Art und Weise, vgl. auch: Walton, P., International Accounting, 2nd Edition, S. 116.

Eine umfassende Ertrags- *und* Aufwandsperiodisierung durch das Realisationsprinzip ist dem Gesetz weder generell noch als Alimentationsthese bei der Problematik der wirtschaftlichen Verursachung von Verbindlichkeiten, wie bereits dargelegt, zu entnehmen[745]. Das dem Vorsichtsprinzip zuzuordnende Realisationsprinzip soll in dessen Dienst zum Schutz des Unternehmensvermögens eine Erhöhung dessen auf die durch Marktrealisierung konkretisierten Fälle begrenzen. Es würde von seinem Sinn her gerade in sein Gegenteil umgekehrt, würde es zur Rückstellungsbegrenzung, also der Verringerung der Passivposten, mithin der Erhöhung des bilanziellen Vermögens, verwendet.

*bb) Stellungnahme*

Eine Passivierung einer rechtlich bestehenden Verbindlichkeit ist unabhängig von ihrer, wie auch immer gearteten, wirtschaftlichen Verursachung gesetzlich vorgeschrieben. Ob eine Verbindlichkeit gewiss oder ungewiss ist, spielt, nach dem Gesetz, für die Passivierung gerade keine Rolle, soweit der tatsächliche Vermögensabfluss hinreichend wahrscheinlich ist[746]. Der Bilanzposten „Rückstellungen" stellt insoweit eine Erweiterung des Bilanzposten „Verbindlichkeiten" dar. Die zusätzlichen Voraussetzungen, welche für den Rückstellungsansatz notwendig sind, betreffen ausschließlich deren besonderes Unterscheidungsmerkmal von diesen, die Unsicherheit sowie die sich hieraus gegebenenfalls ergebenden Folgeprobleme. Besteht aber eine Verbindlichkeit dem Grunde nach, so beschränkt sich die Unsicherheit auf die Höhe, der Ansatz muss danach sicher sein.

Zudem wird mit der „Bilanz im Rechtssinne" *ein* (gesetzlicher) Wert für das Unternehmensvermögen ermittelt, sodass auch eine Verbindlichkeit *im Rechtssinne* für eine dortige Passivierung genügen muss[747]. Das Vermögen, welches durch die Normen der §§ 238 ff. HGB bestimmt wird, vermindert sich nämlich, wenn eine rechtlich bestehende Verbindlichkeit existiert[748]. Ausnahmen können durch die Unsicherheit im Hinblick auf die Inanspruchnahme erfolgen oder im Rahmen der Bewertung berücksichtigt werden.

Auch das Vollständigkeitsgebot[749], insbesondere der Passivierungsgrundsatz, gebietet eine Rückstellungsbildung dann, wenn die Verbindlichkeit nur rechtlich

---

745 Vgl. hierzu insbesondere: Teil II B. V. 3. c) bb) (2) (c).
746 Zu den sich hieraus ergebenden Abgrenzungsschwierigkeiten vgl.: Teil III C. 4. b) bb).
747 Dahin gehend auch Crezelius, in: DB 1992, 1353 (1359).
748 So auch Schulze-Osterloh, in: Baumbach/Hueck GmbH-Gesetz, 18. Aufl., §42 Rn. 237.
749 Vgl. zu diesem: Teil II B. V. 4 a).

entstanden ist. Eine rechtliche Verbindlichkeit bedeutet im Rahmen der „Bilanz im Rechtssinne“[750] grundsätzlich auch stets eine wirtschaftliche Last[751].

Zudem konkretisiert das Imparitätsprinzip den Grundsatz der Vorsicht gerade dahin gehend, dass die Passivierung großzügiger vorzunehmen ist als die Aktivierung. Es ist also nicht nur eine Prägung der vorsichtigen Bilanzierung gesetzlich veranlasst, welche jedenfalls gegen einen zu *hohen* Vermögensausweis wirken soll, sondern ist des Weiteren die grundsätzlich großzügigere Passivierung gegenüber der Aktivierung zusätzlich herausgestellt.

Eine Anpassung des Aufwands an den zugehörigen Ertrag mag betriebswirtschaftlich einen besseren Einblick in die Vermögens-, Finanz- und Ertragslage des Unternehmens liefern. Dies ist aber gerade nicht der allein maßgebliche Zweck, anhand dessen das deutsche Bilanzrecht zu beurteilen ist[752]. Hier geht es zudem nicht um eine betriebswirtschaftliche, sondern eine rechtliche Sicht, welche nicht allein ein Bedürfnis an Informationen zu stillen hat, sondern daneben auch anderen, zum Teil gerade vorrangigen, Zwecken zu dienen hat. Hervorzuheben ist hier der Gläubigerschutz, dem sich auch das Steuerrecht unterwirft, und der im Besonderen durch Vorsichts- und Imparitätsprinzip verwirklicht wird. Diese gesetzliche Konstruktion gebietet, jedenfalls an dieser Stelle, eine statische Tendenz. Der betriebswirtschaftlich korrekte Ausweis der wirtschaftlichen Belastung des Unternehmens steht dort nicht im Vordergrund. Eine verbesserte Vergleichbarkeit der Periodengewinne, insbesondere des Periodenaufwands, ist an dieser Stelle nicht das primäre gesetzliche Ziel.

Der Ansatz von Rückstellungen muss sich vielmehr an einer statischen Betrachtung orientieren. Der vollständige Schuldenausweis in einem rechtlichen Sinne steht deshalb über dem Zweck einer betriebswirtschaftlichen Informationsdarstellung. Das Unternehmensvermögen soll im Konfliktfalle vordergründig zum Bilanzstichtag auf seine Schuldentilgungsfähigkeit hin überprüfbar sein. Soweit die prognostizierte Unternehmensentwicklung der Passivierung einer Verbindlichkeit, wegen noch ausstehender Erträge, entgegensteht, die rechtlich bereits verursacht ist, so muss deren Betrachtung insoweit außer Acht bleiben.

Eine solche Ansicht entspricht auch gerade dem Going-Concern-Prinzip[753], welches für die Bewertung in § 252 Abs. 1 Nr. 2 HGB geregelt ist, jedoch generell einen materiellen Grundsatz ordnungsgemäßer Buchführung darstellt[754]. Nach

750 Vgl. hierzu: Teil II B. II.

751 Vgl. zu den Sonderfällen fehlender wirtschaftlicher Belastung: Teil III C. 4. b) bb) (2).

752 Vgl. zu den Bilanzzwecken Teil II B. I., dort insbesondere 3.

753 Vgl. hierzu auch Teil IV B. III.

754 Winnefeld, Bilanzhandbuch, 4. Aufl., D 12.

diesem ist es nicht gestattet Unternehmensentwicklungen zu unterstellen, sondern von der Fortführung des bestehenden Unternehmens zum Bilanzstichtag auszugehen ist. Wird das Unternehmen fortgesetzt, so besteht unverändert eine Verpflichtung, deren „Alimentierung" ist jedoch noch nicht gewiss. Dies setzt vielmehr eine Unterstellung tatsächlicher Gegebenheiten voraus, welche gerade entgegen dem Gedanken des gläubigerschützenden Kapitalerhalts verläuft.

Die Außerachtlassung der bestehenden rechtlichen Verpflichtung ließe sich nur mit entgegenstehenden tatsächlichen oder rechtlichen Gegebenheiten begründen. Diese müssen aber gegen das Bestehen der Verbindlichkeit nicht für das Entstehen eines Ertrags sprechen.

Es entspricht auch im Besonderen der vorsichtigen Bilanzierung, dass bei zeitlichem Auseinanderfallen von rechtlicher Entstehung und wirtschaftlicher Verursachung der frühere der beiden Zeitpunkte für die Passivierung maßgeblich ist[755].

Hingegen kann den gesetzlich verankerten Grundsätzen der Vorsicht und der Imparität nicht eine dynamisch geprägte Unterstellung des Inhalts des Realisationsprinzips gegenübergestellt werden, welche zeitgleich eine ebenso wenig gesetzlich eindeutig angelegte Vorrangstellung dieses Grundsatzes vor den Übrigen voraussetzt. Diese Auslegung erfolgt aus der Dynamik heraus, die den Kern der betriebswirtschaftlichen Konstruktion einer Bilanz darstellt. Die Bilanztheorie muss sich jedoch ebenso wie jede andere, einer Argumentation dienlichen Tendenz, im Gesetz wiederfinden und nicht bereits Ansatzpunkt für dessen Interpretation sein.

Vorsicht und Imparität sind dabei die maßgeblichen gesetzlichen Aussagen zur Passivierung. Hieraus ergibt sich zwangsläufig eine statische Betrachtung bei der Frage nach dem Rückstellungsansatz, welche den Vollständigkeitsgrundsatz dahin gehend konkretisiert, dass eine rechtliche bestehende Verbindlichkeit hinreichend für eine Passivierung sein muss.

Bedingt kann auch der Wortlaut des § 249 Abs. 2 HGB a.F.[756] als Argument für diese Ansicht dienen. Hiernach waren *Aufwands*rückstellungen explizit nur dann anzusetzen, wenn die Aufwendungen dem Geschäftsjahr oder einem früheren Geschäftsjahr zuzuordnen sind. Tatsächlich ist es so, dass der Aufwand, für den eine Rückstellung gebildet wird, stets einer Periode vor dem Stichtag zuzurechnen ist. Es handelt sich um eine bestehende wirtschaftliche Belastung, welche lediglich noch nicht realisiert und aufgrund dieser Zukunftsorientierung

---

755 Vgl. hierzu BFH Urteil vom 27.6.2001 – I R 45/97 = BStBl. II 2003, 121 (123).
756 Aufgehoben m.W.v. 29.5.2009 durch Art. 1 BilMoG v. 25.5.2009 – BGBl. I 2009, 1102.

mit dem Wahrscheinlichkeitsmoment belastet ist. Auch ist zuzugeben, dass der maßgebliche Unterschied zwischen Verbindlichkeits- und Aufwandsrückstellung in der Drittverpflichtung liegt. Jedoch ergibt sich gerade aufgrund der Ermangelung einer solchen eine dynamische Prägung der *Aufwands*rückstellung. Die Statik mit ihrem Bemühen um vollständigen Schuldenausweis zur Bestimmung des vorhandenen Stichtagsvermögens gebietet einen derartigen Rückstellungsansatz hingegen nicht zwingend[757]. Bezeichnend ist also, dass ausschließlich die einzige gesetzlich normierte Rückstellungsart, die erkennbar bereits vom Grundsatz her von dynamischem Gedankengut geprägt ist, die Periodisierung explizit als gesetzliches Merkmal beinhaltete[758].

Eine dementsprechende Tendenz bei der Einordnung der Verbindlichkeitsrückstellung ist darüber hinaus auch der Entscheidung des EuGH „DE + ES Bauunternehmung“[759] zu entnehmen.

Zu Artikel 20 Abs. 1 der Vierten Richtlinie 78/660[760] äußerte sich das Gericht wie folgt:

„Daher ist die Bildung einer Rückstellung für potentielle Gewährleistungsverbindlichkeiten geboten, die rechtlich vor dem Bilanzstichtag entstehen, deren Folgen sich aber erst nach diesem zeigen. Eine andere Auslegung dieser Vorschrift hätte zur Folge, daß solche potentiellen Verbindlichkeiten nicht in der Bilanz erscheinen würden, was zu einer Überbewertung des Vermögens führen würde und nicht nur mit dem Vorsichtsprinzip, sondern auch mit dem Grundsatz der Bilanzwahrheit, dessen Beachtung die Hauptzielsetzung der Richtlinie darstellt, unvereinbar wäre.“ Der EuGH erwähnt eine „wirtschaftliche Verursachung“ nicht einmal und nennt als Tatbestandsmerkmal einzig den rechtlichen Bestand. Zu diesem Ergebnis gelangt er durch Interpretation der Richtlinie anhand des Vorsichtsprinzips.

Wenn hingegen angeführt wird, die Aktivierung von Anschaffungskosten zeige, dass eine rechtlich bestehende Belastung irrelevant sei[761], so wird ein Zusammenhang dieser Praxis mit dem vorliegenden Problem unterstellt, welcher nicht ohne Weiteres ersichtlich ist. Die Motivation der Praxis ist hier

---

757 Vgl. zur Auswirkung der statischen Bilanztheorie auf die Interpretation von Rückstellungen: Teil III B. V.

758 Vgl. hierzu: Mayr, in: BB 2003, 305; sowie, allerdings mit stark eingeschränkter Argumentation: Achatz, in: DStJG Band 15, S. 161 (178); Buciek, in: Blümich EStG, 116. Lfrg., §5 Rn. 799b mit falschem Normzitat und ohne Beachtung der Gesetzesänderung.

759 Rechtssache C-275/97 = Slg. 1999 I-5331 (5332).

760 Vierte Richtlinie des Rates vom 25.7.1978 = ABl. vom 14.8.1978 – Nr. L 222/11.

761 So Weber-Grellet, in: Schmidt EStG, 32. Aufl., §5 Rn. 384.

vielmehr eine gänzlich andere als im Falle der Verbindlichkeitsrückstellungen. Der BFH erklärt seine Ansicht hierzu damit, dass im Wege der Passivierung lediglich derjenige Aufwand zu berücksichtigen sei, welcher sich nach dem Bilanzstichtag pagatorisch als solcher auswirkt. Ist in Folge der Finanzbuchhaltung eine Aktivierung vorzunehmen, so sei dies nicht der Fall[762]. Vom Zweck her basiert die Aktivierung von Anschaffungskosten auf dem Gedanken der Abbildung der tatsächlichen Vermögensminderung[763]. Hieraus folgt aber auch eine (annähernd) periodengerechte Aufwandsverteilung. Es verstößt nicht gegen das Imparitätsprinzip, Aufwand zu aktivieren, wenn dem ein tatsächlich vorhandener Vermögensgegenstand entspricht. Die Zuordnung zu den Erträgen, welche im Endeffekt, sehr grob, simuliert wird, basiert hier auf dem Gedanken der Vermeidung von – in Wahrheit – periodenübergreifenden, Belastungsspitzen. Letztendlich wird dem Vorsichtsgebot hiermit gerade Rechnung getragen, da nicht der Anschaffung nachfolgende Perioden von Aufwand freigestellt werden, der grundsätzlich auch für die dort realisierten Erträge angefallen ist. Im Falle der Verbindlichkeitsrückstellung soll hingegen kein *periodenübergreifender* Aufwand *verteilt* werden. Ob man diese Praxis, und insbesondere die Begründung des BFH, also für rechtlich einwandfrei hält oder nicht, sie hat mit der Rückstellungsbildung im Grunde nichts zu tun[764], auch wenn sie sich nach herrschender Ansicht[765] auf diese auswirkt.

Des Weiteren wird angeführt, die „Nichtbilanzierung schwebender Verträge" spreche gegen ein Alternativverhältnis von „rechtlichem Entstehen" und „wirtschaftlicher Verursachung"[766].

Diesbezüglich ist anzumerken, dass die Nichtbilanzierung von Gewinnen aus schwebenden Geschäften aus dem Realisationsprinzip, und zwar in seiner

762 BFH Urteil vom 27.6.2001 – I R 45/97 = BStBl. II 2003, 121 (124) – Die Argumentation ist angreifbar, da sie letztlich auf die profane Feststellung hinausläuft, dass nicht passivierbar ist, was sich (auch) auf der Aktivseite der Bilanz auswirkt. Es handelt sich damit letztlich um eine buchführungstechnische Praktikabilitätserwägung; vgl. auch Ballwieser, in: MüKo HGB, 3. Aufl., §249 Rn. 23; kritisch: Crezelius, in: DB 1992, 1353 (1362 f.).

763 Großfeld/Luttermann, Bilanzrecht, 4. Aufl., S. 122 Rn. 449; Crezelius, in: DB 1992, 1353 (1362).

764 So im Ergebnis auch Crezelius, in: DB 1992, 1353 (1363).

765 Vgl.: BFH Urteil vom 1.4.1981 – I R 27/79 = BStBl. II 1981, 660 (662); Günkel, in: StBJb 1990/91, 97 (109 ff.); Christiansen, in: StBp 1987, 193 (197 f.); Frotscher, in: Praxiskommentar EStG, 170. Lfg., §5 Rn. 359a m.w.N.

766 Weber-Grellet, in: Schmidt EStG, 32. Aufl., §5 Rn. 384.

traditionellen Auslegung als Ertragsrealisationsprinzip, folgt. Die Bilanzierung von sich wertmäßig ausgleichenden schwebenden Geschäften hätte keinen informationellen Mehrwert der Bilanz zur Folge.

Ein zu erwartender Verlust ist hingegen gemäß § 249 Abs. 1 S 1 Alt. 2 HGB gerade rückstellungspflichtig. Soweit aus dieser gesetzlichen Vorgabe gefolgert würde, der Rückstellungsansatz müsse generell durch Zusammenschau von Aufwand und Ertrag begründet sein, so ist dem zunächst entgegen zu halten, dass es sich hierbei um eine besondere Rückstellungsart handelt, welche im Steuerrecht gemäß § 5 Abs. 4a EStG grundsätzlich nicht zulässig ist. Des Weiteren besteht im Falle der Drohverlustrückstellung gerade keine synallagmatisch verknüpfte, konkrete Rechtsverbindlichkeit, anhand derer eine wirtschaftliche Belastung festgemacht werden könnte[767].

Die steuerrechtlichen Sondervorschriften können darüber hinaus eine generelle Aussage zur Problematik der „wirtschaftlichen Verursachung“ als Ansatzkriterium nicht begründen, da es ihrer gar nicht bedurft hätte, wenn sich ihre Aussage bereits aus dem allgemeinen Tatbestand des § 249 Abs. 1 S. 1 Alt. 1 HGB ergeben würde. Ihre Wirkung beschränkt sich auf die besonderen Anwendungsfälle, welche ihrem Tatbestand zu entnehmen sind. Außerhalb dieser richtet sich die steuerliche Rechtslage, anhand des Maßgeblichkeitsprinzips, nach dem Handelsrecht[768].

Im Übrigen würde sich die Problematik bei der Interpretation des Begriffs der „wirtschaftlichen Verursachung“ zu einer noch größeren ausweiten, würde es sich hierbei um ein generelles Ansatzkriterium handeln. Wenn das allein maßgebliche Ansatzkriterium ein gesetzlich nicht einmal erwähntes Merkmal darstellt, so wäre das System der Passivierung ungewisser Verbindlichkeiten eine juristisch kaum mehr nachvollziehbare Ansammlung von Einzelfallentscheidungen[769].

Dem BFH wäre demnach zu raten sich mit klaren Aussagen zu einem Alternativverhältnis der Tatbestandsmerkmale, beziehungsweise der Januskopfigkeit des Tatbestandes zu bekennen. Dies entspricht der geltenden Rechtslage. Darüber hinaus ist die Praxis ohnehin gezwungen im Sinne des I. Senats zu prüfen[770]. Solange dieser seine Rechtsprechung nicht explizit aufgibt, wäre jede

767 Vgl. hierzu insgesamt und mit gleichem Ergebnis: Christiansen, in: DStR 2009, 2213 (2214 f.).

768 Vgl.: Teil II A. III.

769 Von diesem Zustand ist man allerdings schon jetzt nicht allzu weit entfernt.

770 Vgl. WP Handbuch Band 1, 14. Aufl., E 135 – Das von Betriebswirten geprägte IDW empfiehlt seinen, ebenfalls von Betriebswirten geprägten, Berufsträgern, unter Zugrundelegung eines Alternativverhältnisses der Tatbestandsmerkmale zu prüfen.

Jahresabschlussprüfung unter Außerachtlassung dessen Ansicht ein potentieller Haftungsfall. Gleiches gilt für diejenigen Senate, die sich nicht erkennbar positioniert haben.

## 4. Inhalt der wirtschaftlichen Verursachung

### *a) Einführung*

Was unter der „wirtschaftlichen Verursachung" zu verstehen ist, wird in Rechtsprechung und Literatur unterschiedlich beurteilt. Dabei herrscht weder zwischen Literatur und BFH noch innerhalb beider Einigkeit und Stringenz bezüglich der Auslegung.

Das Problem der inhaltlichen Ausfüllung des Begriffs der „wirtschaftlichen Verursachung" ist sehr eng mit der Frage nach der Relevanz dieses Merkmals für den gesetzlichen Tatbestand verknüpft. Die Auslegung des Begriffs lässt sich dabei grob in zwei Richtungen unterteilen: 1) eher durch die statische oder 2) die dynamische Bilanztheorie geprägt. Unschwer lässt sich erkennen, dass eine statische Interpretation des Begriffs auch mit dem statischen Ansatz bei der Frage nach der Relevanz bestmöglich harmoniert. Gleiches gilt für die dynamische Auslegung und die dynamisch geprägte Linie, die zu einem steten Ansatzkriterium führt. Das gilt auch insbesondere für die Alimentationsthese, welche in sich nur dann konsequent ist, wenn neben der steten Forderung nach einer „wirtschaftlichen Verursachung" diese auch dynamisch ausgelegt wird.

Gleichwohl ist eine solche Zuordnung von Relevanz- zu Inhaltslösungsansatz logisch nicht unumgänglich. Während in der Literatur jedoch diese optimale Zuordnung weitgehend auch derart konsequent durchgehalten wird, vermischt der BFH nicht selten beide Linien oder formuliert zumindest derart interpretationsbedürftig, dass nur noch schwerlich erkennbar ist, ob er sich von der statischen oder dynamischen Bilanztheorie leiten lässt.

### *b) Zweck des Merkmals, insbesondere Abgrenzung zur „Wahrscheinlichkeit der Inanspruchnahme"*

#### *aa) Bedeutung innerhalb des Tatbestandes*

Der Zweck eines Kriteriums der „wirtschaftlichen Verursachung" liegt in der Periodenzuordnung des Aufwands. Es soll den Vergangenheitsbezug des zukünftigen Vermögensabflusses begründen, welcher es rechtfertigt, einen Passivposten bereits in der Rechnungsperiode anzusetzen. Entscheidend ist die Frage nach dem korrekten Zeitpunkt der erstmaligen Erfassung der Verbindlichkeit, also das „*wann*", weniger das „*ob*", des bilanziellen Ansatzes. Diese klare theoretische

Einteilung soll jedoch nicht darüber hinwegtäuschen, dass erhebliche Abgrenzungsprobleme entstehen können und beide Aspekte eng miteinander verknüpft sind. Letztlich ergibt sich die Frage nach dem „wann" als Resultat der zeitlichen Ableitung der Frage nach dem „ob".

Dennoch gebietet schon eine wirtschaftliche Betrachtungsweise, dass die rechtliche Entstehung nicht zwingende Voraussetzung für einen derartigen Vergangenheitsbezug sein kann.

Richtig verstanden als teleologische Auslegung[771], ist der Tatbestand der Verbindlichkeitsrückstellung dahin gehend zu interpretieren, dass ein Vergangenheitsbezug einer Unternehmenslast unabhängig von einer rechtlich bestehenden Verbindlichkeit bestehen kann. Ein starres Abstellen auf den rechtlichen Bestand würde kein hinreichend genaues, den tatsächlichen Umständen entsprechendes, Bild des Unternehmensvermögens darstellen und damit insbesondere dem Zweck der Rückstellungen, den Kapitalabfluss bei unsicherer Vermögenslage mit hinreichend negativem Ausblick zu verhindern[772], nicht ausreichend Rechnung tragen.

Der Bedarf an einem solchen, nicht streng formal-rechtlichen Merkmal, ergibt sich dabei auch aus dem Vorsichts- und dem Vollständigkeitsprinzip[773]. Eine Orientierung am Vollständigkeitsprinzip[774] gebietet die Erfassung sämtlicher bestehender wirtschaftlicher Lasten, unabhängig davon, ob diese sich auch mittels einer rechtlich bestehenden Verbindlichkeit ausdrücken. Nach dem Vorsichtsprinzip[775] soll ein zu hoher Vermögensausweis vermieden, letztlich ein „Mindestvermögen" abgebildet werden. Dies kann beides nur gelingen, wenn nicht starr an der (vollständigen) Verwirklichung des gesetzlichen Tatbestandes angesetzt wird.

Es würde dem Gebot der Vorsicht gerade widersprechen, wenn Belastungen des Unternehmensvermögens nicht abgebildet werden, nur weil diese sich noch nicht formal-rechtlich realisiert haben.

---

771 Teil II B. III. 4. c).

772 Vgl.: Teil III B. II.

773 So auch: Mayer-Wegelin, in: DB 1995, 1241.

774 Vgl. zu diesem: Teil II B. V. 4. a).

775 Vgl. zu diesem: Teil II B. 3. a).

### *bb) Wahrscheinlichkeit – insbesondere – der Inanspruchnahme*

#### *(1) Inhalt und Bedeutung*

Oftmals nur schwer von der „wirtschaftlichen Verursachung“ getrennt zu betrachten ist das Merkmal der Wahrscheinlichkeit der Verbindlichkeit[776]. Da auch die „Wahrscheinlichkeit der Inanspruchnahme“ letztendlich nicht vollständig objektivierbar ist, steht insbesondere diese in Konkurrenz zur „wirtschaftlichen Verursachung“ wenn es darum geht, einen breiten Subsumtionsspielraum zu erhalten. Dabei bestehen trotz der zwingenden Unterscheidung zwischen beiden Merkmalen durchaus Gemeinsamkeiten: Zum einen lassen sie sich auf eine wirtschaftliche Betrachtungsweise stützen[777], zum anderen – und damit eng zusammenhängend – bieten sie einen gewissen Freiraum, was die Abstraktheit der Begründung durch das entscheidende Gericht anbelangt.

Der Aspekt der Wahrscheinlichkeit einer Verbindlichkeit teilt sich genau genommen in zwei Einheiten[778]: die Wahrscheinlichkeit der Inanspruchnahme, welche stets beim Rückstellungsansatz zu prüfen ist, und die Wahrscheinlichkeit des Be- oder Entstehens der Verbindlichkeit, welche nur bei dem Grunde nach noch ungewissen Verbindlichkeiten eine Rolle spielt. Beide Ausprägungen stehen jedoch zueinander in einer engen Beziehung. Der BFH beschreibt diese wie folgt: „[...] der Schuldner mit seiner Inanspruchnahme ernsthaft rechnen muss, die bloße Möglichkeit des Bestehens oder Entstehens einer Verbindlichkeit reicht zu ihrer Passivierung [*hingegen;* Anm. d. Verf.] nicht aus [...]“[779]. Die (hinreichende) Wahrscheinlichkeit des Be- oder Entstehens ist also nur die notwendige, die Wahrscheinlichkeit der Inanspruchnahme hingegen die hinreichende Bedingung für den Ansatz einer Verbindlichkeitsrückstellung.

---

776 Z.B.: Gelhausen/Fey, in: DB 1993, 593 (594); auf die Erforderlichkeit einer strengen Trennung beider Merkmale ebenfalls hinweisend: Woerner, in: StVj 1993, 193 (199).

777 Döllerer, in: DStZ 1975, 291 (295) spricht in diesem Zusammenhang von einer *Verwandtschaft* zwischen „Gefahr der Inanspruchnahme“ und „wirtschaftlicher Verursachung“.

778 Vgl.: BFH Urteil vom 19.10.2005 – XI R 64/04 = DStR 2006, 371; BFH Urteil vom 16.12.2014 – VIII R 45/12 = BB 2015, 1839; Wiedmann, in: Ebenroth u.a. HGB, 2. Aufl., §249 Rn. 28; Buciek, in: Blümich EStG, 117. Lfrg., §5 Rn. 795, 797a; auf die Bedeutung der Unterscheidung ebenfalls hinweisend: Kozikowski/Schubert, in: Beck-BilKo, 8. Aufl., §249 Rn. 42; unsauber getrennt hingegen von Kanitz, in: Römermann GmbH-Recht, 2. Aufl., §16 Rn. 323; Tiedchen, in: H/H/R EStG, 244 Lfrg., §5 Rn. 505 sowie in BFH Urteil vom 2.10.1992 – III R 54/91 = BStBl. II 1993, 153 (154).

779 BFH Urteil vom 19.11.2003 – I R 77/01 = DStR 2004, 134 (135).

Das maßgebende Merkmal, anhand dessen die „wirtschaftliche Belastung“ durch eine ungewisse Verbindlichkeit beurteilt wird, ist somit die „Wahrscheinlichkeit der Inanspruchnahme“. Innerhalb beider Ausprägungen soll eine hinreichende Wahrscheinlichkeit dann vorliegen, wenn nach den am Bilanzstichtag objektiv gegebenen und bis zur Aufstellung der Bilanz subjektiv erkennbaren Verhältnissen mehr Gründe für als gegen das Be- oder Entstehen beziehungsweise die Inanspruchnahme sprechen[780]. In Verkürzung des englischen Wortlautes der IFRS hat sich diesbezüglich die Formulierung, der Abfluss von Ressourcen mit wirtschaftlichem Nutzen müsse „*more likely than not*“[781] sein, eingebürgert. Es ist also jeweils, aufgerundet[782], eine 51%ige Wahrscheinlichkeit erforderlich[783].

Die Wahrscheinlichkeit der Inanspruchnahme und des Be- oder Entstehens soll demnach die *Ungewissheit* der Verbindlichkeit kompensieren[784]. Sie ist direkter Ausfluss der Unsicherheit über die zukünftigen Folgen, welche tatsächlich aus der Verpflichtung resultieren, und konkretisiert das entscheidende Merkmal des Passivierungsgrundsatzes, die „wirtschaftliche Last“, im Sonderfall der *ungewissen* Verbindlichkeit auch maßgeblich im Hinblick auf den Bilanz*ansatz*[785]. Eine solche (hinreichende) „wirtschaftliche Last“ soll bei ungewissen Verpflichtungen dadurch kenntlich sein, dass ein Vermögensabfluss relativ gesehen wahrscheinlicher ist als der Verbleib der wirtschaftlichen Ressourcen im Unternehmensvermögen.

---

780 Vgl.: BFH Urteil vom 19.10.2005-XI R 64/04 = DStR 2006, 371 (373 f.); Hennrichs, in: MüKo AktG, 2. Aufl., §249 HGB Rn. 36, 48 m.w.N.

781 IAS 37.23.

782 Diese gängige Formulierung mathematisch exakt ausgedrückt würde eigentlich eine Wahrscheinlichkeit von $P = 0{,}5 + X$, für *jedes* $0 < X \leq 0{,}5$ ausreichen.

783 Zu dieser „Scheinobjektivierung“ zu Recht kritisch: Ballwieser, in: MüKo HGB, 3. Aufl., §249 Rn. 13; Buciek, in: Blümich EStG, 117. Lfrg., §5 Rn. 796; kritisch zu den unterschiedlichen (Inanspruchnahme-) Wahrscheinlichkeitsschwellen des BFH im Hinblick auf Verbindlichkeiten im Gegensatz zu Rückstellungen: Moxter, in: BB 1998, 2464. Schubert, in: Der Ansatz von gewissen und ungewissen Verbindlichkeiten in der HGB-Bilanz, S. 114, konkretisiert – unter Anwendung von BFH Urteil vom 22.11.1988 – VIII R 62/85 = BStBl. II 1989, 359 (362 f.) – die hinreichende Inanspruchnahmewahrscheinlichkeit für dem Grunde und der Höhe nach *gewisse* Verbindlichkeiten mit $P > 1\%$.

784 Ebenso: Günkel, in: BB 2015, 2091 unter Hinweis auf BFH Urteil vom 1.8.1984 – I R 88/80 = BStBl. II 1985, 44.

785 Vgl. zum Zusammenhang zwischen der wirtschaftlichen Belastung und der Wahrscheinlichkeit der Inanspruchnahme: Teil II B. V. 4. a) bb) (2) (a).

Die „wirtschaftliche Verursachung" hingegen setzt im Hinblick auf die „wirtschaftliche Last" diese voraus, um sie sodann der korrekten Periode zuordnen zu können. Die exakte Trennung mag im Einzelfall zu Schwierigkeiten führen[786], doch zeigt schon die Überlegung, dass eine Schuld zwar ohne Weiteres mehrere Perioden wirtschaftlich belasten, allerdings letztendlich nur in einer (entscheidend) verursacht worden sein kann[787], dass eine Differenzierung grundsätzlich möglich und nötig ist[788]. Der Zweck dieses Merkmals liegt darin, einen Ansatz in der Bilanz zu rechtfertigen, obwohl noch gar nicht sicher ist, ob und/oder in welcher Höhe[789] die Verbindlichkeit entstehen wird, oder – die Entstehung vorausgesetzt – trotz derer nicht zu begleichen ist. Dabei geht es weniger um die Sicherstellung der korrekten Periodenzuordnung, als vordergründig darum, zu begründen, warum in der Bilanz aus einer unsicheren Verpflichtung ein Passivposten – also eine Minderung des bilanziellen Vermögens – resultierten soll. Der Grund hierfür liegt in der Absehbarkeit des Vermögensabflusses. Bei Überschreiten einer bestimmten Wahrscheinlichkeitsschwelle wird angenommen, dass ein Vermögensabfluss (zumindest) dermaßen sicher ist, dass es eine Verzerrung des abzubildenden Jahresergebnisses darstellen würde, wenn dieser nicht zum Abschlussstichtag bilanziert wird.

Die Wahrscheinlichkeit des Be- oder Entstehens als Ansatzkriterium zeigt zudem auch, dass nach dem Idealbild des Gesetzes, letztlich stets einmal eine rechtlich tatsächlich bestehende Verbindlichkeit existieren muss, um einen Bilanzansatz zu rechtfertigen. Eine ungewisse Verbindlichkeit, die rechtlich wahrscheinlich nicht be- oder entsteht, stellt keine zu berücksichtigende Verbindlichkeit dar, solange nicht die Wahrscheinlichkeit über einen Schwellenwert ansteigt, der es rechtfertigt, in ihr eine bestehende wirtschaftliche Belastung zu sehen.

---

786 Vgl. BFH Urteil vom 18.6.1980 – I R 72/76 = BStBl. II 1980, 741 (743).

787 Lässt man den Sonderfall einer wiederauflebenden Verbindlichkeit außer Betracht.

788 Eine dahin gehende, klare Differenzierung ergibt sich z.B. auch aus der Darstellung bei Winnefeld, Bilanzhandbuch, 4. Aufl., D 1425 ff. i.V.m. D 1434, sowie bei Kozikowski/Schubert, in: BeckBilKo, 8. Aufl., §249 Rn. 24.

789 Die Frage nach der Inanspruchnahme-Höhe der Forderung könnte ebenso gut durch die Frage nach dem partiellen Bestehen der Forderung bezeichnet werden, was verdeutlicht, dass Bestehen und Höhe wesensverwandte Kategorien darstellen.

### (2) *Exemplarische Darstellung der Zuordnungsproblematik an Hand besonderer Fallkonstellationen*

#### *(aa) Einführung*

Die „Wahrscheinlichkeit der Inanspruchnahme" ist aufgrund ihrer Unbestimmtheit und der Tatsache, dass sie stets, insbesondere unabhängig davon, ob die Verbindlichkeit schon dem Grunde nach gewiss ist, zu prüfen ist[790], ein beliebter Begründungsansatz der Rechtsprechung[791].

Vielfach werden Probleme beim Ansatz ungewisser Verbindlichkeiten bei diesem Merkmal behandelt beziehungsweise durch Argumentation mithilfe einer „wirtschaftlichen Belastung" gelöst. Dies lässt wegen der engen Verknüpfung zur „wirtschaftlichen Verursachung" auch Schlüsse auf diese zu, provoziert aber gleichfalls notwendige Klarstellungen, welche sich den Formulierungen des BFH nicht immer entnehmen lassen.

So wirkt sich nach dem BFH ein Schuldbeitritt auf die Bildung einer Rückstellung im Rahmen der „Wahrscheinlichkeit der Inanspruchnahme" aus[792]. Obwohl die Verbindlichkeit rechtlich besteht, wird die Passivierung versagt, allerdings gerade auch ohne Hinweis auf eine etwaig nicht bestehende „wirtschaftliche Verursachung". Diese wird vielmehr, zu Recht, nicht einmal diskutiert.

#### *(bb) Verjährte Verbindlichkeiten*

Verjährung bedeutet Verlust der Durchsetzbarkeit eines Anspruches infolge Zeitablaufs[793]. Mit Eintritt der Verjährung erhält der Schuldner das Recht zur Leistungsverweigerung auf die diese Schuld hin[794]. Mithin ist hier nicht die Wahrscheinlichkeit der Inanspruchnahme durch den Gläubiger, sondern die der *Erfüllung* durch den Schuldner fraglich. Die Vergleichbarkeit dieser beiden Fälle gebietet allerdings eine entsprechende Rechtsanwendung: Eine Verbindlichkeit darf jedenfalls dann nicht mehr passiviert werden, wenn anzunehmen ist, dass sich der Schuldner auf deren Verjährung berufen wird[795]. Dies sei der Fall, wenn

---

790 A.A. diesbezüglich Winnefeld, Bilanzhandbuch, 4. Aufl., D 954; wie hier: Tiedchen, in: H/H/R EStG, 244. Lfrg., §5 Rn. 505.

791 Vgl. zuletzt: BFH Urteile vom 22.8.2012 – X R 23/10 = BFH/NV 2012, 1877 (1878 f.); v. 15.3.2012–III R 96/07 = BB 2012, 1981; v. 6.6.12–I R 99/10 = BB 2012, 2490; BFH Beschluss vom 22.8.2012 – X B 155/11 = BFH/NV 2012, 2015 sowie die Urteile im Folgenden.

792 BFH Urteil vom 26.4.2012 – IV R 43/09 = BB 2012, 1660 (1660 f.) = FR 2012, 776.

793 Köhler, in: BGB Allgemeiner Teil, 38. Aufl., S. 255.

794 Köhler, in: BGB Allgemeiner Teil, 38. Aufl., S. 255 f.

795 BFH Urteil vom 9.2.1993 – VIII R 21/92 = BStBl. II 1993, 543.

keine Hinderungsgründe, die der Erhebung der Einrede entgegenstehen könnten, erkennbar seien[796]. Es ist also grundsätzlich von einer Erhebung der Einrede auszugehen.

Bei verjährten Verbindlichkeiten beschränkt sich die Problematik auf das Merkmal der Inanspruchnahmewahrscheinlichkeit, beziehungsweise deren Pendant in solchen Fällen, der „Erfüllungswahrscheinlichkeit“[797]. Die Frage nach der „wirtschaftlichen Verursachung“ wird hingegen nicht tangiert, denn ob die Verpflichtung noch erfüllt wird oder, gleich aus welchem Grund, werden muss, beeinflusst nicht die einmal eingetretene wirtschaftliche Verursachung als den Beginn der Passivierungspflicht. Durch die Verjährung wird dem Schuldner nur ein dauerndes Leistungsverweigerungsrecht eingeräumt[798]. Daher ist hier grundsätzlich nicht mehr mit der Erfüllung der Verbindlichkeit zu rechnen. Eine wirtschaftliche Belastung im Sinne der Inanspruchnahmewahrscheinlichkeit ist somit nicht mehr gegeben. Die Frage der korrekten Periodenzuordnung tritt jedoch nicht speziell hervor. Die Besonderheit dieser Fallgruppe liegt vielmehr in der Möglichkeit der berechtigten Erfüllungsverweigerung.

#### *(cc) Fälle des Rangrücktritts*

#### *(i) BFH I R 100/10*[799]

Der Fall betraf eine GmbH, welche im September des Gründungsjahres sowie im Juni des Folgejahres mit ihrer Alleingesellschafterin, ebenfalls eine GmbH, einen Darlehens- und Rangrücktrittsvertrag schloss. Das Darlehen sollte zur Ingangsetzung des Geschäftsbetriebs der Tochter dienen und hatte einen Kreditrahmen von 15 Millionen DM. Es war von beiden Parteien jederzeit kündbar. Sicherheiten wurden keine gestellt.

Eine Vereinbarung im Rahmen des Darlehensvertrages lautete: „Im Falle des Eintritts einer Überschuldung der Schuldnerin tritt die sich aus dem jeweiligen Saldo des Darlehens-Verrechnungskontos ergebende Forderung der Gläubigerin automatisch in Höhe des Betrags der Überschuldung im Rang hinter die

---

796 BFH a.a.O., S. 544.

797 Explizit eine solche Einordnung des Problems, insbesondere auch der „wirtschaftlichen Belastung“ vornehmend: BFH Urteil vom 9.2.1993 – VIII R 21/92 = BStBl. II 1993, 543; BFH Urteil vom 8.4.1998 – VIII R 21/94 = BStBl. II 1998, 660 (662); Winnefeld, Bilanzhandbuch, 4. Aufl., D 1427, 1590; Buciek, in: Blümich EStG, 118. Lfrg., §5 Rn. 762.

798 Ellenberger, in: Palandt, 72. Aufl., §214 Rn. 1.

799 BFH Urteil vom 30.11.2011 = BStBl. II 2012, 332.

Forderungen aller übrigen Gläubiger zurück." Teil einer weiteren Regelung war folgende Formulierung: „Die Gläubigerin kann die Befriedigung ihrer Gesamtforderung nur aus künftigen Jahresüberschüssen, soweit sie bestehende Verlustvorträge übersteigen, oder ggf. aus einem Liquidationsüberschuss verlangen." Die Tochter-GmbH war vom Gründungsjahr beginnend fortlaufend zum jeweiligen Jahresende bilanziell überschuldet.

Das Finanzamt war der Überzeugung, dass die in der Bilanz zum 31.12.1999 enthaltene Verbindlichkeit aufgrund § 5 Abs. 2a EStG 1997 gewinnwirksam aufzulösen sei. Dem widersprach das FG München in seinem Urteil vom 22.10.2010[800]. Der BFH bestätigte mit seinem Revisionsurteil im Ergebnis die Ansicht des Finanzamtes.

Zunächst stellte der BFH klar, dass, obwohl es hier eigentlich um eine (gewisse) Verbindlichkeit geht, keine bei einer Rückstellungsbildung grundlegend anders zu beurteilende Sachlage besteht[801]. Die Definition der Passivierungsvoraussetzungen der Verbindlichkeit erfolgte sodann ohne die explizite Nennung einer etwaig erforderlichen „wirtschaftlichen Verursachung". Entscheidendes Merkmal war für das Gericht vielmehr die „wirtschaftliche Belastung". Deren Fehlen ist es auch, welche letztlich die Passivierung verhindert. Allerdings gelingt es dem Gericht nicht deutlich zu machen, anhand welcher Kriterien es deren Vorliegen prüft und letztlich ablehnt[802]. Deutlich wird nur, dass entscheidend die genannten Regelungen des Darlehensvertrages sind. Im Hinblick auf die Beschränkung der Befriedigung der Verbindlichkeit auf künftige Überschüsse stützt das Gericht das Fehlen einer „wirtschaftlichen Belastung" auch „[...] auf den § 5 Abs. 2a EStG 1997 zugrunde liegenden Gedanken[...]"[803]. Dabei stellt der Senat klar, dass der Regelungsgehalt des § 5 Abs. 2a EStG zum Teil schon vor dessen Einführung in der Rechtsprechung vertreten wurde[804]. Die gesetzliche Regelung sollte einer aufkommenden, abweichenden Tendenz des BFH entgegenwirken[805]. Warum genau eine wirtschaftliche Belastung auch unter Außerachtlassung des § 5 Abs. 2a EStG nicht bestehen soll, wird nicht näher

800 7 K 1396/08 = EFG 2011, 554.
801 Vgl. BFH a.a.O. Tz. 11.
802 Diesbezüglich ebenfalls kritisch: NWB Kommentar Bilanzierung, 4. Aufl., §246 Rn. 78.
803 BFH a.a.O. Tz. 13.
804 BFH a.a.O. Tz. 15.
805 BT Drs. 14/2070, S. 17 f.

erörtert. Der BFH behilft sich hier lediglich mit einer Parallele zum Erlass gegen Besserungsschein[806].

Die Entscheidung befasst sich im Folgenden mit der zweiten Alternative des Darlehensvertrages, der ein Befriedigungsrecht des Gläubigers rechtfertigen würde, nämlich einen etwaigen Liquidationsüberschuss. Auch hier wird die fehlende „wirtschaftliche Belastung" als Argument gebracht, ohne exakt darzulegen, anhand welcher Kriterien das Gericht zu seinem Ergebnis kommt. Vielmehr brauche der Liquidationsfall wegen des Grundsatzes der Unternehmensfortführung noch nicht berücksichtigt zu werden. Die Rücklage stehe bis zu diesem Zeitpunkt noch in vollem Umfang zur Verlustdeckung und Befriedigung der anderen Gläubiger zur Verfügung[807]. Erneut wird eine Vergleichbarkeit mit dem Erlass gegen Besserungsabrede behauptet und eine solche im Verhältnis zum einfachen Rangrücktritt abgelehnt. Ersteres wird mit dem Verweis auf die „wirtschaftliche Leistungsfähigkeit" begründet[808].

#### *(ii) BFH I R 44/14*[809]

Das zeitlich nachfolgende Urteil behandelt eine GmbH, welche von ihrer Muttergesellschaft – ebenfalls eine GmbH – im Zuge einer Konzernumstrukturierung Darlehen erhielt. Für diese wurde jeweils ein Rangrücktritt folgenden Inhalts vereinbart: „Die [Darlehensgeberin] tritt […] mit ihrem Anspruch auf Tilgung und Verzinsung des […] gewährten Darlehens […] dergestalt im Rang hinter die Forderung sämtlicher anderer Gläubiger, einschließlich aller in § 39 Abs. 1 und 2 InsO genannten Gläubiger zurück, dass sie Tilgung und Verzinsung des Darlehens nur aus einem künftigen Bilanzgewinn oder aus einem etwaigen Liquidationsüberschuss verlangen kann. Für den Fall der Insolvenz tritt die [Darlehensgeberin] auf den Rang des § 199 S. 2 InsO zurück." Im Jahresabschluss des Streitjahres wies die Darlehensnehmerin den Großteil dieser Verbindlichkeiten ergebnismindernd aus. Das Finanzamt war hingegen der Ansicht, dass eine Passivierung aufgrund von § 5 Abs. 2a EStG 2002 in der Steuerbilanz nicht zulässig sei. Das Finanzgericht gab der erhobenen Klage der Darlehensnehmerin statt[810]. Die Revision gegen das Urteil des Finanzgerichts vor dem BFH war zulässig und

806 BFH a.a.O. Tz. 17 a.E.
807 BFH a.a.O. Tz. 19.
808 BFH a.a.O. Tz. 20 a.E.
809 BFH Urteil vom 15.4.2015 = DStR 2015, 1551.
810 Niedersächsisches FG, Urteil vom 12.6.2014 – 6 K 324/12 = EFG 2014, 1601.

begründet, der Ansatz der Verbindlichkeiten aus dem Darlehen der Muttergesellschaft nicht zulässig.

Zur Begründung stellt der BFH auf dieselben Grundlagen wie bereits in der Entscheidung I R 100/10 ab: Schulden seien (nur) dann zu passivieren, wenn der Unternehmer zu einer dem Inhalt und der Höhe nach bestimmten Leistung an einen Dritten verpflichtet ist, die vom Gläubiger erzwungen werden kann und eine „wirtschaftliche Belastung" darstellt[811]. Letzteres war auch hier das entscheidungserhebliche Merkmal.

Die steuerrechtliche Sonderregelung des § 5 Abs. 2a EStG normiere ein Passivierungsverbot bei fehlender „wirtschaftlicher Belastung", wobei der Gewinnbegriff dort nicht nur auf den Steuerbilanzgewinn, sondern auch auf handelsrechtliche Jahresüberschüsse abstelle[812]. Im vorliegenden Falle hätte sich selbst bei Auflösung der Kapitalrücklage kein Bilanzgewinn einstellen können, weswegen eine aktuelle „wirtschaftliche Belastung" ausscheide[813].

Zu der Möglichkeit der Tilgung aus Liquidationsüberschüssen führt der BFH aus: „[Zwar] (…) betreffen die Zahlungspflichten aus einem Liquidationsüberschuss bereits das gegenwärtige Vermögen, sie belasten aber das gegenwärtige Vermögen (noch) nicht, da nach dem Grundsatz der Unternehmensfortführung (§ 252 Abs. 1 Nr. 2 HGB) der Liquidationsfall (noch) nicht berücksichtigt zu werden braucht und die Rücklage bis zu diesem Zeitpunkt noch in vollem Umfang zur Verlustdeckung und zur Befriedigung der anderen Gläubiger zur Verfügung stehen."[814]

Ob ein nicht spezifizierter Rangrücktritt dem Gläubiger den Rückgriff auf das freie Vermögen des Schuldners mit der Folge belasse, dass § 5 Abs. 2a EStG nicht zum Tragen komme[815], bedürfte auch diesmal keiner Entscheidung.

### *(iii) Analyse der Entscheidungen*

Trotz der Nichtpassivierung rechtlich bestehender Verbindlichkeiten folgt aus den Entscheidungen zum Rangrücktritt nicht, dass der rechtliche Bestand auch für die Periodisierung irrelevant ist. Für die konkreten Verbindlichkeiten in den Urteilen spielen Aspekte der Periodenzuordnung im engeren Sinne

811 DStR 2015, 1551.
812 BFH a.a.O., S. 1552.
813 BFH a.a.O.
814 BFH a.a.O., S. 1553.
815 So BFH Urteil vom 10.11.2005 – IV R 13/04 = BStBl. II 2006, 618 (621); a.A.: BMF Schreiben vom 8.9.2006, IV B 2 – S 2133 – 10/06 = DStR 2006, 1700 (1701).

vielmehr keine große Rolle. So greift der BFH für seine Entscheidungsgründe nicht einmal Aspekte der „wirtschaftlichen Verursachung" beziehungsweise deren breiter Diskussion in der Literatur auf. In der Entscheidung I R 100/10[816] verfährt er vielmehr folgendermaßen: Eine direkte Anwendung des § 5 Abs. 2a EStG[817] umgeht der Senat, indem er festlegt, dass „auf den § 5 Abs. 2a EStG 1997 zugrunde liegenden Gedanken zurückgegriffen werden [könne][818]". Das Urteil knüpft insbesondere an den, im zugrunde liegenden Sachverhalt vereinbarten, engeren Vermögensbegriff an, welcher für die Beurteilung des Eintritts der Erfüllungspflicht der Verbindlichkeit maßgeblich ist. Entscheidend ist, dass nicht auch „sonstiges freies Vermögen" zur Begleichung der Verbindlichkeit heranzuziehen ist[819]. Das Gericht stellt bei seiner Entscheidung also vordergründig auf die Problematik der Pflicht zur Erfüllung der Verbindlichkeit ab. Hieran macht es den entscheidenden Aspekt der „wirtschaftlichen Belastung" fest. Dies ist jedoch keine im Rahmen der „wirtschaftlichen Verursachung" auftretende Problematik. Die „wirtschaftliche Verursachung" bezeichnet den Zeitpunkt, genauer den Beginn, der Passivierungspflicht[820]. Die Frage nach dem hinreichenden Verpflichtungsgrad zur Erfüllung der Verbindlichkeit ist Aspekt des Merkmals der Inanspruchnahmewahrscheinlichkeit. Dort ist entscheidend, *ob* die Belastung durch die Verbindlichkeit wirtschaftlich hinreichend stark ist, um eine Passivierung zu rechtfertigen. Die Entscheidung befasst sich mit der Frage nach der „wirtschaftlichen Verursachung" also grundsätzlich nicht. Besonders deutlich wird dies bei dem, vom Gericht bemühten, Vergleich mit einem Erlass gegen Besserungsschein[821]. Es sei die „Leistungspflicht beim Schuldner zunächst nicht *als Verbindlichkeit zu passivieren* [Hervorhebung durch den Verfasser]"[822]. Maßgebend ist also die abstrakte Geeignetheit einer solchen Verpflichtung eine Verbindlichkeit im bilanziellen Sinne zu begründen.

---

816 BStBl. II 2012, 332.

817 Dessen Anwendungsbereich, nach Ansicht des BMF, einen qualifizierten Rangrücktritt nicht erfasst: BMF Schreiben vom 8.9.2006, IV B 2 – S 2133 – 10/06 = BStBl. I 2006, 497 (498). Ebenso: Altmeppen, in: Roth/Altmeppen GmbHG, 7. Aufl., §42a Rn. 50.

818 BFH a.a.O. Tz. 13.

819 Diesen Aspekt der Entscheidung ebenso herausstellend: Bay, in: GWR 2012, 167 (168) und Haug, in: SteuK 2012, 209, 210.

820 Vgl. Teil III C. II 4. b) aa).

821 BFH a.a.O., Tz. 18 f. Dieser Aspekt bezieht sich auf die Rangrücktritt-Abrede hinsichtlich Liquidationsüberschüssen.

822 BFH a.a.O., Tz. 19.

Auch in der Literatur wird Aspekten der „wirtschaftlichen Verursachung" bezüglich dieser Entscheidung keinerlei Bedeutung eingeräumt[823]. Diese Interpretation des Urteils deckt sich insoweit mit der, dem BMF-Schreiben vom 8.9.2006[824] zu Grunde liegenden Einordnung. In diesem wird die Problematik um § 5 Abs. 2a EStG sowie den Rangrücktritt explizit anhand des Merkmals der Inanspruchnahmewahrscheinlichkeit und der „wirtschaftlichen Belastung" geklärt. Es wird zunächst die grundsätzliche Linie des BMF betreffend die Problematik der „wirtschaftlichen Verursachung" klargestellt: „Eine Verbindlichkeit ist zu passivieren, wenn sie rechtlich entstanden und wirtschaftlich verursacht ist.". Erst hieran anschließend erfolgt die Erörterung des Ansatzpunktes der Problematik beim Rangrücktritt: „Dagegen widerspricht es den Grundsätzen ordnungsmäßiger Buchführung, wenn ein Kaufmann Verbindlichkeiten in seiner Bilanz ausweist, obwohl mit einer Inanspruchnahme durch den Gläubiger mit an Sicherheit grenzender Wahrscheinlichkeit nicht mehr zu rechnen ist [...] und die Verpflichtung keine wirtschaftliche Belastung mehr darstellt [...]." An diese Formulierung schließt sich die Auseinandersetzung mit Rangrücktritt und § 5 Abs. 2a EStG an.

Ebenso deutlich dahin gehend die Entscheidung des BFH vom 6.2.2013[825]. In dieser wird explizit herausgestellt, dass im Anwendungsbereich des § 5 Abs. 2a EStG die Belastung des am Bilanzstichtag vorhandenen Vermögens aufgrund einer sich *hinreichend wahrscheinlich realisierenden*, also zu Vermögensabfluss beziehungsweise verhindertem Vermögenszufluss führenden *Verpflichtung* maßgeblich ist. Auch in der Entscheidung I R 44/14[826] geht der BFH nicht auf die Problematik der „wirtschaftlichen Verursachung" ein. In der Literatur zu diesem Urteil findet sich ebenso wenig eine klare Stellungnahme zu einer etwaigen Richtungskorrektur des Senates im Hinblick auf diesen Aspekt. Vielmehr sind es die Erörterungen der unterschiedlichen Gewinnbegriffe sowie insbesondere die Qualifikation der weggefallenen Verbindlichkeit als Einlage, welche die Aufmerksamkeit des Schrifttums auf sich ziehen[827].

---

823 Vgl.: Mihm, in: BB 2012, 766; Bay, in: GWR 2012, 167 f.; Haug, in: SteuK 2012, 209; Weber-Grellet, in: BB 2013, 43 (47 f.).

824 IV B 2 - S 2133 - 10/06 = BStBl. I 2006, 497.

825 BFH Urteil I R 62/11 = DB 2013, 1091 (insbesondere zweiter Entscheidungsleitsatz).

826 DStR 2015, 1551.

827 Vgl.: Hoffmann, in: DStR 2015, 1554; Helios/Kröger, in: DStR 2015, 2478 (2480 ff.); Matenaer, in: GWR 2015, 330; Ronneberger/König, in: SteuK 2015, 347; Weber-Grellet, in: BB 2015, 2667 (2670).

Die Betrachtung einiger, diesen Entscheidungen zum Rangrücktritt nachfolgenden Urteile des I. Senates, bestätigt die hier vorgenommene Einordnung. Wenngleich der I. Senat in der Entscheidung I R 100/10 – aus den genannten Gründen – den rechtlichen Bestand der Verpflichtung nicht zum Rückstellungsansatz genügen lässt, so ändert dies nichts an seiner Interpretation der „wirtschaftlichen Verursachung". Diese nimmt er in dem, zeitlich nachfolgenden, Urteil vom 6.6.2012[828] („wirtschaftliche Verursachung" im Sinne der „wirtschaftlich wesentlichen Tatbestandsmerkmale" unter vordergründiger Betrachtung der *rechtlichen* Struktur des Tatbestandes), sowie in demjenigen vom 12.12.2012[829] („Erstens-Zweitens"-Definition, welche die Alternative zwischen „rechtlichem Bestand" und „wirtschaftlicher Verursachung" aufzeigt[830], insbesondere also, im Rahmen der „wirtschaftlichen Verursachung" den „rechtlichen Bestand" genügen lässt), in der gewohnten Form vor[831].

Die Frage nach der wirtschaftlichen Verursachung stellt sich in der Praxis also nicht, jedenfalls musste sie nicht beantwortet werden. Beachtet man zudem, dass der Rangrücktritt zu einem Hinausschieben der Fälligkeit führt, das Bestehen der Verbindlichkeit hingegen unverändert bleibt[832],

---

828 I R 99/10 = BB 2012, 2490 (2492).

829 I R 28/11 = DStR 2013, 575 (578); deutlich zugunsten einer Erforderlichkeit der „wirtschaftlichen Verursachung" nur im Falle der Passivierung rechtlich noch nicht bestehender Verbindlichkeiten auch das Urteil vom 6.2.2013 – I R 62/11 = DB 2013, 1091 (1092).

830 Vgl. hierzu: Teil III C. II. 3. b) aa).

831 Explizit anders bzgl. der Einordnung solcher Fälle in die Problematik der „wirtschaftlichen Verursachung" aber: BFH Urteil vom 18.6.1980 – I R 72/76 = BStBl. II 1980, 741 (742 f.). Allerdings kam es hier auf den Streit zum Verhältnis von rechtlicher Entstehung und wirtschaftlicher Verursachung nicht an, da die rechtliche Entstehung unstreitig nicht gegeben war. Jedoch ist die wirtschaftliche Verursachung nicht die optimale Stelle, an der ein solches Problem zu behandeln ist. Die Problematik betrifft weniger die Frage der Periodenzuordnung, als vielmehr diejenige, ob eine, für die Anforderungen des Passivierungsgrundsatzes, hier in Form der „wirtschaftlichen Last" – konkretisiert durch die Wahrscheinlichkeit der Inanspruchnahme – hinreichende Schuld vorliegt. Diesen Bezug zur „wirtschaftlichen Belastung" stellt der BFH auch in dieser Entscheidung, allerdings erst gegen Ende seiner Ausführungen, her (a.a.O., S. 743). Unabhängig hiervon lässt sich aber auch in diesem Urteil keine dynamische Tendenz des Senats erkennen. Vielmehr stellt er auf die wesentliche Tatbestandsverwirklichung ab, die nicht gegeben sei, solange noch entscheidende „Vorbedingungen" ausstünden.

832 Gras, in: Münchener Anwalts Handbuch Insolvenz, 2. Aufl., §6 Rn. 106.

so ergibt sich eine Parallele dieser Fälle zu denjenigen mit verjährten Verbindlichkeiten[833].

### *(iv) Historische Einordnung*

Die Entscheidungen fußen maßgeblich auf einem, bereits vom RFH[834] entwickelten, Grundsatz, welcher in der Folge in zahlreichen Entscheidungen wiederholt wurde[835]. Diesem zufolge sind Verbindlichkeiten, welche lediglich aus zukünftigen Vermögenszuflüssen zu begleichen sind, in der Steuerbilanz nicht passivierungsfähig. Dieser Grundsatz wurde vom BFH zunächst nur auf Verpflichtungen angewandt, deren Erfüllung an den *Gesamt*gewinn anknüpfen, nicht jedoch, wenn die Rückzahlungsverpflichtung nur einen Ausschnitt der gewerblichen Tätigkeit betraf[836]. Konkret ließ der BFH, in mehreren Entscheidungen und senatsübergreifend, Rückzahlungsverpflichtungen, welche an bestimmte, mit den erhaltenen Zahlungen zusammenhängende, zukünftige Erfolgsauswirkungen beim ursprünglichen Zahlungsempfänger geknüpft waren, zur Passivierung genügen. Die Finanzverwaltung sah hingegen eine Belastung des gegenwärtigen Vermögens als nicht gegeben an und wollte eine Bilanzierung der Rückzahlungsverpflichtung weder als Verbindlichkeit noch als Rückstellung zulassen[837]. Im Kern ging und geht es darum, ob durch zukünftige Ereignisse bedingte Rückzahlungspflichten passiviert werden dürfen, also bereits das gegenwärtige Vermögen belasten[838]. Die Finanzverwaltung wollte dem Kurs des BFH entgegentreten[839] und forcierte den, in

833 Vgl. hierzu: Teil III C. II. 4. b) bb) (2) (bb).

834 RFH Urteil vom 4.2.1932 - I A 183/31 = RStBl. 1932, 303 (305).

835 RFH Urteil vom 23.7.1935 - I A 47/34 = StuW 1935 II Nr. 620 (S. 1488); BFH Urteil vom 18.6.1980 - I R 72/76 = BStBl. II 1980, 741 (742 f.); BFH Beschluss vom 10.11.1980 - GrS 1/79 = BStBl. II 1981, 164 (169); BFH Urteil vom 19.2.1981 - IV R 112/78 = BStBl. II 1981, 654 (658); BFH Urteil vom 30.3.1993 - IV R 57/91 = BStBl. II 1993, 502 (503).

836 Vgl. BFH Urteil vom 15.4.2015 - I R 44/14 = DStR 2015, 1551 m.w.N.

837 BMF Schreiben vom 25.2.1997, IV B 2 - S 2137 - 38/97 = BStBl. I 1997, 398 und vom 17.2.1998, IV B 2 - S 2137 - 25/98 = BStBl. I 1998, 368, welche beide auf das Schreiben vom 8.5.1978, IV B 2 - S 2241 - 97/78 = BStBl. I 1978, 203 Bezug nehmen. Hierzu sowie dem in der Folge entstandenen §5 Abs. 2a EStG: Wendt, in: StBJb 2003/2004, 247 (255).

838 Auf gerade diesen Bedingungszusammenhang ebenfalls hinweisend: Wendt, in: StBJb 2003/2004, 247 (254).

839 Kritisch zu § 5 Abs. 2a EStG: Wendt, in: StBJb 2003/2004, S. 247 (257).

den oben genannten Entscheidungen zum Rangrücktritt zitierten, § 5 Abs. 2a EStG[840].

Die Herleitung des betreffenden Grundsatzes ist wenig detailreich. Oftmals wird er lediglich unter Zitat der diesen ebenfalls anwendenden Entscheidungen genannt[841] oder mit dem zusätzlichen Hinweis, es bestehe diesbezüglich ein handelsbilanzielles Wahlrecht, aus welchem das steuerrechtliche Passivierungsverbot folge[842]. Eine Ausnahme bildet nur die Entscheidung I R 72/76[843]. Hier wird eine direkte Herleitung aus dem Merkmal der „wirtschaftlichen Verursachung" versucht[844], welche sich so in der übrigen Rechtsprechung nicht mehr wieder findet: Das Gericht geht offensichtlich von einer rechtlich nicht voll entstandenen Verbindlichkeit aus[845], weswegen das Merkmal der „wirtschaftlichen Verursachung" als entscheidungserheblich für die Bilanzierung der Verbindlichkeit angesehen wird. Der hierdurch vermittelte Vergangenheitsbezug wird folglich als nicht gegeben angesehen, weil erst der zukünftige Gewinn zur Tilgung herangezogen wird. Diese Verbindung der einheitlichen Rechtsprechung des BFH hinsichtlich der Interpretation der „wirtschaftlichen Verursachung"[846] und dem betreffenden Grundsatz hinsichtlich auf zukünftige Erträge bedingte Verpflichtungstilgung, findet man in der übrigen diesbezüglichen Rechtsprechung

---

840 Kodifiziert durch das StBereinG 1999, BMF vom 22.12.1999 = BStBl. II 2000,13. Vgl. zur Entstehungsgeschichte des § 5 Abs. 2a EStG: Wendt, in: StBJb 2003/2004, S. 247 (248 ff.).

841 RFH Urteil vom 23.7.1935 – I A 47/34 = StuW 1935 II Nr. 620 (S. 1488; lediglich Bezugnahme auf RFH I A 183/31); BFH Urteil vom 19.2.1981 – IV R 112/78 = BStBl. II 1981, 654 (658; Zitat BFH I R 72/76); BFH Beschluss vom 10.10.1985 – IV B 30/85 = BStBl. II 1986, 68 (70); BFH Urteil vom 20.9.1995 – X R 225/93 = BStBl. II 1997, 320 (323).

842 BFH Beschluss vom 10.11.1980 GrS. 1/79 = BStBl. II 1981, 164 (169). Dieser Grundsatz geht zurück auf: BFH Beschluss vom 3.2.1969 – GrS. 2/68 = BStBl. II 1969, 290 (293).

843 BFH Urteil vom 18.6.1980 – I R 72/76 = BStBl. II 1980, 740.

844 BFH a.a.O., S. 742 f.

845 Dies wird insbesondere daran ersichtlich, dass bei der Interpretation der „wirtschaftlichen Verursachung". BFH Urteil vom 24.6.1969 – I R 15/68 = BStBl. II 1969, 581 (582) zitiert wird. Dieses Urteil geht in seiner Auslegung von einem Alternativverhältnis von rechtlicher Entstehung und „wirtschaftlicher Verursachung" aus. Das Urteil I R 72/76 (a.a.O., S. 742 unter 2.c)) formuliert sodann die „wirtschaftliche Verursachung" als *im Wesentlichen* eingetretene Tatbestandsverwirklichung, was zugleich zeigt, dass eine *gänzliche* Tatbestandsverwirklichung nicht angenommen wird.

846 Vgl. Teil III C. 4. c) aa).

nicht. Auch in der Entscheidung I R 72/76 fehlt es letztlich an einer stringenten Verknüpfung. Den beiden Ansätzen fehlt eine unmissverständliche Verbindung. Jedenfalls geht der BFH auch in dieser Entscheidung vom Alternativverhältnis zwischen rechtlicher Entstehung und wirtschaftlicher Verursachung der Verbindlichkeit aus und ist bestrebt, sich nahtlos in die Rechtsprechung des I. Senats einzufügen.

Zusätzlicher Anknüpfungspunkt für das Passivierungsverbot solcher Verbindlichkeiten, welche nur aus künftigen Gewinnen zu begleichen sind, ist zum Teil die, auch bei den aktuellen Entscheidungen zum Rangrücktritt herangezogene, jedoch nicht näher erläuterte, „wirtschaftliche Belastung“[847]. In der Entscheidung RFH I A 183/31[848] wird zudem ausdrücklich auch eine *rechtlich* nicht bestehende Belastung durch die Verbindlichkeit angenommen. Wohl möglich mit derselben Intention, stellte der BFH in seinem Urteil BFH X R 225/93 fest, dass solche Verbindlichkeiten „[...] das (gegenwärtige) Vermögen des Schuldners *in keiner Weise* [Hervorhebung des Verfassers] belasten [...]“[849].

Da ebenfalls einen Rangrücktritt betreffend, ist in diesem Zusammenhang die Entscheidung IV R 57/91[850] von besonderem Interesse. In dem zugrunde liegenden Sachverhalt ging es um personell verbundene Gesellschaften, welche für eine zwischen diesen bestehende Verbindlichkeit eine Vereinbarung folgenden Inhalts vertraglich festgelegt hatten: „Die Gläubigerin tritt mit ihren Forderungen in Höhe von DM 1 Mio. hinter die Forderungen aller anderen Gläubiger in der Weise zurück, daß ihre Forderungen nur zu Lasten von Bilanzgewinnen, aus einem Liquidationsüberschuß oder aus dem die sonstigen Verbindlichkeiten der Schuldnerin übersteigenden Vermögen bedient zu werden brauchen.“[851] Der BFH sah in dieser Entscheidung die Verbindlichkeit der Höhe, sowie – sowohl rechtlich als auch wirtschaftlich – dem Grunde nach als entstanden an. Als dem widersprechend kämen nach Ansicht des Gerichts nur zwei, hier nicht vorliegende, Szenarien in Betracht: ein Erlass der Schuld gem. § 397 BGB oder, „[...] wenn sich ergibt, dass die Verbindlichkeit mit an Sicherheit grenzender Wahrscheinlichkeit nicht erfüllt werden muß [...][852]“. Wie das Gericht feststellte, war der Passivposten, *insbesondere,* weil die Verbindlichkeit auch aus dem „sonstigen

847 BFH Urteil vom 19.2.1981 – IV R 112/78 = BStBl. II 1981, 654 (658).
848 RStBl. II 1932, 303 (305).
849 BStBl. II 1997, 320 (323).
850 BFH Urteil vom 30.3.1993 – IV R 57/91 = BStBl. II 1993, 502.
851 BStBl. II 1993, S. 502.
852 BFH a.a.O., S. 502.

[...] Vermögen" zu begleichen war, nicht aufzulösen[853]. Ohne in diesem Urteil die Begrifflichkeit der „wirtschaftlichen Belastung" aufzugreifen, befasste sich der BFH speziell mit der „Wahrscheinlichkeit der Inanspruchnahme". Eine Prognose zum Zeitpunkt der Entscheidung lasse in diesem Fall nicht die Schlussfolgerung zu, eine solche Wahrscheinlichkeit sei nicht in ausreichendem Maße vorhanden[854]. Größere Relevanz maß das Gericht jedoch auch in diesem Urteil dem Grundsatz zu, Verbindlichkeiten, die nur aus künftigen Gewinnen zu tilgen sind, seien nicht zu passivieren. Gerade diesbezüglich erlangte die besondere Ausgestaltung der Rangrücktrittsvereinbarung Bedeutung, dass auch das „sonstige [...] Vermögen" zur Tilgung der Verbindlichkeit heranzuziehen sei. Aufgrund dessen sei die Verbindlichkeit weiterhin zu passivieren[855].

*(v) Folgerungen*

Schon vor dem Hintergrund dieser langen Rechtsprechungshistorie kann eine (wohl möglich auch nur eingeleitete) Trendwende des BFH aus den Entscheidungen zum Rangrücktritt nicht geschlossen werden. Sie sind vielmehr in Verbindung mit der diesbezüglichen vorangehenden Rechtsprechung und Gesetzgebung zu betrachten. Dennoch ist die Einordnung der Urteile nicht unproblematisch. Rein formal nimmt der BFH auf die „wirtschaftliche Verursachung" keinerlei Bezug. Die diese Entscheidungen kommentierende Literatur folgt ihm in dieser Hinsicht. Jedoch kann, insbesondere bei derart auslegungsbedürftigen und anwendungsspezifischen Begriffen wie der „wirtschaftlichen Verursachung" ebenso wie der „wirtschaftlichen Belastung", dem reinen Wortlaut keine hohe Bedeutung beigemessen werden. Dies gilt umso mehr als der BFH selbst bei der Interpretation und dem Gebrauch der Begriffe nicht immer konsequent bleibt. Gleichwohl wäre eine stringente Unterscheidung wünschenswert. Sie ist grundsätzlich auch durchführbar. Die „wirtschaftliche Last" oder „~ Belastung" ist allgemeines Merkmal des Passivierungsgrundsatzes[856], kein besonderes Merkmal der Periodenzuordnung durch die „wirtschaftliche Verursachung".

853 BFH a.a.O., S. 502 f.

854 BFH a.a.O., S. 503.

855 BFH a.a.O., S. 503.

856 Vgl.: Teil II B. V. 4. a) bb) (2) (a). Dass diese Einordnung auch der BFH vornimmt, ist auch aus der Entscheidung I R 100/10 ersichtlich: Dort erwähnt er die „wirtschaftliche Belastung" als Passivierungsvoraussetzung unter dem Aspekt des § 247 Abs. 1 HGB (BStBl. II 2012, 332 (333)), welcher eine Ergänzung des Vollständigkeitsgebotes darstellt (vgl. A/D/S, Rechnungslegung und Prüfung der Unternehmen, 6. Aufl., § 247 Rn. 2).

Konkretisiert wird Erstere bei gewissen wie ungewissen Verbindlichkeiten insbesondere durch eine Wahrscheinlichkeitsschwelle, welche überschritten sein muss, um einen hinreichenden Passivierungssachverhalt darzustellen[857]. Hinsichtlich bestehender Verbindlichkeiten orientiert sich die Überprüfung einer Belastung an der Inanspruchnahmewahrscheinlichkeit[858].

Beide Aspekte stehen nicht völlig losgelöst zueinander, sondern sind inhaltlich verknüpft. Dies wird besonders deutlich bei den genannten Fällen zum Rangrücktritt. Ein solcher wird durch verfügenden Schuldänderungsvertrag gem. § 311 Abs. 1 BGB, gemeinhin zur Vermeidung eines Erscheinens der betreffenden Verbindlichkeit in der Überschuldungsbilanz vereinbart[859]. Dadurch, dass die Tilgungspflicht auf die zukünftig zufließenden Gewinne beschränkt wird, nähern sich die generelle Ansatzpflicht aufgrund wirtschaftlicher Belastung und der Aspekt der Periodenzuordnung mittels wirtschaftlicher Verursachung naturgemäß stark an. Die Frage nach dem „ob" der Passivierung (in wirtschaftlicher Hinsicht) trifft hier mit der Frage nach dem „wann" weitgehend zusammen. Eine generelle Ansatzpflicht der hier in besondere Weise vertraglich ausgestalteten Verbindlichkeiten bejaht, steht auch die Periodenzuordnung – bis auf wenige Details – nicht mehr infrage[860].

Betreffend die Entscheidungen zum Rangrücktritt ist herauszustellen, dass der BFH im Grundsatz auch dort davon ausgeht, dass der *rechtliche* Bestand der Verbindlichkeit der Ausgangspunkt jeder Passivierungsüberlegung sein muss, der Rangrücktritt an der Passivierungsfähigkeit also grundsätzlich nichts ändert[861].

---

857 Siehe zu den unterschiedlichen Wahrscheinlichkeitsschwellen: Moxter, in: BB 1998, 2464.

858 Dies geht auch deutlich aus dem Urteil des BFH vom 16.12.2014 – VIII R 45/12 = BB 2015, 1839 (Tz. 23, 24) bezüglich einer Rückstellung im Passivprozess hervor.

859 BGH Urteil vom 5.3.2015 – IX ZR 133/14 = DStR 2015, 767 (771).

860 Eine bessere Trennbarkeit der beiden Aspekte zeigt sich z.B. in dem Fall einer (gem. dem BFH nicht zulässigen) Rückstellung für Überholungsarbeiten an einem Hubschrauber (Urteil vom 19.5.1987 – VIII R 327/83 = BStBl. II 1987, 848): Die Inanspruchnahmewahrscheinlichkeit wird ebenso wenig wie eine „wirtschaftliche Last" thematisiert. Das „ob" der Belastung bzw. die möglicherweise zu niedrige Inanspruchnahmewahrscheinlichkeit durch die Verpflichtung ist schon aufgrund des Going-Concern-Grundsatzes nicht diskutabel. Es ergibt sich ausschließlich die Frage nach dem „wann" der Passivierung, aufgrund nicht bestehender Verbindlichkeit in rechtlicher Hinsicht, hier geprüft anhand der „wirtschaftlichen Verursachung".

861 Vgl. BFH I R 44/14 a.a.O., S. 1552; zur grundsätzlichen Passivierung von Schulden auch im Falle deren Uneinbringlichkeit: BFH Urteile vom 26.2.2003 – II R 19/01 = DStRE 2014, 871 (872) und vom 5.2.2014 – I R 34/12, NV = DStR 2014, 1601 (1603). Grundsätzlich zur Bedeutung des rechtlichen Bestandes auch in Anbetracht

Diese Überlegung gilt es auch für die Interpretation des Rückstellungsansatzes, und dort für die korrekte Periodenzuordnung zu berücksichtigen. Die „wirtschaftliche Verursachung“ stellt dort nur eine Ergänzung zur (rechtlichen) Tatbestandsverwirklichung dar. In dieselbe Richtung geht auch die Annahme, dass der Rangrücktritt für sich nichts an der Passivierungspflicht der Verbindlichkeit ändert. Es komme vielmehr auf die jeweiligen Besonderheiten der Ausgestaltung der individuell einschlägigen, gesetzlichen und vertraglichen, Regelungen an.

Was den Entscheidungen die eigentliche Brisanz verleiht, ist jedoch die Tatsache, dass der unstreitige rechtliche Bestand einer Verbindlichkeit aber gleichzeitig auch nicht als stets ausreichend für eine Passivierung angesehen wird. Wenn eine rechtlich bestehende Verbindlichkeit – ausnahmsweise – keine „wirtschaftliche Belastung“ für das (gegenwärtige) Vermögen des Schuldners darstellt, so ist eine Passivierung nicht zulässig. Dieser Grundsatz wurde schon seit Längerem in der Rechtsprechung vertreten und mit der mangelnden Inanspruchnahmewahrscheinlichkeit begründet[862]. In den Rangrücktrittsentscheidungen wurde vergleichbar argumentiert, sich jedoch zudem auf § 5 Abs. 2a EStG gestützt.

Zusammengefasst sind die Urteile des RFH/BFH damals wie heute kritikwürdig, da durch diese Rechtsprechung eine vermeidbare Unsicherheit geschaffen wird, wie es stets der Fall ist, wenn unabhängig von rechtlichen Fakten, mithilfe „wirtschaftlicher“ Sichtweisen argumentiert wird. Die Abstrahierung des Entscheidungsinhaltes wird zusätzlich erschwert durch nicht einheitlichen Gebrauch der verwendeten Begrifflichkeiten und die nicht lückenlose Argumentation. Wie so oft in derartigen Fällen kann der Verdacht, dass der Begriff die argumentative Herleitung der gefundenen Lösung (zumindest zum Teil) ersetzt nicht zweifelsfrei beseitigt werden. In den neueren Fällen betreffend Rangrücktritte hätte (bei Fehlen des § 5 Abs. 2a EStG) eine „wirtschaftliche Belastung“ nicht verneint werden dürfen, da unter Zugrundelegung einer vorsichtigen Verbindlichkeitsbilanzierung eine Wahrscheinlichkeit der Inanspruchnahme nicht in hinreichendem Maße widerlegt werden hätte können[863]. Die rechtliche Entstehung

---

der „wirtschaftlichen Belastung“: A/D/S, Rechnungslegung und Prüfung der Unternehmen, 6. Aufl., §246 Rn. 110.

862 Unter anderem: BFH Urteile vom 22.11.1988 – VIII R 62/85 = BStBl. II 1989, 359 (361), vom 26.2.2003 – II R 19/01 = DStRE 2014, 871 (871 f.), vom 5.2.2014 – I R 34/12, NV = DStR 2014, 1601 (1603).

863 Vgl. hierzu die Rechtsprechungsanalyse von Günkel, in: BB 2015, 2091 (2091 ff.) hinsichtlich der Beurteilung der Wahrscheinlichkeit bei Verbindlichkeiten als Objekt von Rechtsstreitigkeiten und der hieraus folgenden Frage der Passivierung

der Verbindlichkeit begründet hier auch den maßgeblichen Zeitpunkt der Bilanzierung. Doch selbst bei Abstellen auf eine rein wirtschaftliche Verursachung würde die Passivierung nicht erst mit Vereinnahmung der tilgungsrelevanten Erträge geschehen, sondern richtigerweise bereits mit der Vereinnahmung der erhaltenen Darlehensbeträge[864]. Korrekt müsste die Unsicherheit der generellen Tilgungspflicht bei der Höhe der Darlehensvaluta nach den Grundsätzen der Wahrscheinlichkeit der Inanspruchnahme berücksichtigt werden, anstatt, unter Anwendung des § 5 Abs. 2a EStG, auf die Passivierung gänzlich zu verzichten[865], dies jedenfalls solange nicht konkrete Hinweise auf eine nicht eintretende Tilgungspflicht vorliegen.

Abstrakt ist eine Passivierung wirtschaftlich betrachtet irrelevanter Verbindlichkeiten[866] richtigerweise abzulehnen. Die sich hieraus ergebende Frage, wann eine solche wirtschaftliche Irrelevanz konkret bestehen soll, ist die eigentliche Problematik. Die Schaffung einer dies vorgebenden Norm ist jedenfalls die, einer einheitlichen Rechtsanwendung, förderlichere Alternative, verglichen mit dem sich Berufen auf schwer greifbare, begriffliche Eigenkreationen. Jedenfalls darf die Frage nach der tatsächlichen wirtschaftlichen Relevanz keine generelle, zweite Prüfinstanz werden, sondern muss auf deutlich abgrenzbare Einzelfälle (wie die mangelnde Erfüllungswahrscheinlichkeit) begrenzt bleiben.

#### *(dd) Behandlung noch nicht erfüllter Verbindlichkeiten nach Auflösung einer Kapitalgesellschaft*

Stellt eine Kapitalgesellschaft ihre werbende Tätigkeit ein, so bleibt meist eine vermögenslose Gesellschaft mit fortbestehenden Verbindlichkeiten zurück. Diese können gegenüber Dritten und/oder gegenüber Gesellschaftern oder anderen Konzerngesellschaften bestehen.

Die sich hieraus ergebende Problematik im Hinblick auf die bilanzielle Behandlung dieser Verbindlichkeiten ist ebenfalls dem Tatbestandsmerkmal der „Wahrscheinlichkeit der Inanspruchnahme“, beziehungsweise der Frage,

---

als Rückstellung. Hennrichs, in BB 2015, 1841 fasst bezüglich BFH VIII R 45/12 zusammen: „[...] bei Passivprozessen *in dubio pro* Rückstellung [...]“.

864 Vgl. Wendt, in: StBJb 2003/2004, S. 247 (256 f.).

865 So, jedoch ohne direkten Bezug gerade auf die Fälle des Rangrücktrittes, auch Wendt, in: StBJb 2003/2004, S. 247 (254 f.).

866 Wann eine solche vorliegt, gibt § 5 Abs. 2a EStG verbindlich vor.

wann eine „wirtschaftliche Belastung“ vorliegt, zuzuordnen[867]. Solche Fälle sind geprägt von der etwaigen Vermögenslosigkeit und dem Ende der Gesellschaft als Rechtspersönlichkeit durch Erlöschen[868]. Beides lässt die Periodenzuordnung unberührt.

Es ergibt sich aufgrund der besonderen Situation nur eine Änderung der Durchsetzbarkeit der der Verbindlichkeit zugrunde liegenden Forderung[869]. Der Bestand einer Verbindlichkeit bleibt sowohl durch Auflösung und Abwicklung als auch die Löschung unberührt[870]. Eine einmal rechtlich entstandene oder wirtschaftlich verursachte Verbindlichkeit löst somit keine neuen Ansatzprobleme aus. Daher ergeben sich auch im Hinblick auf nach der Löschung noch aufgefundenes Vermögen keine besonderen Probleme im Hinblick auf die wirtschaftliche Verursachung der Verbindlichkeit. Die Verbindlichkeit entsteht nicht neu, muss also auch nicht neu einer Rechnungsperiode zugeordnet werden.

Abweichend wäre jedoch im Hinblick auf eine Verbindlichkeit gegenüber einem Gesellschafter im Falle der Eröffnung des Liquidationsverfahrens zu urteilen, würde hierin ein (wirtschaftlicher) Verzicht des betreffenden Gläubiger-Gesellschafters gesehen[871]. Hierdurch würde eine Verbindlichkeit in Form der Steuerschuld gegenüber dem Finanzamt erst entstehen, was auch die Frage der Periodenzuordnung neu aufwerfen würde. Allerdings ist dieser Ansicht schon vom Ansatz her wenig überzeugend. Einen derartigen Gehalt der Eröffnung des Liquidationsverfahrens zu unterstellen kann selbst durch extensiven Gebrauch einer wirtschaftlichen Betrachtungsweise nicht gelingen[872].

#### *(3) Sondertatbestandsmerkmale bei öffentlich-rechtlichen Verpflichtungen*

Zu dem Tatbestandsmerkmal der „Wahrscheinlichkeit der Inanspruchnahme“ gehören auch die Sondertatbestandsmerkmale[873] bei öffentlich-rechtlichen

867 Eine dahin gehende Einordnung erfolgt auch durch: FG Köln Urteil vom 6.3.2012 – 13 K 3006/11 = EFG 2012, 1421 (1425 f.); Farle, in: DStR 2012, 1590 (1591); dies., in: BB 2012, 1507 (1509 f., 1512); Rödding/Scholz, in: DStR 2013, 993 (999).

868 Siehe zu den Begrifflichkeiten der §§ 60 ff. GmbHG: Gesell, in: Rowedder/Schmidt-Leithoff GmbHG, 5. Aufl., §60 Rn. 2.

869 So auch Farle, in: BB 2012, 1507 (1508).

870 Farle, in: BB 2012, 1507 (1507, 1509 f.).

871 So Haase/Dorn, in: BB 2011, 2907 (2908).

872 Ebenso: FG Köln Urteil vom 6.3.2012 – 13 K 3006/11 = EFG 2012, 1421 (1426); Farle, in: DStR 2012, 1590 (1591).

873 Vgl. zu diesen Teil III C. II. 1.

Verbindlichkeiten[874], was sich besonders deutlich an der Forderung nach der „Kenntniserlangung durch den Gläubiger“[875] zeigt.

Hierbei handelt es sich letztlich um die Berücksichtigung des Umstandes, dass öffentlich-rechtliche Verpflichtungen nicht immer eine hinreichend sichere Belastung erzeugen, da der Gläubiger oftmals noch eine Vielzahl gleichartiger und sonstiger Forderungen gegen zahlreiche andere Schuldner besitzt. Grob gesagt ist der Staat nicht immer so stark in die Gläubiger-Schuldner-Beziehung integriert, dass eine Durchsetzung seines Anspruchs ausreichend wahrscheinlich, jedenfalls zeitnah, auch tatsächlich verwirklicht wird. Hervorzuheben sind als dahin gehende Anwendungsfälle speziell die Verpflichtungen, die sich unmittelbar aus dem Gesetz ergeben. Der abstrakt-generellen Natur eines Gesetzes entsprechend ist die tatsächliche Erfüllung durch die individuell Verpflichteten hier zunächst kaum nachzuvollziehen. Der Gläubiger ist vielfach schlicht noch zu weit davon entfernt, auch tatsächlich auf das Schuldnervermögen einzuwirken, sodass eine wirtschaftliche Belastung des Schuldners (= Bürgers) noch nicht ohne Weiteres vorliegt[876].

### *c) Rechtsprechung des BFH*

#### *aa) Statisch geprägter Interpretationsansatz*

Bei seiner statisch geprägten Interpretation orientiert sich der BFH maßgeblich an der rechtlichen Vollentstehung der Verbindlichkeit. Die statische Bilanztheorie stellt den Bestand des nach rechtlichem Maßstab abzubildenden Vermögens zum Bilanzstichtag in den Vordergrund[877]. Entscheidender Anhaltspunkt ist also die vollständige Erfassung der Außenverpflichtungen um die Möglichkeit der Schuldendeckung im Dienste der Abflussbemessung, sei es durch staatliche Abgaben oder unternehmensinterne Ausschüttungen, beurteilen zu können.

Periodisierungsgesichtspunkte werden dabei nicht außer Acht gelassen, treten jedoch, was die Zielrichtung betrifft, in den Hintergrund.

Von diesen Gedanken geleitet formulierte der BFH bezüglich der „wirtschaftlichen Verursachung“ wie folgt: „Erforderlich ist in jedem Fall, daß die

874 Dies deutlich herausstellend: BFH Urteil vom 19.11.2003 – I R 77/01 = DStR 2004, 134 (135); a.A. offenbar Köster, in: FS Herzig, S. 695 (696).

875 Vgl. BFH Urteil vom 19.11.2003 – I R 77/01 = DStR 2004, 134 (135).

876 Vgl. zum Zusammenhang der Besonderheiten bei öffentlich-rechtlichen Verpflichtungen, der wirtschaftlichen Belastung und der Wahrscheinlichkeit der Inanspruchnahme BFH Urteil vom 6.6.2012 – I R 99/10 = DStR 2012, 1790 (1794 f.).

877 Vgl.: Teil II B. IV. 2. und Teil III B. V.

Verbindlichkeit, die rechtlich erst in der Zukunft entsteht, so eng mit dem betrieblichen Geschehen des vergangenen Geschäftsjahres verknüpft ist, daß es gerechtfertigt erscheint, sie wirtschaftlich als eine bereits am Bilanzstichtag bestehende Last anzusehen. Das wird man im Allgemeinen nur annehmen können, wenn der Tatbestand, dessen Rechtsfolge die Verbindlichkeit ist, im Wesentlichen vor dem Bilanzstichtag verwirklicht wird."[878]

Gleichbedeutend, nur mit leicht veränderter Wortfolge existiert auch eine Beschreibung folgendermaßen: „Wirtschaftlich verursacht ist eine Verbindlichkeit, wenn der Tatbestand, von dessen Verwirklichung ihre Entstehung abhängt, in dem betreffenden Wirtschaftsjahr im Wesentlichen bereits verwirklicht ist und die Verbindlichkeit damit so eng mit dem betrieblichen Geschehen dieses Wirtschaftsjahres verknüpft ist, daß es gerechtfertigt ist, sie wirtschaftlich als eine bereits am Bilanzstichtag bestehende Verbindlichkeit zu behandeln [...]."[879]

Im Ergebnis gleich, aber teilweise konkretisiert formulierte der VIII. Senat: „Die wirtschaftliche Verursachung einer Verbindlichkeit im abgelaufenen Wirtschaftsjahr oder in den Vorjahren setzt voraus, daß – ungeachtet der rechtlichen Gleichwertigkeit aller Tatbestandsmerkmale einer Verbindlichkeit – die wirtschaftlich wesentlichen Tatbestandsmerkmale erfüllt sind und das Entstehen der Verbindlichkeit nur noch von wirtschaftlich unwesentlichen Tatbestandsmerkmalen abhängt [...]. Maßgebend ist demnach nicht das in der Betriebswirtschaftslehre entwickelte Verursachungsprinzip im Sinne der Verwirklichung einzelner Umstände, die eine spätere Entstehung der Verbindlichkeit nach sich ziehen können [...] sondern die wirtschaftliche Wertung des Einzelfalles im

878 BFH Urteil vom 24.6.1969 – I R 15/68 = BStBl. II 1969, 581 (582); verkürzt („wirtschaftliche Entstehung") auch: BFH Urt. v. 13.12.2007 – IV R 85/05 = BStBl. II 2008, 516 (519).

879 BFH Urteil 10.12.1992 – XI R 34/91 = BStBl. II 1994, 158 (159) – Hier stellt der BFH auf einen Mangel als ausschlaggebendes Moment der Zurechnung von Nachbetreuungsaufwand ab. Mayer-Wegelin, in: DB 1995, 1241 (1241 f.) scheint hierin eine Auslegung im Sinne einer dynamische Tendenz zu sehen. Doch wird hier vielmehr deutlich, dass gerade die Ertragsrealisation unbedeutend ist. Die Nachbetreuungspflicht ist für die Gewinnrealisation unerheblich, welche somit bereits in der Vergangenheit mit Übergabe und Eigentumsverschaffung der (zunächst) mangelfreien Ware erfolgte, vgl. Lüders, Der Zeitpunkt der Gewinnrealisierung im Handels- und Steuerbilanzrecht, S. 42 f.

Lichte der rechtlichen Struktur des Tatbestandes, mit dessen Erfüllung die Verbindlichkeit entsteht."[880]

Diese Formulierung ist im Grunde gleichlautend mit der des I. Senats, wenn er feststellt, dass die wirtschaftliche Verursachung voraussetzt, „[...] daß die Verbindlichkeit so eng mit dem betrieblichen Geschehen des abgelaufenen Wirtschaftsjahres verknüpft ist, daß es gerechtfertigt erscheint, sie wirtschaftlich diesem Wirtschaftsjahr zuzuordnen. Dies ist [*hier;* Anm. d. Verf.] der Fall, da die wirtschaftlich wesentlichen Tatbestandsmerkmale der Rückzahlungspflicht in diesem Zeitraum erfüllt wurden und das Entstehen nur noch von wirtschaftlich unwesentlichen Tatbestandsmerkmalen abhängt [...]."[881]

All diese Formulierungen folgen daraus, dass der Vergangenheitsbezug der Verpflichtung maßgeblich durch die Erfüllung des gesetzlichen Tatbestandes, mithin die rechtliche Vollentstehung, vorgegeben wird. Dies jedoch derart, dass wenigstens ein bestimmtes Minus, kein Aliud, zum formalrechtlichen Vollbestand der Verpflichtung gefordert wird. Hierfür wird die bloße wirtschaftliche Verursachung der Verpflichtung als ein Zwischenschritt zu ihrer rechtlichen Vollentstehung angesehen. Im rechtlichen Tatbestand sind alle Tatbestandsmerkmale grundsätzlich gleichwertig. Fehlt eines, so ist der Tatbestand nicht erfüllt, die Rückstellung darf nicht angesetzt werden. Die „wirtschaftliche Verursachung", nach dieser Interpretation, weicht die Gleichwertigkeit auf und wertet die Tatbestandsmerkmale in wesentliche und unwesentliche. Da es sich hierbei um die *wirtschaftliche* Verursachung handelt, welche als Aspekt des Bilanzrechts, zur Abbildung wirtschaftlicher Sachverhalte, in besonderer Weise mittels der wirtschaftlichen Betrachtungsweise zu interpretieren ist[882], müssen auch die Tatbestandsmerkmale gerade *wirtschaftlich* wesentlich sein[883]. Hierdurch wird letztlich eine zweite Wertungsebene geschaffen, welche die „Wesentlichkeit" noch dehnbarer macht, als sie es für sich bereits wäre.

---

880 BFH Urteil vom 19.5.1987 – VIII R 327/83 = BStBl. II 1987, 848 (849); diese Formulierung weitgehend übernehmend: BFH Urteile vom 13.11.1991 – I R 102/88 = BStBl. II 1992, 336 (338); v. 6.6.2012 – I R 99/10 = DStR 2012, 1790 (1793).

881 BFH Urteile vom 12.12.1990 – I R 18/89 = BStBl. II 1991, 485 (486); v. 12.12.1990 – I R 153/86 = BStBl. II 1991, 479 (482); v. 30.11.2005 – I R 110/04 = BStBl. II 2007, 251 (253).

882 Vgl. zur wirtschaftlichen Betrachtungsweise: Teil II B. III, insbesondere 4.

883 Dies geht über eine Handhabung wie beim „Typusbegriff" noch hinaus, da dort stets alle Merkmale vorliegen müssen und nur ihre jeweilige Ausprägung im konkreten Fall variieren kann. Vgl. zu §15 I 1 Nr. 2 EStG: Jakob, Einkommensteuer, 3. Aufl., Rn. 962 sowie BFH Beschluss vom 25.6.1984 – GrS 4/82 = BStBl. II 1984, 751 (769).

Dieser Ansatz am rechtlichen Bestand der Verpflichtung, mit der „wirtschaftlichen Verursachung" als Zwischenschritt, ist der Grund weshalb vereinzelt synonym der Begriff der wirtschaftlichen *Entstehung* gebraucht wird[884]. Aufgrund der Ausgestaltung der HGB-Bilanz als eine Bilanz im Rechtssinne[885] wäre grundsätzlich eine formal-rechtlich entstandene, also bestehende Verpflichtung, zu fordern um eine (wirtschaftliche) Last bereits in der Rechnungsperiode zu bejahen. Die Bilanz im Rechtssinne schließt jedoch auch die juristischen Auslegungstechniken der gesetzlichen Tatbestände mit ein. Zu diesen gehört auch die wirtschaftliche Betrachtung als teleologische Auslegung. Die Verbindlichkeit muss demzufolge nicht rechtlich (voll) bestehen, sondern nur aufgrund einer wirtschaftlichen Betrachtungsweise als quasi „rechtlich bestehend" anzusehen sein[886]. Dies ist durch eine auf Ebene der wirtschaftlichen Betrachtungsweise angezeigte wertende Betrachtung der Verpflichtungsbestandteile zu beurteilen, in der einige dieser Bestandteile durch ihr Vorliegen das Nicht-Vorliegen anderer überlagern. Ausgangspunkt ist dabei stets der Gedanke der vollständigen Erfassung der rechtlich bestehenden Verbindlichkeiten, allerdings unter Berücksichtigung des Vorsichtsgebots im Hinblick auf den effektiven Vermögensschutz, im Wege wirtschaftlicher Betrachtung ausgeweitet auf (angeblich) hinreichend objektivierte, unvollständig entstandene Verpflichtungen.

Dasselbe Ergebnis wird im Grunde erzielt, wenn die „wirtschaftliche Verursachung" *jedenfalls* deshalb bejaht wird, weil die Verpflichtung rechtlich besteht[887].

In diese Richtung geht das Urteil des BFH vom 19.9.2012[888]. Das Gericht verneinte hier die „wirtschaftliche Verursachung" von Verpflichtungen aus Friseur-Treuegutscheinen mit dem Argument, diese setze die Durchführung des Geschäfts voraus, auf das der Gutschein angerechnet werden könne. Hier hätte der BFH auch darauf abstellen können, dass die Verursachung der Verpflichtung, durch Minderung einer zukünftigen Forderung, dadurch zustande kam, dass vorherige Leistungen in Anspruch genommen wurden, aufgrund derer die Treuegutscheine erst ausgegeben wurden[889]. Stattdessen knüpft der Senat aber

884 BFH Urteile vom 20.3.1980 – IV R 89/79 = BStBl. II 1980, 297 (298); v. 16.11.1982 – VIII R 95/81 = BStBl. II 1983, 361 (363).

885 Vgl. zur Bilanz im Rechtssinne: Teil II B. II. sowie zur Maßgeblichkeit der Handels- für die Steuerbilanz: Teil II A.

886 Vgl. hierzu auch: Döllerer, in: DStZ 1975, 291 (294).

887 So BFH Urteile vom 25.3.2004 – IV R 35/02 = BStBl. II 2006, 644 (646); v. 21.9.2005 – X R 29/03 = DStRE 2006, 964 (966); v. 8.9.2011 – IV R 5/09 = BB 2011, 3119 (3122).

888 IV R 45/09 = BStBl. II 2013, 123.

889 Dies bevorzugt wohl Kolbe, in: StuB 2013, 140 (142). Würde man auf diesen Fall die Alimentationsthese anwenden, so wäre dies tatsächlich der korrekte Ansatz. Der

an das Geschäft an, von dessen Forderung der Abzug der Treuegutscheinprämie erfolgt. Die „wirtschaftliche Verursachung" folgt hier also der künftigen Dienstleistung des Friseurs, mithin der rechtlichen Entstehung der Forderung des Friseurs. Diese ist aber quasi die Kehrseite der Verpflichtung des Friseurs zum Preisnachlass, sodass im Endeffekt auch hier die „wirtschaftliche Verursachung" keinen eigenständigen Inhalt besitzt, sondern an der rechtlichen Verpflichtung zur Ermäßigung anknüpft. Diese kann erst dann (voll) entstehen, wenn die anrechenbare Forderung des Friseurs entstanden ist.

### *bb) Dynamisch geprägter Interpretationsansatz*

Ein dynamischer Ansatz lässt sich daraus ableiten, dass die korrekte Periodenzuordnung des Aufwands in den Vordergrund rückt. Die Ermittlung möglichst exakter Periodengewinne gewinnt gegenüber dem vollständigen, vorsichtig ermittelten, Schuldenausweis zum Bilanzstichtag an Bedeutung. Maßgeblich für den Ansatz der Rückstellung ist die eher betriebswirtschaftlich ermittelte Zuordnung des abzubildenden Aufwands zur Rechnungsperiode um deren Vergleichbarkeit und damit den Informationsgehalt über die Unternehmensentwicklung zu steigern[890].

Der BFH formuliert zum Teil deutlich in diese Richtung: „Die Bildung einer Rückstellung setzt die konkretisierte Zugehörigkeit künftiger Ausgaben zu bereits realisierten Erträgen voraus [...]. Die Erfüllung einer rückstellungsfähigen Verpflichtung muß [...] nicht nur an Vergangenes anknüpfen, sondern auch Vergangenes abgelten. An einer wirtschaftlichen Verursachung in der Vergangenheit fehlt es insbesondere, wenn eine ungewisse Verbindlichkeit wirtschaftlich eng mit den künftigen Gewinnchancen verbunden ist"[891]. Die Formulierung, die künftige Zahlung müsse nicht nur an Vergangenes anknüpfen, sondern Vergangenes abgelten, wird in anderen Entscheidungen auch einzeln benutzt[892]. Gleiches gilt für die Formulierung, der Aufwand müsse in konkretisierter Weise

künftige Aufwand wäre also bereits realisiertem Ertrag zuzuordnen. Der erst zukünftige Ertrag, auf welchen der Gutschein sich mindernd auswirkt, kann hingegen nicht als durch diesen Aufwand alimentiert angesehen werden. Der Gutschein wird auf den künftigen Ertrag zwar angerechnet, ausgegeben allerdings aufgrund des bereits realisierten Ertrages.

890 Vgl. zur dynamischen Bilanztheorie: Teil II B. IV. 3.

891 BFH Urteil vom 25.8.1989 – III R 95/87 = BStBl. II 1989, 893 (895).

892 BFH Urteile vom 3.12.1991 – VIII R 88/87 = BStBl. II 1993, 89 (92); v. 28.7.2004 – XI R 63/03 = BStBl. II 2006, 866 (868).

den entsprechenden Erträgen zugeordnet werden[893] und die nicht bestehende Verbundenheit mit künftigen Gewinnchancen[894].

Diese Definition knüpft maßgeblich daran an, den Aufwand „seinem" Ertrag zuzuordnen. Das Ergebnis wäre die Ermittlung des hiernach korrekten Periodengewinns. Besonders deutlich wird dies bei der „konkretisierten Zugehörigkeit zu bereits realisierten Erträgen".

Weniger eindeutig ist hingegen die Forderung, es müsse Vergangenes abgegolten werden. Dies ist dahin gehend zu verstehen, dass der Aufwand die negative Kehrseite eines bereits realisierten Ertrags sein soll. Abgegolten wird also eine bereits realisierte Leistung.

Eine „Verbundenheit mit künftigen Gewinnchancen" ist so zu interpretieren, dass der Aufwand der zu Ertrag erstarkenden Gewinnchance zuzurechnen ist. Der Ansatz besteht also weniger an der Verpflichtung selbst, sondern am zugehörigen Ertrag, was konsequenterweise die Ermittlung eines Periodensaldos in den Vordergrund, die vorsichtige und vollständige Schuldenerfassung, für sich, in den Hintergrund geraten lässt.

### *cc) Entscheidung des IV. Senats vom 17.10.2013 (IV R 7/11)*[895]

#### *(1) Bedeutung und historischer Zusammenhang*

Diese Entscheidung des BFH wurde mit großer Spannung erwartet, lieferte dann aber doch nur teilweise weiterführende Bekenntnisse. Die Bedeutung erklärt sich aus der (erneuten) Möglichkeit des Gerichts sich einer einheitlichen Rechtsprechung anzunähern und dabei nicht nur mit Blick auf zukünftige Entscheidungen eine Linie zu finden, sondern auch gleich stark auf vergangene Rechtsprechung Bezug zu nehmen. Ein Hinweis auf die Brisanz war dabei auch dem Beitritt des BMF zu dem Verfahren zu entnehmen.

Verkürzt dargestellt ging es um die Rückstellungsfähigkeit der Verpflichtungen aus flugsicherungsrechtlichen Vorschriften zur Überholung und Nachprüfung von Fluggeräten. Einen vergleichbaren Sachverhalt hatte der VIII. Senat bereits im Jahre 1987 zu entscheiden[896]. Dort formulierte das Gericht zunächst hinsichtlich der Relevanz und des Inhalts der wirtschaftlichen Verursachung eine klar im Sinne der Rechtsprechung des I. Senats zu verstehende Definition[897].

---

893 BFH Urteil vom 28.6.1989 – I R 86/85 = BStBl. II 1990, 550 (553).

894 BFH Urteil vom 13.5.1998 – VIII R 58/96 = BFH/NV 1999, 27 (28).

895 DStR 2013, 2745.

896 BFH Urteil vom 19.5.1987 – VIII R 327/83 = BStBl. II 1987, 848.

897 A.a.O., S. 849.

Bezüglich des Inhalts bleibt das Gericht dort sehr nahe am rechtlichen Tatbestand, weshalb die Beurteilung der wirtschaftlichen Verursachung „[...] in jene [die rechtliche Struktur der Verbindlichkeit; Anm. d. Verf.] einzubetten [.]“[898] sei. Da Ursache der Verbindlichkeit der zukünftige Betrieb sei, liege ein Ansatzrecht nicht vor[899].

Das FG Düsseldorf[900] hatte sich hinsichtlich der Frage nach der Relevanz der „wirtschaftlichen Verursachung“, als Vorinstanz zur BFH-Entscheidung vom 17.10.2013, klar positioniert, indem es einen „wirtschaftlichen Bezug“, gemeint ist die „wirtschaftliche Verursachung“, ausdrücklich nur dann für notwendig hält, wenn die Passivierung rechtlich noch nicht bestehender Verbindlichkeiten infrage steht[901]. Hinsichtlich des Inhalts der „wirtschaftlichen Verursachung“ folgt das Gericht weitgehend der Entscheidung des VIII. Senats vom 19.5.1987, wenn es auf den *Ablauf* der normierten Frist zur Umrüstung und Anpassung der Fluggeräte abstellt. Abstrakt bedient es sich einer Definition unter Zugrundelegung des Erfordernisses der Erfüllung der „wirtschaftlich wesentlichen Tatbestandsmerkmale“, behilft sich im Weiteren jedoch auch mit anderen, bereits vorhandenen, Definitionsteilen und stützt sich darüber hinaus auf ein, dem aktiven Realisationsprinzip auf der Passivseite gegenüberstehendes, Belastungsprinzip[902]. Letztendlich zitiert das Gericht bei dem Versuch der Subsumtion nahezu sämtliche existierenden Inhaltsdefinitionen. Aufgrund dieser sei die Rückstellungsbildung vor Ablauf der normierten Pflicht zukunftsorientiert.

### *(2) Ergebnis und Folgen der Entscheidung*

In der Entscheidung IV R 7/11 leistet der BFH bei dem Versuch eine Stringenz hinsichtlich der Rechtsprechung zur Relevanz des Merkmals herzustellen, zur Klärung der Frage nach der Interpretation der „wirtschaftlichen Verursachung“ keinen wesentlichen Beitrag. Zwar kommt er hinsichtlich der Relevanz des Merkmals zu dem gleichen Ergebnis wie der I. Senat in steter Rechtsprechung, doch lässt die inhaltliche Ausfüllung des Merkmals weiter Fragen offen.

Positiv, und vom Gericht selbst herausgestellt, ist zunächst die, in dieser Deutlichkeit für den BFH nicht selbstverständliche, Klarstellung einer – im

---

898 A.a.O., S. 850.

899 A.a.O., S. 850.

900 3 K 3356/08 F = EFG 2011, 884.

901 A.a.O., S. 885, 887 f.

902 A.a.O., S. 886 f. Vgl. zum Belastungsprinzip: Teil II B. V. 4. a) bb) (2) (b).

Ergebnis – mit der Rechtsprechung eines anderen Senats gleichlaufenden Beantwortung der Relevanzfrage.

Die bloße Feststellung, dass nun eine insoweit einheitliche Rechtsprechung mit der des I. Senats besteht, ist dem Gericht eine eigene Teilziffer wert[903]. Ein so deutlicher, wenngleich wenig weitreichender Versuch, Rechtssicherheit durch tatsächliche Rechtseinheit herzustellen, war in der Rechtsprechung des BFH bislang kaum erkennbar. Jedoch kommt der IV. Senat zu diesem Ergebnis mithilfe einer von der des I. Senats abweichenden Begründung. Diesem zufolge ist nicht die „wirtschaftliche Verursachung" irrelevant, wenn der rechtliche Tatbestand erfüllt ist, sondern ist eine wirtschaftliche Verursachung stets gegeben, wenn der Tatbestand rechtlich voll erfüllt ist. Einem echten Alternativverhältnis zwischen zwei Tatbestandsmerkmalen entspricht dies nicht.

Der IV. Senat schließt von der Definition der wirtschaftlichen Verursachung mithilfe der „wirtschaftlich wesentlichen Tatbestandsmerkmale" darauf, dass es einer Prüfung der „wirtschaftlichen Verursachung" nicht mehr bedarf, wenn die Verpflichtung bereits rechtlich entstanden ist. Eine Verpflichtung sei spätestens im Zeitpunkt ihrer rechtlichen Entstehung auch wirtschaftlich verursacht[904].

*(3) Kritik*

Die vom BFH hier vertretene Ansicht mag letztendlich zielführend sein, doch steht die Ausschließlichkeit mit der der IV. Senat sich dem I. anschließt einem noch größeren Gewinn an Rechtssicherheit entgegen. Denn nur der Fall, dass eine Verpflichtung rechtlich bereits entstanden ist, scheint insoweit geklärt. Auf eine etwaige „wirtschaftliche Verursachung" ist dort nicht mehr zu achten. Dies stellt zumindest eine klare Absage an diejenigen Stimmen dar, die eine „wirtschaftliche Verursachung" als einzig relevantes Merkmal ansehen[905]. Doch ist der Inhalt der „wirtschaftlichen Verursachung" und damit all diejenigen Fälle, in denen eine rechtliche Entstehung noch nicht erfolgt ist weiterhin ungeklärt.

Gerade diese Frage nach dem Inhalt des Merkmals beantwortet das Gericht dann auch zumindest diskussionswürdig, indem es streng am rechtlichen

---

903 Tz. 25 = a.a.O., S. 2747. Insoweit handelt es sich tatsächlich um ein Novum für den IV. Senat, der eine inhaltlich ähnliche Argumentation bislang eher dazu nutze, klarzustellen, dass er sich nicht zu der Relevanzproblematik hinsichtlich der wirtschaftlichen Verursachung äußern müsse, vgl. das Urteil vom 8.9.2011 – IV R 5/09 = DStR 2011, 2186 (2187).

904 A.a.O., S. 2747.

905 So z.B.: Weber-Grellet, in: Schmidt, EStG, 32. Aufl., §5 Rn. 384.

Bestand der Verbindlichkeit haftet. Anknüpfungspunkt ist hierbei die Frage, inwieweit eine Verpflichtung vor Ablauf der Frist zur Pflichtmaßnahme wirtschaftlich verursacht ist. Der Fristablauf markiere hiernach den Zeitpunkt, in dem eine zukunftsorientierte Maßnahme in eine vergangenheitsorientierte übergeht und damit passivierungspflichtig wird[906]. Der wirtschaftliche Bezugspunkt der Verpflichtung liege vor Ablauf der Erfüllungsfrist nicht in der Vergangenheit, sondern die Verpflichtung knüpfe an den Ablauf der Umsetzungsfrist an und dies auch unabhängig davon, ob der Grund für die Verpflichtung bereits vor dem Bilanzstichtag angelegt war[907].

Diese Sichtweise führt zu einer fragwürdigen Existenzberechtigung des Merkmals der „wirtschaftlichen Verursachung"[908]. Der IV. Senat stellt im Grunde ausschließlich auf den rechtlichen Tatbestand der Verbindlichkeit ab. Die Differenzierung im Hinblick auf die „Zukunfts-" bzw. „Vergangenheitsorientiertheit" durch Abstellen auf den Fristablauf, der die *rechtliche* Entstehung der Verpflichtung markiert, überzeugt nicht. Es stellt sich insbesondere die Frage, weshalb die Zukunftsorientierung einer Verbindlichkeitserfüllung stets deshalb ausscheidet, weil die Verpflichtung, nach Ablauf der Umsetzungspflicht, bereits hätte erfüllt werden sollen, völlig unabhängig davon, ob sie bereits erfüllt wurde oder nicht[909]. Im Endeffekt stellt das Urteil, obwohl es die „wirtschaftliche Verursachung" nie als überflüssiges Tatbestandsmerkmal ansieht, durch diese Art der inhaltlichen Ausfüllung, die Relevanz des Merkmals generell infrage.

Somit ist es ein, für die Rechtsprechung im Hinblick auf diesen Themenkreis, überraschend konkreter Anhaltspunkt für die Bildung einer einheitlichen Rechtsprechung. Allerdings ist eine solche, wenngleich ihr im Rahmen der Frage nach der Relevanz des Merkmals bezüglich *eines* denkbaren Sachverhaltes nähergekommen wurde, bezüglich der Frage nach dem Inhalt der „wirtschaftlichen Verursachung" weiterhin nicht in Sicht.

### *d) Ansichten in der Literatur*

Die Meinungen in der Literatur beschränken sich in der Regel darauf, dass der einen oder anderen Tendenz im Sinne der BFH Rechtsprechung der Vorzug

906 A.a.O., S. 2747.
907 A.a.O., S. 2749.
908 Ebenso: Hoffmann, in: DStR 2013, 2745 (2750).
909 Dahin gehend ebenfalls kritisch: Hoffmann a.a.O.

gegeben wird. So lassen sich sowohl bezüglich der statischen[910], wie auch der dynamischen[911] Interpretation Stimmen finden, sowie auch solche, die auf ein „Entweder-oder“ abstellen[912] und sich damit ebenfalls an Urteilen des BFH, nämlich solchen, in denen sich dieser nicht eindeutig und stringent ausdrückt[913], orientieren, beziehungsweise dem Umstand Rechnung tragen, dass das Gericht sich beider Interpretationen bedient.

Dahin gehend auch *Frotscher*, nach welchem eine rechtlich entstandene Verbindlichkeit am Bilanzstichtag auch immer wirtschaftlich verursacht ist[914].

Wohl täte man jedoch *Moxter* unrecht, würde man behaupten, auch er bediene sich am Angebot des BFH zur Interpretation der „wirtschaftlichen Verursachung“. Die Annahme des umgekehrten Falles kommt der Wahrheit hier wohl näher. Der BFH selbst zitiert *Moxter*, wenn er sich von der dynamischen Bilanztheorie bei der Interpretation der „wirtschaftlichen Verursachung“ leiten lässt[915]. Die konsequente Fortführung der Alimentationsthese kommt zu einem vergleichbaren Ansatz wie der BFH in seiner dynamischen Auslegung. Wird bei

---

910 Kozikowski/Schubert, in: BeckBilKo, 8. Aufl., §249 Rn. 36 („wirtschaftliche Entstehung“ – Vgl. hierzu Teil III B. II. 4. c) aa)); Schön, in: BB 1994, Beilage 9, S. 7 („wirtschaftliche Entstehung“); Döllerer, in: DStR 1979, 3 (5, „wirtschaftliche Entstehung“); Schulze-Osterloh, in: Baumbach/Hueck GmbH-Gesetz, 18. Aufl., §42 Rn. 237; im Ergebnis auch: Hennrichs, in: MüKo AktG, 2. Aufl., §249 HGB Rn. 42 („wertende Gesamtbetrachtung die an der rechtlichen Struktur des jeweiligen Tatbestandes zu orientieren ist“); inkonsequent hingegen Naumann, Die Bewertung von Rückstellungen, S. 142, welcher für die „wirtschaftliche Verursachung“ einerseits das aus wirtschaftlicher Betrachtung heraus zu beurteilende, wirtschaftliche Entstehen der Schuld und nicht („pauschal“) die dynamische Aufwands-Ertragszuordnung, als maßgeblich ansieht und dabei auch mit der negativen Beeinflussung des Schuldendeckungspotentials argumentiert, aber andererseits die rechtliche Entstehung nicht als ausreichend ansieht.

911 Z.B.: Ballwieser, in: MüKo HGB, 3. Aufl., §249 Rn. 19; Herzig, in: DStJG Band 14, S. 199 (212); Weber-Grellet, in: Schmidt EStG, 32. Aufl., §5 Rn. 386 – Letzterer sieht allerdings auch die „Verwirklichung des wesentl Tatbestandes der Verbindlichkeit“ als darauf abzielend an.

912 Z.B.: Koss/Lemmen/Niemann/Wohlgemuth, in: Jahres- und Konzernabschluss nach Handels- und Steuerrecht, 13. Aufl., Rn. 1654.

913 Vgl. hierzu im Folgenden.

914 In: Praxiskommentar EStG, 170. Lfrg., §5 Rn. 353.

915 BFH Urteile vom 25.8.1989 – III R 95/87 = BStBl. II 1989, 893 (895); v. 28.6.1989 – I R 86/85 = BStBl. II 1990, 550 (553); v. 25.3.1992 – I R 69/91 = BStBl. II 1992, 1010 (1012).

der Frage nach der Zulässigkeit des Rückstellungsansatzes ausschließlich auf die „Alimentierung" des Ertrags durch Aufwand in der aktuellen oder einer vorherigen Rechnungsperiode abgestellt[916], so ist die inhaltliche Ausgestaltung der „wirtschaftlichen Verursachung" nach dieser Ansicht bereits vorgegeben. Am nächsten kommt der Definition durch *Moxter* diejenige des BFH, in der er eine „konkretisierte Zugehörigkeit des Aufwands zu bereits realisierten Erträgen" fordert.

### *e) Stellungnahme*

Die Rechtsprechung des BFH erweist sich auch in diesem Bereich als unergiebig. Neben den Urteilen, die eine statische Tendenz besitzen, existieren solche, die stärker der dynamischen Bilanztheorie zuneigen. Eine einheitliche Rechtsprechung ist, wie auch beim Problem der Relevanz der „wirtschaftlichen Verursachung", nicht gegeben. Darüber hinaus sind die Formulierungen des BFH vielfach zweideutig. Einerseits wird die Formulierung der „wirtschaftlich wesentlichen Tatbestandsmerkmale" benutzt, andererseits wird zusätzlich ein oder mehrere Aspekte einer dynamischen Prägung, wie dargestellt, zur Interpretation herangezogen[917]. Dies kann man als Konfliktscheue auslegen, in dem Sinne, dass der jeweilige Senat sich einfach aus dem Gemenge an BFH-Formulierungen nach Belieben bedient, um sodann sein eigenes Ergebnis im konkreten Fall zu begründen, ohne sich vorwerfen lassen zu müssen, er hätte sich in Widerspruch zu vorherigen Entscheidungen gesetzt, da er ja vermeintlich ersichtlich die verschiedenen Ansätze berücksichtigt hat, er nur im konkreten Fall zu einem anderen Ergebnis kommt. Man kann darin aber auch ein bewusstes Zugeständnis an eine statische Auslegung sehen, die zumindest im Grunde nicht als falsch angesehen wird, wenngleich gegebenenfalls im konkreten Fall eine dynamische Interpretation den Vorzug erhält.

Fakt ist jedenfalls, dass der BFH seine statische Linie nie explizit aufgeben hat. Fakt ist des Weiteren, dass er die Alimentationsthese nach *Moxter* nie als selbstständige Interpretationsgrundlage genannt oder sie dem Inhalt nach als alleinigen Maßstab herangezogen hat[918],

916 Vgl. zur Konstruktion der Alimentationsthese: Teil III C. 3. c) aa) (1).

917 So z.B. bei BFH Urteilen vom 25.8.1989 – III R 95/87 = BStBl. II 1989, 893 (895); v. 13.5.1998 – VIII R 58/96 = BFH/NV 1999, 27 (28); v. 19.5.1987 – VIII R 327/83 = BStBl. II 1987, 848 (850).

918 Bzgl. Letzterem a.A.: Scheffler, in: Beck'sches Handbuch der Rechnungslegung, Band 1, 32. Lfrg., B 233 Rn. 57a; dies könnte jedoch bzgl. des BGH angenommen werden.

sondern nur um die eigene Interpretation des jeweiligen Senats, zum Teil, zu stützen[919].

Berücksichtigt man die gesetzlichen Grundlagen, so kann sich auch keine Interpretation der „wirtschaftlichen Verursachung" im Sinne der dynamischen Theorie ergeben. Zunächst ist jedoch zuzugeben, dass ein dynamischer Ansatz denkbar ist. Dies ließe sich insbesondere auf den Zweck der „wirtschaftlichen Verursachung" stützen. Dieser besteht, wie gezeigt[920], darin, den Vergangenheitsbezug der Verbindlichkeit zu konkretisieren. Die Aufgabe des Merkmals ist also durchaus eine dynamisch geprägte, nämlich die Periodisierung von Aufwand[921]. Setzt man also hier den Schwerpunkt bei dem Versuch den richtigen Ansatz zur Interpretation der „wirtschaftlichen Verursachung" zu erlangen, so ist die Maßgeblichkeit der Dynamik durchaus konsequent. Allerdings greift es zu kurz, ausschließlich die Aufgabe des Merkmals für sich zu betrachten. Bei diesem handelt es sich nur um einen Teil des Tatbestandes, der die Regelung für den Ansatz von Verbindlichkeitsrückstellungen vorgibt.

Der maßgebliche Zweck, welcher bei der Interpretation zu berücksichtigen ist, kann nicht ausschließlich derjenige der „wirtschaftlichen Verursachung" innerhalb des Tatbestandes sein, sondern muss dieser mit dem Zweck der Verbindlichkeitsrückstellung, als dem letztendlichen Bilanzposten in Einklang stehen. Ein vorschneller Rückgriff auf die Bilanztheorien kann hier nicht zum korrekten Ergebnis führen. Die Verbindlichkeitsrückstellung ist geprägt von der Vorsicht[922], und damit einhergehend, von der Statik[923].

Wenn die Periodisierungsaufgabe mit dem Zweck der Rückstellung in Konflikt gerät, so kann das Tatbestandsmerkmal nicht bestimmend für die Auslegung sein. Gebietet die wirtschaftliche Betrachtungsweise die hinreichend wirtschaftliche Verursachung der Verpflichtung für den Rückstellungsansatz genügen zu lassen[924], so ist auch die wirtschaftliche Betrachtungsweise zur Interpretation

---

Dieser schlägt in einer seiner sehr seltenen Äußerungen zum Ansatz von Verbindlichkeitsrückstellungen eindeutig den dynamischen Weg ein und zitiert neben Moxter auch Herzig mehrfach. Vgl.: BGH Urteil vom 28.1.1991 – II ZR 20/90 = BB 1991, 507 (508).

919 Ebenso: Mayer-Wegelin, in: DB 1995, 1241 (1242); Dziadkowski, in: WPg 2012, 500 (504 m.w.N.); dahin gehend auch: Woerner, in: FS Moxter, S. 483 (494).

920 Teil III C. II. 4. b) aa).

921 Vgl.: Teil II B. IV. 3. b) bb).

922 Vgl.: Teil III B. IV. 1.

923 Vgl.: Teil II B. V. 3. c) bb) (2) (c).

924 Vgl.: Teil III C. II. 4. b) aa).

der Begrifflichkeit heranzuziehen. „Wirtschaftlich betrachtet" kann in diesem Sinne nur bedeuten, nicht rechtlich, sondern wirtschaftlich *bestehend*. Dies ist die Möglichkeit, die die Bilanz im Rechtssinne[925] bietet: eine wirtschaftliche Betrachtung als Unterbegriff der rechtlichen Auslegung[926].

Eine rechtlich bestehende Verbindlichkeit muss in der Bilanz im Rechtssinne für den Rückstellungsansatz genügen[927]. Die wirtschaftliche Betrachtungsweise kann deshalb nur eine Ergänzung zum vollen Bestand des formalrechtlichen Tatbestands darstellen. Demnach soll hierdurch wegen der besonderen Stellung des Bilanzrechts als Abbildung wirtschaftlicher Sachverhalte[928] eine gewisse Öffnung der formalrechtlichen Lage geschehen. Diese Öffnung kann zu einer Lockerung der Erfordernisse des gesetzlichen Tatbestandes führen, jedoch nicht zu einer völligen Neuorientierung, was den Inhalt des Gesetzes angeht, und demzufolge muss letzten Endes eine Verbindlichkeit (im Rechtssinne) bestehen.

Des Weiteren verstößt eine Zusammenfassung von Aufwand und Ertrag stets in derselben Periode, auf die die „Alimentationsthese" beziehungsweise die dynamische Interpretation der „wirtschaftlichen Verursachung" hinausläuft, gegen das Verrechnungsverbot[929]. Aufwand und Ertrag sind hiernach unabhängig voneinander auszuweisen. Darüber hinaus verlangt das Imparitätsprinzip gerade eine ungleiche Behandlung von Aufwand und Ertrag, welche im Zusammenhang mit dem Vorsichtsprinzip, einfach ausgedrückt, darauf hinausläuft, dass grundsätzlich Aufwand eher früh, Ertrag eher spät ausgewiesen wird[930]. Es würde dem Imparitätsprinzip, welches nicht vom Realisationsprinzip überlagert wird[931], und dem Vorsichtsgedanken, sogar eher entsprechen, würden die Erträge dem zugehörigen Aufwand beziehungsweise der Aufwandsperiode zugerechnet, da somit keine Vermögenserhöhung ohne ihre zugehörige Belastung abgebildet würde. Ein solches „umgekehrtes Matching Principle" wird jedoch – zu Recht – nirgendwo überhaupt erwähnt.

Der Grund weshalb eine Verknüpfung im umgekehrten Sinne bestehen soll ist die bessere Informationsvermittlung einer derartigen Bilanz über die Ertragsentwicklung des Unternehmens als letztendlichem Hauptzweck jeder

925 Vgl. zu dieser: Teil II B. II.
926 Vgl.: Teil II B. III., insbesondere 4. c).
927 Vgl.: Teil III C. II. 3. c) bb).
928 Vgl.: Teil II B. III. 4. a).
929 Vgl. zu diesem: Teil II B V. 4. b).
930 Vgl.: Teil II B. V. 3. b).
931 Vgl.: Teil II B. V. 2.

betriebswirtschaftlich intendierten Unternehmung[932]. Jedoch ist nicht diese und damit anders als im angloamerikanischen Raum[933], aus welchem die Konstruktion des „Matching Principle“ auch stammt, sondern der Kapitalerhalt im Dienste des Gläubigerschutzes der maßgebliche Gedanke, dem bei der Bilanzerstellung vorrangig Rechnung getragen werden muss, was für Handels- und Steuerbilanz gleichermaßen gilt[934].

Hinzu kommt, dass die dynamische Interpretation nicht für jeden Sachverhalt überhaupt zu einem Ergebnis kommt. Es stellt sich insbesondere die Frage, wie mit denjenigen Aufwendungen verfahren werden soll, denen keine (konkreten) Erträge zuordenbar sind, wie zum Beispiel Schadensersatzverpflichtungen oder Betriebsaufwand, der keinem bestimmten Ertragsbestandteil, sondern dem betrieblichen Geschehen im Ganzen zugehörig ist[935]. Bezeichnenderweise erkennen die Vertreter der Alimentationsthese diese Unschärfe nicht nur, sondern schlagen sie zu deren Behebung in derartigen Zweifelsfällen eben doch einen Rückgriff auf Vorsichts- und Imparitätsprinzip vor[936]. Alternativ müsste direkt auf das Realisationsprinzip, also ohne Zwischenschaltung eines „Matching Principle“ zurückgegriffen werden. Eine solche Ausweitung des Realisationsprinzips auf die Passivseite ist jedoch, wie gezeigt[937], gesetzlich nicht vorgesehen.

932 Vgl.: Teil II B. I. 3.

933 Vgl. hierzu die Verweise bei Teil III C. II. 3 c) aa) (2).

934 Vgl.: Teil II B. I., insbesondere 3.

935 Zum Beispiel ein Schutzzaun für eine Fabrikanlage; zweifelnd zur Geeignetheit des Merkmals der Alimentierung zukünftiger Erträge auch: Gelhausen/Fey, in: DB 1993, 593 (596); ebenso und mit weiteren Beispielen: Clemm, in: FS Moxter, S. 167 (172 f.) und Woerner, in: StVj 1993, 193 (202 f.).

936 Ballwieser, in: MüKo HGB, 3. Aufl., §249 Rn. 20; Moxter, in: FS Forster, S. 427 (435).

937 Teil II B. V. 3. c) bb) (2) (b) (bb).

# Teil IV Alternative inhaltliche Ausfüllung

# A. Kritische Würdigung bisher entschiedener markanter Fälle

Der Tatsache zum Trotz, dass die Auslegungs*tendenz* der „wirtschaftlichen Verursachung" sich hinreichend deutlich dem Gesetz entnehmen lässt, ist keine der vom BFH verfolgten Definitionslinien bislang befriedigend umgesetzt worden.

Selbstverständlich kann die Ausfüllung des Begriffs nie zu stets eindeutigen Ergebnissen führen. Eine gewisse Ungenauigkeit ist unvermeidbar, da es letztlich um die *Zuordnung* von Aufwand geht, wo eine solche dem Gesetz nicht unmittelbar zu entnehmen ist und deshalb eine subjektive Wertung unumgänglich ist[938]. Es besteht darüber hinaus auch ein unabdingbares Bedürfnis an einer partiellen Unbestimmtheit. So wie auch innerhalb jedes anderen Tatbestandes ist der des § 249 Abs. 1 S. 1 Alt. 1 HGB darauf angelegt durch eine abstrakt-generelle Regelung auf konkret-individuelle Sachverhalte zu wirken. Dies kann nur möglich sein, wenn dem Rechtsanwender ein Spielraum belassen wird, innerhalb dessen es seiner Beurteilung obliegt, inwieweit die Norm im konkreten Fall Geltung erlangt oder nicht.

Es wäre also im Endeffekt am BFH diesbezüglich eine handhabbare Ausfüllung des Gesetzes anzuleiten. Dies ist jedoch bislang nicht geschehen und wird bei der offenbar mit großem Eifer vorangetriebenen „Vermeidungsstrategie" was eine Anrufung des Großen Senats betrifft[939], auf absehbare Zeit auch nicht der Fall sein. Entweder wird die „wirtschaftliche Verursachung" außen vor gelassen und der Fall anhand eines anderen Merkmals abschließend geklärt, zumeist dem der „Wahrscheinlichkeit der Inanspruchnahme"[940], oder es werden sämtliche oder jedenfalls gleich mehrere der existierenden Definitionen vorab zitiert, um wenigstens den Anschein der Geschlossenheit des Gerichts zu demonstrieren.

Hinzu kommt, dass keine der bisher entwickelten Definitionen sich als geeignet zur Präzisierung der „wirtschaftlichen Verursachung" herausgestellt hat. Die „wirtschaftlich wesentlichen Tatbestandsmerkmale" sind selbst derart unbestimmt, dass mit diesen kaum ein Erkenntnisgewinn erzielt wird. Was „wesentlich" ist, ist kasuistisch nicht darstellbar, da diese Frage für annähernd jeden

---

938 Vgl. Crezelius, in: Scholz GmbHG, 9. Aufl., Anh. §42a Rn. 198.

939 Vgl. Buciek, in: FR 2010, 610 („Divergenzslalom"); Hoffmann/Lüdenbach, NWB Kommentar Bilanzierung, 4. Aufl., §249 Rn. 39.

940 Vgl.: Teil III C. II. 4. b) bb) (2).

Tatbestand anders zu beurteilen ist. Was bleibt, ist der subjektive Eindruck die Erkenntnis zu besitzen Wesentliches von Unwesentlichem zu trennen, wo dies dem Gesetz selbst nicht zu entnehmen ist. Um sich von dem Druck, eine objektivierte Aussage treffen zu müssen, weiter lösen zu können wird ergänzt, dass die Wesentlichkeit auch noch „wirtschaftlich“ zu beurteilen ist.

Bezüglich der dynamischen Interpretationslinie ist, ungeachtet der Tatsache, dass diese mit der derzeitigen Gesetzeslage nicht in Einklang zu bringen ist[941], insbesondere darauf hinzuweisen, dass sie teilweise schon vom Grundsatz her nicht geeignet ist, eindeutige Ergebnisse zu liefern[942]. Eine gewisse Alimentierung von künftigen Erträgen ließe sich zudem im Grunde bei jeglichen Aufwendungen finden, geht man von der Fortführung des Unternehmens als wirtschaftliche Einheit aus.

Die Ausfüllung des Begriffs ist wegen der mangelnden Objektivierung derzeit im Prinzip in beiden Ausprägungen nicht viel mehr als die Zusammenfassung eines Großteiles der einschlägigen BFH Entscheidungen[943]. Das Problem ist dabei weniger, dass eine kasuistisch zu konkretisierende Definition geschaffen wurde, als vielmehr, dass eine solche gerade nicht besteht. Die Rechtsprechung zeigt hierfür zu wenig Stringenz. Nicht nur, dass mit statischer und dynamischer Tendenz zwei kaum zu vereinheitlichende Richtungen des BFH bestehen, auch innerhalb dieser sind die Ergebnisse des Gerichts häufig nicht voraussehbar. Die „wirtschaftliche Verursachung“, gleich mit welcher bilanztheoretischen Tendenz sie konkretisiert wird, lässt sich so für den einen oder anderen Standpunkt verwenden, ohne dafür schlüssig argumentieren zu müssen. Es genügt, solange auch die anderen Entscheidungen die „Vermeidungsstrategie“ verfolgen, die Nennung des Begriffs sowie das Zitat einer Standarddefinition um sich die hinreichende Akzeptanz des Urteils, jedenfalls innerhalb des Gerichts, zu sichern. Mithilfe dieser Vorgehensweise ist aus der „wirtschaftlichen Verursachung“ weniger ein Mittel zur Entscheidungsfindung als vielmehr ein solches der Entscheidungsbegründung, gleich welchen Inhalt diese hat, geworden.

---

941 Vgl.: Teil III C. II. 4. e).

942 Vgl.: Teil III C. II. 4. e).

943 Kritisch zuletzt auch: Engel-Ciric/Moxter, in: BB 2012, 1143 (1145); Hoffmann, in: BC 2012, 533 (536).

## I. Rekultivierungsverpflichtungen im weiteren Sinne

Anschaulich wird dies zum Beispiel in den Fällen der Rekultivierung im weiteren Sinne, also all denjenigen Sachverhalten, in denen sich der Bilanzersteller öffentlich-rechtlichen Verpflichtungen ausgesetzt sieht, welche die Wiederherstellung ordnungsgemäßer Umweltbedingungen nach Anlagenbetrieb durch den Unternehmer zum Gegenstand haben. Da es sich hierbei um ein breites Spezialfeld der Rückstellungsproblematik handelt, bei dem insbesondere ein Fokus auf der öffentlich-rechtlichen Natur der Verpflichtung liegt[944], sollen hier nur einzelne Aspekte herausgegriffen werden.

Ein Urteil, welches kontrovers diskutiert wurde, ist das des IV. Senats des BFH vom 12.12.1991[945]. Ein Aspekt des Urteils betrifft die Frage, ob der Betreiber eines Flusswasserkraftwerks für die Verpflichtungen, Uferschutzarbeiten durchzuführen und den Stauraum zu entschlammen, Rückstellungen bilden muss. Das Gericht verneint dies, *solange* die Arbeiten *nicht tatsächlich erforderlich* werden. Diesem Ergebnis stellte es eine Definition der „wirtschaftlichen Verursachung“ im statischen Sinne, also unter Bezugnahme auf die „(wirtschaftlich) wesentlichen Tatbestandsmerkmale“, voran. Die Entscheidung wurde dann allerdings wie folgt begründet: „Bei Maßnahmen dieser Art handelt es sich regelmäßig um Erhaltungsmaßnahmen, die zwar (auch) durch das betriebliche Geschehen der Vergangenheit verursacht sind, wesentlich aber auch in der Weise *zukunftsorientiert* [Hervorhebung durch Verfasser] sind, daß der nach den wasserrechtlichen Vorschriften vorgeschriebene Zustand der zu nutzenden Gewässer und der zur Nutzung eingesetzten Anlagen erhalten und so *auch die künftige Fortführung des Betriebs ermöglicht wird* [Hervorhebung durch Verfassers].“[946]

Maßgeblich ist also die Zukunftsorientierung des Aufwands. Explizit grenzt sich das Gericht hier von anderen Urteilen ab, welche in ähnlichen Fällen eine Rückstellung zuließen. Das früheste dieser Urteile betrifft die Verpflichtung zur Wiederauffüllung einer Kiesgrube[947]. Die Argumentation des Gerichts, weswegen der „Flusskraftwerksfall“ anders zu beurteilen ist, lautet: „Diese Verpflichtungen sind, anders als die des Streitfalles, eindeutig und meßbar durch die

944 Vgl. weiterführend: Möller, Das kontaminierte Betriebsgrundstück; Eilers, Rückstellungen für Altlasten und Umweltschutzverpflichtungen; Loose, Rückstellungen für Umweltverbindlichkeiten; Crezelius, in: NJW 1994, 981; Köster, in: FS Herzig, S. 695; Siegel, in: BB 1993, 326; Rürup, in: FS Forster, S. 519; Moxter, in: FS Forster, S. 427.

945 IV R 28/91 = BStBl. II 1992, 600.

946 A.a.O., S. 602.

947 BFH Urteil vom 16.9.1970 – I R 184/67 = BStBl. II 1971, 85.

betrieblichen Vorgänge der Vergangenheit, nämlich den Umfang der jeweiligen Abbaumaßnahme, verursacht."[948] Zum anderen wird im Urteil vom 19.5.1987[949] die Verpflichtung zur Grund- und Teilüberholung von Hubschraubern ähnlich wie der „Flusskraftwerksfall" gelöst.

Davon abgesehen, dass der BFH in Letzterem also die Standarddefinition nach der statischen Auslegungstendenz für die „wirtschaftliche Verursachung" heranzieht, letztlich aber dann doch eher frei mit zeitlichen „Orientierungen" argumentiert, soll ein Unterschied auf der einen Seite zum „Kiesgrubenfall" und auf der anderen Seite eine Gemeinsamkeit mit dem „Hubschrauberfall" bestehen.

Beides ist nicht ohne Weiteres ersichtlich. Bezüglich der Abgrenzung zum „Kiesgrubenfall" behilft sich das Gericht mit der, bei gegebener ohnehin schon vorherrschender Unbestimmtheit der „wirtschaftlichen Verursachung" sehr kritisch zu sehenden, Einführung neuer Ansatzkriterien, nämlich der Eindeutigkeit und Messbarkeit der Zuordenbarkeit zu Vorgängen aus der Vergangenheit. Bezüglich der Gemeinsamkeit zum „Hubschrauberfall" geht der BFH hingegen nicht darauf ein, dass diese Verpflichtung nur dann besteht, wenn der Betrieb auch nach dem Bilanzstichtag fortgeführt wird, während die Rekultivierung des Flussufers, zumindest anteilig, auch im Falle der Betriebseinstellung vorgenommen werden müsste. Unabhängig davon, ob die Unternehmensfortführung zu unterstellen ist oder nicht[950], findet sich hier jedenfalls keine einheitliche Linie und die Fälle eigenen sich deshalb nur bedingt als Vergleichspaar[951].

Des Weiteren ist auch das Kriterium der „Zukunftsorientierung" zur Präzisierung der „wirtschaftlichen Verursachung" nicht geeignet, denn es ist inhaltlich kaum zu konkretisieren. Eine gewisse Zukunftsorientierung lässt sich für die meisten Aufwendungen, beziehungsweise die diese verursachenden Maßnahmen finden[952]. Es könnte sogar für vordergründig rein vergangenheitsbezogene Aufwendungen, wie zum Beispiel Geldbußen wegen bereits beendeter Ordnungswidrigkeit, eine Zukunftsorientierung darin gesehen werden, dass sie nur deswegen gezahlt werden, um im weiteren Geschäftsbetrieb vom

948 A.a.O. S. 602.
949 VIII R 327/83 = BStBl. II 1987, 848.
950 Vgl. hierzu: Teil IV B. III.
951 Vgl. diesbezüglich auch Gelhausen/Fey, in: DB 1993, 593 (595).
952 Vgl. zu dieser Kritik auch Gelhausen/Fey, in: DB 1993, 593 (596). Dort geben die Autoren auch Beispiele für den Einfluss eines solchen Merkmals der „Zukunftsorientierung" auf bisherige Entscheidungen.

Zahlungsgläubiger unbeeinflusst zu bleiben, im Grunde um einen störungsfreien Betrieb zu gewährleisten, sich also nicht letztendlich mit vollstreckungsrechtlichen Maßnahmen konfrontiert sehen zu müssen.

Im Übrigen ist die Argumentation unter dem Gesichtspunkt der entweder statischen oder dynamischen Geneigtheit bezüglich der Interpretation der „wirtschaftlichen Verursachung" widersprüchlich. Neben der Eingangsdefinition mithilfe der „(wirtschaftlich) wesentlichen Tatbestandsmerkmale" stellt das Gericht, allerdings eine andere Verpflichtung betreffend, auch fest, dass ein allgemeiner Rechtssatz der Aufwands-Ertragszuordnung nicht existiert[953]. Beides entspringt eher statischem Gedankengut. Die letztendliche Entscheidungsfindung anhand der „Zukunftsorientierung" ist aber eine eher dynamisch geprägte Methode. Indem der BFH hier einen Rückstellungsansatz deswegen für unzulässig hält, weil durch die Maßnahme „[...] auch die künftige Fortführung des Betriebs ermöglicht wird [.]" stellt er im Grunde darauf ab, dass eine zukünftige Ertragserzielung, welche den Zweck einer Unternehmung stets ausmacht[954], den für die Aufwandszuordnung maßgeblichen Faktor bildet[955]. Er fragt hier also nicht nach der Verursachung im Sinne einer Kausalität, sondern nach der Finalität der Maßnahme beziehungsweise des Aufwands, was exakt der Grundidee der Alimentationsthese entspricht.

Schlussendlich kommen sowohl *Schön*[956] als auch *Gelhausen/Fey*[957] zu dem Ergebnis, dass der BFH in der „Flusskraftwerksentscheidung" falsch lag – interessanterweise jedoch, obwohl *Schön* einen statischen, *Gelhausen/Fey* aber einen dynamischen Interpretationsansatz hinsichtlich des Begriffs der „wirtschaftlichen Verursachung" verfolgen.

## II. Handelsvertreter-Ausgleichsanspruch

Die Fälle der Handelsvertreterabfindung sind schon deshalb von besonderem Interesse, weil hierzu Entscheidungen von BFH und BGH vorliegen, mithin

953 A.a.O., S. 604.
954 Vgl.: Teil II B. I. 3.
955 Gelhausen/Fey, in: DB 1993, 593 (597) kommen in ihrer Urteilsanalyse ebenfalls zu diesem Ergebnis und verweisen zudem auf den Umstand, dass der BFH sich auf das „Hubschrauberurteil" (BFH Urt. v. 19.5.1987 – VIII R 327/83 = BStBl. II 1987, 848) bezieht (a.a.O., BStBl. II 1992, 602), in welchem er auf das „Abgelten von Vergangenem" abstellt (BStBl. II 1987, 850).
956 In BB 1994, Beilage 9, S. 6.
957 In DB 1993, 593 (595).

sogar die Möglichkeit bestanden hätte den Gemeinsamen Senat der obersten Gerichtshöfe des Bundes[958] anzurufen, was jedoch nicht geschehen ist.

Gemäß § 89b Abs. 1 HGB, der inhaltlich, im Verhältnis zur alten Fassung, grundsätzlich unverändert geblieben ist, hat ein Handelsvertreter gegen einen Unternehmer im Sinne des § 84 Abs. 1 S. 1 HGB einen Anspruch auf Ausgleichszahlung, soweit ihm durch Vertragsbeendigung eine Provision aus seinem Vertrag zum Unternehmer entgeht, jener aber aus der durch den Handelsvertreter vermittelten Vertragsbeziehung noch erhebliche Vorteile zieht.

Zunächst lehnte der I. Senat des BFH in seinem Urteil vom 4.2.1958[959] den Rückstellungsansatz vor Lösung des Vertretervertrags mit der Begründung ab, es würden sich bei schwebenden Dauerverträgen Leistung und Gegenleistung ausgleichen. Zudem sei der künftige Ausgleichsanspruch an so viele Bedingungen geknüpft, dass er vor Lösung des Vertrags nicht ausreichend konkretisiert sei, um eine gegenwärtige Last für das Unternehmen zu begründen. Entscheidend ist jedoch der Begründungsansatz, dass das Gericht den Ausgleichsanspruch zwar als in der Tätigkeit des Vertreters während der Vertragszeit begründet ansah, allerdings die laufende Tätigkeit des Vertreters mit der vertraglich vereinbarten Provision abgegolten sei. Bei einer etwaigen Ausgleichszahlung handle es sich wirtschaftlich um ein Entgelt für die künftigen Gewinnaussichten des Unternehmens, welche der Vertreter durch seine Tätigkeit begründet habe, nicht dagegen um eine Nachzahlung auf die während der Vertragszeit verdienten Provisionen.

Konträr hierzu der BGH in seinem Urteil vom 11.7.1966[960]. Laut diesem beruhe der Ausgleichsanspruch auf der Erhöhung des „goodwill" des Unternehmens, welche während des laufenden Vertretervertrages beginnt und noch über dessen Ende hinaus andauert. Der Ausgleich habe deshalb seine Grundlage in den während der Dauer des Vertragsverhältnisses geschaffenen Kundenbeziehungen. Die Tatsache, dass der Ausgleich erst nach Beendigung des Handelsvertreterverhältnisses verlangt werden kann, sei hingegen irrelevant. Maßgeblich sei, dass der Tatbestand, aus dem der Ausgleichsanspruch fließt, bereits vor Beendigung des Vertragsverhältnisses verwirklicht werde.

In keiner der Entscheidungen findet sich der Begriff der „wirtschaftlichen Verursachung". Dennoch ist diese hier das entscheidende Element des Rückstellungsansatzes. Während der BFH die Periode der Vertragsbeendigung als durch

---

958 Gesetz zur Wahrung der Einheitlichkeit der Rechtsprechung der obersten Gerichtshöfe des Bundes vom 19.6.1968 = BGBl. I 1968, 661.

959 I 326/56 U = BStBl. III 1958, 110.

960 II ZR 134/65 = BB 1966, 915.

den Ausgleichsanspruch belastet ansieht, ist der BGH der Ansicht, die Periode, in welcher die konkrete, später ausgleichspflichtige Vertragsbeziehung geschaffen wurde, sei bereits belastet.

Der BFH[961] bestätigte später seine Rechtsprechung, diesmal allerdings explizit mithilfe der Subsumtion unter die „wesentliche Tatbestandsverwirklichung vor dem Bilanzstichtag", also der statischen Interpretation der „wirtschaftlichen Verursachung" und unter Eingehen auf die Ansicht des BGH. Der BFH sieht dort „das Schwergewicht der Voraussetzungen des Ausgleichsanspruchs"[962] nicht in der Werbung neuer Kunden, sondern darin, dass das Vertragsverhältnis beendet wird und der Unternehmer auch nachher erhebliche Vorteile hat und der Handelsvertreter Ansprüche auf Provision verliert. Diese Wertung der Bedeutung der gesetzlichen Tatbestandsmerkmale sieht der BFH auch im Gesetz selbst verwirklicht, nämlich darin, dass der Vertreter gemäß § 87a Abs. 1, 2 HGB nur im Erfolgsfalle der vermittelten Vertragsbeziehung eine Provision erhält. Der Ausgleichsanspruch gleiche diesbezüglich dem Provisionsanspruch, was sich aus dessen Abhängigkeit von den Vorteilen des Unternehmers gemäß § 89b Abs. 1 S. 1 Nr. 1 HGB, ergebe. Eine Entscheidung des Gemeinsamen Senats der obersten Gerichtshöfe des Bundes sei nicht erforderlich, weil der BGH nur die Zulässigkeit, nicht aber die Gebotenheit des Rückstellungsansatzes festgestellt habe.

Der BFH schließt hier also von der Erfolgsbezogenheit der Vertretervergütung auf die Wesentlichkeit der Vertragsbeendigung für den Tatbestand des Ausgleichsanspruchs. Dieser Schluss ist jedoch sicherlich nicht zwingend. Die wesentlichen, nach der Begründung der Geschäftsbeziehung durch den Handelsvertreter noch ausstehenden, Parameter des tatsächlichen Erfolgs des vermittelten Geschäfts sind die Entscheidung des Unternehmers und dessen neu vermittelten Vertragspartners. Es geht im Rahmen des Ausgleichsanspruchs aber um eine Beziehung zwischen Handelsvertreter und Unternehmer, deren wesentliche Merkmale deshalb auch einzig in deren weiteren Tun gesehen werden könnten. Des Weiteren befindet sich der BFH, indem er auf das Erfordernis des Erfolgs des vermittelten Geschäfts zur Bestimmung der Wesentlichkeit der Tatbestandsmerkmale abstellt, bereits sehr nah an der Vollentstehung der Ausgleichsverpflichtung.

In der Entscheidung vom 20.1.1983[963] entschied auch der IV. Senat, dass ein Rückstellungsansatz steuerrechtlich vor Vertragsbeendigung nicht zulässig

961 Urteil vom 24.6.1969 – I R 15/68 = BStBl. II 1969, 581.

962 A.a.O., S. 582.

963 IV R 168/81 = BStBl. II 1983, 375.

sei. Entscheidend wurde auch dort am gesetzlichen Tatbestand, exakt an den „Vorteilen“ aus der vermittelten Geschäftsverbindung beziehungsweise der Wahrscheinlichkeit solcher Vorteile, welcher nicht in der neu erworbenen Kundschaft, sondern dem künftig zu erwartenden Geschäft gesehen wird, angeknüpft. Der Senat stellt dabei ebenso auf die „wesentlich, wirtschaftliche Tatbestandsverwirklichung“[964] ab. Auch dort wird aber nicht zweifelsfrei klar, weshalb die Wahrscheinlichkeit des Vorteils gerade ab dem Zeitpunkt der Vertragsbeendigung besonders hoch ist. Dies wäre einleuchtender, wenn, was nicht der Fall ist, der „Vorteil“ im Sinne des Gesetzes den Saldo aus dem Ertrag des vermittelten Geschäfts und der, sodann ersparten, Provision des Vertreters darstellen würde.

Der BFH entgeht der Anrufung des Gemeinsamen Senats der obersten Gerichtshöfe des Bundes, in dem er sich, gestützt auf den Großen Senat des BFH[965], darauf beruft, dass der BGH nur von einer Zulässigkeit des Rückstellungsansatzes spricht, mithin ein Passivierungswahlrecht einräumt, welches steuerrechtlich zu einem Passivierungsverbot führt.

## III. Jahresabschlusskosten

Die Kosten für Aufstellung und Prüfung von Jahresabschlüssen waren immer wieder Gegenstand der Diskussion bezüglich eines Rückstellungsansatzes. Im Rahmen der Prüfung der Voraussetzungen einer Verbindlichkeitsrückstellung war die „wirtschaftliche Verursachung“ das maßgebliche Entscheidungskriterium.

Zunächst entschied der I. Senat des BFH am 26.10.1977[966], betreffend der Frage nach der Zulässigkeit der Bildung einer Verbindlichkeitsrückstellung, dass eine hierfür erforderliche wesentliche Tatbestandsverwirklichung vor Vollendung des Geschäftsjahres nicht gegeben ist.

Die Pflicht zur Aufstellung und Prüfung des Jahresabschlusses sei an den Ablauf eines Geschäftsjahres geknüpft, sodass die gesetzliche Verpflichtung erst hiernach entsteht.

Der IV. Senat entschied hingegen später, dass ein Rückstellungsansatz bereits *im* Geschäftsjahr zwingend sei[967]. Nachdem der IV. Senat in dieser Entscheidung über mehrere Passagen seine Einigkeit mit dem I. Senat dargestellt hat, kommt

---

964 Vgl. a.a.O., S. 377.

965 Beschluss vom 3.2.1969 – GrS. 2/68 = BStBl. II 1969, 291.

966 I R 148/75 = BStBl. II 1978, 97; ebenso: BFH Urteil vom 26.10.1977 – I R 124/76 = DStR 1978, 231; hierzu kritisch: Kammann, in: DStR 1979, 310 (insbes. S. 313 f.) und Rudolph, in: DB 1979, 1527 (1528).

967 BFH Urteil vom 20.3.1980 – IV R 89/79 = BStBl. II 1980, 297.

er bezüglich der „wirtschaftlichen Verursachung" im Rahmen der Verbindlichkeitsrückstellung zu dem Ergebnis, dass die wesentliche Tatbestandsverwirklichung durch den *Betrieb* eines buchführenden Unternehmens verwirklicht wird. Die Buchführung des laufenden Geschäftsjahres stelle eine Einheit mit dem Jahresabschluss dieses Geschäftsjahres dar. Der Senat sieht in der Entscheidung des I. Senats keine hinreichende Abgrenzung mehr zur Vollentstehung der Verpflichtung, welche unstreitig nicht gegeben sein muss, um einen Rückstellungsansatz zu rechtfertigen. Das Gericht grenzt hier auch, unter Bezug auf die wesentliche Orientierung an zukünftigen Gewinnchancen des Unternehmers, von der Entscheidung zum Ausgleichsanspruch des Handelsvertreters ab[968].

Im Gegensatz zu diesem hingen die Kosten des Jahresabschlusses allein vom Umfang der im abgelaufenen Wirtschaftsjahr verursachten Geschäftsvorfälle ab. Der I. Senat stimmte dieser Entscheidung zu.

Beide Male wird eindeutig an die „wirtschaftlich wesentlichen Tatbestandsmerkmale" angeknüpft, doch kommen die Senate zu unterschiedlichen Ergebnissen bezüglich der vorgelagerten Frage, welche diese sind. Dabei muss beachtet werden, dass die Pflicht zur Jahresabschluss-Aufstellung gemäß § 242 Abs. 1 S. 1 HGB zwar für den Schluss eines Geschäftsjahres gilt, diese Verpflichtung aber bereits mit Beginn des Geschäftsjahres besteht.

Vergleichbar ist die Situation bezüglich einer etwaig bestehenden Prüfungspflicht gemäß § 316 HGB. Soweit eine solche besteht, ist die Prüfung zwar erst nach Ende des Geschäftsjahres vorzunehmen, die Pflicht zur Prüfung entsteht jedoch, wenigstens wirtschaftlich, bereits mit Beginn des Geschäftsjahres, also dem Zeitpunkt der Entstehung der Aufstellungspflicht.

Anders ist die Lage hingegen im – vermeintlich vergleichbaren – Falle der Aufbewahrungspflicht für Geschäftsunterlagen[969]. Hier ist die Pflicht auf Grundlage des Gesetzes gemäß § 147 Abs. 4 AO zu bestimmen. Diese Pflicht hat gerade den Zweck erst nach dem Aufzeichnungsjahr eine *zusätzliche* Dauer festzulegen, während derer die Unterlagen aufzubewahren sind.

Bezeichnend an der Fallgruppe der Jahresabschlusskosten ist somit insbesondere, dass sich die BFH-Senate auf dasselbe Merkmal, innerhalb derselben Definition stützen, allerdings letztendlich doch zu unterschiedlichen Ergebnissen kommen.

---

968 Hierzu kritisch: Kammann, in: DStR 1980, 400 (407).
969 Vgl. hierzu: BFH Urteil vom 18.1.2011 – X R 14/09 = WPg 2011, 535.

# B. Eigener Interpretationsansatz

## I. „Unentziehbarkeit" als Ausdruck der wirtschaftlichen Verursachung

### 1. Einführung

Wenngleich die Begrifflichkeiten, „wirtschaftliche Verursachung", „wirtschaftlich wesentliche Tatbestandsmerkmale", „Vergangenheitsbezug" etc., wenig zu einer besseren Anwendbarkeit des Rückstellungstatbestandes beigetragen haben, so knüpfen sie dennoch vielfach an einem folgerichtigen Ansatz an.

Der Bedarf an einem *zusätzlichen* Verbindlichkeitsrückstellungstatbestand folgt aus der Bilanz im Rechtssinne, in Verbindung mit einer richtig verstandenen wirtschaftlichen Betrachtungsweise[970]. Folgt man diesem Ansatz, so ist ein Begriff der „wirtschaftlichen *Verursachung*" nicht verfehlt, da er zum Ausdruck bringt, dass die erst zukünftig realisierte Vermögensminderung bereits in der Rechnungsperiode ihren Ursprung hat, also derart „vergangenheitsbezogen" ist, dass es gerechtfertigt, und im Hinblick auf das Imparitätsprinzip auch zwingend ist, diese Verpflichtung zum Stichtag bilanziell zu berücksichtigen. Der Ansatz an einer kausalen Verknüpfung spiegelt dabei die gesetzlichen Wertungen treffender wider als eine finale, welcher vom BFH, insbesondere aber auch von der Literatur, oftmals tatsächlich herangezogen wird[971]. Der finale Ansatz führt zwangsläufig zu einer zusätzlichen subjektiven Komponente innerhalb der Zurechnung und deshalb zu einer weiteren Einschränkung der Nachprüfbarkeit und Vorhersehbarkeit des Rückstellungsansatzes. Denn somit stellt sich stets die Frage, welchen Zweck der Kaufmann mit dem Aufwand verfolgt, beziehungsweise er nach Meinung des gegebenenfalls Dritten Rechtsanwenders verfolgen muss. Kausalität ist dagegen vom Grundsatz her gerade eine Objektivität immanent. Des Weiteren führt der finale Ansatz zu einer stärker zukunftsbezogenen, dynamischen Beurteilung, welche dem statisch geprägten, vorsichtigen Rückstellungsansatz[972] weniger entspricht.

Doch auch wenn der kausale Ansatz dem Gebot der Vorsicht eher genügt, so ist Kausalität gleichwohl ein recht ungenauer Filter, wenn es darum geht,

---

970 Vgl.: Teil III C. II. 3. c) bb), 4. e).

971 Vgl.: Teil III C. II. 4. c) bb), d); Teil IV A. I.

972 Vgl.: Teil III C. II. 4. e).

Zuordnungen vorzunehmen, hier einer wirtschaftlichen Last zur frühestmöglichen Rechnungsperiode. Diese als Maßstab geht grundsätzlich von der Gleichwertigkeit jedes Beitrages zum Erfolg aus. Da aber jeder Erfolg in nahezu unendlich viele Verursachungsbeiträge zerlegt werden kann, ist eine Trennung der wesentlichen von den unwesentlichen Verursachungsbeiträgen erforderlich[973]. Dies führt zu den gesehenen Problemen im Hinblick auf die Objektivierung der gefundenen Ergebnisse.

Die Formulierung der „wirtschaftlichen Verursachung" ist demnach ein durchaus nachvollziehbarer Interpretationsansatz, führt allerdings zu dem Problem aus der bestehenden Kausalkette ein Merkmal als Ansatzpunkt herausgreifen zu müssen. Es ist eine Konkretisierung des maßgeblichen Gliedes der Kausalkette erforderlich, die den Zweck des Rückstellungsansatzes treffend widerspiegelt.

## 2. Begriff der „Unentziehbarkeit" im Bilanzrecht

*Schön* schlägt zur Interpretation der „wirtschaftlichen Verursachung" den Begriff der „Unentziehbarkeit" vor[974]. Jedoch ist er nicht der Einzige, der dieses Kriterium beim Rückstellungsansatz verwendet[975]. Der BGH bestimmt den Ansatz einer Rückstellung für faktische ungewisse Verbindlichkeiten unter anderem danach, ob „[...] am Bilanzstichtag ein faktischer Leistungszwang bestand [...]", was der Fall sein soll, „[...] wenn sich [...] ein Kaufmann auch ohne Rechtspflicht einer Leistung nicht entziehen kann [...]"[976]. Dem hat sich teilweise auch die

---

973 Siehe zum Kausalzusammenhang im Sinne der „Conditio sine qua non"-Formel: Larenz, Lehrbuch des Schuldrechts Band 1 Allgemeiner Teil, 14. Aufl., S. 433 f.; auch im Bürgerlichen Recht und im Strafrecht bedient man sich verschiedener Instrumente um den Verursachungszusammenhang als Beurteilungskriterium zu präzisieren. Vgl. Fuchs/Pauker, Delikts- und Schadensersatzrecht, 8. Aufl., S. 76 f. sowie Kühl, Strafrecht Allgemeiner Teil, 6. Aufl., S. 35 ff.

974 In BB 1994, Beilage 9, S. 4 f.; dahin gehend wohl auch Hennrichs bei der Tagung des 5. Unternehmenssteuerforums vom 29.6.2011, teilweise abgedruckt in Beihefter zu DStR Heft 32/2011, S. 98.

975 A/D/S, Rechnungslegung und Prüfung der Unternehmen, 6. Aufl., §246 Rn. 104 definieren allgemein die „Verpflichtung" im Rahmen des Vollständigkeitsgrundsatzes gem. §246 I HGB dahin gehend, dass diese vorliege, „wenn sich der Kaufmann ihr aus rechtlichen oder tatsächlichen Gründen *nicht entziehen* [Hervorhebung durch den Verfasser] kann."

976 BGH Urteil vom 28.1.1991 – II ZR 20/90 = NJW 1991, 1890.

Literatur angeschlossen[977]. In diesem Sinne soll also ebenfalls, wenngleich in anderem Zusammenhang, die fehlende *rechtliche* Verpflichtung kompensiert werden.

Der BFH konkretisiert das Tatbestandsmerkmal der „Sanktionierung“, welches Teil seines öffentlich-rechtlichen Sondertatbestandes durch Forderung nach einer „Konkretisierung“ der Verpflichtung ist[978], mithilfe einer „Unentziehbarkeit“[979]. *Siegel* sieht das Merkmal der „Unentziehbarkeit“ offenbar als generell notwendiges, zusätzlich zu erfüllendes Erfordernis für den Rückstellungsansatz an[980]. Dessen Interpretation bewegt sich jedoch im Bereich der vom BFH angewandten Methode zur Konkretisierung der „Sanktionierung“ bezüglich öffentlich-rechtlicher Verbindlichkeiten und ist damit eher der Beantwortung der Frage nach dem *Vorliegen* einer „wirtschaftlichen Last“ zuzuordnen[981].

*Moxter* nutzt das Merkmal der „objektivierte[n] Unentziehbarkeit“ um Außen- von Innenverpflichtungen abzugrenzen[982]. Bei einer (reinen) Innenverpflichtung besteht hiernach keine objektivierte Unentziehbarkeit, weil es der Kaufmann selbst in der Hand habe sich der Verpflichtung durch eine alternative, den Aufwand vermeidende, Entscheidung zu entziehen.

Auch in den IFRS wird die Unentziehbarkeit der Verpflichtung zur Konkretisierung der Ansatzkriterien bei Rückstellungen verwendet. In IAS 37.14 wird als ein Ansatzkriterium gefordert, dass „[...] einem Unternehmen aus einem Ereignis der Vergangenheit eine gegenwärtige Verpflichtung [...] entstanden ist [...]“. Der dort angesprochene, notwendige Vergangenheitsbezug[983] wird in IAS 37.17 wie folgt konkretisiert: „Ein Ereignis der Vergangenheit, das zu einer gegenwärtigen Verpflichtung führt, wird als verpflichtendes Ereignis bezeichnet. Ein Ereignis ist ein verpflichtendes Ereignis, wenn ein Unternehmen *keine realistische Alternative zur Erfüllung der durch dieses Ereignis entstandenen*

---

977 Z.B.: Kozikowski/Schubert, in: BeckBilKo, 8. Aufl., §249 Rn. 31; Ballwieser, in: MüKo HGB, 3. Aufl., §249 Rn. 11.

978 Vgl. hierzu: Teil III C. II. 1., 4. b) bb) (3).

979 Vgl. BFH Urteile vom 8.11.2000 – I R 6/96 = BB 2001, 566 (567); v. 27.6.2001 – I R 45/97 = BStBl. II 2003, 121 (122); v. 23.7.1980 – I R 28/77 = BStBl. II 1981, 62 (63); v. 6.2.2013 – I R 62/11 = DB 2013, 1091 (1092).

980 DStR 2002, 1192 – Hierzu kritisch: Mayr, in: BB 2003, 305 sowie Gosch, in: DStR 2002, 977 (980).

981 Vgl. insbesondere Siegel, a.a.O., S. 1193 – Zu dieser Interpretation Siegels Ansatz kommt im Ergebnis auch Weber-Grellet, in: Schmidt EStG, 32. Aufl., §5 Rn. 385.

982 In: Bilanzrechtsprechung, 6. Aufl., §7 II 2, S. 98.

983 „Result of a past event“, vgl. IAS 37.14.

*Verpflichtung hat* [Hervorhebung durch Verfasser][.]". Maßgeblich für die Bestimmung des Vergangenheitsbezugs der Verpflichtung ist also, dass sich das Unternehmen der Erfüllung der Verpflichtung nach realistischer Einschätzung nicht entziehen kann[984]. Obwohl die IFRS den Begriff nicht verwenden, bezeichnet die Literatur den Aspekt, der den Vergangenheitsbezug der Verpflichtung darstellt, einheitlich als „Unentziehbarkeit"[985]. Bei der Beurteilung, ob eine derartige Unentziehbarkeit vorliegt, wird gemäß IAS 37.19 insbesondere betrachtet, ob die Verpflichtung unabhängig von der künftigen Geschäftstätigkeit entsteht.

Konkret als Richtlinie zur Anwendung der „wirtschaftlichen Verursachung" im Rahmen des Rückstellungsansatzes nach deutschem Recht verwendet die „Unentziehbarkeit" neben *Schön*[986] auch *Woerner*. Dieser schlägt vor, die „wirtschaftliche Verursachung" dahin gehend zu interpretieren, dass sie die Frage aufwirft, ob die Verbindlichkeit „[...] *bereits* [Hervorhebung durch den Verfasser – maßgeblicher Aspekt ist also die zeitliche Zuordnung] als wirtschaftliche Last in Erscheinung getreten (konkretisiert) ist [.]"[987]. Dies sei dann der Fall, „wenn die für die rechtliche Entstehung einer Verbindlichkeit vorausgesetzten Faktoren schon so weit eingetreten sind, daß aller Voraussicht nach künftige Ausgaben *unabwendbar* [Hervorhebung durch Verfasser] sein werde." Wie *Schön* knüpft auch *Woerner* konkret an die rechtliche Vollentstehung an, um die „Unentziehbarkeit" zu prüfen.

Dahin gehend ist auch der Ansatz von *Thiele* zu verstehen. Dieser spricht generell nur von „rechtlichen Verpflichtungen im bilanziellen Sinne"[988] und meint hiermit einerseits die rechtlich voll und andererseits die (hinreichend) wirtschaftlich entstandenen Verpflichtungen. Grundsätzlich für erforderlich hält er die Voraussetzung, dass die Verpflichtung „[...] für den bilanzierenden Kaufmann unabwendbar [im Original hervorgehoben, Anm. d. Verf.] ist und er sich ihr nicht mehr entziehen kann [im Original hervorgehoben, Anm. d. Verf.]

---

984 Pawelzik/Theile, in: Heuser/Theile IFRS Handbuch, 4. Aufl., Rn. 2311; kritisch, wegen der Unbestimmtheit einer „Unentziehbarkeit": Moxter, in: BB 1999, 519 (521).

985 Scheffler, in: Beck'sches Handbuch der Rechnungslegung, Band 1, 32. Lfrg., B233 Rn. 606, 610; Hebestreit/Schrimpf-Dörges, in: Beck'sches IFRS-Handbuch, 3. Aufl., §13 Rn. 36 (Dort allerdings ungenau, unter der Überschrift der „Gegenwärtigen Verpflichtung", welche in IAS 37.15 f. geregelt ist. Inhaltlich ist die Behandlung der „Unentziehbarkeit" allerdings auch hier IAS 37.17, also dem Vergangenheitsbezug, zugeordnet); Senger/Brune, in: MüKo Bilanzrecht IAS, 3. ErgzLfrg., IAS 37 Rn. 30.

986 BB 1994, Beilage 9, S. 4 f., s.o.

987 In: StVj 1993, 193 (205).

988 Thiele, Das Eigenkapital im handelsrechtlichen Jahresabschluß, S. 100 ff.

[.]“[989], wobei eine derartige „Unentziehbarkeit“ jedenfalls bei einer rechtlich voll entstandenen Verbindlichkeit stets vorliege. Bei rechtlich nicht voll entstandenen Verbindlichkeiten stellt er auf die fehlende Einflussnahmemöglichkeit des Schuldners auf die Verwirklichung des rechtlichen Tatbestandes ab.

Einen grundsätzlich ähnlichen Maßstab für die Ansatzpflicht von Verbindlichkeitsrückstellungen verfolgt auch *Rürup*[990].

Andernorts wird die „wirtschaftliche Verursachung“ in zwei Teile aufgespalten: Zum einen muss durch Geschäftsvorfälle des abgelaufenen Geschäftsjahres die Ursache der späteren Zahlungsverpflichtung gesetzt werden, zum anderen muss die Begleichung dieser Verbindlichkeit eine „höchstwahrscheinliche Unabwendbarkeit“ innewohnen[991].

Der BFH stellte bei Beantwortung der Frage, ob die „wirtschaftlich wesentlichen Tatbestandsmerkmale“ erfüllt sind, darauf ab, dass die Pflicht des Schuldners zur Rückzahlung eines Geldbetrages nach den Vertragsbestimmungen nur noch von einem von dessen Willen unabhängigen Verhalten des Gläubigers abhing. In diesem Falle war die „wirtschaftliche Verursachung“ im Auszahlungsjahr zu bejahen[992]. Nicht eindeutig [993] ist die Nutzung des Merkmals jedoch in dem BFH Urteil vom 8.9.2011[994]. Dort wird die „Unentziehbarkeit“ zunächst im Rahmen der „Konkretisierung“, genauer der „Sanktionierung“ bei öffentlich-rechtlichen Verpflichtungen genannt[995], sodann wird ein Vergangenheitsbezug aber auch deshalb gesehen, weil „die Pflicht unabhängig davon zu erfüllen ist, ob der Unternehmer seine Tätigkeit in Zukunft fortführt oder den Betrieb zum jeweiligen Bilanzstichtag beendet“[996]. Dieser Ansatz ist wohl im Sinne *Schöns*

---

989 A.a.O., S. 102.

990 In: FS Forster, S. 519 (533 f.): „[...] auf Grund des Realisationsprinzips zu erfassende Abgänge von Vermögensgegenständen, die das Unternehmen *zum Bilanzstichtag nicht mehr durch eigene Maßnahmen verhindern kann, die für das Unternehmen also unabdingbar sind*“ [Hervorhebung durch den Verfasser].

991 Kammann, in: DStR 1980, 400 (406); dahin gehend auch: Kessler, in: DStR 2001, 1903 (1905).

992 BFH Urteil vom 12.12.1990 – I R 18/89 = BStBl. II 1991, S. 485 (486).

993 Ebenso Prinz, in: FR 2012, 136 (137).

994 IV R 5/09 = DStR 2011, 2186.

995 A.a.O., S. 2189 – Als derartige „Sanktionierung“ wird offenbar die Tatsache angesehen, dass die Kosten des Zulassungsverfahrens auch durch Rücknahme des Zulassungsantrages nicht entfallen wären.

996 A.a.O., S. 2190; dahin gehend auch BFH Urteile vom 23.7.1980 – I R 28/77 = BStBl. II 1981, S. 62 (62 f.) und vom 19.8.2002 – VIII R 30/01 = BStBl. II 2003, S. 131 (132).

zu verstehen[997], doch trägt der BFH durch die zusätzlich einfügten, abstrakten Merkmale der „Vergangenheits-“ beziehungsweise „Zukunftsorientierung“ sowie die weitgehend abstrakte Behandlung der „Unentziehbarkeit“ eher zu weiterer Verwässerung der „wirtschaftlichen Verursachung“ bei, als dass er deren Interpretation in eine bestimmte Richtung lenken würde.

### 3. Vorteil des Begriffs der „Unentziehbarkeit“

Die „Unentziehbarkeit“ richtig verstanden, also insbesondere nicht als *zusätzliches* Merkmal des Rückstellungstatbestandes[998], sondern gewissermaßen als grobe Übersetzung dessen, was durch die „wirtschaftliche Verursachung“ ausgedrückt werden soll, hat zum einen den recht einfach nachzuvollziehenden Vorteil, dass statt zwei nur noch ein interpretationsbedürftiger Begriff besteht. Dies sorgt für eine gewisse Eingrenzung des Interpretationsrahmens, da man sich nun nicht mehr auf gleich zwei Ebenen, einmal der „Verursachung“ und einmal der „*wirtschaftlichen* Verursachung“ voneinander entfernen kann.

Zum anderen, und viel entscheidender, wird durch diesen Begriff anschaulicher dargestellt, innerhalb welchen Maßstabes hier eine Alternative zur rechtlichen Entstehung gesucht wird.

Besinnt man sich zurück auf den Grundsatz der Vollständigkeit, wie er im Rahmen eines vorsichtigen, insbesondere imparitätischen und statischen Ansatzes bezüglich Rückstellungen geboten ist, so muss eine Ansatzpflicht für Passivposten dann konstatiert werden, wenn bereits zum Bilanzstichtag ein sich künftig realisierender Vermögensabfluss als zu diesem Zeitpunkt hinreichend sicher darstellt. Notwendige, aber auch hinreichende Bedingung muss demnach sein, dass sich der Kaufmann der Verpflichtung einseitig nicht mehr entziehen kann[999].

Sollte er diese Möglichkeit besitzen, so würde eine wirtschaftliche Last vorweggenommen, die möglicherweise noch umgangen werden kann und welche deshalb keine Vermögens-Abflussbeschränkung zum maßgeblichen Zeitpunkt

997 Oser, in: BB 2011, 3122 (3123) befürwortet die Anwendung des hier vom BFH verfolgten Ansatzes auch für privatrechtliche Verpflichtungen und sieht eine Parallele zur „Unentziehbarkeit“ im Sinne von IAS 37.

998 So aber Weber-Grellet, in: Schmidt EStG, 32. Aufl., §5 Rn. 385; Kozikowski/Schubert, in: BeckBilKo, 8. Aufl., §249 Rn. 36.

999 Vgl. zu diesem Ansatz auch Schlotter, in: MüKo Bilanzrecht, 1. Aufl., §249 Rn. 76; Scheffler, in: Beck´sches Handbuch der Rechnungslegung, Band 1, 32. Lfrg., B233 Rn. 112; Stellungnahme HFA des IdW, 2/73, in: WPg 1973, 503 (504).

geboten erscheinen lässt. Wenn es aber zum Bilanzstichtag nicht mehr in den Händen des Kaufmannes liegt, ob es zu einem Vermögensabfluss kommt oder nicht, dann muss diese bestehende wirtschaftliche Last, unabhängig vom rechtlichen Bestand der Verbindlichkeit, auch bereits in der Erkenntnisperiode passiviert werden. Ein weiteres Abwarten würde nicht mehr der vorsichtigen Bilanzierung entsprechen und die Erfüllung des Rückstellungszwecks[1000] behindern.

Gerade diese Intention kommt durch den Begriff der „Unentziehbarkeit" zum Ausdruck, insbesondere sehr viel besser als durch die Verwirklichung „wirtschaftlich wesentlicher Tatbestandsmerkmale". „Unentziehbarkeit" hat Züge einer absoluten Feststellung, wodurch zumindest die Richtung der Auslegung treffend eingegrenzt wird.

Aufgrund dessen ist hierdurch, trotz der notwendigen Flexibilität des Merkmals, eine stärkere Bestimmtheit gegeben.

## II. Maßgebliche Beurteilung aus Sicht eines fiktiven Käufers des Gesamtunternehmens

### 1. Fiktiver Käufer als Objektivierungsmittel

Die „Unentziehbarkeit" kann und soll nicht mehr sein als ein erster Schritt zu einer Verbesserung der Prognostizierbarkeit von Ergebnissen bei der Anwendung der „wirtschaftlichen Verursachung". Als zweiter Schritt ist die Konkretisierung des Aussagehalts unumgänglich.

Unentziehbar kann nicht nur sein, was unter Zugrundelegung *jedes denkbaren* Geschehensablaufs zu einem Vermögensabfluss führt. Eine solche Interpretation wäre mit dem Vorsichtsprinzip nicht in Einklang zu bringen[1001]. Es stellt sich demnach die Frage nach einem Grad an „Unentziehbarkeit", welcher sich am rechtlichen Entstehungstatbestand orientiert[1002], der an Präzision die „wirtschaftlich wesentlichen Tatbestandsmerkmale" übertrifft, also keine bloße Umwälzung des Problems durch Schaffung neuer Begrifflichkeiten darstellt. Dabei ist zunächst entscheidend, aus wessen Sicht die „Unentziehbarkeit" zu beurteilen ist.

---

1000 Vgl. hierzu: Teil III B. II.

1001 *Insoweit* ist Weber-Grellet, in: Schmidt EStG, 32. Aufl., §5 Rn. 385; Kozikowski/Schubert, in: BeckBilKo, 8. Aufl., §249 Rn. 36 und Schulze-Osterloh, in: FS Siegel, S. 185 zuzustimmen.

1002 Vgl.: Teil III C. II. 4. e).

Was für den Einen unvermeidbar sein mag, kann für den Anderen eine Momentaufnahme ohne Bezug zur künftigen Kapitalisierung des Unternehmens darstellen. Im Einkommensteuerrecht existiert zur Definition des „Teilwertes" gemäß § 6 Abs. 1 Nr. 1 S. 3 EStG folgende Formulierung: „Teilwert ist der Betrag, den ein Erwerber des ganzen Betriebs im Rahmen des Gesamtkaufpreises für das einzelne Wirtschaftsgut ansetzen würde; dabei ist davon auszugehen, dass der Erwerber den Betrieb fortführt [.]"[1003] Ohne weiter auf die Problematik des Teilwertbegriffs[1004] oder die exakte rechtshistorische Entwicklung dieser Formulierung im Einzelnen eingehen zu wollen[1005], ist jedenfalls der fiktive Käufer deshalb Teil der gesetzlichen Definition, um die Sicht eines „objektiven Bewerters"[1006] als Maßstab festzulegen. Der gedachte Erwerber soll die Objektivität der Bewertung, also das Ziel der Abbildung der tatsächlichen objektiven Umstände des Unternehmens, insbesondere unter Außerachtlassung der persönlichen Situation und subjektiver Vorstellungen des Steuerpflichtigen, verdeutlichen[1007]. Der Umstand, dass auf einen fiktiven Verkauf abgestellt wird, ist der Tatsache geschuldet, dass die Bewertung grundsätzlich an einem Verkehrs- oder Marktwert ansetzt[1008], letztlich um auch hier einen möglichst wenig subjektiv geprägten Betrag zu ermitteln. Im Gegensatz zum „gemeinen Wert" gemäß § 9 BewG[1009] wird das Wirtschaftsgut allerdings als *Teil* des Gesamtunternehmens

1003 Gleichbedeutend die Definition in §10 S. 2, 3 BewG.

1004 Siehe schon Kosiol, in: StuW 1949, 123 (155) „theoretisch[en] Mangelhaft[igheit]" und „praktisch[e] Unmöglichkeit [...] ihn irgendwie mit genügender Genauigkeit zu bestimmen."; die praktische Unbrauchbarkeit wird gemeinhin mit der „Definition" zum Ausdruck gebracht, als Teilwert sei der Betrag anzusetzen, auf den sich der Steuerpflichtige mit dem Betriebsprüfer einigt, weswegen die Rechtsprechung vielfach mit (widerlegbaren) Teilwertvermutungen arbeitet, vgl.: Thiel/Lüdtke-Handjery, Bilanzrecht, 5. Aufl., S. 220 m.w.N. und Hennrichs, in: Tipke/Lang, Steuerrecht, 21. Aufl., §9 Rz. 261, S. 523. Die große Unvorhersehbarkeit bei der Anwendung des Teilwerts ist allerdings zu vorderst ein Problem der Bewertung, tritt also in der vorliegenden *Ansatz*frage gemindert in Erscheinung.

1005 Siehe hierzu: Lange, 75 Jahre Teilwert, S. 54 ff.

1006 Vgl. BFH Urteil vom 6.12.1995 – I R 51/95 = BStBl. II 1998, 781(783).

1007 Vgl.: Kulosa, in: Schmidt EStG, 32. Aufl., §6 Rn. 233; Rief-Drewes, Der Teilwert, S. 17 f.; Lange, 75 Jahre Teilwert, S. 109 f.

1008 Siehe die Zusammenstellung verschiedener Bewertungsmaßstäbe im Steuerrecht bei: Viskorf/Knobel/Schuck/Wälzholz, Erbschaftsteuer- und Schenkungsteuergesetz, Bewertungsgesetz Kommentar, 4. Aufl., §9 Rn. 1; zur historischen Herleitung: Lange, 75 Jahre Teilwert, S. 54 ff. (insbes. S. 63 ff.).

1009 Zur exakten Differenzierung zwischen gemeinem und Teil-Wert, vgl. Kulosa, in: Schmidt EStG, 32. Aufl., §6 Rn. 235.

bewertet, um somit den spezifischen Wert für das konkrete Unternehmen, welcher für gewöhnlich höher als der Einzelwert ist, besser abzubilden[1010].

Der fiktive Käufer spiegelt also in mehrfacher Hinsicht den Versuch wider, eine subjektive Prägung der Wertermittlung zu verhindern. Dies kann auch als Ausgangspunkt einer Konkretisierung der *Ansatz*voraussetzungen herangezogen werden, denn es besteht hier ein eben solches Bedürfnis an Objektivität.

Objektivität bedeutet nicht nur eine Vermeidung interessenbedingter Darstellungsmanipulationen sondern, hieraus folgend, auch ein Maß an Nachprüfbarkeit und insbesondere Vorhersehbarkeit eines Ergebnisses. Der „Käufer" ist weder Bilanzersteller, noch vorrangiger Bilanzadressat[1011]. Gleichzeitig hat er aber ein konkretes Interesse an einer Klärung der Ansatzfrage[1012]. Die Einbettung in den Kauf des Gesamtunternehmens ist für vorliegende Problematik weniger relevant, da der Zweck dieses Merkmals gerade in der Auf*wertung* des Wirtschaftsgutes im unternehmerischen Gesamtgefüge besteht. Gleichwohl kann es im Dienste der Nachvollziehbarkeit der Beurteilungssituation beibehalten werden, da ein Ankauf einzelner Passivposten wenig praktische Relevanz besitzt.

Man könnte die „Unentziehbarkeit" also aus dem Blickwinkel eines fiktiven Unternehmenserwerbers beurteilen. Hierbei wäre auch die Tatsache zu berücksichtigen, dass ein Unternehmenserwerber in der Regel eine Präferenz für einen Rückstellungsansatz haben dürfte, da sich dies für ihn positiv auf den Kaufpreis auswirken würde.

Demgemäß könnte formuliert werden: *Unentziehbar ist eine Verbindlichkeit dann, wenn sich ein fiktiver Erwerber des Gesamtunternehmens, unabhängig von der Realisierung einer wirtschaftlichen Belastung, auf eine hierauf rückführbare Kaufpreisminderung berufen könnte*[1013].

---

1010 Thiel/Lüdtke-Handjery, Bilanzrecht, 5. Aufl., S. 219 f.; Großfeld/Luttermann, Bilanzrecht, 4. Aufl., S. 138 Rn. 518.

1011 Vgl.: Teil II B. I. 1. a).

1012 Ein vergleichbarer Ansatz ist auch den IFRS zu entnehmen. Gemäß IAS 37.17 (b) besteht eine realistische Alternative zur Erfüllung der durch ein „past event" entstandenen Verpflichtung dann nicht, „wenn im Falle einer faktischen Verpflichtung, das Ereignis [...] gerechtfertigte Erwartungen bei anderen Parteien hervorruft, dass das Unternehmen die Verpflichtung erfüllen wird [.]". Es wird also zunächst nicht auf die Sicht des Unternehmers selbst abgestellt, dafür auf die „anderen Parteien". Auf einer „zweiten Objektivierungsstufe" wird sodann eine Rechtfertigung der Parteierwartung verlangt.

1013 Vgl. Engel-Ciric/Moxter, in: BB 2012, 1143 (1145) mit einem ähnlichen Ansatz, zumindest betreffend den fiktiven Erwerber des Gesamtunternehmens und dessen

## 2. Kaufpreisfindung mittels Unternehmensbewertung

Der Kaufpreis ist grundsätzlich nicht objektivierbar und deshalb eigentlich ungeeignet als Maßstab für die „Unentziehbarkeit“. Unabhängig davon, ob es sich um einen „Asset“ oder „Share“ Deal handelt[1014], ist der Kaufpreis stets ausschließlich Bestandteil der schuldrechtlichen Einigung. Die Preisfindung ist Sache der freien unternehmerischen Entscheidung[1015] und grundsätzlich nicht an finanzmathematische Berechnungen gebunden.

Allerdings wird diese Entscheidung gemeinhin durch den Unternehmenswert maßgeblich beeinflusst. Dem Unternehmenswert kommt in Anbetracht der unterschiedlichen Interessenlage der Parteien die Funktion zu, die Einigung über den Kaufpreis zu erleichtern, indem die subjektiven Wertvorstellungen der Vertragspartner an einem (möglichst) objektiven Maßstab gemessen werden können[1016]. Der Kaufpreis ist daher zumeist gewissermaßen ein Grenzwert, auf den sich der Käufer, welcher einen möglichst geringen, und der Verkäufer, der einen möglichst hohen Betrag erreichen möchte, einigen[1017]. Ausgangspunkt für die Ermittlung dieses Grenzwertes ist der Wert des Unternehmens aufgrund objektivierter Betrachtung.

Auch wenn allein maßgeblich der Inhalt der Einigung der Parteien ist, kommt einer objektivierten Wertermittlung anhand allgemein akzeptierter Kriterien somit eine zentrale Rolle bei der Kaufpreisfindung zu[1018]. Ausgehend von einer rein finanziellen Zweckrichtung des Unternehmens, also insbesondere unter Ausnahme sozialer Unternehmungen, wird der Wert des Unternehmens aus

---

Kaufpreiskalkulation als maßgeblichen Beurteilungsmaßstab für die Beantwortung der Frage nach der wirtschaftlichen Verursachung.

1014 Siehe hierzu Holzapfel/Pöllath, Unternehmenskauf in Recht und Praxis, 14. Aufl., Rn. 230 ff.

1015 Holzapfel/Pöllath, Unternehmenskauf in Recht und Praxis, 14. Aufl., Rn. 861.

1016 Theysohn-Wadle, in: Beisel/Klumpp (Hrsg.), Der Unternehmenskauf, 6. Aufl., S. 57 f., Rn. 1, 5.

1017 Der Grenzwert spiegelt in diesem Falle den Kaufpreis wider, durch welchen sich weder Erwerber noch Veräußerer schlechter stellen als mit einer alternativen Verwendung der jeweils verfügbaren finanziellen Mittel, vgl. Gleißner, in: Handbuch Unternehmensbewertung, S. 698 Rn. 16.

1018 Theysohn-Wadle, in: Beisel/Klumpp (Hrsg.), Der Unternehmenskauf, 6. Aufl., S. 58, Rn. 6; der Unternehmenswert ist zwangsläufig ebenfalls nur einen Schätzwert, doch werden die allgemein anerkannten Prinzipien und Methoden auch von der Finanzgerichtsbarkeit akzeptiert und der eigenen Prüfung zu Grunde gelegt, vgl. Niedersächsisches FG Urteil vom 11.4.2000 – 6 K 611/93 = DStRE 2001, 24 (insbes. 25 ff.).

dessen Eigenschaft abgeleitet finanzielle Überschüsse für die Unternehmenseigner zu erwirtschaften[1019]. Diese Eigenschaft kann man grundsätzlich subjektiv oder objektiv interpretieren[1020]. Im vorliegenden Zusammenhang ist nur eine, zumindest, „objektivierte" Betrachtung des Unternehmenswertes von Interesse[1021].

Es kann dabei unterschieden werden zwischen Gesamtbewertungs-, Einzelbewertungs- und Mischverfahren, wobei Gesamtbewertungsverfahren wegen der Betrachtung des Unternehmens als Bewertungseinheit am geeignetsten auch für vorliegenden Zweck sind [1022]. Innerhalb des Gesamtbewertungsverfahrens existieren die Ausprägungen des Ertragswertverfahrens[1023], Discounted-Cashflow-[1024] und mehrerer Market-Approaches-Verfahren[1025]. Bezüglich Letzterem bilden Markt- und Börsenpreise[1026] vergleichbarer Unternehmen die Grundlage der Wertableitung[1027], Ertragswert- und Discounted-Cashflow-Verfahren setzten dagegen beide an einem durch Kapitalisierungszinssätze risikoadjustierten[1028] Barwert des zukünftigen, unterschiedlich beurteilten,

---

1019 IDW S1 i.d.F. 2008, 2.1. Rz. 4.; die Bilanz ist dabei ein Hilfsmittel zur Unternehmensbewertung. Siehe hierzu: Großfeld/Tönnes, NZG 2010, 921 („Bilanzrecht und Unternehmensbewertung durchdringen einander.").

1020 Siehe zur Entwicklung des subjektiven und objektiven Unternehmenswertbegriffs: Großfeld, Unternehmens- und Anteilsbewertung im Gesellschaftsrecht, 2. Aufl., S. 16 ff.

1021 Diese legt das IDW auch der Tätigkeit des Wirtschaftsprüfers, als *neutralem Gutachter*, zugrunde, vgl. IDW S1 i.d.F. 2008, 2.3.; vgl. hierzu näher: Widmann, in: Hölters (Hrsg.) Handbuch des Unternehmenskaufs, 7. Aufl., S. 80 f., 133 ff.; die Existenz eines objektiv*en* Unternehmenswertes wird mittlerweile verneint, da Wertvorstellungen zwangsläufig von subjektiven Einflüssen geprägt sind, vgl. Widmann a.a.O., S. 79 f., Niedersächsisches FG Urteil vom 11.4.2000 – 6 K 611/93 = DStRE 2001, 24 (24 f.).

1022 Hierzu näher: Widmann, in: Hölters (Hrsg.), Handbuch Unternehmenskauf, 7. Aufl., S. 90 ff.

1023 Vgl. zu diesem: Böcking/Nowak, in: Rechtshandbuch Unternehmensbewertung § 4.

1024 Vgl.hierzuJonas/Wielnad-Blöse,in:RechtshandbuchderUnternehmensbewertung §9.

1025 Eine detaillierte Verfahrenseinteilung findet sich bei: Ballwieser, Unternehmensbewertung, S. 8 ff.

1026 Vgl. hierzu Adolff, in: Rechtshandbuch der Unternehmensbewertung § 16.

1027 Widmann, in: Hölters (Hrsg.), Handbuch Unternehmenskauf, 7. Aufl., S. 92. Besonders im angloamerikanischen Bereich ist die Variante des „Multiples"-Vergleichs verbreitet, wobei meist der Unternehmenswert ins Verhältnis zu Einkommenskennzahlen gesetzt wird. Vgl. hierzu naher: Koller, T., Valuation, 5th Edition, S. 303 ff.

1028 Eine andere, weniger verbreitete, Möglichkeit ist die Berücksichtigung von Risiken durch Implementierung in die verwendeten Überschüsse.

Unternehmenserfolges an[1029]. Ertragswert- und Discounted-Cashflow-Verfahren sind in Deutschland weitgehend gleichwertig akzeptiert, wobei das Ertragswertverfahren noch weiter verbreitet ist[1030]. Hierbei werden anstelle der Cashflows, also Zahlungsmittelüberschüssen[1031], dem Unternehmen nachhaltig entziehbare Ertragsüberschüsse betrachtet[1032].

### 3. Parallele zur vorliegenden Problematik

Ohne das konkrete Vorgehen der Kaufpreisfindung, insbesondere die Methoden der Unternehmensbewertung adaptieren zu wollen, lässt sich aus der fiktiven Situation eine fruchtbare Vergleichssituation konstruieren.

Geht man zum einen von einer Vermögensermittlung im Dienste der Gewinnermittlung aus[1033] und weiter davon, dass oberste Leitlinie hierbei der

---

1029 Klein/Jonas, in: Due Diligence bei Unternehmensakquisitionen, 5. Aufl., S. 170. Im Detail sind hierbei diverse finanzwissenschaftliche Parameter zu kalkulieren. Den Kern dieser „Net Present Value" (NPV)-Verfahren bildet neben der Zukunftsprognose über (unterschiedlich bemessene) finanzielle Überschüsse die Diskontierung derer und dabei insbesondere die Definition eines geeigneten Diskontierungszinssatzes (vgl. hierzu: Ross, Corporate Finance, S. 64 ff., 292 ff. und 305 ff.). In neuerer Zeit erlebt zudem der Ansatz der Realoptionen („real options"), eine realitätsnahe, jedoch kalkulatorisch nicht unproblematisch in den Griff zu bekommende, Erweiterung, steten Zulauf aus Wissenschaft und Praxis. Vgl. zu beidem näher: Koller, T., Valuation, 5th Edition, S. 102 ff., 657 ff. Weitere, insbesondere im angloamerikanischen Raum praxisrelevante, Möglichkeiten mit dem NPV-Konzept Anhaltspunkte über eine Investitionsentscheidung zu erhalten sind die „Internal Rate of Return" (IRR) und der „Economic Value Added" (EVA); vgl. zu beidem: Vernimmen, Corporate Finance, S. 309 ff., 328, 353 f.

1030 Widmann, in: Hölters (Hrsg.), Handbuch Unternehmenskauf, 7. Aufl., S. 91; zur Akzeptanz beider Methoden: IDW S1 i.d.F. 2008, 7.1.; das Ertragswertverfahren präferierend: BGH Urteil vom 12.2.1979 - II ZR 106/78 = WM 1979, 432; BVerfG Beschluss vom 27.4.1999 – 1 BvR 1613/94 = NJW 1999, 3769 (3771) zur Ertragswertmethode: „Gegen eine Unternehmensbewertung nach dieser Methode bestehen im Prinzip keine verfassungsrechtlichen Bedenken." Anders hingegen im internationalen, insbesondere angloamerikanisch geprägten Vergleich. Hier überwiegt deutlich die Nutzung des DCF-Verfahrens.

1031 Genauer hierzu: Ballwieser, Unternehmensbewertung, S. 116 ff. Beim buy-side-orientierten Bewertungsverfahren, welchem die Sicht des fiktiven Unternehmenserwerbers entspricht, wird meist der „free cash flow" (FCF oder FCFF) verwendet.

1032 Hommel/Grass, in: Picot (Hrsg.) Handbuch Mergers & Acquisitions, 4. Aufl., S. 388.

1033 Vgl.: Teil II B. I. 3., IV. 4. c).

Vermögensschutz im Sinne des Gläubigerschutzes ist[1034], so ist die Begrenzung des Mittelabflusses das Ziel. Dieses wird durch die gesetzlichen Regelungen, zum Schutze derer, welche nicht unmittelbar auf den Mittelabfluss einwirken können, verwirklicht.

Der Wert eines Unternehmens ergibt sich wie dargestellt, vom Grundsatz her, aus dem abgezinsten Mittelzufluss bei den Unternehmenseignern. Diese dürfen jedoch nur in Form von finanziellen *Überschüssen* zur Geltung kommen[1035]. Der Zweck von Rückstellungen besteht gerade darin einen solchen, einen Abfluss ermöglichenden, Überschuss zu beeinflussen[1036]. Durch die Bildung einer Rückstellung wird das Vermögen, und damit auch der bilanzielle Periodengewinn als Saldogröße, verringert, wodurch die Ausschüttungs- beziehungsweise die Steuerbemessungsgrundlage als das öffentlich-rechtliche „Pendant"[1037] vermögensbewahrend beeinträchtigt wird.

Betrachtet man zum anderen, dass eine Vermögensermittlung zwar auf vielerlei Arten, insbesondere auch rein bilanziell erfolgen kann, das volle von einem Unternehmen verkörperte Reinvermögen, also insbesondere inklusive des Geschäftswerts, so wie es sich am Markt darstellt, am ehesten aber durch den Preis, auf welchen sich ein fiktiver Erwerber des gesamten Unternehmens einlassen würde, widergespiegelt wird[1038], so ergibt sich die Schnittstelle zum Unternehmenskauf. Die Tatsache, dass der fiktive Erwerber, als Konkretisierung des Marktes, gewissermaßen der fingierten Auffassung sämtlicher berechtigt Interessierten, als Mittel zur Objektivierung im Rahmen von Interessenkonflikten innerhalb eines Bewertungsproblems dem Gesetzgeber nicht fremd ist, zeigt gerade der „Teilwert".

Die Unternehmensbewertung fungiert hierbei durch ihren methodischen, vom Grundsatz her standardisierten und parteineutralen, Ansatz als Mittel zur Objektivierung der Kaufpreisfindung. Dies gilt insbesondere in der, hier präferierten, Form des objektivierten Unternehmenswertes. Wie bei der Unternehmensbewertung, befindet sich auch der Ansatz von Rückstellung im Spannungsfeld der Interessenten: Der Bilanzersteller möchte in steuerrechtlicher Hinsicht einen Ansatz erreichen, um die Bemessungsgrundlage für die Steuerforderung des Finanzamtes zu minimieren. Gesellschaftsrechtlich ist dagegen ein Unterlassen

1034 Vgl.: Teil II B. I. 3., V. 3. a) bb), b).

1035 Vgl. IDW S1 i.d.F. 2008, 4.4.1.1. Rz. 24, 25.

1036 Teil III B. II.

1037 Vgl.: Teil II B. I. 3.

1038 So auch Engel-Ciric/Moxter, in: BB 2012, 1143 (1145).

des Ansatzes vorteilhaft für die Eigner um die Bemessungsgrundlage für Ausschüttungen zu maximieren. Für die staatliche Einnahmeerzielung ist dagegen ein Ansatz nicht förderlich, wobei hingegen einen solchen die Unternehmensgläubiger bevorzugen werden.

Die betroffenen Parteien besitzen also konträre Interessen, welche es durch neutrale Regelungen auszugleichen gilt. Eben dies ist die Kernproblematik, weshalb die Unternehmensbewertung Einzug in die Kaufpreisfindung erhält.

Setzt man auch bei der Beurteilung der „Unentziehbarkeit" beim fiktiven Käufer an und geht man von der grundsätzlichen Maßgeblichkeit des Unternehmenswertes bei der Kaufpreisfindung aus, so finden sich dort weitere Parallelen: Bei dieser besteht das Problem der Stichtagsbezogenheit des Unternehmenswertes[1039]. Demzufolge ist der Unternehmenswert zeitpunktbezogen auf den Bewertungsstichtag zu ermitteln[1040]. Es ist gerade ein Grundproblem der Unternehmensbewertung, und gleichlaufend der Kaufpreisbestimmung[1041], die Prognose für finanzielle Überschüsse stichtagsbezogen zu objektivieren[1042]. Dem entspricht das Grundproblem der „wirtschaftlichen Verursachung", als dem maßgeblichen Aspekt der Periodenzuordnung noch unsicherer Verpflichtungen, welche sich als Begrenzung entziehbarer Überschüsse durch Rückstellungen auswirken.

Den Bruch in der Dynamik des unternehmerischen Geschehens versucht man in der Unternehmensbewertung, durch die vom BGH entwickelte „Wurzeltheorie" zu abstrahieren[1043]. Hiernach sind alle Faktoren, die am Stichtag *in der Wurzel angelegt* sind bei der Bewertung zu berücksichtigen[1044]. Dieser Ansatz erinnert stark an die Suche nach einer „wirtschaftlichen Verursachung" und führt deshalb auch zu ähnlichen Problemen bei der inhaltlichen Ausgestaltung. Diese betrifft dann jedoch eher das Unsicherheitsmoment an sich als die bloße Periodenzuordnung[1045].

---

1039 Die Bedeutung dieses Stichtagsprinzips herausstellend: Hüttemann/Meyer, in: Rechtshandbuch Unternehmensbewertung §12 Rz. 56.

1040 IDW S1 i.d.F. 2008, 4.3. (insbes. Rz. 22).

1041 Theysohn-Wadle, in: Beisel/Klumpp (Hrsg.) Der Unternehmenskauf, 6. Aufl., S. 63 Rn. 23 ff.

1042 Bellinger/Vahl, Unternehmensbewertung in Theorie und Praxis, 2. Aufl., S. 100.

1043 Vgl. BGH Urteil vom 17.1.1973 - IV ZR 142/70 = DB 1973, 563 (565); BGH Beschl. v. 4.3.1998 - II ZB 5/97 = NZG 1998, 379 (380).

1044 Großfeld, Recht der Unternehmensbewertung, 7. Aufl., Rn. 315.

1045 Vgl. Großfeld, Recht der Unternehmensbewertung, 7. Aufl., Rn. 316 ff., insbes. Rn. 316: Anhaltspunkt für die stichtagsbezogene Zukunftsprognose ist demnach, wenig hilfreich, die tatsächliche spätere Entwicklung.

Auch außerhalb des sich, laut gesetzlicher Definition, an dem hypothetischen Unternehmenserwerber orientierenden „Teilwerts", lässt sich die oberste Finanzgerichtsbarkeit gelegentlich auf diese Blickrichtung ein, ohne dabei jedoch die Regelungen des geltenden Bilanzrechts zu vernachlässigen. Es lassen sich diverse Beispiele in der höchstrichterlichen Rechtsprechung finden, in welchen als Entscheidungshilfe der Vergleich zu einer fiktiven Verkaufssituation gezogen wird. So formulierte schon der RFH: „Der Kaufmann darf Ansprüche, die aus einem in dem abgelaufenen Geschäftsjahr eingetretenen Ereignis herrühren, bei der Aufstellung seiner Abschlußbilanz durch Einsetzung eines Passivposten berücksichtigen, wenn und soweit er mit diesen Verbindlichkeiten rechnen durfte. Als Anhalt kann dabei dienen, ob und inwieweit ein Käufer des ganzen Betriebes durch das Drohen der Ausgabe in seinem Gebot beeinflusst worden wäre."[1046] Auf das Parteivorbringen hin, ein Nachbezugsrecht verbilligter Rohstoffe schlage sich bei einer Unternehmensveräußerung im Kaufpreis nieder und stelle deshalb ein bewertungsfähiges Wirtschaftsgut dar, erwiderte der BFH, dieser Niederschlag beträfe nur den Geschäftswert, eine Aktivierung verstoße gegen das Realisationsprinzip[1047]. Ebenfalls in Erwiderung auf das Parteivorbringen äußerte sich der IV. Senat bezüglich einer angeblichen Kaufpreisminderung des Gesamtunternehmens aufgrund von Ausgleichsansprüchen eines Handelsvertreters dahin gehend, dass dies im Grunde zutrifft, allerdings gleichzeitig ein, diesen Minderwert beseitigender, Mehrwert durch den „Vertreterstamm" geschaffen würde[1048].

In einer anderen Entscheidung versagt der BFH einen Passivposten für eine Verpflichtung trotz der Möglichkeit einer hypothetischen Kaufpreisminderung, da sich diese lediglich als negativer Geschäftswert niedergeschlagen hätte, welcher jedoch generell kein passivierungsfähiges Wirtschaftsgut darstellt[1049]. Auch um seine Ansicht zum Vorliegen einer gegenwärtigen Vermögensbelastung zu stützen, fügte der BFH bereits wiederholt an, dass ein fiktiver Unternehmenserwerber die ungewisse Verpflichtung bei der Bemessung des Kaufpreises berücksichtigen würde[1050].

1046 Urteil vom 15.1.1931 – VI A 31/31 = RStBl. 1931, 201.

1047 BFH Urteil vom 6.12.1978 – I R 35/78 = BStBl. II 1979, 262 (263).

1048 BFH Urteil vom 26.5.1971 – IV R 58/70 = BStBl. II 1971, 704 (706).

1049 BFH Urteil vom 25.8.1989 – III R 95/87 = BStBl. II 1989, 893 (896).

1050 BFH Urteile vom 6.2.2013 – I R 62/11 = DB 2013, 1091 (1094); v. 4.2.1999 – IV R 54/97 = BStBl. II 2000, 139 (142).

Die Argumentation mithilfe des hypothetischen Unternehmenserwerbers ist dabei stets dadurch vorteilhaft, dass die Beurteilung doppelt objektiviert ist: Zum einen ist der fiktive Erwerber kein unmittelbarer Bilanzadressat und somit diesbezüglich neutral, zum anderen steht dieser stellvertretend für den Markt selbst, spiegelt also die Beurteilung des Rechts zur Kapitalentnahme einer unbeschränkten, fiktiven Zahl an mit der Sache Betrauten wider.

Will ein Gericht mittels dieser Interpretation eine Entscheidungsfindung rechtfertigen, so ist jedoch auch eine sauber dargestellte Abstraktion von fiskalpolitischen Erwägungen zwingend.

In der Literatur findet sich ebenfalls, sogar unter anderem für die konkrete Problematik, ein solcher Ansatz vereinzelt wieder[1051].

## III. Prognostiziertes zukünftiges Unternehmensgeschehen

Hat man mit dem hypothetischen Unternehmenserwerber einen Blickwinkel zur Bestimmung der „Unentziehbarkeit" gefunden, so fehlt noch eine geeignete Begrenzung hinsichtlich einer Prognose des künftigen Unternehmensgeschehens. Die Beurteilung, ob man sich einer wirtschaftlichen Last aus Mangel an Alternativen nicht mehr entziehen kann, setzt voraus, dass die zu beachtenden Alternativen konkretisiert werden. Denn irgendeinen Weg sich einer Belastung zu entziehen gibt es letztlich immer, und sei es der, sich auf Dauer dem Einfluss des Gläubigers, beziehungsweise, in Form der Zwangsvollstreckung, des Staates, durch Flucht ins Ausland zu entziehen. Allerdings würde niemand eine solche Alternative unter dem Gesichtspunkt der „Entziehbarkeit" verorten, weil ein solches Verhalten nicht rechtmäßig ist. Es handelt sich ersichtlich um kein berücksichtigungswürdiges Alternativverhalten.

Die Einordnung der Situation ist jedoch nicht so leicht möglich, wenn es um die Entziehung mittels Betriebseinstellung geht. *Schön* hält eine „Unentziehbarkeit" für nicht gegeben, wenn der Unternehmer durch Einstellung des Betriebs oder zumindest eines bestimmten Tätigkeitszweiges die Erfüllung der Verpflichtung vermeiden kann[1052]. Auch einige Gerichtsentscheidungen lassen diese Ansicht erkennen[1053].

---

1051 Vgl. insbesondere Crezelius, in: DB 1992, 1353 (1361); Moxter, in: FS Forster, S. 427 (430) zieht diese Blickrichtung zumindest heran, um die „Greifbarkeit" einer wirtschaftlichen Belastung zu beurteilen.

1052 BB 1994, Beilage 9, S. 5 f.

1053 Explizit BFH Urteil vom 6.2.2013 – I R 8/12 = DStR 2013, 1018 (1020), in welchem es heißt: „In der Rechtsprechung ist geklärt, dass eine Verbindlichkeit, die lediglich

Dem ist zunächst zuzugeben, dass vereinzelt durch eine Unternehmens- oder Tätigkeitseinstellung tatsächlich, und in rechtlich zulässigem Rahmen, der Zwang zur Erfüllung einer Verpflichtung abgewendet werden kann. Allerdings existiert ein Grundsatz ordnungsgemäßer Buchführung, wonach im Bilanzrecht gerade die Unternehmensfortführung der regelmäßige Ansatzpunkt sein muss. § 252 Abs. 1 Nr. 2 HGB schreibt vor, dass von der Fortführung der „Unternehmenstätigkeit“ auszugehen ist. Eigentlich ist diese Vorschrift ausschließlich der Bewertung zuzuordnen[1054], wofür sowohl Systematik als auch Wortlaut sprechen. Allerdings ist exakter zu formulieren: Es handelt sich nicht um eine Bewertungsregel im engeren Sinne, sondern um eine Prämisse für die Anwendung der Bewertungsregeln[1055]. Daher sprechen Systematik und Wortlaut nicht gegen eine Anwendung derselben Prämisse für den Bilanzansatz. Vielmehr ist nicht ersichtlich, weshalb der Ansatz aus einer anderen Ausgangslage heraus beurteilt werden sollte als die Bewertung. Die Bewertung ist weitgehender von der Problematik betroffen, allerdings, wie hier ersichtlich, nicht ausschließlich[1056].

Es entspricht einer wirtschaftlichen Betrachtung, insbesondere also einer realitätsnahen Beurteilung wirtschaftlicher Zusammenhänge[1057], von der Fortführung des unveränderten Betriebs auszugehen, wenn dem nicht tatsächliche Anhaltspunkte entgegenstehen. Auch innerhalb der statischen Bilanztheorie erfolgte zu einem bestimmten Zeitpunkt die Abkehr von der Zerschlagungsstatik, weil diese Fiktion des unternehmerischen Geschehens nicht der zweckmäßigen Blickrichtung auf das Unternehmen gerecht wurde[1058]. Die Einstellung eines

---

darauf gerichtet ist, die Nutzung bestimmter Wirtschaftsgüter in Zeiträumen nach Ablauf des Bilanzstichtages zu ermöglichen, in den bis dahin abgeschlossenen Rechnungsperioden noch nicht wirtschaftlich verursacht ist [...]“; dahin gehend auch: BFH Urteile vom 19.5.1987 – VIII R 327/83 = BStBl. II 1987, 848 (850); v. 25.8.1989 – III R 95/87 = BStBl. II 1989, 893 (895); FG Münster Urt. v. 14.12.2011 – 10 K 1471/09 K = BB 2012, 312.

1054 Auch der Teilwert stellt eine Fortführungsannahme auf, vgl. Hennrichs, in: Tipke/Lang Steuerrecht, 21. Aufl., S. 523, §9 Rn. 260.

1055 Wiedmann, in: Ebenroth u.a. HGB, 2. Aufl., §252 Rn. 13.

1056 Eine Ausweitung des Going-Concern-Grundsatzes auch auf den *Ansatz* von Verpflichtungen präferierend: Winnefeld, Bilanzhandbuch, 4. Aufl., E 25; BFH Urteile vom 27.6.2001 – I R 45/97 = BStBl. II 2003, 121 (124) und v. 30.11.2011 – I R 100/10 = BB 2012, 764 (765); Christiansen, in: DStR 2002, 1196; Thiele, Das Eigenkapital im handelsrechtlichen Jahresabschluss, S. 103 f.

1057 Vgl. zur wirtschaftlichen Betrachtung im Bilanzrecht insbesondere: Teil II B. III. 4. c).

1058 Vgl. hierzu Teil II B. IV. 2. b) sowie Moxter, in: StuW 1983, 300 (302).

Unternehmens oder auch eines Tätigkeitsfeldes ist ein herausstechender Sonderfall in der Unternehmenshistorie. Auch wenn insbesondere die Aufgabe von einzelnen Tätigkeitsfeldern mit Sicherheit jedenfalls bei großen Unternehmen keine Seltenheit darstellt, so spiegelt dies dennoch nicht den einer wirtschaftlichen Betrachtung zugrunde zu legenden Verlauf der Unternehmung wider, die grundsätzlich darauf angelegt ist durch *fortschreitende* Betätigung Kapitalzuflüsse bei den Eignern zu erwirken[1059]. Eine zweckgerichtete Auslegung der bilanzrechtlichen Normen gebietet es daher, im hier relevanten Rahmen grundsätzlich von der Unternehmensfortführung auszugehen.

Auch wenn für Personengesellschaften[1060], und seit dem Bilanzrichtlinien-Gesetz[1061] auch für Kapitalgesellschaften[1062], die allgemeinen Vorschriften über den Jahresabschluss auch während der Liquidation[1063] gelten, so stellt die Liquidationsbilanz[1064] doch eine „Sonderbilanz" dar, also gerade eine Abweichung von der handelsrechtlichen Jahresabschlussbilanz, bei der generell von einem fortlaufenden Betrieb auszugehen ist. Der Gedanke der Fortführung entspricht im Übrigen auch der Ertragsbesteuerung: Die §§ 16 EStG und 11 KStG regeln notwendige Ergänzungstatbestände zur Besteuerung des laufenden Betriebs[1065].

Es ist zudem nicht schlechthin zutreffend, bei der Frage, ob der Going-Concern-Grundsatz im Rahmen des Rückstellungsansatzes zu berücksichtigen ist, zu argumentieren, als Folge würden Verbindlichkeitsrückstellungen anstelle von eigentlich anzusetzenden Aufwandsrückstellungen problematisiert[1066]. Korrekt ist, dass Verbindlichkeitsrückstellungen eine Außenverpflichtung voraussetzen, welche den Aufwandsrückstellungen gerade fehlt[1067]. Allerdings, selbst wenn man generell die Betriebseinstellung als eine adäquate

---

1059 Siehe unter: Teil II B. I. 3.

1060 Förschle/Deubert, in: Budde/Förschle/Winkeljohann (Hrsg.), Sonderbilanzen, 4. Aufl., S. 763 Rn. 41.

1061 BiRiLiG vom 19.12.1985 = BGBl. I 1985, S. 2355.

1062 Vgl. §§ 270 II 2 AktG, 71 II 2 GmbHG.

1063 Trotz des Wortlautes auch bzgl. Kapitalgesellschaften, vgl.: Förschle/Deubert, in: Budde/Förschle/Winkeljohann (Hrsg.), Sonderbilanzen, 4. Aufl., S. 797 Rn. 20.

1064 Vgl. zur Liquidationsrechnungslegung: Förschle/Deubert, in: Budde/Förschle/Winkeljohann (Hrsg.), Sonderbilanzen, 4. Aufl., S. 755 ff., 789 ff.

1065 Zuber, in: NWB Kommentar KStG, 2013, §11 Rn. 3; Reiß, in: Kirchhof EStG, 11. Aufl., §16 Rn. 6.

1066 So im Ergebnis Schön a.a.O., S. 5 f.

1067 Ballwieser, in: MüKo HGB, 3. Aufl., §249 Rn. 79; Kozikowski/Schubert, in: BeckBilKo, 8. Aufl., §249 Rn. 26.

Entzugsmöglichkeit ansehen würde, um gegebenenfalls eine minderwertige Verpflichtung, abzuwenden, würde dies in letzter Konsequenz zu der Ansicht führen, die Verbindlichkeitsrückstellung sei *bis* zur „Anwartschaft" eines Dritten eine Aufwandsrückstellung. Die Aufwandsrückstellung ist allerdings keine Übergangsphase zur Verbindlichkeitsrückstellung. Die Unterscheidung zwischen Aufwands- und Verbindlichkeitsrückstellung ist ein Problem der Art der wirtschaftlichen Last, insbesondere der Frage nach einer schuldrechtlichen Gläubiger-Schuldner-Zuordnung, nicht des Ansatzzeitpunktes. Wenn also die Frage nach der Alternativlosigkeit der Verpflichtungsbegleichung gestellt wird, so ist die Fortführung des Unternehmens zu unterstellen, soweit dem nicht tatsächliche Anhaltspunkte entgegenstehen[1068].

Auch in den IFRS wird die Unternehmensliquidation nicht als Alternative zur Erfüllung der Verpflichtung gemäß IAS 37.17 ff. genannt. Aufgrund dessen und wegen des Vorstehenden ist anzunehmen, dass dies auch dort die „Unentziehbarkeit" nicht beseitigt[1069].

Hat man die Teil- oder Volleinstellung des Betriebs als Alternative zur Erfüllung der Verpflichtung ausgeschlossen, bleibt jedoch noch immer ein beträchtlicher Spielraum für die Interpretation der „Unentziehbarkeit", den es einzugrenzen gilt. Unterstellt man die grundsätzlich unveränderte Weiterführung des bestehenden Betriebs, so können dennoch nicht alle Verpflichtungen zu Rückstellungen führen, die wirtschaftlich in der folgenden Rechnungsperiode unvermeidbar sind, beispielsweise zu erwartende Verbindlichkeiten eines Handelsunternehmens bei seinem Lieferanten oder öffentlich-rechtliche Lasten wie die Grundsteuer[1070].

Der Ansatz für die Interpretation der wirtschaftlichen Verursachung als „Unentziehbarkeit" soll nicht darüber hinwegtäuschen, dass es sich hierbei ebenfalls um die wirtschaftliche Betrachtung des Tatbestandes des § 249 Abs. 1 S. 1 Alt. 1 HGB handelt. Aufgrund dessen wird die rechtliche Entstehung nicht als notwendige Bedingung angesehen, allerdings ist die Verwirklichung des Tatbestandes dennoch Orientierungspunkt. Diese Grundsätze[1071] werden durch die Einführung des Begriffs der „Unentziehbarkeit" nicht berührt. Ist eine

1068 Ebenso: Kammann, in: DStR 1980, 400 (406); Crezelius, in: DB 1992, 1353 (1359); Thiele, Das Eigenkapital im handelsrechtlichen Jahresabschluß, S. 104.

1069 Ebenso: Hebstreit/Schimpf-Dörges, in: Beck´sches IFRS-Handbuch, 3. Aufl., §13 Rn. 36; Moxter, in: BB 1999, 519 (521 f.).

1070 Vgl. zu letzterem BFH Urteil vom 13.11.1991 – I R 102/88 = BStBl. II 1992, 336 (338).

1071 Vgl.: Teil III C. II. 4. e).

Verpflichtung also lediglich absehbar, fehlt aber jede potentielle Anknüpfung an rechtliche Entstehungsmerkmale des Verpflichtungstatbestandes, so liegt auch keine „Unentziehbarkeit" vor.

Bei öffentlichen Lasten ist der rechtliche Entstehungszeitpunkt zumeist im jeweiligen Gesetz geregelt, für die Grundsteuer in § 9 Abs. 2 GrStG. Die Problematik bei derlei Lasten ist daher eher im Rahmen der „Wahrscheinlichkeit der Inanspruchnahme" angelegt, weswegen die Rechtsprechung auf die „Konkretisierung" der Verpflichtung besonderen Wert legt[1072].

Die Frage, inwieweit eine „Unentziehbarkeit" gegeben sein soll, wenn der Kaufmann durch Modifikation seines Betriebs einen Aufwand vermeiden kann, zum Beispiel Wartungsaufwand durch Neuanschaffung einer Maschine, ist nicht pauschal zu beantworten. Grundsätzlich muss auch dort, wo sich die Sinnhaftigkeit der Modifikation andeutet, zunächst von der Fortführung des Betriebs in unveränderter Form ausgegangen werden. Die Anpassung der Betriebsausstattung folgt unternehmerischen Gesichtspunkten, welche nicht vom Richter beurteilt werden dürfen. Eine vom Kaufmann am Bilanzstichtag geplante Änderung ist hingegen in die Überlegung aufzunehmen. Hinweise auf eine solche Planung können in begrenztem Umfang dem Zustand des Materials entnommen werden. Ist eine Nutzung der Anlage über den Zeitraum der *Folge*periode, insbesondere wegen des technischen Verschleißes, nicht anzunehmen, so sollte eine Neuanschaffung im Rahmen der „Unentziehbarkeit" berücksichtigt werden. Innerhalb solcher, unterstellter Betriebsumstellungen, ist jedoch stets darauf zu achten, dass allenfalls objektive Umstände ein Ergebnis nahelegen können. Die unternehmerische Entscheidung des Kaufmannes darf nicht durch die des Richters ersetzt werden.

Ebenso, insbesondere ebenso vorsichtig, ist im Hinblick auf die Einstellung von Betriebsteilen zu verfahren. Es kann allenfalls geprüft werden, ob eine Fortführung aus missbräuchlicher Gesinnung, insbesondere der (steuerlichen) Verlusterzielung, heraus angestrebt wird. Jede weitere Veranlassung ist dem Geschäftssinn des Kaufmannes zu belassen. Diesbezüglich ist jedoch nicht stets die gesamte Folgeperiode zu berücksichtigen, sondern es ist zu prüfen, ob eine Fortführung in der Folgeperiode die Verpflichtung mit sich bringt, unabhängig davon, zu welchem Zeitpunkt der Betriebsteil eingestellt wird.

---

1072 Vgl. hierzu: Teil III C. II. 1., 4. b) bb) (3).

## IV. Anwendungsbeispiele

### 1. Rekultivierungsverpflichtungen im weiteren Sinne[1073]

In den Fällen, in denen eine Verpflichtung zur Wiederherstellung von Umweltbedingungen, wie sie voraussichtlich ohne Anlagenbetrieb bestehen würden, im Raume steht, kommt man mithilfe der „Unentziehbarkeit“ zu eindeutigen Ergebnissen, betreffend den Ansatz von Verbindlichkeitsrückstellungen.

Wenn der Anlagenbetrieb zu Umweltschäden führt, so ist eine „wirtschaftliche Verursachung“ – verstanden im Sinne einer „Unentziehbarkeit“ – in der jeweiligen Rechnungsperiode des Betriebs der Anlage gegeben. Schon rein sprachlich ist dieses Ergebnis naheliegend, da „unentziehbar“ ist, was mit zukünftigen Handlungen nicht mehr abgewendet werden kann. Die Pflicht zur Wiederherstellung umweltrechtlich vertretbarer Umstände resultiert aus der Aufhebung eines solchen Zustandes durch den Anlagenbetrieb. Eine Verbesserung der Umstände ist zukünftig nicht zu erwarten, also ist die Verpflichtung bereits im Zeitpunkt des Betriebs nicht mehr abzuwenden. Ein Unternehmenserwerber würde sich auf eine hierauf gestützte Kaufpreisminderung berufen können[1074], da von einem, diskontierten und risikoadjustierten, Kapitalzufluss durch das Unternehmen der Wiederherstellungsaufwand abzuziehen wäre. Dieser entspricht einem Abzugsposten im Rahmen der Wertermittlung.

Die hierbei bestehende Problematik der exakten Zuordnung des jeweiligen Aufwands zur Rechnungsperiode betrifft die Bewertung, nicht den Ansatz der Rückstellung und tangiert deshalb nicht die Problematik der „wirtschaftlichen Verursachung“. Dies ergibt sich für eine tatsächlich stetig steigende Verpflichtung, wie zum Beispiel die Stauraumentschlammung bei einem Wasserkraftwerk oder die Wiederauffüllung einer Kiesgrube, bereits aus allgemeinen Grundsätzen[1075]. Bezüglich bereits mit Inbetriebnahme voll entstandenen Verpflichtungen, namentlich bei Kernkraftwerken, existiert die besondere *Bewertungs*vorschrift des § 6 Abs. 1 Nr. 3a lit. d) EStG. Diese, im Bereich des Steuerrechts gesetzlich vorgeschriebene, Behandlung ist auch handelsrechtlich ratsam. Rein rechtlich würde sich nämlich tatsächlich die Rückstellung des

---

1073 Vgl.: Teil IV A. I.

1074 In eine ordnungsrechtliche Prüfung ist hierbei nicht einzusteigen, wenngleich sich am gefundenen Ergebnis schon wegen der tatsächlichen Probleme bei der Zuordnung von Schäden zu den Zeiträumen vor und nach dem Tag des fiktiven Kaufes nicht ändern würde.

1075 So auch Fischer, in: Kirchhof EStG, 11. Aufl., §6 Rn. 157.

gesamten Verpflichtungsbetrags ergeben, was allerdings zur sofortigen Überschuldung des Betriebs führen würde. Wirtschaftlich betrachtet sammelt sich aber auch der Betrag für diese Verpflichtung erst über die betriebliche Nutzung an und ist deshalb auch demgemäß zu verteilen.

## 2. Handelsvertreter-Ausgleichsanspruch[1076]

Die Verpflichtung des Unternehmers i.S.d. § 84 Abs. 1 S. 1 HGB, der der Anspruch des Handelsvertreters gemäß § 89b Abs. 1 HGB gegenübersteht, ist zeitlich der Rechnungsperiode zuzuordnen, in welcher der Vertreter die abzugeltende, neue Kundenbeziehung geworben hat.

Der gesetzliche Tatbestand des § 89b HGB nennt drei Merkmale, welche einen Anspruch gemäß § 89 Abs. 1 S. 1 HGB begründen: 1) Die Beendigung des Vertragsverhältnisses, 2) Vorteile des Unternehmers aus einer vom Vertreter geworbenen Geschäftsbeziehung auch nach Beendigung des Vertragsverhältnisses und 3) die Billigkeit einer Ausgleichszahlung.

Die Wertung und Abwägung[1077], welche zur Entscheidung über die Billigkeit der Ausgleichszahlung führt, ist der direkten Einflussnahmemöglichkeit der Parteien entzogen. Die Frage, ob ein Vorteil im Sinne der Vorschrift vorliegt, beurteilt sich danach, ob die *potentielle Möglichkeit* des Unternehmers besteht die Geschäftsverbindung auszunutzen[1078]. Einziger Anknüpfungspunkt für die Frage nach der „Entziehbarkeit" kann also die Beendigung des Vertragsverhältnisses sein. Einer solchen ist der Unternehmer aber letztlich ebenfalls ohne Abwägungsmöglichkeit ausgesetzt. Der Beendigungsgrund spielt für die Verpflichtung nämlich keine Rolle[1079], insbesondere kann eine Kündigung des Vertrages auf Veranlassung des Vertreters hin geschehen, ohne dass dies die Anspruchsentstehung beeinflussen würde[1080]. Die Unternehmenseinstellung scheidet als Alternative zur Begleichung der Verpflichtung wie gezeigt aus[1081].

Ein fiktiver Käufer des Gesamtunternehmens könnte sich insoweit zu Recht bereits vor Vertragsbeendigung auf eine Kaufpreisminderung berufen.

---

1076 Vgl.: Teil IV A. II.

1077 Vgl. hierzu vHoyningen-Huene, in: MüKo HGB, 3. Aufl., §89b Rn. 90 f.

1078 Emde, in: Staub HGB, 5. Aufl., §89b Rn. 88.

1079 Hopt, Handelsvertreterrecht, 3. Aufl., §89b Rn. 7.

1080 VHoyningen-Huene, in: MüKo HGB, 3. Aufl., §89b Rn. 29.

1081 Durch diese würde nicht der Vertretervertrag beendet, allerdings würde das Merkmal des „Vorteils" entfallen, vgl. vHoyningen-Huene, in: MüKo HGB, 3. Aufl., §89b Rn. 41.

Insbesondere dürfen die Vorteile aus dem neu geworbenen Kundenstamm nicht ausgleichend berücksichtigt werden. Zum einen handelt es sich beim „goodwill", wie sich auch aus § 246 Abs. 1 S. 4 HGB ergibt, um einen grundsätzlich nicht aktivierbaren Posten[1082], zum anderen verstieße es gegen das Verrechnungsverbot, wenn hier bei der Frage der Passivierung saldiert würde[1083]. Auch im Rahmen der Unternehmenskauf-Fiktion sind die Grundsätze ordnungsgemäßer Buchführung zu beachten. Es handelt sich um eine reine Objektivierungsmaßnahme im Hinblick auf die Beurteilung der „Unentziehbarkeit".

Allerdings scheitert ein Rückstellungsansatz letztlich dennoch, wenngleich aufgrund von Aspekten, die außerhalb des Problemkreises der „wirtschaftlichen Verursachung" verankert sind. Es fehlt bis zur Vertragskündigung an einer überwiegenden Entstehungs- beziehungsweise Inanspruchnahmewahrscheinlichkeit[1084]. Bei einem laufenden Vertrag kann nicht generell davon ausgegangen werden, dass dessen Ende überwiegend wahrscheinlich ist.

Mithin folgt in diesem Fall auf die Nicht-Passivierung der Verpflichtung sogleich die Passivierung der Verbindlichkeit im Falle der Vertragskündigung.

## 3. Jahresabschlusskosten[1085]

Bei den Kosten zur Aufstellung und Prüfung des Jahresabschlusses kamen BFH Senate jeweils zu unterschiedlichen Ergebnissen hinsichtlich der Frage, in welchem Ereignis die wesentliche Tatbestandsverwirklichung zu sehen sei. Setzt man an der „Unentziehbarkeit" an, so muss die wirtschaftliche Verursachung der Verpflichtung bereits *im* Geschäftsjahr, für welches der Jahresabschluss aufzustellen ist, gesehen werden. Diese Verpflichtungen sollen die dokumentierte Information über den Betrieb des Geschäftsjahres sicherstellen. Zwangsläufig kann dies nur im Anschluss an die Geschäftsvorfälle geschehen und aus Gründen der Übersichtlichkeit ist eine jährliche Aufstellung und Prüfung ausreichend. Allerdings entsteht die Verpflichtung zur Dokumentation von Geschäftsvorfällen wirtschaftlich im Grunde bereits eine logische Sekunde nach deren Eintritt. Die kumulierte Aufstellung zum und Prüfung nach Ende des Geschäftsjahres dient der Praktikabilität, ändert aber nichts an der unmittelbaren Anknüpfung am

---

1082 Abweichendes gilt nur für den derivativen Goodwill, vgl. A/D/S, Rechnungslegung und Prüfung der Unternehmen, 6. Aufl., §255 Rn. 257 f.; Kozikowski/F.Huber, in: BeckBilKo, 8. Aufl., §247 Rn. 400.

1083 Vgl. zum Verrechnungsverbot: Teil II B. V. 4. b).

1084 Vgl. hierzu: Teil III C. II. 4. b) bb).

1085 Vgl.: Teil IV A. III.

jeweils zu dokumentierenden Vorfall. Die Aufstellungs- und Prüfungspflicht des gesamten Jahresabschlusses besteht also vollständig noch im zu dokumentierenden Geschäftsjahr.

Fingiert man einen Unternehmenserwerber, so würde dieser die Kosten für den Abschluss des laufenden Geschäftsjahres nicht erst im Folgejahr als unabwendbar ansehen. Er könnte auf die Kostenpflicht im Hinblick auf die bereits eingetretenen Vorfälle sowie für die Aufstellungs- und Prüfungspflicht an sich, ab dem Zeitpunkt des Geschäftsvorfalles, beziehungsweise den Beginn des Geschäftsjahres, keinen Einfluss mehr nehmen. Es würde sich also um einen Abzugsposten innerhalb seiner Überlegungen betreffend eines Überschusses, bereits im laufenden Geschäftsjahr, handeln.

# Teil V Schlussfolgerungen

# A. Ausblick

Die immer stärkere legislative Abkoppelung der Steuer- von der Handelsbilanz und die wohl unaufhaltsam fortschreitende Orientierung der handelsrechtlichen Rechnungslegung an den IFRS werden de lege ferenda vermutlich zu einer von der derzeitigen Rechtslage abweichenden Regelung des Ansatzes von Verbindlichkeitsrückstellungen führen. Wahrscheinlich wird dies trotz der allmählichen Aufhebung der grundsätzlich einheitlich geregelten Bilanzierungsregeln für Handels- und Steuerbilanz tendenziell in dieselbe Richtung hin erfolgen.

Die Vereinheitlichung der europäischen Rechnungslegung und deren Nähe zu den US-GAAP sind mit den steuerrechtlichen Grundprinzipien und mithin auch der steuerrechtlichen Gewinnermittlung nicht in Einklang zu bringen und werden deshalb auf lange Sicht zu einer vollständigen systematischen Abkopplung des Steuerrechts vom Handelsbilanzrecht führen[1086]. Die generell im europäischen Gesellschaftsrecht und damit einhergehend auch „Bilanzrecht" vorherrschende, stärkere Orientierung an der Informationsvermittlung[1087] und weniger am kapitalerhaltenden Gläubigerschutz[1088], wird grundsätzliche Modifikationen an der handelsrechtlichen Bilanzlehre mit sich bringen.

Die steuerrechtliche Bilanzierung kann diesen Weg aufgrund der verfassungsrechtlichen Vorgaben nicht mitgehen[1089], was jedoch gerade auch die Möglichkeit bietet, sich ebenfalls stärker von den derzeit zwingend maßgeblichen HGB-Vorschriften zu entfernen. Wenngleich durch die dann gegebene Regelungsfreiheit die Chance zur Schaffung einer (steuerrechts-)systemgerechten Besteuerung bestünde, steht zu befürchten, dass dieses ohnehin als kaum vollständig durchdringbar geltende Rechtsgebiet sich durch weitere Besonderheiten gegenüber der handelsrechtlichen Rechnungslegung und einer Regelung des Steuerbilanzrechts in der dem EStG entsprechenden Art und Weise von dem

1086 Diese Entwicklung wird auch ein eigenständiges *Tax Accounting*, wie es vor allem größere Unternehmen vielfach schon jetzt mit hohem Aufwand betreiben, generell erforderlich machen. Vgl. hierzu: Lange/Fink, in: StuB 2013, 239 (242 ff.).

1087 Vgl. Grundmann, in: DStR 2004, 232 (233 ff.); weiterführend: Grohmann, Das Informationsmodell im Europäischen Gesellschaftsrecht.

1088 Vgl. Merschmeyer, Die Kapitalschutzfunktion des Jahresabschlusses und Übernahme der IAS/IFRS für die Einzelbilanz, S. 269.

1089 Vgl. Versin, Derogation des Maßgeblichkeitsprinzips im Einkommensteuerecht?, S. 217 ff.

Wunsch, nach einem für den Steuerzahler überschaubaren Normenkatalog, noch weiter entfernt.

Auch wegen der sodann schwindenden Relevanz der finanzgerichtlichen Rechtsprechung für die handelsrechtliche Bilanzierung und stattdessen stärkeren Orientierung an der – insbesondere prüfenden – Praxis, ist eine zurückgehende Verrechtlichung in diesem Bereich zu erwarten. Dies führt wohl zu dem Schlusspunkt eines, den IFRS und US-GAAP ähnelnden, *Rechts*charakters, welcher eine sehr viel stärkere Bedeutung der Betriebswirtschaftslehre für die Fortentwicklung dieses Bilanz*rechts* mit sich bringen wird. Innerhalb dieser Entwicklung scheint eine Orientierung der Aufwandsperiodisierung an der Ertragsperiodisierung als sinnvolles Instrument um die Vermögens-, Finanz- und Ertragslage treffend darzustellen, mithin dem dann vorrangig relevanten Informationsdarstellungsbedürfnis gerecht zu werden. Letztlich ist die Generierung von Ertrag der einzige Zweck ökonomischer Unternehmen, weswegen die Umsatzperiodisierung sich zu Informationszwecken insgesamt an der Ertragsperiodisierung orientieren sollte.

Im Rahmen einer, dann losgelösten, Steuerbilanz könnte es hier vielfach zu Konflikten mit dem Grundsatz der Leistungsfähigkeit kommen, da eine tendenzielle Verschiebung der Berücksichtigung zukünftiger Vermögensabflüsse in die Folgeperiode zu erwarten wäre, insbesondere rechtlich bestehende Verpflichtungen kein Ansatzrecht mehr gewähren würden. Dies könnte zu steuerbedingtem Kapitalabfluss führen, wo jenes zur Risikovorsorge benötigt würde. Allerdings steht zu erwarten, dass der Steuergesetzgeber sich ebenfalls an der Ertragsrealisation orientieren wird. Vermeintliches Argument könnte sein, dass es gerade der Leistungsfähigkeit entspreche, wenn Aufwand dem Ertrag zugeordnet wird und somit die Erhöhung der Leistungsfähigkeit nicht ohne deren anteilige Verringerung einhergeht. Dies jedoch wäre eine zu oberflächliche Betrachtung, weil die Berücksichtigung von Aufwand, anders als diejenige von Ertrag, und mithin exakt wie es das Imparitätsprinzip vorgibt, möglichst frühzeitiger Vorsorge bedarf, schon um den Bestand des *leistenden* Unternehmens zu sichern. Auch nicht realisierter Kapitalabfluss schmälert so die Leistungsfähigkeit, wenngleich nur eine rechtliche Anknüpfung an die Rechnungsperiode besteht. Jedoch ist im Interesse der staatlichen Kapitalaufbringung die rückstellungsbegrenzende Wirkung einer IFRS-nahen Periodisierung von Aufwand fiskalpolitisch gerade willkommen und deshalb auch steuerrechtlich zu erwarten. Für die Prognose einer solchen Entwicklung spricht auch die bisherige, eindeutige Linie des BMF bezüglich der Handhabung der „wirtschaftlichen Verursachung".

## B. Zusammenfassung der Ergebnisse

1. Es ist nicht angezeigt die Problematik der „wirtschaftlichen Verursachung“ in zweifacher Hinsicht zu beurteilen, denn Handels- und Steuerbilanz sind de lege lata eng miteinander verknüpft. Der Maßgeblichkeitsgrundsatz nimmt auf die Grundsätze ordnungsmäßiger Buchführung des Handelsbilanzrechts Bezug und regelt somit eine grundsätzliche Unterwerfung des Steuerrechts unter die handelsbilanziellen Rechnungslegungsvorschriften. Abstrakte, aus dem Grundgesetz abgeleitete, Prinzipien veranlassen nicht zu einer Durchbrechung des Maßgeblichkeitsgrundsatzes.

2. Sinn und Zweck von Handels- und Steuerbilanz sind vorrangig die Information Dritter und die Zahlungsbemessung, wobei die Informationsfunktion der Zahlungsbemessung zur Durchsetzung verhilft. Dies resultiert, wegen der kapitalerhaltenden Grundidee des deutschen Bilanzrechts, in einer Abflusssperrfunktion, welche im Dienste des Vermögensbestandsschutzes steht und der sich der Staat durch die Anknüpfung der Steuer- an die Handelsbilanz ebenfalls unterworfen hat. Als Ergebnis der Bilanzierung soll ein verteilungsfähiger Gewinn des Unternehmens ermittelt werden.

3. Die Bilanz ist im vorliegenden Zusammenhang im Rechtssinne zu verstehen. Dies gebietet eine Bindung an die Normen des Gesetzes und die Auslegung derer mithilfe juristischer Methodik. Wo die Ermittlung eines unbedenklich ausschüttbaren Vermögenszuwachses mit Lösungsansätzen in Konflikt gerät, können diese nicht zu einer gesetzeskonformen Interpretation führen. Betriebswirtschaftliche Thesen sind auf ihre normative Umsetzung angewiesen, um Bedeutung im Rahmen einer Bilanz im Rechtssinne zu erlangen.

4. Die wirtschaftliche Betrachtungsweise darf nicht floskelhaft zur Rechtfertigung gewünschter Ergebnisse herangezogen, sondern muss in die Grenzen der juristischen Methodik integriert werden. Demnach handelt es sich hierbei um eine Richtung der teleologischen Auslegung des gesetzlichen Tatbestandes, welche aufgrund der Tatsache, dass die Bilanzierung der Abbildung wirtschaftlicher Sachverhalte dient, in besonderem Maße der wirtschaftlichen Realität bei der Subsumtion Ausdruck verleiht.

5. Weder die dynamische noch die statische Bilanztheorie liegt dem heutigen Bilanzrecht in Reinform zugrunde. Beide Theorien finden sich ansatzweise in diesem wieder. Dabei greift es zu kurz, eine Trennung nach Gewinn- und Vermögensermittlung vorzunehmen. Die „wirtschaftliche Verursachung“ lässt sich

in beide Richtungen hin interpretieren. Die vorzugswürdige Tendenz ist anhand der konkreten gesetzlichen Einbettung des Merkmals vorzunehmen.

6. Den Bilanzierungsgrundsätzen kommt, als übergeordneten Aussagen des Gesetzes über die Ausgestaltung des Bilanzrechts, entscheidende Bedeutung für dessen Auslegung zu. Dabei sind die Grundsätze untereinander prinzipiell gleichrangig.

7. Das Realisationsprinzip kann nicht als umfassendes Periodisierungsprinzip verstanden werden. Es regelt die aktive Ausprägung des Vorsichtsprinzips. Eine dem „Matching Principle" vergleichbare Aufwandszurechnung existiert im deutschen Bilanzrecht nicht. Das Imparitätsprinzip zeigt, dass das Vorsichtsprinzip gegenüber Erträgen eine frühzeitige Passivierung betreffend Aufwand fordert. Informationsinteressen werden dem Vermögensschutz hintangestellt, was auch daraus ersichtlich ist, dass ein eigenständiges Periodisierungsprinzip nicht existiert, sondern normativ nur aus anderen Grundsätzen ableitbar ist. Dies gebietet in diesem Bereich bilanzrechtlicher Überlegungen eine eher statische Interpretation des Gesetzes.

8. Kerngedanke der Rückstellungen ist es, unsicheres Vermögen aus dem Gewinn ausscheiden zu lassen, damit es weder ausgeschüttet noch besteuert werden kann. Sie sind generell dem Imparitätsprinzip zuzuordnen und in dessen Sinne zu interpretieren.

9. Das Merkmal der „Wahrscheinlichkeit der Inanspruchnahme" steht aufgrund der strukturellen Ähnlichkeit zur „wirtschaftlichen Verursachung" in Konkurrenz, insbesondere auch im Hinblick auf Entscheidungsbegründungen des BFH. Es ist jedoch auf eine strikte Trennung zu achten. Dies betrifft insbesondere die dort zu verankernde Frage nach der „wirtschaftlichen Belastung" einer Schuld.

10. Die „wirtschaftliche Verursachung" lässt sich im Hinblick auf Relevanz und Inhalt grundsätzlich sowohl dynamisch, insbesondere nach der Alimentationsthese, als auch statisch interpretieren. Dabei ist eine statisch geprägte Interpretation im Gesetz angelegt. Das Merkmal der „wirtschaftlichen Verursachung" formt einen Alternativtatbestand zu rechtlich voll bestehenden Verbindlichkeiten und hat sich dabei inhaltlich am gesetzlichen Tatbestandsmerkmal der „Verbindlichkeit" zu orientieren.

11. Die Rechtsprechung des BFH ist in jeder Hinsicht uneinheitlich. Es werden beide Prägungen, diese aber in sich nicht immer stringent, angewandt. Die bisher gefundenen Ergebnisse, was sich hinter der „wirtschaftlichen Verursachung" verbirgt, sind nicht geeignet, eine nachvollziehbare Regelung für den Ansatz von Verbindlichkeitsrückstellungen zu liefern. Resultat ist eine nicht

systematisierbare Einzelfallsammlung, die den verfassungsrechtlichen Anforderungen an das Recht nicht entspricht.

12. Es bietet sich an, die Richtung der Subsumtion durch den Begriff der „Unentziehbarkeit" zu konkretisieren und zum Zwecke der Objektivierung hinsichtlich der Beurteilung dieser die Sicht eines fiktiven Käufers des Gesamtunternehmens anzustellen. Dabei ist grundsätzlich von der unveränderten Fortführung des Unternehmens, wie es sich zum Bilanzstichtag darstellt, auszugehen.

13. Wenngleich aus unterschiedlicher Veranlassung, ist sowohl den handels- wie den steuerrechtlichen Bilanzansatz betreffend, auf lange Sicht, eine Orientierung an der dynamischen Theorie zu erwarten.

# Literatur- und Rechtsprechungsverzeichnis

# A. Literaturverzeichnis


*Achatz*, Markus: Umweltrisiken in der Handels- und Steuerbilanz, in: DStJG Band 15 – Umweltschutz im Abgaben- und Steuerrecht, Köln, 1993, S. 161–196

*Achleitner*, Ann-Kristin/*Behr*, Giorgio: International Accounting Standards – Ein Lehrbuch zur internationalen Rechnungslegung, 3. Auflage, München, 2003

*Ackermann*, Günther: Anmerkung zu BMF-Schreiben vom 21.1.2003 - IV A 6 - S 2137 - 2/03, in: DB, Jg. 56, 2003, Heft 5, S. 240

*Adler*, Hans/*Düring*, Walther/*Schmaltz*, Kurt (Begr.): Rechnungslegung und Prüfung der Unternehmen – Kommentar zum HGB, AktG, GmbHG, PublG nach den Vorschriften des Bilanzrichtlinien-Gesetzes, Teilband 1: Vorbem. zu §§ 252–256; 252–263 HGB, 6. Auflage, Stuttgart, 1995/Teilband 6: Vorbem. §§ 238–241; §§ 238–251 HGB, 6. Auflage, Stuttgart, 1998 (zitiert als: A/D/S, Rechnungslegung und Prüfung der Unternehmen, 6. Aufl.)

*Arbeitskreis Bilanzrecht der Hochschullehrer Rechtswissenschaft*: Stellungnahme zu dem Entwurf eines BilMoG: Grundkonzept und Aktivierungsfragen, in: BB, Jg. 63, 2008, Heft 4, S. 152–158

*Arbeitskreis „Rechnungslegungsvorschriften der EG-Kommission" der Gesellschaft für Finanzwirtschaft in der Unternehmensführung e.V.*: Möglichkeiten und Grenzen der Anpassung deutscher Konzernabschlüsse an die Rechnungslegungsgrundsätze des International Accounting Standards Committee (IASC) (Teil I), in: DB, Jg. 48, 1995, Heft 23, S. 1137–1143 (zitiert als: Gesellschaft für Finanzwirtschaft in der Unternehmensführung e.V.)

*Bäcker*, Roland M.: Eigenkapitalersetzende Rechtshandlungen der GmbH-Gesellschafter und Dritter, Bergisch Gladbach/Köln, 1990 (Zugl.: Bochum, Univ., Diss., 1990)

Baetge, Jörg: Zur Frage der Reichweite des Passivierungsgrundsatzes, in: Rechnungslegung – Entwicklungen bei der Bilanzierung und Prüfung von Kapitalgesellschaften – Festschrift für Karl-Heinz Forster, hrsg. von Moxter, Adolf/Müller, Hans-Peter/Windmöller, Rolf/von Wysocki, Klaus, Düsseldorf, 1992, S. 27–44 (zitiert als: Baetge, in: FS Forster)

Ders.: Die Früherkennung von Unternehmenskrisen anhand von Abschlusskennzahlen, in: DB, Jg. 55, 2002, Heft 44, S. 2281–2287

Ders./Kirsch, Hans-Jürgen/Thiele, Stefan: Bilanzen, 5. Auflage/12. Auflage, Düsseldorf, 2001/2012

Dies.: Bilanzanalyse, 2. Auflage, Düsseldorf, 2004

Ball, Kurt: Steuerrecht und Privatrecht, Mannheim/Berlin/Leipzig, 1924

Ballwieser, Wolfgang: Ist das Maßgeblichkeitsprinzip überholt?, in: BFuP, Jg. 42, 1990, S. 477–498

Ders.: Bilanzanalyse, in: Handwörterbuch des Rechnungswesens, hrsg. von: Chmielewicz, Klaus/Schweitzer, Marcell, 3. Auflage, Stuttgart, 1993, Sp. 211–221

Ders. (Hrsg.): US-amerikanische Rechnungslegung – Grundlagen und Vergleiche mit deutschem Recht, 4. Auflage, Stuttgart, 2000

Ders.: Unternehmensbewertung – Prozeß, Methoden und Probleme –, 2. Auflage, Stuttgart, 2007

Baumbach, Adolf (Begr.)/Hopt, Klaus J.: Handelsgesetzbuch, 35. Auflage, München, 2012

(zitiert als: Bearbeiter, in: Baumbach/Hopt HGB, 35. Aufl.)

Baumbach, Adolf (Begr.)/Hueck, Alfred (ehemals Fortführender): GmbH-Gesetz, 18. Auflage, München, 2006

Bay, Karl-Christian: Anmerkungen zu BFH Urteil vom 30.11.2011 – I R 100/10, in: GWR, Jg. 4, 2012, Heft 7, S. 167

Becker, Enno: Die Reichsabgabenordnung, 6. Auflage/7. Auflage, Berlin, 1928/1930 (zitiert als: Becker, RAO, Aufl.)

Beck'scher Bilanz-Kommentar – Handels- und Steuerbilanz – §§ 238 bis 339, 342 bis 342 e HGB mit IFRS Abweichungen, hrsg. von Ellrott, Helmut/Förschle, Gebhart/Grottel, Bernd/Kozikowski, Michael/Schmidt, Stefan/Winkeljohann, Norbert, 8. Auflage, München, 2012 (zitiert als: Bearbeiter, in: BeckBilKo, 8. Aufl.)

Beck'sches Handbuch der Rechnungslegung – HGB und IFRS, hrsg. von Böcking, Hans-Joachim/Castan, Edgar/Heymann, Gerd/Pfitzer, Norbert/Scheffler, Eberhard, Loseblatt, Stand: Mai 2013, München, 2013 (zitiert als: Bearbeiter, in: Beck'sches Handbuch der Rechnungslegung, Band, Lfrg.)

Beck'sches IFRS-Handbuch – Kommentierung der IFRS/IAS, hrsg. von Bohl, Werner/Riese, Joachim/Schlüter, Jörg, 3. Auflage, München, 2009

Beinsen, Birgit/Wagenhofer, Alfred: Das ambivalente Verhältnis des IASB zum Vorsichtsprinzip, in: IRZ, Jg. 8, 2013, Heft 11, S. 413–419

Beisel, Wilhelm/Klumpp, Hans-Hermann (Hrsg.): Der Unternehmenskauf – Gesamtdarstellung der zivil- und steuerrechtlichen Vorgänge einschließlich gesellschafts-, arbeits- und kartellrechtlicher Fragen bei der Übertragung eines Unternehmens, 6. Auflage, München, 2009

Beisse, Heinrich: Zur Bilanzauffassung des Bundesfinanzhofs, in: JbFfSt, Jg. 29, 1978/1979, S. 186–196

Ders.: Tendenzen der Rechtsprechung des Bundesfinanzhofs zum Bilanzrecht, in: DStR, Jg. 18, 1980, Heft 9, S. 243–252

Ders.: Handelsbilanzrecht in der Rechtsprechung des Bundesfinanzhofs – Implikationen des Maßgeblichkeitsgrundsatzes, in: BB, Jg. 35, 1980, Heft 13, S. 637–646

Ders.: Die wirtschaftliche Betrachtungsweise bei der Auslegung der Steuergesetze in der neueren deutschen Rechtsprechung, in: StuW, Jg. 58 (11), 1981, Heft 1, S. 1–14

Ders.: Zum Verhältnis von Bilanzrecht und Betriebswirtschaftslehre, in: StuW, Jg. 61 (14), 1984, Heft 1, S. 1–14

Ders.: Grundsatzfragen der Auslegung des neuen Bilanzrechts, in: BB, Jg. 45, 1990, Heft 29, S. 2007–2012

Ders.: Zum neuen Bild des Bilanzrechtssystems, in: Bilanzrecht und Kapitalmarkt – Festschrift für Adolf Moxter, hrsg. von Ballwieser, Wolfgang/Böcking, Hans-Joachim/Drukarczyk, Jochen/Schmidt, Reinhard H., Düsseldorf, 1994, S. 3–31 (zitiert als Beisse, in: FS Moxter)

Bellinger, Bernhard/Vahl, Günter: Unternehmensbewertung in Theorie und Praxis, 2. Auflage, Wiesbaden, 1992

Berens, Wolfgang/Brauner, Hans U./Strauch, Joachim (Hrsg.): Due Diligence bei Unternehmensakquisitionen, 5. Auflage, Stuttgart, 2008

Biener, Herbert/Berneke, Wilhelm: Bilanzrichtlinien-Gesetz, Düsseldorf, 1986

Birk, Dieter: Das Leistungsfähigkeitsprinzip als Maßstab der Steuernormen – Ein Beitrag zu den Grundfragen des Verhältnisses Steuerrecht und Verfassungsrecht, Köln, 1983 (Zugl.: München, Univ., Habil-Schr., 1981)

Ders.: Steuerrecht, 15. Auflage, Heidelberg/München/Landsberg/Frechen/Hamburg, 2012

Bitz, Michael/Schneeloch, Dieter/Wittstock, Wilfried: Der Jahresabschluss – Nationale und internationale Rechtsvorschriften, Analyse und Politik, 5. Auflage, München, 2011

Blümich, Walter (Begr.): EStG-KStG-GewStG-Kommentar, Loseblatt, Stand: April 2013, München, 2013 (zitiert als: Bearbeiter, in: Blümich EStG, Lfrg.)

Böcking, Hans-Joachim: Betriebswirtschaftslehre und wirtschaftliche Betrachtungsweise im Bilanzrecht, in: Handelsbilanzen und Steuerbilanzen – Festschrift zum 70. Geburtstag von Heinrich Beisse, hrsg. von Budde, Wolfgang Dieter/Moxter, Adolf/Offerhaus, Klaus, Düsseldorf, 1997, S. 85–103 (zitiert als: Böcking, in: FS Beisse)

Bonner Kommentar zum Grundgesetz, hrsg. von Kahl, Wolfgang/Waldhoff, Christian/Walter, Christian, Loseblatt, Stand: März 2013, Heidelberg, 2013 (zitiert als: Bearbeiter, in: Bonner Kommentar zum GG, Lfrg.)

Born, Karl: Rechnungslegung international – Einzel- und Konzernabschlüsse nach IAS, US-GAAP, HGB und EG-Richtlinien, 3. Auflage, Stuttgart, 2002

Brandt, Hans-Jürgen: Die Beurteilung von Tatbeständen im Steuerrecht nach § 1 Abs. 3 des Steueranpassungsgesetzes, Hamburg, 1967 (Zugl.: Hamburg, Univ., Diss., 1967)

Breidert, Ulrike/Moxter, Adolf: Zur Bedeutung wirtschaftlicher Betrachtungsweise in jüngeren höchstrichterlichen Bilanzrechtsentscheidungen, in: WPg, Jg. 60, 2007, Heft 21, S. 912–919

Brockhaus Enzyklopädie in vierundzwanzig Bänden, Achter Band: Fru-Gos, 19. Auflage, Mannheim, 1989

Buciek, Klaus: Kommentar zum BFH Urteil vom 27.1.2010 – I R 103/08, in: FR, Jg. 92, 2010, Heft 13, S. 610–611

Budde, Wofgang Dieter/Förschle, Gerhart/Winkeljohann, Norbert (Hrsg.): Sonderbilanzen – Von der Gründungsbilanz bis zur Liquidationsbilanz, 4. Auflage, München, 2008 (zitiert als: Bearbeiter, in: Budde/Förschle/Winkeljohann (Hrsg.), Sonderbilanzen, 4. Aufl.)

Bundesministerium der Finanzen (Hrsg.): Reform der Reichsabgabenordnung, Bonn, 1970

Busse von Colbe, Walther (Hrsg.): Lexikon des Rechnungswesens – Handbuch der Bilanzierung und Prüfung, der Erlös-, Finanz-, Investitions- und Kostenrechnung, 3. Auflage, München, 1994

Bydlinski, Franz: Juristische Methodenlehre und Rechtsbegriff, 2. Auflage, Wien/New York, 1991

Cahn, Andreas: Die wirtschaftliche Betrachtungsweise, in: Festschrift für Karsten Schmidt zum 70. Geburtstag, hrsg. von Bitter, Georg/Lutter, Marcus/Priester, Hans-Joachim/Schön, Wolfgang/Ulmer, Peter, Köln, 2009, S. 157–175 (zitiert als: Cahn, in: FS Karsten Schmidt, S. )

Christiansen, Alfred: Rückstellungen für öffentlich-rechtliche Verpflichtungen – Probleme und Überlegungen –, in: StBp, Jg. 27, 1987, Heft 9, S. 193–198

Ders.: Ein Versuch zur „Entziehbarkeit“ von Missverständnissen – Replik auf Siegel, in: DStR, Jg. 40, 2002, Heft 28, S. 1196

Ders.: Zur Passivierung von Verbindlichkeiten: Dem Grunde nach bestehende Verbindlichkeiten – (Nicht-)Anwendung des BFH-Urteils I R 45/97, in: DStR, Jg. 45, 2007, Heft 3, S. 127–130

Ders.: Realisationsprinzip beim Ausweis von Verbindlichkeiten – eine „unendliche“ Geschichte – Zum Urteil des Niedersächsischen FG vom 18.12.2008, 10 K 120/04, DStRE 2009, 972, in: DStR, Jg. 47, 2009, Heft 43, S. 2213–2217

Ders.: „Weißer Rauch“ für die Passivierung rechtlich bestehender Verbindlichkeiten?, in: DStR, Jg. 49, 2011, Heft 51/52, S. 2483–2485

Ders.: Allgemeines und Spezifisches zur Bilanzierung von Verbindlichkeiten – Anmerkung zum BFH-Urteil vom 6.2.2013, I R 8/12, in: DStR, Jg. 51, 2013, Heft 26, S. 1347–1349

Clemm, Hermann: Zur Nichtpassivierung entstandener Verbindlichkeiten wegen nachträglicher wirtschaftlicher Verursachung (Realisation) oder: Wie dynamisch ist die Bilanz im Rechtssinne?, in: Bilanzrecht und Kapitalmarkt – Festschrift für Adolf Moxter, hrsg. von Ballwieser, Wolfgang/Böcking, Hans-Joachim/Drukarczyk, Jochen/Schmidt, Reinhard H., Düsseldorf, 1994, S. 167–193 (zitiert als: Clemm, in: FS Moxter)

Coenenberg, Adolf G./Haller, Axel/Schultze, Wolfgang: Jahresabschluss und Jahresabschlussanalyse – Betriebswirtschaftliche, handelsrechtliche, steuerrechtliche und internationale Grundlagen – HGB, IAS/IFRS, US-GAAP, DRS, 22. Auflage, Stuttgart, 2012

Ders./Fischer, Thomas M./Günther, Thomas: Kostenrechnung und Kostenanalyse, 7. Auflage, Stuttgart, 2009

Creifelds, Carl (Begr.): Rechtswörterbuch, 20. Auflage, München, 2011

Crezelius, Georg: Steuerrechtliche Rechtsanwendung und allgemeine Rechtsordnung – Grundlagen für eine liberale Besteuerungspraxis, Herne/Berlin, 1983

Ders.: Das Handelsbilanzrecht in der Rechtsprechung des Bundesfinanzhofs, in: ZGR, Jg. 16, 1987, S. 1–45

Ders.: Zur Bildung von Rückstellungen für Umweltschutzmaßnahmen, in: DB, Jg. 45, 1992, Heft 27/28, S. 1353–1363

Ders.: Maßgeblichkeitsgrundsatz in Liquidation?, in: DB, Jg. 47, 1994, Heft 14, S. 689–691

Ders.: Rückstellungen für Umweltschutz? – Besprechung von BFH, Urt. v. 19.10.1993 – VIII R 14/92, in: NJW, Jg. 47, 1994, Heft 15, S. 981–984

Deimel, Klaus/Isemann, Rainer/Müller, Stefan: Kosten- und Erlösrechnung – Grundlagen, Managementaspekte und Integrationsmöglichkeiten der IFRS, München, 2006

Döllerer, Georg: Grundsätze ordnungsmäßiger Bilanzierung, deren Entstehung und Ermittlung, in: WPg, Jg. 12, 1959, Heft 24, S. 653–658

Ders.: Statische oder dynamische Bilanz?, in: (Der) BB, Jg. 23, 1968, Heft 16, S. 637–641

Ders.: Maßgeblichkeit in Gefahr, in: BB, Jg. 26, 1971, Heft 31, S. 1333–1335

Ders.: Grundsätzliches zum Begriff der Rückstellungen, in: DStZ, Jg. 63, 1975, Heft 16, S. 291–296

Ders.: Rückstellungen in der Steuerbilanz – Abkehr von der dynamischen Bilanz, in: DStR, Jg. 17, 1979, Heft 1/2, S. 3–7

Ders.: Gedanken zur „Bilanz im Rechtssinne", in: JbFfSt, Jg. 30, 1979/1980, Herne/Berlin, 1979, S. 195–205

Ders.: Steuerbilanz und Beutesymbol – Gedanken zu einer ungewöhnlichen Geschichte des Bilanzrechts, in: BB, Jg. 43, 1988, Heft 4, S. 238–241

Ders.: Handelsrechtliche Entscheidungen des Bundesfinanzhofs, in: Steuerrecht – Verfassungsrecht – Finanzpolitik – Festschrift für Franz Klein, hrsg. von Kirchhof, Paul/Offerhaus, Klaus/Schöberle, Horst, Köln, 1994, S. 699–714 (zitiert als: Döllerer, in: FS Klein)

Doralt, Werner: Sind Rückstellungen steuerpolitisch gerechtfertigt?, in: DB, Jg. 51, 1998, Heft 27/28, S. 1357–1358

Dziadkowski, Dieter: Die Diskussion über das Verhältnis von Handels- und Steuerbilanz – Alter Wein in neuen Schläuchen?, in: DStZ, Jg. 89, 2001, Heft 1–2, S. 9–16

Ders.: Zur Nicht-Passivierung rechtlich entstandener ungewisser Verbindlichkeiten in der Steuerbilanz, in: WPg, Jg. 65, 2012, Heft 9, S. 500–505

Ebenroth, Carsten Thomas/Boujong, Karlheinz (Begr.)/Joost, Detlev/Strohn, Lutz (Hrsg.): Handelsgesetzbuch Kommentar, Band 1: §§ 1–342e, 2. Auflage, München, 2008 (zitiert als: Bearbeiter, in: Ebenroth u.a. HGB, 2. Aufl.)

Eibelshäuser, Manfred: Wirtschaftliche Betrachtungsweise im Steuerrecht – Herkunft und Bedeutung, in: DStR, Jg. 40, 2002, Heft 34, S. 1426–1432

Eilers, Stephan: Rückstellungen für Altlasten und Umweltschutzverpflichtungen, München, 1993

Engel-Ciric, Dejan/Moxter, Adolf: Das umstrittene Rückstellungskriterium der wirtschaftlichen Verursachung in der jüngeren Rechtsprechung, in: BB, Jg. 67, 2012, Heft 18, S. 1143–1147

Euler, Roland: Grundsätze ordnungsmäßiger Gewinnrealisierung, Düsseldorf, 1989 (Zugl.: Frankfurt (Main), Univ., Diss., 1988 u. d. T.)

Ders.: Steuerbilanzielle Konsequenzen der internationalisierten Rechnungslegung, in: StuW, Jg. 75 (28), 1998, Heft 1, S. 15–24

Ders.: Kommentar zum BFH Urteil vom 27.6.2001 – I R 45/97, in: BB, Jg. 56, 2001, Heft 37, S. 1897

Faltenbaum, Hermann/Bolk, Wolfgang/Reiß, Wolfram/Kirchner, Thomas: Buchführung und Bilanz, 21. Auflage, Achim, 2010 (zitiert als: Faltenbaum u.a., Buchführung und Bilanz, 21. Aufl.)

Farle, Valentina: Ertragsteuerliche Folgen der Liquidation einer Kapitalgesellschaft im Hinblick auf noch nicht erfüllte Verbindlichkeiten, in: BB, Jg. 67, 2012, Heft 24, S. 1507–1512

Dies.: Verbindlichkeiten in der Liquidation – Überprüfung verbindlicher Auskünfte – Zugleich Besprechung von FG Köln v. 6.3.2012, 13 K 3006/11, in: DStR, Jg. 50, 2012, Heft 32, S. 1590–1593

Fatouros, Nikos: Rückstellungen für ungewisse Verbindlichkeiten – Beginn einer Kehrtwende in der Rechtsprechung?, in: DB, Jg. 58, 2005, Heft 3, S. 117–124

Federmann, Rudolf: Bilanzierung nach Handelsrecht, Steuerrecht und IAS/IFRS – Gemeinsamkeiten, Unterschiede und Abhängigkeiten, 12. Auflage, Berlin, 2010

Fey, Dirk: Imparitätsprinzip und GoB-System im Bilanzrecht 1986, Berlin, 1987

Fischer, Peter: Die wirtschaftliche Betrachtungsweise, in: NWB, 1994, Fach 2, S. 6143–6154

Fleischer, Holger/Hüttemann, Rainer (Hrsg.): Rechtshandbuch Unternehmensbewertung, Köln, 2015 (zitiert als: Bearbeiter, in: Rechtshandbuch Unternehmensbewertung § Rz.)

Frotscher, Gerrit (Hrsg.): Praxis Kommentar Einkommensteuergesetz, Loseblatt, Stand: Mai 2013, Freiburg, 2013 (zitiert als: Bearbeiter, in: Praxiskommentar EStG, Lfrg.)

Fuchs, Maximilian/Pauker, Werner: Delikts- und Schadensersatzrecht, 8. Auflage, Berlin Heidelberg, 2012

Gelhausen, Hans Friedrich: Das Realisationsprinzip im Handels- und im Steuerbilanzrecht, Frankfurt am Main, 1985

Gelhausen, Wolf/Fey, Gerd: Rückstellungen für ungewisse Verbindlichkeiten und Zukunftsbezogenheit von Aufwendungen, in: DB, Jg. 46, 1993, Heft 12, S. 593–597

Gosch, Dietmar: Einige Bemerkungen zur aktuellen bilanzsteuerrechtlichen Rechtsprechung des I. Senats des BFH, in: DStR, Jg. 40, 2002, Heft 24, S. 977–984

Groh, Manfred: Zur Bilanztheorie des BFH, in: StbJb, Jg. 31, 1979/1980, Köln, 1980, S. 121–140

Ders.: Verbindlichkeitsrückstellung und Verlustrückstellung: Gemeinsamkeiten und Unterschiede, in: BB, Jg. 43, 1988, Heft 1, S. 27–33

Ders.: Die wirtschaftliche Betrachtungsweise im rechtlichen Sinne, in: StuW, Jg. 66 (19), 1989, Heft 3, S. 227–231

Grohmann, Uwe: Das Informationsmodell im Europäischen Gesellschaftsrecht, Berlin, 2006

Großfeld, Bernhard: Unternehmens- und Anteilsbewertung im Gesellschaftsrecht – Zur Barabfindung ausscheidender Gesellschafter, 2. Auflage, Köln, 1988

Ders./Luttermann, Claus: Bilanzrecht – Die Rechnungslegung in Jahresabschluß und Konzernabschluß nach Handelsrecht und Steuerrecht, Europarecht und IAS/IFRS, 4. Auflage, Heidelberg, 2005

Ders./Tönnes, Wolf-Achim: Bilanzen als Elemente der Unternehmensbewertung, in: NZG, Jg. 13, 2010, Heft 24, S. 921–927

Ders.: Recht der Unternehmensbewertung, 7. Auflage, Köln, 2012

Grundmann, Stefan: Ausbau des Informationsmodells im Europäischen Gesellschaftsrecht, in: DStR, Jg. 42, 2004, Heft 6, S. 232–236

Günkel, Manfred: Rückstellungen für Umweltschutzverpflichtungen, in: StbJb, Jg. 42, 1990/1991, S. 97–121

Ders.: Rechtsprechungsmodifizierung bei der Wahrscheinlichkeit der Verbindlichkeit als Voraussetzung für die Rückstellungsbildung, in: BB, Jg. 70, 2015, Heft 35, S. 2091–2093

Haase, Florian/Dorn, Katrin: Forderungsverzicht als zwingende Folge der Liquidation einer verbundenen Unternehmung?, in: BB, Jg. 66, 2011, Heft 47, S. 2907–2910

Handbuch der Rechnungslegung – Kommentar zur Bilanzierung und Prüfung, hrsg. von Küting, Karlheinz/Weber, Claus-Peter, 3. Auflage, Stuttgart, 1990 (zitiert als: Bearbeiter, in: Küting/Weber, Handbuch der Rechnungslegung, 3. Aufl.)

Handwörterbuch des Steuerrechts und der Steuerwissenschaften: A–J, hrsg. von Strickrodt, Georg/Wöhe, Günter/Flämig, Christian/Felix, Günther/Sebiger, Heinz, 2. Auflage, München, 1981 (zitiert als: Handwörterbuch des Steuerrechts, 2. Aufl.)

Haug, Felix: Keine Passivierung bei sogn. qualifiziertem Rangrücktritt, in: SteuK, Jg. 4, 2012, Heft 10, S. 209

Helios, Marcus/Kröger, Tobias: Aktuelle steuerliche Rechtsfragen von Rangrücktrittsvereinbarungen – Zugleich Anmerkung zum BFH-Urteil v. 15.4.2015 – I R 44/14, DStR 2015, 1551, in: DStR, Jg. 53, 2015, Heft 45, S. 2478–2483

Hennrichs, Joachim: Der steuerrechtliche sog. Maßgeblichkeitsgrundsatz gem. § 5 EStG – Stand und Perspektiven, in: StuW, Jg. 76 (29), 1999, Heft 2, S. 138–153

Ders.: Wahlrechte im Bilanzrecht der Kapitalgesellschaften – unter besonderer Berücksichtigung der EG-Bilanz-Richtlinie, Köln, 1999 (Zugl.: Mainz, Univ., Habil-Schr., 1998)

Ders.: Bilanzwahrheit, Realisationsprinzip und wirtschaftliche Betrachtungsweise nach EU-Bilanzrecht – Zugleich zur Bilanzierung bei verdeckter Einlage und Besprechung der Entscheidung des EuGH vom 3.10.2013 - C-322/12 (GIMLE), WPg, Jg. 68, 2015, Heft 7, S. 315–325

Ders.: Differenzierte Wahrscheinlichkeitsprognosen für die Passivierung von Rückstellungen für Passivprozesse - Kommentar zu BFH VIII R 45/12, in: BB, Jg. 70, 2015, Heft 31, S. 1841

Heno, Rudolf: Jahresabschluss nach Handelsrecht, Steuerrecht und internationalen Standards (IFRS), 7. Auflage, Berlin/Heidelberg, 2011

Herrmann, Carl/Heuer, Gerhard/Raupach, Arndt: Einkommensteuer- und Körperschaftsteuergesetz Kommentar, Loseblatt, Stand: Mai 2013, Köln, 2013 (zitiert als: Bearbeiter, in: H/H/R EStG, Lfrg.)

Herzig, Norbert: Rückstellungen wegen öffentlich-rechtlicher Verpflichtungen, insbesondere Umweltschutz, in: DB, Jg. 43, 1990, Heft 27/28, S. 1341–1354

Ders.: Rückstellungen als Instrument der Risikovorsorge in der Steuerbilanz – Ausgewählte Fragen zur Bilanzierung von Rückstellungen, in: DStJG Band 14 – Probleme des Steuerbilanzrechts, Köln, 1991, S. 199–230

Ders.: Konkurrenz von Rückstellungsbildung und Teilwertabschreibung bei Altlastenfällen, in: WPg, Jg. 44, 1991, Heft 19/20, S. 610–619

Hesse, Konrad: Grundzüge des Verfassungsrechts der Bundesrepublik Deutschland, 20. Auflage, Heidelberg, 1999

Heuser, Paul J./Theile, Carsten (Hrsg.): IFRS Handbuch – Einzel- und Konzernabschluss, 4. Auflage, Köln, 2009

Hölters, Wolfgang (Hrsg.): Handbuch Unternehmenskauf, 7. Auflage, Köln, 2010

Hoffmann, Wolf-Dieter: Anmerkung zu BFH Urteil vom 26.4.2012 - IV R 43/09, in: DStR, Jg. 50, 2012, Heft 23, S. 1132

Ders.: Neue Entwicklungen im Bilanzsteuerrecht – Aktuelle BFH-Urteile und Verwaltungsanweisungen: Darlehensverluste, Pensionsverpflichtungen, Forderungsverzicht, Rückstellungen, in: BC, Jg. 36, 2012, Heft 12, S. 533–537

Ders.: Das Periodisierungsprinzip, in: StuB, 2013, Heft 4, S. 121–122

Ders./Lüdenbach, Norbert: NWB Kommentar Bilanzierung, 4. Auflage, Herne, 2013

Ders.: Bilanzierung nach dem wirtschaftlichen Gehalt, in: StuB, 2013, Heft 15, S. 557–558

Ders.: Anmerkungen zu BFH Urteil vom 17.10.2013 – IV R 7/11, in: DStR, Jg. 51, 2013, Heft 51/52, S. 2749–2750

Ders.: Anmerkung zu BFH Urteil vom 15.4.2015 – I R 44/14, in: DStR, Jg. 53, 2015, Heft 28, S. 1554

Holzapfel, Hans-Joachim/Pöllath, Reinhard: Unternehmenskauf in Recht und Praxis – Rechtliche und steuerliche Aspekte, 14. Auflage, Köln, 2010

Hommel, Michael/Berndt, Thomas: Das Realisationsprinzip – 1884 und heute, in: BB, Jg. 64, 2009, Heft 41, S. 2190–2194

Hopt, Klaus J.: Handelsvertreterrecht – §§ 84–92c, 54, 55 HGB mit Materialien, 3. Auflage, München, 2003

Hüttemann, Rainer: Gewinnermittlung und Verlustverrechnung, in: StbJb, Jg. 54, 2002/2003, Köln, 2003, S. 37–48

Icking, Jan: Die Rechtsnatur des Handelsbilanzrechts – Zugleich ein Beitrag zur Abgrenzung von öffentlichem und privatem Recht, Berlin, 2000 (Zugl.: Bochum, Univ. Diss., 1998/99)

Institut der Wirtschaftsprüfer in Deutschland e.V.: Stellungnahme des HFA 2/73 – Rückstellungen für Jahresabschluß- und Prüfungskosten nach § 152 Abs. 7 AktG, in: WPg, Jg. 26, 1973, Heft 18, S. 503–504

Dass.: Grundsätze zur Durchführung von Unternehmensbewertungen (IDW S1 i.d.F. 2008) – Stand 2.4.2008 – verabschiedet vom Fachausschuss für Unternehmensbewertung und Betriebswirtschaft (FAUB) am 2.4.2008, billigende Kenntnisnahme durch den HFA am 30.5.2008, in: IDW Fachnachrichten, 2008, Nr. 7, S. 271–292 (zitiert als IDW S1 i.d.F. 2008)

Dass.: Entwurf IDW Stellungnahme zur Rechnungslegung: Einzelfragen zur handelsrechtlichen Bilanzierung von Verbindlichkeitsrückstellungen (IDW ERS HFA 34), Stand: 20.3.2012 – vorbereitet vom Arbeitskreis „Bilanzrechtsmodernisierung“, verabschiedet als Entwurf vom Hauptfachausschuss (HFA) am 20.3.2012, in: WPg, Jg. 65, 2012, Supplement 2, S. 59–67 (zitiert als: IDW ERS HFA 34)

Ismer, Roland: Prinzipien der Einkünfteermittlung – Periodizitätsprinzip, in: DStJG Band 34 – Einkünfteermittlung, Köln, 2011, S. 91–120

Jacobs, Otto H./Greif, Martin/Weber, D.: Möglichkeit und Grenzen der Informationsgewinnung mit Hilfe der Bilanzanalyse, in: WiSt, 1972, S. 425–431

Jahr, Günther: Funktionsanalyse von Rechtsfiguren als Grundlage einer Begegnung von Rechtswissenschaft und Wirtschaftswissenschaft, in: Das Verhältnis der Wirtschaftswissenschaft zur Rechtswissenschaft, Soziologie und Statistik – Verhandlungen auf der Arbeitstagung des Vereins für Sozialpolitik,

Gesellschaft für Wirtschafts- und Sozialwissenschaften in Würzburg 1963, hrsg. von Raiser, Ludwig/Sauermann, Heinz/Schneider, Erich, Berlin, 1964, S. 14–26 (zitiert als: Jahr, Funktionsanalyse von Rechtsfiguren)

Jakob, Wolfgang: Einkommensteuer, 3. Auflage, München, 2003

Kammann, Evert: Rückstellungen für Jahresabschlußkosten, in: DStR, Jg. 17, 1979, Heft 11, S. 310–317

Ders.: Die Bedeutung von Imparitätsprinzip und wirtschaftlicher Betrachtungsweise für die Rückstellungsbildung – Grundfragen der Handelsbilanzkonzeption aus der Perspektive der Jahresabschlußkostenurteile des FG Münster vom 23.2.1979 und des BFH vom 20.3.1980, in: DStR, Jg. 18, 1980, Heft 14, S. 400–408

Kayser, Marc: Ansatz und Bewertung von Rückstellungen nach HGB, US-GAAP und IAS, Aachen, 2002 (Zugl.: Göttingen, Univ., Diss., 2002)

Kessler, Harald: Verabschiedet sich der Bundesfinanzhof vom Imparitätsprinzip? – Gedanken zur jüngeren Rechtsprechung und zur Rechtsposition von Heinrich Weber-Grellet, in: DStR, Jg. 32, 1994, Heft 36, S. 1289–1296

Ders.: Erneute Kehrtwende des BFH bei der Interpretation der wirtschaftlichen Verursachung? – Weicht das Wesentlichkeitskriterium der Alimentationsthese? –, in: DStR, Jg. 34, 1996, Heft 37, S. 1430–1438

Ders.: Die Wahrheit über das Vorsichtsprinzip?! – Zugleich eine Stellungnahme zum Beitrag von Weber-Grellet, DB 1996 S. 2089, in: DB, Jg. 50, 1997, Heft 1, S. 1–7

Ders.: Anpassungspflicht im Bilanzrecht – (Neue?) Grenzwerte für die wirtschaftliche Verursachung – Anmerkung zum Urteil des I. BFH-Senats vom 27.6.2001, I R 45/97, DStR 2001, 1384, zu seinen Folgen und zu einigen zeitgenössischen Begleiterscheinungen, in: DStR, Jg. 39, 2001, Heft 44, S. 1903–1912

Kieso, Donald E./Weygandt, Jerry J./Warfield, Terry D.: Intermediate Accounting, 10. Auflage, New York, 2001

Kirchhof, Paul: Der verfassungsrechtliche Auftrag zur Besteuerung nach der finanziellen Leistungsfähigkeit, in: StuW, Jg. 62 (15), 1985, Heft 4, S. 319–329

Ders. (Hrsg.): Einkommensteuergesetz Kommentar, 11. u. 14. Auflage, Köln, 2012 u. 2015 (zitiert als: Bearbeiter, in: Kirchhof EStG,. Aufl.)

Ders./Söhn, Hartmut/Mellinghoff, Rudolf (Hrsg.): Einkommensteuergesetz Kommentar, Loseblatt, Stand: Mai 2013, Heidelberg/München/Landsberg/Frechen/Hamburg, 2013 (zitiert als: Bearbeiter, in: K/S/M EStG, Lfrg.)

Klein, Franz: Abgabenordnung Kommentar, 11. Auflage, München, 2012 (zitiert als: Bearbeiter, in: Klein AO, 11. Aufl.)

Knobbe-Keuk, Brigitte: Besteuerung stiller Reserven mit und ohne Gewinnrealisierung, in: DStR, Jg. 23, 1985, Heft 16/17, S. 494–498

Dies.: Bilanz- und Unternehmenssteuerrecht, 9. Aufl., Köln, 1993

Koch, Helmut: Zur Problematik des Teilwertes, in: ZfhF, 12. Jg., 1960, S. 319–353

Köhler, Helmut: BGB Allgemeiner Teil, 38. Aufl., München, 2014

Kolbe, Stefan: Die Bilanzierung von Treuegutscheinen eines Friseurs – Anmerkung zu dem BFH-Urteil vom 19.9.2012 – IV R 45/09, in: StuB, 2013, Heft 4, S. 140–143

Koller, Ingo/Roth, Wulf-Henning/Morck, Winfried: Handelsgesetzbuch Kommentar, 7. Auflage, München, 2011 (zitiert als: Bearbeiter, in: Koller/Roth/Morck HGB, 7. Aufl.)

Koller, Tim/Goedhart, Marc/Wessels, David: Valuation – Measuring and Managing the Value of Companies, 5th Edition, New Jersey, 2010 (zitiert als: Koller, T., Valuation, 5th Edition, S.)

Kölner Kommentar zum Aktiengesetz, Band 4: Rechnungslegung der Aktiengesellschaft, hrsg. von Zöllner, Wolfgang, 2. Auflage, Köln/Berlin/Bonn/München, 1991

Kölner Kommentar zum Rechnungslegungsrecht: §§ 238–342 e HGB, hrsg. von Claussen, Carsten P./Scherrer, Gerhard, Köln, 2011

Korn, Christian: Rückstellungen für öffentlich-rechtliche Anpassungsverpflichtungen nach TA Luft 2002, in: SteuK, Jg. 5, 2013, Heft 12, S. 248–249

Kosiol, Erich: Einheitsbilanz oder Bilanzangleichung? Ein Beitrag zur Reform der Handels- und Steuerbilanz, in: StuW, Jg. 26, 1949, Heft 5, S. 123–174

Ders.: Bilanzreform und Einheitsbilanz – Grundlegende Studien zu den Möglichkeiten einer Rationalisierung der periodischen Erfolgsrechnung, 2. Auflage, Berlin, 1949

Köster, Thomas: Objektivierung von Rückstellungen für öffentlich-rechtlich begründete Umweltschutzverpflichtungen, in: Unternehmensbesteuerung – Festschrift für Norbert Herzig zum 65. Geburtstag, München, 2010, S. 695–710 (zitiert als: Köster, in: FS Herzig)

Koths, Daniel: Replik zu Theodor Siegel in DB, Jg. 54, 2002, Heft 14, S. 707–709, in: DB, Jg. 54, 2002, Heft 14, S. 709

Kraus, Stefan: Zum Rückstellungsbegriff des Bilanzrichtlinien-Gesetzes, in: StuW, Jg. 65 (18), 1988, Heft 2, S. 133–148

Krieger, Albrecht: Der Grundsatz der Maßgeblichkeit der Handelsbilanz für die steuerrechtliche Gewinnermittlung, in: Handelsrecht und Steuerrecht – Festschrift für Georg Döllerer, hrsg. von Knobbe-Keuk, Brigitte/Klein, Franz/

Moxter, Adolf, Düsseldorf, 1988, S. 327–347 (zitiert als: Krieger, in: FS Döllerer)

Kruse, Heinrich Wilhelm: Grundsätze ordnungsmäßiger Buchführung – Rechtsnatur und Bestimmung, 3. Auflage, Köln, 1978

Ders.: Verfassungsrechtliche Vorgaben für das Steuerrecht – Über die Gleichmäßigkeit der Besteuerung, in: StuW, Jg. 67 (20), 1990, Heft 4, S. 322–330

Ders.: Lehrbuch des Steuerrechts, Band I: Allgemeiner Teil, München, 1991

Kühl, Kristian: Strafrecht – Allgemeiner Teil, 6. Auflage, München, 2008

Kühn, Rolf/von Wedelstädt, Alexander (Hrsg.): Abgabenordnung und Finanzgerichtsordnung Kommentar, 19. Auflage, Stuttgart, 2008

Kupsch, Peter: Bilanzierung von Umweltlasten in der Handelsbilanz, in: BB, Jg. 47, 1992, Heft 33, S. 2320–2329

Küting, Karlheinz/Weber, Claus-Peter: Die Bilanzanalyse – Beurteilung von Abschlüssen nach HGB und IFRS, 10. Auflage, Stuttgart, 2012

Ders./Pfitzer, Norbert/Weber, Claus-Peter (Hrsg.): Das neue deutsche Bilanzrecht – Handbuch zur Anwendung des Bilanzrechtsmodernisierungsgesetzes (BilMoG), 2. Auflage, Stuttgart, 2009

Lademann, Fritz (Begr.): EStG Kommentar, Loseblatt, Stand: März 2013, Stuttgart, 2013 (zitiert als: Bearbeiter, in: Lademann EStG, Lfrg.)

Lange, Benno/Fink, Christian: Tax Accounting – Die zunehmende Verselbständigung der Steuerbilanz und die Konsequenzen für das Rechnungswesen, in: StuB, 2013, Heft 7, S. 239–246

Lange, Christian: 75 Jahre Teilwert – Gegenwart und Zukunft des Teilwertbegriffs vor dem Hintergrund seiner Geschichte, Berlin, 2011 (Zugl.: Münster, Univ., Diss., 2010)

Larenz, Karl: Lehrbuch des Schuldrechts – Erster Band: Allgemeiner Teil, 14. Auflage, München, 1987

Ders.: Methodenlehre der Rechtswissenschaft, 6. Auflage, Berlin/Heidelberg/New York, 1991

Leffson, Ulrich/Rückle, Dieter/Großfeld, Bernhard (Hrsg.): Handwörterbuch unbestimmter Rechtsbegriffe im Bilanzrecht des HGB, Köln, 1986

Leffson, Ulrich: Die Grundsätze ordnungsmäßiger Buchführung, 7. Auflage, Düsseldorf, 1987

Lehner, Moris: Wirtschaftliche Betrachtungsweise und Besteuerung nach der wirtschaftlichen Leistungsfähigkeit – Zur Möglichkeit einer teleologischen Auslegung der Fiskalzwecknorm, in: Die Steuerrechtsordnung in der Diskussion – Festschrift für Klaus Tipke, hrsg. von Lang, Joachim, Köln, 1995, S. 237–249 (zitiert als: Lehner, in: FS Tipke)

Lion, Max: Das Bilanzsteuerrecht, 2. Auflage, Berlin, 1925

Loose, Matthias: Rückstellungen für Umweltverbindlichkeiten, Köln, 1993 (Zugl.: Bochum, Univ., Diss., 1993)

Lüders, Jürgen: Der Zeitpunkt der Gewinnrealisierung im Handels- und Steuerbilanzrecht, Köln, 1987

Marx, Franz Jürgen: Teilhaberthese als Leitbild zur Neukonzeption der steuerrechtlichen Gewinnermittlung nach Inkrafttreten des BilMoG, in: BB, Jg. 66, 2011, Heft 16, S. 1003–1006

Matenaer, Sebastian: Passivierungsverbot für Darlehen nach Rangrücktritt kann durch Ansatz einer verdeckten Einlage ausgeglichen werden, in: GWR, Jg. 7, 2015, Heft 15, S. 330

Mayer-Wegelin, Eberhard: Die wirtschaftliche Verursachung von Verbindlichkeitsrückstellungen – Wie kann die Meinungsvielfalt überwunden werden? –, in: DB, Jg. 48, 1995, Heft 25, S. 1241–1245

Mayr, Gunter: Beantwortung vermeintlich offener Fragen – Replik zu Theodor Siegel in BB, Jg. 58, 2003, Heft 6, S. 304–305, in: BB, Jg. 58, 2003, Heft 6, S. 305

Ders.: Schließt das Eigeninteresse eine Verbindlichkeitsrückstellung aus?, in: DB, Jg. 56, 2003, Heft 14, S. 740–742

Meilicke, Heinz: Steuerrecht – Allgemeiner Teil, Berlin/Frankfurt am Main, 1965

Mellwig, Winfried: Rechnungslegungszwecke und Kapitalkonten bei Personengesellschaften, in: BB, Jg. 34, 1979, Heft 28, S. 1409–1418

Merschmeyer, Marc: Die Kapitalschutzfunktion des Jahresabschlusses und Übernahme der IAS/IFRS für die Einzelbilanz, Frankfurt am Main, 2005 (Zugl.: Köln, Univ., Diss., 2004)

Mihm, Asmus: Kommentar zum BFH Urteil vom 30.11.2011 – I R 100/10, in: BB, Jg. 67, 2012, Heft 12, S. 766

Mildebrath, Christina: Der IAS-Einzelabschluss – Ordnungspolitische Konsequenz einer vergleichenden Betrachtung von HGB- und IFRS-Rechnungslegung unter besonderer Berücksichtigung der Bilanzierung von Leasingverhältnissen, Frankfurt am Main, 2008 (Zugl.: Augsburg, Univ., Diss., 2008)

Möller, Christian: Die wirtschaftliche Betrachtungsweise im Privatrecht – Dargestellt an den Kapitalaufbringungs- und -erhaltungsvorschriften im Recht der GmbH, Berlin, 1997 (Zugl.: Bayreuth, Univ., Diss., 1995/96)

Möller, Reinhard: Das kontaminierte Betriebsgrundstück: Rückstellungen wegen Altlastenhaftung und ihre Konsequenzen bei der handelsrechtlichen und steuerrechtlichen Gewinnermittlung, Kiel, 1996 (Zugl.: Kiel, Univ., Diss., 1996)

Mössner, Jörg Manfred/Seeger, Siegbert (Hrsg.): Körperschaftsteuergesetz Kommentar, Herne, 2013 (zitiert als: NWB Kommentar KStG)

Moxter, Adolf: Bilanzlehre, 1. Auflage, Wiesbaden, 1974

Ders.: Rückstellungskriterien nach neuem Bilanzrecht, in: BB, Jg. 34, 1979, Heft 9, S. 433–440

Ders.: Wirtschaftliche Gewinnermittlung und Bilanzsteuerrecht, in: StuW, Jg. 60 (13), 1983, Heft 4, S. 300–307

Ders.: Das Realisationsprinzip – 1884 und heute, in: BB, Jg. 39, 1984, Heft 28, S. 1780–1786

Ders.: Bilanzlehre – Band I Einführung in die Bilanztheorie, 3. Auflage, Wiesbaden, 1984

Ders.: Zum Sinn und Zweck des handelsrechtlichen Jahresabschlusses nach neuem Recht, in: Bilanz- und Konzernrecht – Festschrift für Reinhard Goerdeler, hrsg. von Havermann, Hans, Düsseldorf, 1987, S. 361–374 (zitiert als: Moxter, in: FS Goerdeler)

Ders.: Periodengerechte Gewinnermittlung und Bilanz im Rechtssinne, in: Handelsrecht und Steuerrecht – Festschrift für Georg Döllerer, hrsg. von Knobbe-Keuk, Brigitte/Klein, Franz/Moxter, Adolf, Düsseldorf, 1988, S. 447–458 (zitiert als: Moxter, in: FS Döllerer)

Ders.: Zur wirtschaftlichen Betrachtungsweise im Bilanzrecht, in: StuW, Jg. 66 (19), 1989, Heft 3, S. 232–241

Ders.: Zum Passivierungszeitpunkt von Umweltschutzrückstellungen, in: Rechnungslegung – Entwicklungen bei der Bilanzierung und Prüfung von Kapitalgesellschaften – Festschrift für Karl-Heinz Forster, hrsg. von Moxter, Adolf/Müller, Hans-Peter/Windmöller, Rolf/von Wysocki, Klaus, Düsseldorf, 1992, S. 427–437 (zitiert als: Moxter, in: FS Forster)

Ders.: Die BFH-Rechtsprechung zu den Wahrscheinlichkeitsschwellen bei Schulden, in: BB, Jg. 53, 1998, Heft 48, S. 2464–2467

Ders.: Rückstellungen nach IAS – Abweichungen vom geltenden deutschen Bilanzrecht, in: BB, Jg. 54, 1999, Heft 10, S. 519–525

Ders.: Rechnungslegungsmythen, in: BB, Jg. 55, 2000, Heft 42, S. 2143–2149

Ders.: Neue Ansatzkriterien für Verbindlichkeitsrückstellungen?, in: DStR, Jg. 42, 2004, Heft 26, S. 1098–1102

Ders.: Gewinnrealisierung nach den IAS/IFRS: Erosion des HGB-Realisationsprinzips, in: ZVglRWiss, Band 103, 2004, S. 268–280

Ders.: Bilanzrechtsprechung, 6. Auflage, Tübingen, 2007

Müller, Welf: Zur Rangordnung der in § 252 Abs. 1 Nr. 1 bis 6 HGB kodifizierten allgemeinen Bewertungsgrundsätze, in: Bilanz- und Konzernrecht – Festschrift für Reinhard Goerdeler, hrsg. von Havermann, Hans, Düsseldorf, 1987, S. 397–410 (zitiert als: Müller, in: FS Goerdeler)

Münchener Anwalts Handbuch GmbH-Recht, hrsg. von Römermann, Volker, 2. Auflage, München, 2009 (zitiert als: Bearbeiter, in: Römermann GmbH-Recht)

Münchener Anwalts Handbuch Insolvenz und Sanierung, hrsg. von Nerlich, Jörg/Kreplin, Georg, 2. Auflage, München, 2012 (zitiert als: Bearbeiter, in: Münchener Anwalts Handbuch Insolvenz)

Münchener Kommentar zum Aktiengesetz, Band 5/1: §§ 148–151, 161–178 AktG; §§ 238–264c, 342, 342a HGB, hrsg. von Kropff, Bruno/Semler, Johannes, 2. Auflage, München, 2003 (zitiert als: Bearbeiter, in: MüKo AktG, 2. Aufl.)

Münchner Kommentar zum Bilanzrecht, hrsg. von Hennrichs, Joachim/Kleindiek, Detlef/Watrin, Christoph, Band 1: IFRS, Loseblatt, Stand: Juli 2012, München, 2012 (zitiert als: Bearbeiter, in: MüKo Bilanzrecht IAS, Lfrg.)/Band 2: Bilanzrecht – §§ 238–342e HGB, Loseblatt, 1. Auflage, München, 2012 (zitiert als: Bearbeiter, in: MüKo Bilanzrecht, 1. Aufl.)

Münchner Kommentar zum Handelsgesetzbuch, Band 1: Erstes Buch. Handelsstand §§ 1–104a HGB, hrsg. von: Schmidt, Karsten, 3. Auflage, München, 2010/Band 4: Drittes Buch. Handelsbücher §§ 238–342e HGB, hrsg. von Schmidt, Karsten/Ebke, Werner, 3. Auflage, München, 2013 (zitiert als: Bearbeiter, in: MüKo HGB, 3. Aufl.)

Naumann, Klaus-Peter: Die Bewertung von Rückstellungen in der Einzelbilanz nach Handels- und Ertragsteuerrecht, Düsseldorf, 1989 (Zugl.: Münster (Westfalen), Univ., Diss., 1988) (zitiert als: Naumann, Die Bewertung von Rückstellungen)

Ders.: Rechtliche Entstehung und wirtschaftliche Verursachung als Voraussetzung der Rückstellungsbilanzierung – Zugleich eine Untersuchung zur Ansammlung von Rückstellungen, in: WPg, Jg. 44, 1991, Heft 18, S. 529–536

Newbold, Paul/Carlson, William L./Thorne, Betty M.: Statistics for Business and Economics, 8. Auflage, Essex, 2013 (zitiert als: Newbold/Carlson/Thorne, Statistics for Business, 8. Aufl.)

Ondracek, Dieter: Zum Gleichmaß der Besteuerung, in: Festschrift für Wolfgang Ritter, hrsg. von Kley, Max Dietrich/Sünner, Eckart/Willemsen, Arnold, Köln, 1997, S. 227–244 (zitiert als: Ondracek, in: FS Ritter)

Oser, Peter: Kommentar zum BFH Urteil vom 8.9.2011 – IV R 5/09, in: BB, Jg. 66, 2011, Heft 50/51, S. 3122–3123

Ders.: Kommentar zum BFH Urteil vom 6.2.2013 – I R 62/11, in: BB, Jg. 68, 2013, Heft 25, S. 1522

Pahlke, Armin/Koenig, Ulrich (Hrsg.): Abgabenordnung – §§ 1 bis 368 – Kommentar, 2. Auflage, München, 2009 (zitiert als: Bearbeiter, in: Pahlke/Koenig, Abgabenordnung, 2. Aufl.)

Palandt, Otto (Begr.): Bürgerliches Gesetzbuch – Kommentar, 72. Auflage, München, 2013 (zitiert als: Bearbeiter, in: Palandt)

Paus, Bernhard: Probleme der Rückstellungsbildung, in: BB, Jg. 43, 1988, Heft 21, S. 1419–1421

Pawlowski, Hans-Martin: Methodenlehre für Juristen – Theorie der Norm und des Gesetzes, 2. Auflage, Heidelberg, 1991

Pelka, Jürgen/Niemann, Walter (Hrsg.): Jahres- und Konzernabschluss nach Handels- und Steuerrecht, Band B, 13. Auflage, München, 2010 (zitiert als: Bearbeiter, in: Jahres- und Konzernabschluss nach Handels- und Steuerrecht)

Pellens, Bernhard: Internationale Rechnungslegung, 4. Auflage, Stuttgart, 2001

Petersen, Karl/Zwirner, Christian/Brösel, Gerrit (Hrsg.): Handbuch Unternehmensbewertung – Funktion/Moderne Verfahren/Branchen/Rechnungslegung, Köln, 2013

Pezzer, Heinz-Jürgen: Bilanzierungsprinzipien als sachgerechte Maßstäbe der Besteuerung, in: DStJG Band 14 – Probleme des Steuerbilanzrechts, Köln, 1991, S. 3–27

Picot, Gerhard (Hrsg.): Handbuch Mergers & Acquisitions – Planung, Durchführung, Integration, 4. Auflage, Stuttgart, 2008

Prinz, Markus: Kommentar zum BFH Urteil vom 8.9.2011 – IV R 5/09, in: FR, Jg. 94, 2012, Heft 3, S. 136–138

Prinz, Ulrich: Rückstellungen in der Steuerbilanz: Ein Gebot sachgerechter Leistungsfähigkeitsbesteuerung, in: DB, Jg. 64, 2011, Heft 9, S. 492–497

Ders.: Arten der Einkünfteermittlung – Bestandsaufnahme und Kritik – Betriebsvermögensvergleich, in: DStJG Band 34 – Einkünfteermittlung, Köln, 2011, S. 135–184

Ders./Kanzler, Hans-Joachim (Hrsg.): NWB Praxishandbuch Bilanzsteuerrecht – Neues bilanzielles Gestaltungsfeld nach BilMoG, Herne, 2012 (zitiert als: Bearbeiter, in: NWB Praxishandbuch Bilanzsteuerrecht)

Rief-Drewes, Fabian: Der Teilwert, Berlin, 2004 (Zugl.: Berlin, Univ., Diss., 2003)

Rittner, Fritz: Die sogenannte wirtschaftliche Betrachtungsweise in der Rechtsprechung des Bundesgerichtshofs, Karlsruhe, 1975

Roberts, Clare/Weetman, Pauline/Gordon, Paul: International Corporate Reporting, 4$^{th}$ Edition, London, 2008 (zitiert als: Roberts, C., International Corporate Reporting, 4$^{th}$ Edition, S. )

Rödding, Adalbert/Scholz, Susanne: „Lösch' mich" – vom Umgang mit leeren Schuldnergesellschaften – zugleich Besprechung des Urteils des FG Köln vom 6.3.2012, 13 K 3006/11, in: DStR, Jg. 51, 2013, Heft 20, S. 993–999

Ronneberger, Thomas/König, Juliane: Bilanzierung von Verbindlichkeiten bei Rangrücktritt: Tilgung aus Bilanzgewinn und Liquidationsüberschuss, in: SteuK, Jg. 7, 2015, S. 347

Ross, Stephan A./Westerfield, Randolph W./Jaffe, Jeffrey: Corporate Finance, 5$^{th}$ International Edition, Singapore, 1999 (zitiert als:Ross, Corporate Finance, S. )

Roth, Günter H./Altmeppen, Holger: GmbHG – Gesetz betreffend die Gesellschaften mit beschränkter Haftung – Kommentar, 7. Auflage, München, 2012 (zitiert als: Bearbeiter, in: Roth/Altmeppen GmbHG)

Rowedder, Heinz (Begr.)/Schmidt-Leithoff, Christian (Hrsg.): GmbHG Kommentar, 5. Auflage, München, 2013 (zitiert als: Bearbeiter, in: Rowedder/Schmidt-Leithoff GmbHG)

Rudolph, Karl: Nochmals Rückstellungen für Jahresabschlußkosten, in: DB, Jg. 32, 1979, Heft 32, S. 1527–1530

Rürup, Lebrecht: Rückstellungen für Verpflichtungen aus Umwelthaftung, in: Rechnungslegung – Entwicklungen bei der Bilanzierung und Prüfung von Kapitalgesellschaften – Festschrift für Karl-Heinz Forster, hrsg. von Moxter, Adolf/Müller, Hans-Peter/Windmöller, Rolf/von Wysocki, Klaus, Düsseldorf, 1992, S. 519–545 (zitiert als: Rürup, in: FS Forster)

Schildbach, Thomas: US-GAAP – Amerikanische Rechnungslegung und ihre Grundlagen, 2. Auflage, München, 2002

Schmalenbach, Eugen: Dynamische Bilanz, 13. Auflage, Köln/Opladen, 1962

Schmidt, Fritz: Die organische Tageswertbilanz, 3. Auflage, Wiesbaden, 1951

Schmidt, Ludwig (Begr.): Einkommensteuergesetz Kommentar, 32. Auflage, München, 2013 (zitiert als: Bearbeiter, in: Schmidt EStG, 32. Aufl.)

Schmidt, Richard/Roth, Barbara: Bilanzielle Behandlung von Umweltschutzverpflichtungen, in: DB, Jg. 57, 2004, Heft 11, S. 553–558

Schneider, Dieter: Theorie und Praxis der Unternehmensbesteuerung, in: ZfbF, Jg. 19, 1967, S. 206–230

Ders.: Bilanzen im Rechtssinne als Vorläufer dynamischer und „rein betriebswirtschaftlicher" Bilanzen, in: Bilanzrecht und Kapitalmarkt – Festschrift für Adolf Moxter, hrsg. von Ballwieser, Wolfgang/Böcking, Hans-Joachim/Drukarczyk/Schmidt, Reihard H., Düsseldorf, 1994, S. 1149–1174 (zitiert als: Schneider, in: FS Moxter)

Schön, Wolfgang: Der Bundesfinanzhof und die Rückstellungen – Eine Analyse der Rechtsprechung seit Inkrafttreten des Bilanzrichtlinien-Gesetzes, in: BB, Jg. 49, 1994, Beilage 9 zu Heft 15, S. 1–16

Ders.: Die Steuerbilanz zwischen Handelsrecht und Grundgesetz, in: StuW, Jg. 72 (25), 1995, Heft 4, S. 366–377

Ders.: Steuerliche Einkünfteermittlung, Maßgeblichkeitsprinzip und Europäisches Bilanzrecht, in: Unternehmen/Steuern – Festschrift für Hans Flick, hrsg. von Klein, Franz/Stihl, Hans Peter/Wassermayer, Franz, Köln, 1997, S. 573–586 (zitiert als: Schön, in: FS Flick)

Scholz, Franz (Begr.): Kommentar zum GmbH-Gesetz mit Anhang Konzernrecht, 9. Auflage, Köln, 2000 (zitiert als: Bearbeiter, in: Scholz GmbHG, 9. Aufl.)

Schruff, Lothar: Rechnungslegung und Prüfung der AG und GmbH nach neuem Recht (4. EG-Richtlinie) – Texte, Erläuterungen und Materialien in Gegenüberstellung zum geltenden Recht mit synoptischer Darstellung der Entwicklung dieser Richtlinie, Düsseldorf, 1978

Schubert, Daniela: Der Ansatz von gewissen und ungewissen Verbindlichkeiten in der HGB-Bilanz – Insbesondere zur wirtschaftlichen Belastung und zu faktischen Verpflichtungen, Düsseldorf, 2007

Schulze-Osterloh, Joachim: Herstellungskosten in der Handels- und Steuerbilanz, in: StuW, Jg. 66 (19), 1989, Heft 3, S. 242–249

Ders.: Der Ausweis von Aufwendungen nach dem Realisations- und dem Imparitätsprinzip, in: Rechnungslegung – Entwicklungen bei der Bilanzierung und Prüfung von Kapitalgesellschaften – Festschrift für Karl-Heinz Forster, hrsg. von Moxter, Adolf/Müller, Hans-Peter/Windmöller, Rolf/von Wysocki, Klaus, Düsseldorf, 1992, S. 653–670 (zitiert als: Schulze-Osterloh, in: FS Forster)

Ders.: Verfassungsrechtliche Grenzen der bilanzsteuerrechtlichen Gesetzgebung – Nettoprinzip, Maßgeblichkeitsgrundsatz, Rückstellungen, Gewinnrealisierung, in: DStJG Band 23 – Europa- und verfassungsrechtliche Grenzen der Unternehmensbesteuerung, Köln, 2000, S. 67–85

Ders.: Die Unentziehbarkeit als Voraussetzung eines Verbindlichkeitsrückstellung, in: Kritisches zu Rechnungslegung und Unternehmensbesteuerung – Festschrift zur Vollendung des 65. Lebensjahres von Theodor Siegel, hrsg. von Schneider, Dieter/Rückle, Dieter/Küpper, Hans-Ulrich/Wagner, Franz W., Berlin, 2005, S. 185–200 (zitiert als Schulze-Osterloh, in: FS Siegel)

Schütz, Robert: Der Maßgeblichkeitsgrundsatz gemäß § 5 Abs. 1 EStG – ein Fossil?, Münster, 2002 (Zugl.: Hamburg, Univ., Diss., 2002)

Siegel, Theodor: Metamorphosen des Realisationsprinzips?, in: Rechnungslegung – Entwicklungen bei der Bilanzierung und Prüfung von

Kapitalgesellschaften – Festschrift für Karl-Heinz Forster, hrsg. von Moxter, Adolf/Müller, Hans-Peter/Windmöller, Rolf/von Wysocki, Klaus, Düsseldorf, 1992, S. 585–605 (zitiert als: Siegel, in: FS Forster)

Ders.: Umweltschutz im Jahresabschluß – Probleme und Lösungsansätze, in: BB, Jg. 48, 1993, Heft 5, S. 326–336

Ders.: Unentziehbarkeit als zentrales Kriterium für den Ansatz von Rückstellungen, in: DStR, Jg. 40, 2002, Heft 28, S. 1192–1196

Simon, Herman Veit: Die Bilanzen der Aktiengesellschaft und der Kommanditgesellschaft auf Aktien, 3. Auflage, Berlin, 1899

Söffing, Günter: Offene Fragen beim umgekehrten Maßgeblichkeitsgrundsatz (Teil II), in: DB, Jg. 41, 1988, Heft 6, S. 297–301

Sommerfeld, Heinrich: Bilanz (eudynamisch), in: Handwörterbuch der Betriebswirtschaft, Band 1, hrsg. von Niklisch, Heinrich, Stuttgart, 1926, Sp. 1340–1346

Staub, Hermann (Begr.): Handelsgesetzbuch Großkommentar, Zweiter Band: §§ 48–104, 5. Auflage, Berlin, 2008 (zitiert als: Bearbeiter, in: Staub HGB, 5. Aufl.)

Steinbach, Adalbert: Die Rechnungslegungsvorschriften des Aktiengesetzes 1965 – Aus der Perspektive eines neuen Systems der „Grundsätze ordnungsmäßiger Bilanzierung" (GoB), Wiesbaden, 1973

Strobl, Elisabeth: Matching Principle und deutsches Bilanzrecht, in: Bilanzrecht und Kapitalmarkt – Festschrift für Adolf Moxter, hrsg. von Ballwieser, Wolfgang/Böcking, Hans-Joachim/Drukarczyk, Jochen/Schmidt, Reinhard H., Düsseldorf, 1994, S. 407–432 (zitiert als: Strobl, in: FS Moxter)

Thiel, Jochen/Lüdtke-Handjery, Alexander: Bilanzrecht – Handelsbilanz Steuerbilanz, 5. Auflage, Heidelberg, 2005

Thiele, Stefan: Das Eigenkapital im handelsrechtlichen Jahresabschluß – Rechtsformübergreifende und rechtsformspezifische Grundsätze für Ansatz und Ausweis des gesetzestypischen Eigenkapitals und der hybriden Finanzierungsformen, Düsseldorf, 1998 (Zugl.: Münster (Westfalen), Univ., Diss., 1996)

Thies, Angelika: Rückstellungen als Problem der wirtschaftlichen Betrachtungsweise, Frankfurt am Main, 1996 (Zugl.: München, Univ., Diss., 1996)

Tipke, Klaus: Die Steuerrechtsordnung, Band II – Steuerrechtfertigungstheorie, Anwendung auf alle Steuerarten, sachgerechtes Steuersystem, Köln, 1993

Ders.: Die Steuerrechtsordnung, Band III – Föderative Steuerverteilung, Rechtsanwendung und Rechtsschutz, Gestalter der Steuerrechtsordnung, Köln, 1993

Ders.: Über Deklarieren und Verifizieren, in: Steuerrechtsprechung, Steuergesetz, Steuerreform – Festschrift für Klaus Offerhaus, hrsg. von Kirchhof, Paul/

Jakob, Wolfgang/Beermann, Albert, Köln, 1999, S. 819–836 (zitiert als: Tipke, in: FS Offerhaus)

Ders./Lang, Joachim (Begr.): Steuerrecht, Köln, 20. Auflage, 2010/21. Auflage, 2012 (zitiert als: Bearbeiter, in: Tipke/Lang, Steuerrecht, Aufl.)

Ders./Kruse, Heinrich Wilhelm: Abgabenordnung Finanzgerichtsordnung Kommentar, Loseblatt, Stand: Mai 2013, Köln, 1961/2013 (zitiert als: Bearbeiter, in: Tipke/Kruse, Abgabenordnung, Lfrg.)

Tischbierek, Armin: Der wirtschaftliche Verursachungszeitpunkt von Verbindlichkeitsrückstellungen, Frankfurt am Main, 1994 (Zugl.: Frankfurt (Main), Univ., Diss., 1994)

Ulmer, Peter: Überlegungen zur wirtschaftlichen Betrachtungsweise im Kartellrecht, in: WuW, Jg. 21, 1971, Heft 11/12, S. 878–886

Urbas, Helmut: Die wirtschaftliche Betrachtungsweise im Steuerrecht, Frankfurt am Main, 1987

Vernimmen, Pierre/Quiry, Pascal/Dallocchio, Maurizio/Le Fur, Yann/Salvi, Antonio: Corporate Finance – Theory and Practice, Chichester, 2005 (zitiert als: Vernimmen, Corporate Finance, S. )

Versin, Volker: Derogation des Maßgeblichkeitsprinzips im Einkommensteuerrecht?, Frankfurt am Main, 2003 (Zugl.: Bochum, Univ., Diss., 2002)

Viskorf, Hermann-Ulrich/Knobel, Wolfgang/Schuck, Stephan/Wälzholz, Eckhard (Hrsg.): Erbschaftsteuer- und Schenkungsteuergesetz, Bewertungsgesetz Kommentar, 4. Auflage, Herne, 2012

Viskorf, Stephan/Haag, Maximilian: Bericht zum 5. Münchner Unternehmenssteuerforum: „Rückstellungen zwischen IFRS, Handels- und Steuerrecht – Ein altes Thema mit neuen Problemen“, in: DStR, Jg. 49, 2011, Beihefter zu Heft 32, S. 93–100

Walton, Peter/Haller, Axel/Raffournier, Bernard (Hrsg.): International Accounting, 2nd Edition, London, 2003 (zitiert als: Walton, P., International Accounting, 2nd Edition, S.)

Weber-Grellet, Heinrich: Maßgeblichkeit und eigenständige Zielsetzung der Steuerbilanz, in: DB, Jg. 47, 1994, Heft 6, S. 288–291

Ders.: Kommentar zum BFH Urteil vom 27.6.2001 – I R 45/97, in: FR, Jg. 83, 2001, Heft 17, S. 900–901

Ders.: Realisationsprinzip und Belastungsprinzip – Zum zeitlichen Ausweis von Ertrag und Aufwand, in: DB, Jg. 55, 2002, Heft 42, S. 2180–2184

Ders.: Bilanzsteuerrecht, 10. Auflage, Münster, 2010

Ders.: BB-Rechtsprechungsreport zu 2012 veröffentlichten bilanzsteuerrechtlichen BFH-Urteilen, in: BB, Jg. 68, 2013, Heft 1/2, S. 43–50

Ders.: Rangrücktritt im Bilanzsteuerrecht, in: BB, J. 70, 2015, Heft 44, S. 2667–2671

Wendt, Michael, Passivierungsaufschub nach § 5 Abs. 2a EStG, in: StBJb 2003/2004, S. 247–262

Widmer, Lukas: Das Legalitätsprinzip im Abgabenrecht, Zürich, 1988 (Zugl.: Zürich, Univ., Diss., 1988)

Wiedmann, Harald: Die Bewertungseinheit im Handelsrecht, in: Bilanzrecht und Kapitalmarkt – Festschrift für Adolf Moxter, hrsg. von Ballwieser, Wolfgang/Böcking, Hans-Joachim/Drukarczyk, Jochen/Schmidt, Reinhard H., Düsseldorf, 1994, S. 453–482 (zitiert als: Wiedmann, in: FS Moxter)

Ders.: Bilanzrecht – Kommentar zu den §§ 238–342 a HGB, 2. Auflage, München, 2003

Winnefeld, Robert: Bilanzhandbuch – Handels- und Steuerbilanz/Rechtsformspezifisches Bilanzrecht/Bilanzielle Sonderfragen/Sonderbilanzen/IAS/US-GAAP, 4. Auflage, München, 2006

Wirtschaftsprüfer Handbuch – Wirtschaftsprüfung, Rechnungslegung, Beratung, Band I, hrsg. von Institut der Wirtschaftsprüfer in Deutschland e.V., 12. Auflage, 2000/14. Auflage, 2012, Düsseldorf (zitiert als: WP Handbuch Band 1, Erscheinungsjahr/Aufl.)

Ders./Kußmaul, Heinz: Grundzüge der Buchführung und Bilanztechnik, 8. Auflage, München, 2012

Woerner, Lothar: Korreferat zum Referat Dr. Söffing („Zum Begriff Wirtschaftsgut"), in: JbFfSt, Jg. 29, 1978/1979, Herne/Berlin, 1978, S. 228–241

Ders.: Zeitliche Zuordnung von Forderungen und Verbindlichkeiten in der Bilanz – Wirtschaftliche Entstehung statt wirtschaftlicher Verursachung, in: StVj, Jg. 5, 1993, S. 193–207

Ders.: Zeitpunkt der Passivierung von Schulden und Verbindlichkeitsrückstellungen – Problematik der „wirtschaftlichen Verursachung", in: Bilanzrecht und Kapitalmarkt – Festschrift für Adolf Moxter, hrsg. von Ballwieser, Wolfgang/Böcking, Hans-Joachim/Drukarczyk, Jochen/Schmidt, Reinhard H., Düsseldorf, 1994, S. 483–506 (zitiert als: Woerner, in: FS Moxter)

Wöhe, Günter: Bilanzierung und Bilanzpolitik – Betriebswirtschaftlich, Handelsrechtlich, Steuerrechtlich –, 8. Auflage, München, 1992

# B. Rechtsprechungsverzeichnis

### Entscheidungen des Europäischen Gerichtshofes

EuGH Urteil vom 14.9.1999, RS C–275/97 = Slg. 1999 I-5331

EuGH Urteil vom 3.10.2013, RS C-322/12 = ABl. EU 2013 Nr. C 344, S. 34 = NZG 2014, 36

### Entscheidungen des Bundesverfassungsgerichts

BVerfG Urteil vom 24.1.1962 – 1 BvR 232/60 = BVerfGE 13, 318

BVerfG Beschluss vom 9.7.1969 – 2 BvL 20/65 = BVerfGE 26, 302

BVerfG Beschluss vom 11.5.1970 – 1 BvL 17/67 = BVerfGE 28, 227

BVerfG Urteil vom 27.6.1991 – 2 BvR 1493/89 = BVerfGE 84, 239

BVerfG Beschluss vom 3.6.1992 – 1 BvR 583/86 = NJW 1993, 1189

BVerfG Beschluss vom 30.9.1998 – 2 BvR 1818/91 = NJW 1998, 3769

BVerfG Beschluss vom 27.4.1999 – 1 BvR 1613/94 = NJW 1999, 3769

### Entscheidungen des Reichsfinanzhofes

RFH Urteil vom 17.9.1920 – II A 206/20 = RFHE 3, 270

RFH Urteil vom 17.12.1929 – I A a 643/29 = RStBl. 1930, 95

RFH Urteil vom 15.1.1931 – VI A 31/31 = RStBl. 1931, 201

RFH Urteil vom 25.3.1931 – VI A 627/31 = RFHE 28, 197

RFH Urteil vom 4.2.1932 – I A 183/31 = RStBl. II 1932, 303

RFH Urteil vom 23.7.1935 – I A 47/34 = StuW Teil II 1935, Nr. 620 (S. 1484)

RFH Urteil vom 22.9.1939 – V 139/39 = RFHE 47, 291

### Entscheidungen des Bundesfinanzhofes

BFH Gutachten vom 5.5.1953 – I D 2/53 S = BStBl. III 1953, 224

BFH Urteil vom 22.7.1953 – V 153/52 = BStBl. III 1953, 275

BFH Urteil vom 4.2.1958 – I 326/56 U = BStBl. III 1958, 110

BFH Urteil vom 13.11.1959 – III 259/57 U = BStBl. III 1960, 52

BFH Urteil vom 14.1.1960 – IV 108/58 U = BStBl. III 1960, 137

BFH Urteil vom 1.3.1960 – I 141/59 U = BStBl. III 1960, 208

BFH Urteil vom 13.12.1960 – I 171/60 U = BStBl. III 1961, 127

BFH Urteil vom 11.5.1962 – VI 55/61 U = BStBl. III 1962, 310

BFH Urteil vom 4.9.1962 – I 198/61 U = BStBl. III 1963, 7

BFH Urteil vom 24.1.1963 – II 195/58 U = BStBl. III 1963, 213

BFH Urteil vom 29.1.1965 – VI 317/63 U = BStBl. III 1965, 179

BFH Urteil vom 31.5.1967 – I 208/63 = BStBl. III 1967, 607

BFH Urteil vom 12.7.1968 – III 181/64 = BStBl. II 1968, 794

BFH Urteil vom 25.9.1968 – I 52/64 = BFHE 93, 444

BFH Beschluss vom 3.2.1969 – GrS 2/68 = BStBl. II 1969, 291

BFH Urteil vom 24.6.1969 – I R 15/68 = BStBl. II 1969, 581

BFH Urteil vom 23.9.1969 – I R 22/66 = BStBl. II 1970, 104

BFH Urteil vom 16.9.1970 – I R 184/67 = BStBl. II 1971, 85

BFH Urteil vom 28.4.1971 – I R 39,40/70 = BStBl. II 1971, 601

BFH Urteil vom 26.5.1971 – IV R 58/70 = BStBl. II 1971, 704

BFH Urteil vom 7.3.1973 – I R 48/69 = BStBl. II 1973, 565

BFH Urteil vom 19.6.1973 – I R 206/71 = BStBl. II 1973, 774

BFH Urteil vom 5.10.1973 – VIII R 78/70 = BStBl. II 1974, 130

BFH Urteil vom 10.7.1974 – I R 182/72 = BStBl. II 1974, 779

BFH Urteil vom 17.7.1974 – I R 195/72 = BStBl. II 1974, 684

BFH Urteil vom 26.2.1975 – I R 72/73 = BStBl. II 1976, 13

BFH Urteil vom 29.1.1976 – IV R 97/74 = BFHE 118, 198

BFH Urteil vom 24.3.1976 – I R 139/73 = BStBl. II 1976, 450

BFH Urteil vom 30.11.1976 – VIII R 202/72 = BStBl. II 1977, 384

BFH Urteil vom 4.5.1977 – I R 27/74 = BStBl. II 1977, 802

BFH Urteil vom 26.10.1977 – I R 148/75 = BStBl. II 1978, 97

BFH Urteil vom 26.10.1977 – I R 124/76 = DStR 1978, 231

BFH Urteil vom 6.12.1978 – I R 35/78 = BStBl. II 1979, 262

BFH Urteil vom 20.3.1980 – IV R 89/79 = BStBl. II 1980, 297

BFH Urteil vom 18.6.1980 – I R 72/76 = BStBl. II 1980, 741

BFH Urteil vom 23.7.1980 – I R 28/77 = BStBl. II 1981, 62

BFH Urteil vom 10.11.1980 – GrS 1/79 = BStBl. II 1981, 164

BFH Urteil vom 19.2.1981 – IV R 112/78 = BStBl. II 1981, 654

BFH Urteil vom 1.4.1981 – I R 27/79 = BStBl. II 1981, 660

BFH Urteil vom 21.12.1981 – II R 124/79 = BStBl. II 1982, 330

BFH Urteil vom 23.6.1982 – II R 155/80 = BStBl. II 1982, 741

BFH Urteil vom 16.11.1982 – VIII R 95/81 = BStBl. II 1983, 361
BFH Urteil vom 20.1.1983 – IV R 168/81 = BStBl. II 1983, 375
BFH Urteil vom 19.7.1983 – VIII R 160/79 = BStBl. II 1984, 56
BFH Urteil vom 23.11.1983 – I R 216/78 = BStBl. II 1984, 277
BFH Urteil vom 12.4.1984 – IV R 112/81 = BStBl. II 1984, 554
BFH Beschluss vom 25.6.1984 – GrS 4/82 = BStBl. II 1984, 751
BFH Urteil vom 1.8.1984 – I R 88/80 = BStBl. II 1985, 44
BFH Urteil vom 25.4.1985 – IV R 83/83 = BStBl. II 1986, 350
BFH Beschluss vom 10.10.1985 – IV B 30/85 = BStBl. II 1986, 68
BFH Urteil vom 19.5.1987 – VIII R 327/83 = BStBl. II 1987, 848
BFH Urteil vom 10.6.1988 – III R 248/83 = BStBl. II 1988, 814
BFH Urteil vom 22.11.1988 – VIII R 62/85 = BStBl. II 1989, 359
BFH Urteil vom 28.6.1989 – I R 86/85 = BStBl. II 1990, 550
BFH Urteil vom 25.8.1989 – III R 95/87 = BStBl. II 1989, 892
BFH Urteil vom 12.12.1990 – I R 18/89 = BStBl. II 1991, 485
BFH Urteil vom 12.12.1990 – I R 153/86 = BStBl. II 1991, 479
BFH Urteil vom 3.12.1991 – VIII R 88/87 = BStBl. II 1993, 89
BFH Urteil vom 13.11.1991 – I R 102/88 = BStBl. II 1992, 336
BFH Urteil vom 12.12.1991 – IV R 28/91 = BStBl. II 1992, 600
BFH Urteil vom 25.3.1992 – I R 69/91 = BStBl. II 1992, 1010
BFH Urteil vom 2.10.1992 – III R 54/91 = BStBl. II 1993, 153
BFH Urteil vom 10.12.1992 – XI R 34/91 = BStBl. II 1994, 158
BFH Urteil vom 9.2.1993 – VIII R 21/92 = BStBl. II 1993, 543
BFH Urteil vom 30.3.1993 – IV R 57/91 = BStBl. II 1993, 502
BFH Urteil vom 15.4.1993 – IV R 75/91 = DStR 1993, 1552
BFH Urteil vom 12.5.1993 – XI R 1/93 = BStBl. II 1993, 786
BFH Urteil vom 19.10.1993 – VIII R 14/92 = BStBl. II 1993, 891
BFH Urteil vom 26.4.1995 – I R 92/94 = BStBl. II 1995, 594
BFH Urteil vom 20.9.1995 – X R 225/93 = BStBl. II 1997, 320
BFH Urteil vom 6.12.1995 – I R 51/95 = BStBl. II 1998, 781
BFH Urteil vom 16.2.1996 – I R 73/95 = BStBl. II 1996, 592
BFH Urteil vom 27.3.1996 – I R 3/95 = BStBl. II 1996, 470
BFH Beschluss vom 23.6.1997 – GrS 2/93 = BStBl. II 1997, 735
BFH Urteil vom 2.10.1997 – IV R 82/96 = DStR 1998, 23

BFH Urteil vom 15.10.1997 – II R 68/95 = BStBl. II 1997, 820
BFH Urteil vom 8.4.1998 – VIII R 21/94 = BStBl. II 1998, 660
BFH Urteil vom 13.5.1998 – VIII R 58/96 = DStRE 1999, 5
BFH Urteil vom 19.8.1998 – XI R 8/96 = BStBl. II 1999, 18
BFH Urteil vom 28.10.1999 – VIII R 66-70/97 = BStBl. II 2000, 183
BFH Urteil vom 4.2.1999 – IV R 54/97 = BStBl. II 2000, 139
BFH Beschluss vom 7.8.2000 – GrS 2/99 = BStBl. II 2000, 632
BFH Urteil vom 7.11.2000 – VIII R 16/97 = BStBl. II 2001, 186
BFH Urteil vom 8.11.2000 – I R 6/96 = BB 2001, 566
BFH Urteil vom 29.11.2000 – I R 87/99 = BStBl. II 2002, 655
BFH Urteil vom 25.1.2001 – II R 22/98 = BFH/NV 2001, 705
BFH Urteil vom 28.2.2001 – I R 51/00 = BStBl. II 2001, 645
BFH Urteil vom 27.6.2001 – I R 45/97 = BStBl. II 2003, 121
BFH Urteil vom 18.4.2002 – III R 15/00 = BStBl. II 2003, 70
BFH Urteil vom 5.6.2002 – I R 23/01 = DStRE 2002, 1180
BFH Urteil vom 5.6.2002 – I R 96/00 = BStBl. II 2005, 736
BFH Urteil vom 19.8.2002 – VIII R 30/01 = BStBl. II 2003, 131
BFH Urteil vom 26.2.2003 – II R 19/01 = DStRE 2014, 871
BFH Urteil vom 19.11.2003 – I R 77/01 = BStBl. II 2010, 482
BFH Urteil vom 25.3.2004 – IV R 35/02 = BStBl. II 2006, 644
BFH Urteil vom 7.7.2004 – XI R 10/04 = BStBl. II 2004, 1058
BFH Urteil vom 28.7.2004 – XI R 63/03 = BStBl. II 2006, 866
BFH Urteil vom 21.9.2005 – X R 29/03 = DStRE 2006, 964
BFH Urteil vom 19.10.2005 – XI R 64/04 = DStR 2006, 371
BFH Urteil vom 10.11.2005 – IV R 13/04 = BStBl. II 2006, 618
BFH Urteil vom 30.11.2005 – I R 110/04 = BStBl. II 2007, 251
BFH Urteil vom 9.2.2006 – IV R 33/05 = BStBl. II 2006, 517
BFH Urteil vom 25.4.2006 – VIII R 40/04 = BStBl. II 2006, 749
BFH Urteil vom 24.10.2006 – I R 2/06 = BStBl. II 2007, 469
BFH Urteil vom 13.12.2007 – IV R 85/05 = BStBl. II 2008, 516
BFH Urteil vom 20.8.2008 – I R 19/07 = DStR 2008, 2058
BFH Urteil vom 24.6.2009 – IV R 26/06 = BStBl. II 2009, 781
BFH Urteil vom 27.1.2010 – I R 103/08 = BStBl. II 2010, 614
BFH Urteil vom 18.1.2011 – X R 14/09 = WPg 2011, 535

BFH Urteil vom 5.5.2011 – IV R 32/07 = FR 2012, 471
BFH Urteil vom 8.9.2011 – IV R 5/09 = BB 2011, 3119
BFH Urteil vom 30.11.2011 – I R 100/10 = BStBl. II 2012, 332
BFH Urteil vom 15.3.2012 – III R 96/07 = BB 2012, 1981
BFH Urteil vom 26.4.2012 – IV R 43/09 = BB 2012, 1660
BFH Urteil vom 6.6.2012 – I R 99/10 = DStR 2012, 1790
BFH Urteil vom 22.8.2012 – X R 23/10 = DStR 2012, 2114
BFH Beschluss vom 22.8.2012 – X B 155/11 = BFH/NV 2012, 2015
BFH Urteil vom 19.9.2012 – IV R 45/09 = BStBl. II 2013, 123
BFH Urteil vom 12.12.2012 – I R 28/11 = DStR 2013, 575
BFH Urteil vom 6.2.2013 – I R 8/12 = DStR 2013, 1018
BFH Urteil vom 6.2.2013 – I R 62/11 = DB 2013, 1091
BFH Urteil vom 17.10.2013 – IV R 7/11 = DStR 2013, 2745
BFH Urteil vom 5.2.2014 – I R 34/12, NV = DStR 2014, 1601
BFH Urteil vom 15.4.2015 – I R 44/14 = DStR 2015, 1551
BFH Urteil vom 16.12.2014 – VIII R 45/12 = BB 2015, 1839

## Entscheidungen Bundesgerichtshofes

BGH Urteil vom 1.3.1951 – III ZR 202/50 = BGHZ 1, 229
BGH Urteil vom 16.5. 1951 – II ZR 58/50 = BGHZ 2, 142
BGH Urteil vom 23.5.1951 – II ZR 71/50 = BGHZ 2, 176
BGH Urteil vom 29.5.1951 – I ZR 87/50 = BGHZ 2, 237
BGH Urteil vom 13.10.1954 – II ZR 182/53 = BGHZ 15, 52
BGH Urteil vom 10.11.1954 – II ZR 21/54 = BGHZ 15, 171
BGH Urteil vom 24.10.1955 – III ZR 121/54 = BGHZ 19, 1
BGH Urteil vom 28.1.1957 – III ZR 141/55 = BGHZ 23, 157
BGH Urteil vom 30.9.1957 – III ZR 261/54 = BGHZ 25, 266
BGH Urteil vom 7.7.1960 – VIII ZR 215/59 = BGHZ 33, 321
BGH Urteil vom 7.11.1960 – KZR 1/60 = BGHZ 33, 259
BGH Urteil vom 27.2.1961 – II ZR 292/59 = BGHZ 34, 324
BGH Urteil vom 21.6.1965 – III ZR 8/64 = BGHZ 44, 52
BGH Urteil vom 11.7.1966 – II ZR 134/65 = BB 1966, 915
BGH Urteil vom 17.1.1973 – IV ZR 142/70 = DB 1973, 563
BGH Urteil vom 5.4.1973 – III ZR 67/72 = BGHZ 60, 337

BGH Urteil vom 10.10.1974 – VII ZR 231/73 = BGHZ 63, 98
BGH Urteil vom 12.2.1979 – II ZR 106/78 = WM 1979, 432
BGH Urteil vom 28.10.1981 – II ZR 223/80 = BGHZ 81, 365
BGH Urteil vom 19.10.1988 – II ZR 255/87 = BGHZ 105, 168
BGH Urteil vom 28.1.1991 – II ZR 20/90 = NJW 1991, 1890
BGH Urteil vom 16.1.1995 – II ZR 279/93 = WM 1995, 388
BGH Urteil vom 12.1.1998 – II ZR 82/93 = NZG 1998, 314
BGH Beschluss vom 4.3.1998 – II ZB 5/97 = NZG 1998, 379

BGH Urteil vom 5.3.2015 – IX ZR 133/14 = DStR 2015, 767

## Entscheidungen der Finanzgerichte

Niedersächsisches FG Urteil vom 11.4.2000 – 6 K 611/93 = DStRE 2001, 24
Niedersächsisches FG Urteil vom 18.12.2008 – 10 K 120/04 = DStRE 2009, 972
FG München Urteil vom 22.10.2010 – 7 K 1396/08 = EFG 2011, 554
FG Düsseldorf Urteil vom 13.12.2010 – 3 K 3356/08 F = EFG 2011, 884
FG Münster Urteil vom 14.12.2011 – 10 K 1471/09 = BB 2012, 312
FG Köln Urteil vom 6.3.2012 – 13 K 3006/11 = EFG 2012, 1421
Niedersächsisches FG Urteil vom 12.6.2014 – 6 K 324/12 = EFG 2014, 1601

www.ingramcontent.com/pod-product-compliance
Ingram Content Group UK Ltd.
Pitfield, Milton Keynes, MK11 3LW, UK
UKHW020713041026
15590UKWH00002B/641

9 783631 864494